우주시대의 우주법론

우주자원법·우주손해배상법

저자 **허성진** · 감수 **손종학**

박영사

머리말

Soli Deo Gloria

뉴스페이스 시대는 '우주시대'라고 부를 수 있을 만큼 우주의 개발과 이용이 활발하게 진행되고 있는 시대입니다. 우주는 이제 단순히 탐사와 관측의 대상을 넘어서서 자원의 채굴과 같은 상업적 활용의 무대로 확대되고 있습니다. 이에 따라 우주는 국가 간 경쟁뿐만 아니라 국제적인 협력과 법적 질서 구축이 필수적인 영역으로 자리잡고 있으며, 이러한 변화 속에서 우주를 둘러싼 법적 논의는 더 이상 미래의 과제가 아닌 지금 당장 해결해야 할 중요한 주제입니다.

본 저서 "우주시대의 우주법론 - 우주자원법, 우주손해배상법"은 상업적 우주활동에 있어서 필수적인 두 가지 - 우주자원의 소유와 우주활동에서 발생하는 손해의 책임 - 에 대한 법적 체계를 중심으로 구성되었습니다. 우주자원법과 관련하여는 미국, 룩셈부르크, 일본, 아랍에미리트와 같이 이미 우주자원법을 제정한 국가들의 법률을 분석하고, 우리나라가 독자적인 우주자원법을 마련해야 할 필요성과 방향성을 제안합니다. 더불어, 우주활동에서 발생할 수 있는 손해를 대비한 법적 책임 문제를 다루며, 미국과 일본의 우주손해배상관련 법률을 중심으로 우리나라 우주손해배상법의 개선 방안을 제시합니다.

이 책은 필자의 충남대학교 박사논문 "우주개발과 우주손해배상에 관한 연구"를 기반으로 수정·보완하여 작성하였으며, 우주법의 이론적 체계와 실무적 적용 가능성을 균형 있게 담아내고자 하였습니다. 특히 우주강국으로 도약하고자 하는 우리나라가 직면한 법적 과제와 이를 해결하기 위한 방향성을 논리적으로 풀어내고자 하였습니다. 이 연구를 통하여 향후 우리나라가 국제사회에서 우주활동의 선도국으로 자리잡는데 기여하기를 소망합니다.

우주법은 더 이상 국가 간의 협정에 머무르는 분야가 아니라, 개별 국가가 국제적 규범을 준수하면서도 자국의 이익을 최대한 보호하고, 동시에 인류 공통의 이익을 고려해야 하는 복합적인 법적 영역입니다. 이 책이 독자 여러분께 우주법의 현재와 미래에 대해 깊이 있는 통찰을 제공하고, 나아가 우리나라 우주법의 발전에 디딤돌이 되기를 바랍니다.

이 책의 감수를 맡아 주시고, 완성되기까지 아낌없는 지도와 조언을 주신 충남대학교 손종학 교수님께 깊은 감사의 말씀을 드립니다. 교수님의 가르침과 격려가 없었다면 이 연구를 이끌어 가는데 큰 어려움이 있었을 것입니다. 또한 논문 심사를 하며 방향성을 제시해 주신 한국항공우주연구원의 이준 본부장님, 아낌없이 지도해 주신 충남대학교의 최윤석 교수님, 심사 위원장을 맡아 귀한 시간과 의견을 내어주신 충남대학교 김동현 교수님, 연구 과정에서 소중한 입법적 통찰과 시간을 나누어 주신 한국과학기술정책연구원의 김권일 박사님께 깊이 감사를 드립니다.

마지막으로 항상 믿어주시고 응원해 주신 사랑하는 부모님과 동생에게 진심으로 감사드립니다. 그리고 박영사 심성보 위원님 및 관계자 분들과, 지면에 한계상 표현하지 못했지만 따뜻한 응원과 격려로 함께해 주신 주변 모든 분들에게 진심으로 감사의 말씀을 드립니다.

2025년 봄을 앞두고
저자 드림

차 례

제 4 장 우주손해배상의 민사법적 쟁점

제 5 장 우주 대상 민사규범 제정의 필요성 및 그 내용

제 6 장 결 론

약어표

약어	전문	국문명
CST	Commercial Space Transportation	유럽 상업우주교통국
COPUOS	Committee on the Peaceful Uses of Outer Space	외기권 평화적 이용 위원회
CSLCA	Commercial Space Launch Competitiveness Act	상업적우주발사경쟁력법
EASA	European Aviation Safety Agency	유럽 항공안전청
ESA	European Space Agency	유럽 우주청
ESA Convention	Convention for the Establishment of a European Space Agency	유럽우주기구 설립을 위한 협약
EU	European Union	유럽 연합
EUSP	European Union Space Programme	유럽연합 우주프로그램
FAA	Federal Aviation Administration	미국 연방항공청
FCC	Federal Communications Commission	미국 연방통신위원회
ICJ	International Court of Justice	국제사법재판소
ISS	International Space Station	국제우주정거장
JAXA	Japan Aerospace Exploration Agency	일본 우주항공연구 개발기구
LEUSR	Law on the Exploration and Use of Space Resources	룩셈부르크 우주자원법
NASA	National Aeronautics and Space Administration	미국 항공 우주국
NASA AA	National Aeronautics and Space Administration Authorization Act	미국항공우주국 인가법
NCSP	National and Commercial Space Programs	상업적 우주계획
PCA	Permanent Court of Arbitration	상설중재재판소
Registration Convention	Convention on Registration of Objects Launched into Outer Space	외기권에 발사된 물체의 등록에 관한 협약

x 약어표

약어	전문	국문명
RSS	Regulation of the Space Sector	아랍에미리트 우주분야에 관한 연방법
SRCEU	Space Resource Commercial Exploration and Utilization	우주자원의 탐사 및 이용에 관한 미국 연방법
SRR	Space Resource Ragulation	아랍에미리트 우주자원법
UAE	United Arab Emirates	아랍에미리트
UN	United Nations	국제연합
UNCLOS	United Nations Convention on the Law of the Sea	해양법에 관한 국제연합 협약
UNOOSA	United Nations Office for Outer Space Affairs	국제연합 우주사무국
Warsaw Convention	Convention for the Unification of Certain Rules Relating to International Carriage by Air	국제항공운송에 관한 일정한 규칙의 통일을 위한 협약

제1장

서 론

제1절 연구의 배경

현대인에게 우주공간은 조금 먼 얘기처럼 느껴질 수 있지만, 실제로 우리의 생활과 밀접하게 연관되어 있다. 우리가 사용하는 위성통신, 지구관측, GPS 등은 우주공간을 활용한 위성을 통하여 운영되고 있다. 그리고 기존의 국가 주도 우주개발은 점점 민간의 영역으로 옮겨지고 있으며, 2024년 2월 23일에는 텍사스 휴스턴에 본사를 둔 미국의 민간 기업인 인튜이티브 머신스가 달의 남극 근처에 무인 달 탐사선 로봇 오디세우스를 착륙시키기도 하였다.[1] 이러한 추세로 보았을 때 인류의 우주 개척은 더 이상 먼 미래의 이야기가 아닌 곧 다가올 현재의 이야기이며, 세계의 각 국가는 우주를 선점하기 위하여 법적 정비와 투자를 하고 있다.

1950년대의 경우, 미국과 소련의 주도로 우주개발에 대한 경쟁이 이루어졌지만, 최근에는 자력으로 우주발사체와 인공위성을 제작하고 발사할 수 있는 나라가 우리나라를 포함하여 10개 국가 1개 단체에 이르고 있으며,[2] 특히 미국의

---

1) Jonathan Amos, "Moon landing: US firm Intuitive Machines makes historic touchdown," *BBC*, February 23, 2024, https://www.bbc.com/news/science-environment-68377730

2) 우주로켓 자력 발사국(Elite Club of Space-Faring Nations)은 2024년 2월 기준 대한민국, 러시아, 미국, 프랑스, 일본, 중국, 영국, 인도, 이스라엘, 이란, 북한 총 10개 국가 1개 단

경우 스페이스X와 같은 민간 우주기업들이 빠른 속도로 성장하고 있다.

　민간 기업들의 우주 진출이 본격화하면서 우주자원에 관한 관심 또한 높아지고 있다. 예를 들어 달에 있는 헬륨-3는 지구에는 얼마 존재하지 않지만, 달 표면에는 약 110만 톤의 헬륨-3가 있다고 추정하고 있으며, 약 25톤의 헬륨-3는 미국에서 1년 동안 사용될 에너지를 생산할 수 있다고 한다.[3] 우리나라 또한 미래 우주경제 로드맵에서 2032년에는 달에 착륙하여 자원을 채굴할 것을 목표로 한다고 발표하였다.[4]

　이러한 상황에서, 미국은 일찍이 2015년 우주자원의 채굴과 소유에 관한 법을 제정하였고, 뒤이어 룩셈부르크, 일본, 아랍에미리트에서도 우주자원법을 제정하며 우주자원의 소유권을 인정하였다. 그러나 달과 기타 천체를 포함한 외기권의 탐사와 이용에 있어서의 국가 활동을 규율하는 원칙에 관한 조약[5](Treaty on Principles Governing the Activities of States in the Exploration and Use of Outer Space, including the Moon and Other Celestial Bodies, 이하 '우주조약'이라 함)에서는 전유[6]금지의 원칙을 규정[7]하며 우주가 국가 전유의 대상이 되지 않는다고 규정하고 있으며, 달 및 기타 천체의 국가 활동을 관리하는 협정[8](Agreement Governing the Activities of States on the Moon and Other Celestial Bodies, 이하 '달협정'이라 함)

체가 있으며, 국제연합이나 국제적인 정세로는 북한을 국가로 인정하지만, 우리 헌법과 법률체계에서 북한은 국가로 인정하지 않기 때문에 본문에서는 10개국이라고 하였다.

3) Rupendra Brahambhatt, "This company plans to mine helium-3 on the moon to power Earth," *Interesting Engineering*, March 17, 2024, https://interestingengineering.com/space/this-company-plans-to-mine-helium-3-on-the-moon-to-power-earth

4) 대한민국 대통령실, "2032년 달 착륙·채굴 … 광복 100주년 2045년 화성 착륙," 대한민국 정책브리핑, 2022년 11월 28일, <https://www.korea.kr/news/policyNewsView.do?newsId=148908812>

5) 1967년 발효된 평화적인 우주활동의 기초가 되는 조약으로, 우리나라는 1967년 조약의 발효와 동시에 서명하며 조약에 참여하였고, 2024년 1월 기준 114개의 국가가 참여하고 있다.

6) 우주조약에서는 외기권이 이용과 점유에 의하여 국가 전유(appropriation)의 대상이 되지 않는다고 규정하고 있는데, 여기에서 전유는 선점하여 영토의 주권을 주장하는 것을 의미하고 점유는 사실상의 지배를 의미한다. 우주조약에서는 전유의 범위 안에 이용과 점유를 포함하고 있으므로 본 연구에서는 전유라는 용어로 통일하여 사용한다.

7) 우주의 법적 지위는 비전유 원칙이라는 특징을 가지고 있다. 박원화, 정영진, 우주법, 제3판, 한국학술정보, 2012년, 87면.

8) 달협정은 1979년 발효되었으며, 우리나라, 미국, 러시아, 일본 등 자체 우주발사를 할 수 있는 국가들은 비준하지 않았다. 2024년 1월 기준 17개의 국가만이 조약 당사국으로 있다.

에서는 우주자원은 소유의 대상이 되지 않는다고 규정하고 있다. 이에 따라 국제
우주법과 각국의 우주자원법 규정이 충돌될 문제가 존재하고 있다.

또한 민간 우주기업들의 우주산업 진출이 본격화되면서, 우주사고로 인한
손해배상의 문제점 또한 발생하고 있다. 우주손해배상에 관한 국제법적 체계인
우주물체에 의하여 발생한 손해에 대한 국제책임에 관한 협약(Convention on
International Liability for Damage Caused by Space Objects, 이하 '우주손해책임협약'이
라 함)[9])에서는 손해배상의 주체를 국가로 한정하고 있기 때문에 민간 우주기업
의 우주활동이 증가하는 추세에서는 우주손해배상과 관련하여 손해배상 주체를
특정하기 어렵다는 문제점을 가지고 있으며, 각국의 우주손해배상법은 우주손해
배상의 주체를 우주물체 발사자로 한정하거나, 우주물체 발사자와 우주물체 운
영자로 나누거나, 혹은 우주 비행체 운영자와 개발자로 나누는 등 손해배상 주체
특정에 대한 확실성을 부여하지 못하고 있다.

특히 우리나라의 경우 우주자원법은 아직 제정되어 있지 않으며, 우주손해
배상법 또한 9개의 조문만을 가지고 있으므로, 실제로 우주손해가 발생하였을
경우 우주손해배상법만을 가지고 손해배상을 해결하기 위해서는 많은 논의가 필
요하다.

이에 따라 본 연구는 각국의 우주개발 관련 법제에 대하여 살펴보고, 특히
민사법적으로 쟁점이 되는 우주자원과 우주손해법제에 대하여 연구를 진행하고
자 한다. 그리고 이러한 연구의 결과로 우리나라의 우주자원법 제정과 우주손해
배상법의 개정 방향에 대하여 시사점을 제공하고자 한다.

제2절 연구의 목적

본 연구의 목적은 민간 우주기업들의 우주진출이 늘어나고 있는 상황에서,
우리나라의 현행 우주법 체제가 민간 우주기업들의 법적 기준을 제공하기에는
한계가 있음을 지적하고, 특히 우주자원과 우주손해배상에 관한 민사적 쟁점을

---

9) 우주손해책임협약은 대한민국, 미국, 일본을 포함한 74개국이 당사국이다.

연구하여, 우리나라의 우주산업 발전을 위한 새로운 법규범과 그 내용을 시사점으로 제공하고자 한다.

특히 우리나라는 아직 우주자원법이 제정되어 있지 않기 때문에, 2032년에 달에 착륙하여 우주자원을 채굴하기 위해서는 우주자원에 대한 정의와 소유에 관한 규정을 담은 법제가 필요하다. 2024년 4월 기준으로 전 세계에서 우주자원법을 제정 및 시행하고 있는 나라는 미국, 룩셈부르크, 일본, 아랍에미리트 4개의 국가만 있다. 우리나라와 인접한 일본의 경우 우주기본법(宇宙基本法) 제1조와 우주자원의 탐사 및 개발에 관한 사업활동 촉진에 관한 법률(宇宙資源の探査及び開発に関する事業活動の促進に関する法律, 이하 '일본 우주자원법'이라 함) 제1조에서 그 입법목적을 밝히고 있다.

일본 우주기본법
(연구자 번역본)

제1조(목적)[10]
이 법은 과학기술의 발전 및 그 밖의 정세의 변화에 따라 우주의 개발 및 이용(이하 '우주개발이용'이라 한다.)의 중요성이 증가하고 있는 점에 비추어, 일본 헌법의 평화주의 이념을 근거로, 환경과의 조화를 배려하면서, 일본에서 우주개발이용이 담당하는 역할을 확대하기 위하여, 우주개발이용에 관한 기본이념 및 그 실현을 도모하기 위해 기본이 되는 사항을 정하고, 국가의 책무 등을 명확하게 하여 우주 기본계획의 작성에 대해서 정하는 동시에, 우주개발전략본부를 설치하는 것 등에 의해, 우주개발이용에 관한 시책을 종합적이고 계획적으로 추진해, 국민생활의 향상 및 경제사회의 발전에 기여함과 동시에 세계의 평화 및 인류의 복지 향상에 공헌하는 것을 목적으로 한다.

---

10) 일본 우주기본법 제1조: この法律は，科学技術の進展その他の内外の諸情勢の変化に伴い，宇宙の開発及び利用（以下「宇宙開発利用」という。）の重要性が増大していることにかんがみ，日本国憲法の平和主義の理念を踏まえ，環境との調和に配慮しつつ，我が国において宇宙開発利用の果たす役割を拡大するため，宇宙開発利用に関し，基本理念及びその実現を図るために基本となる事項を定め，国の責務等を明らかにし，並びに宇宙基本計画の作成について定めるとともに，宇宙開発戦略本部を設置すること等により，宇宙開発利用に関する施策を総合的かつ計画的に推進し，もって国民生活の向上及び経済社会の発展に寄与するとともに，世界の平和及び人類の福祉の向上に貢献することを目的とする。

일본 우주자원법
(연구자 번역본)

제1조(목적)[11]
이 법은, 우주기본법(2008년 법률 제43호)의 기본이념에 근거해, 우주자원의 탐사 및 개발에 관해, 동법 제35조제1항에 근거해 우주활동에 관한 규제 등에 대해 정하는 인공위성 등의 발사 및 인공 위성의 관리에 관한 법률(헤세이 28년 법률 제76호. 이하「우주활동법」이라 함.) 의 규정에 의한 허가의 특례를 마련하는 것과 동시에, 우주자원 소유권의 취득 및 기타 필요한 사항을 정함으로써 우주활동법 제2조제1호에서 규정하는 우주의 개발 및 이용에 관한 조약(제3조제2항제1호에서「우주의 개발 및 이용에 관한 조약이라 한다.)의 정확하고 원활한 적용을 도모하면서, 민간사업자에 의한 우주자원의 탐사 및 개발에 관한 사업활동을 촉진하는 것을 목적으로 한다.

일본의 우주기본법에서는 그 목적으로 "우주개발이용에 관한 시책을 종합적이고 계획적으로 추진해, 국민생활의 향상 및 경제사회의 발전에 기여함과 동시에 세계의 평화 및 인류의 복지 향상에 공헌하는 것"이라고 밝히고 있으며, 이를 근거로 우주자원법을 제정하여 "민간사업자에 의한 우주자원의 탐사 및 개발에 관한 사업활동을 촉진"하는 것을 목적으로 하고 있다. 미국, 룩셈부르크, 아랍에미리트 또한 우주자원법 및 관련 조문을 통하여 우주산업을 촉진하고 법적 안정성을 제공하여 민간 우주기업을 지원하도록 하고 있다.

그러나 우주자원의 소유와 관련하여 국제 우주법 체계상 전유금지의 원칙과 충돌한다는 지적이 있으며, 국제사회에서 우주자원을 자유롭게 이용할 수 있다고 주장하는 국가들과 달 및 천체[12]에 대해서는 주권이 없기 때문에 그에 속한

---

11) 일본 우주자원법 제1조: この法律は´宇宙基本法(平成二十年法律第四十三号)の基本理念にのっとり´宇宙資源の探査及び開発に関し´同法第三十五条第一項に基づき宇宙活動に係る規制等について定める人工衛星等の打上げ及び人工衛星の管理に関する法律(平成二十八年法律第七十六号゜以下「宇宙活動法」という゜)の規定による許可の特例を設けるとともに´宇宙資源の所有権の取得その他必要な事項を定めることにより´宇宙活動法第二条第一号に規定する宇宙の開発及び利用に関する諸条約(第三条第二項第一号において単に「宇宙の開発及び利用に関する諸条約」という゜)の的確かつ円滑な実施を図りつつ´民間事業者による宇宙資源の探査及び開発に関する事業活動を促進することを目的とする゜

12) 천체란 우주를 형성하고 있는 태양, 행성, 위성, 달, 혜성, 소행성, 항성, 성단, 성운 등을 총칭한다.

자원도 이용할 수 없다고 주장하는 국가들이 논쟁을 이어가고 있다.[13] 그러므로 우주자원을 채굴할 때에 그 소유에 대한 문제가 발생할 가능성이 있다. 이를 해결하기 위하여 미국은 사적 주체에 대한 우주자원의 소유권만을 인정하고 있으며, 그 외 국가들은 우주자원법에서 국제 조약을 성실히 이행한다는 규정을 마련하여 국제 우주법 체제와의 충돌 가능성을 방지하고 있다.

　우주손해와 관련한 국제 우주법 체제는 사적 주체의 우주손해배상에 관하여 명확한 내용을 제시하고 있지 않기 때문에 국가가 우주손해배상의 주체가 되며, 만약 다른 국가의 민간 우주기업이 해당 국가에서 우주물체를 발사하게 되는 경우, 발사국의 지위로서 손해배상책임을 부담해야 하는 상황이 발생할 수도 있다. 또한 미국과 일본은 우주손해의 책임 주체를 발사자와 우주 비행체 운영자, 우주물체 운영자 등으로 나누고 있지만, 우리나라의 경우 우주손해배상책임의 주체는 우주물체 발사자로 한정하고 있으므로 이에 대한 개선이 필요하다.

　우리나라의 우주개발진흥법은 제1조[14])에서 "우주공간의 평화적 이용과 과학적 탐사를 촉진하고 국가의 안전보장 및 국민경제의 건전한 발전과 국민생활의 향상에 이바지함을 목적으로 한다"고 밝히고 있으며, 우주손해배상법에서는 "우주손해가 발생한 경우의 손해배상 범위와 책임한계 등을 정하여 피해자를 보호하고 우주개발 사업의 건전한 발전에 기여하는 것을 목적으로 한다"고 밝히고 있다.[15]) 그러나 우리나라는 아직 우주자원에 대한 법제가 마련되어 있지 않고, 우주손해배상법 또한 손해배상 주체가 우주물체 발사자로 한정되어 있다는 문제점이 있다. 즉 우리나라의 우주법제는 미국, 일본과 같은 우주 선진국에 비하여 개선할 점이 존재하고 있으며, 이에 따라 본 연구는 우주개발에 따른 민사법적 쟁점인 우주자원 및 우주손해배상에 대한 연구를 진행하고, 상업적 우주활동에 대한 법적 안정성을 제공할 수 있는 방향을 제시하고자 한다.

---

13) 이준, "달 현지자원활용의 법적 검토," 한국항공우주학회 학술발표회 초록집, 한국항공우주학회, 2022년 11월, 791면.

14) 우주개발진흥법 제1조: 이 법은 우주개발을 체계적으로 진흥하고 우주물체를 효율적으로 이용·관리하도록 함으로써 우주공간의 평화적 이용과 과학적 탐사를 촉진하고 국가의 안전보장 및 국민경제의 건전한 발전과 국민생활의 향상에 이바지함을 목적으로 한다.

15) 우주손해배상법 제1조: 이 법은 우주손해가 발생한 경우의 손해배상 범위와 책임한계 등을 정하여 피해자를 보호하고 우주개발 사업의 건전한 발전에 기여하는 것을 목적으로 한다.

제3절 연구의 범위 및 방법

본 연구는 우주개발과 민사법적 쟁점, 특히 우주자원과 우주손해배상에 대한 내용을 중점적으로 설정하여 검토한다. 먼저 현행 우주자원법 체제를 가지고 있는 미국, 룩셈부르크, 일본, 아랍에미리트의 우주자원법을 고찰하고, 각각의 법률들이 규정하고 있는 우주자원의 정의와 소유권에 대하여 연구하고, 우주조약 및 달협정에서 규정하고 있는 전유금지원칙과의 충돌 가능성을 살펴본다.

이어서 우주손해배상의 민사법적 쟁점에 대하여 연구하고, 우주손해에 대한 정의와 손해배상책임의 주체를 중점적으로 다룬다. 미국, 일본, 우리나라의 우주손해배상법을 연구하여 시사점을 도출하는데, 미국의 경우, 세계에서 민간 우주기업이 가장 활발하게 활동하고 있으며, 손해배상에 대한 내용을 자세하게 규정하고 있으므로 선정하였고, 일본의 경우는 우리나라와 비슷한 법체계를 가지고 있고, 우주 선진국으로서 우주활동 및 규율에 관한 상세한 법률들을 가지고 있기에 선정하였다.

이러한 연구를 위하여 본 연구는 미국을 비롯한 국가들의 우주자원법에 대하여 관련 법제, 국제 우주법 체제와의 충돌 가능성에 대한 내용과 학술적 논의, 실효성에 대하여 평가 및 연구를 진행하였다. 또한 우주손해배상과 관련하여 그 쟁점이 되는 우주손해 책임의 주체에 대한 내용을 우주손해책임협약과 미국, 일본, 우리나라의 우주손해배상법을 비교하여 연구하고 그 문제점을 검토하였다. 그리고 최종적으로 우주자원법 및 우주손해배상법의 문제들을 보완하고 국제 우주법 체제와의 충돌을 방지하기 위한 모범안인 우주자원법(안)과 우주손해배상법(안)을 제시하여 우주개발에 따른 민사적 쟁점을 해결하기 위한 시사점을 도출하였다.

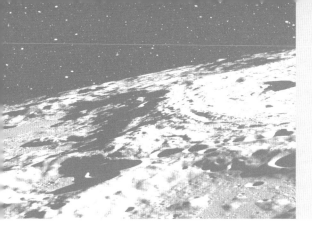
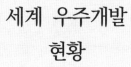

제 2 장

세계 우주개발
현황

제1절 주요국 우주개발 상황

기존 국가주도의 우주개발은 2000년대에 들어서면서 점차 민간의 주도로 변화하고 있으며, 최근에는 많은 민간 우주기업들이 우주개발에 뛰어들어 발사체, 인공위성, 우주여행과 같은 사업들을 추진하고 있다. 본 절에서는 주요국의 우주개발 현황 및 동향, 그리고 우주개발 관련 법제에 대하여 살펴보고자 한다.

Ⅰ. 우주개발 현황 및 동향

1969년 미국은 유인우주선인 아폴로 11호를 달로 발사하여 닐 암스트롱이 인류 최초로 달에 발을 딛게 되었다. 그리고 2017년 미국 항공 우주국(National Aeronautics and Space Administration, 이하 'NASA'라 함)은 아르테미스 계획을 시작하며 달에 유인 착륙을 목표로 하고, 세계 각국의 우주기구 및 민간기업들과 연계하고 있다. 또한 아르테미스 계획은 지속 가능한 달 방문을 위하여 달을 공전하는 우주정거장을 구축하고, 달 기지를 건설하는 것을 비전으로 제시하고 있고, 2024년 4월 기준으로 우리나라, 미국, 일본, 영국 등을 포함한 36개국이 서명국으로 있다. 이전의 아폴로 계획이 정부 중심으로 이루어졌다면, 아르테미스 계획은 핵심 기술개발을 민간 우주기업이 담당하도록 하고 있다.[1] 즉 우주개발과 관련하여 아르테미스 계획은 우주발사, 우주비행체, 우주정거장, 우주기지 등의 산업적 시장의 발전과 달에서의 지속적인 체류 및 탐사, 활용을 목표로 하고 있으며,[2] 이를 기초로 하여 우주자원의 채굴 및 활용과 관련된 우주산업도 발전할 것으로 예상 되고 있다. 여기에서 말하는 우주산업이란 발사체나 위성과 같은 우주관련 기기를 제작하거나 운용하고, 관련 서비스를 개발하는 것을 의미한다. 우주산업은 다음의 <표 1-1>과 같이 분류할 수 있다.

〈표 1-1〉 우주산업의 분류[3]

구분		위성	발사	탐사 및 활용
직접 우주산업	우주기기제작	탑재체, 본체, 시스템 등	추진기관, 구조체, 시스템 등	달·행성 탐사선, 탐사용 탑재체, 천문관측 기기 등
		위성관제, 시험장치 등	발사대, 시험설비 등	
	우주서비스	위성영상, 위성방송, 위성통신, 위성항법 서비스 등	발사서비스 등	우주수송, 우주관광 등
간접 우주산업	우주기술 접목 의료·식품·섬유·제조 등 산업, 우주기술 기반 관광산업 등			

이러한 우주산업을 기반으로 한 우주경제는 2040년에 그 규모가 약 1조 달러에 이를 것으로 예상되며,[4] 이는 직접 우주산업과 간접 우주산업을 합한 금액이다. 미국은 정부를 중심으로 하여 우주산업에 대한 정책과 투자를 진행하고 있으며, 우주산업의 상업화를 위한 법제도 또한 마련하였다.

---

1) 예를 들어 아르테미스 계획의 발사체는 스페이스X와 같은 민간 우주기업이 담당하고 있다. NASA, "As Artemis Moves Forward, NASA Picks SpaceX to Land Next Americans on Moon", 2021년 4월 16일, <https://www.nasa.gov/news-release/as-artemis-moves-forward-nasa-picks-spacex-to-land-next-americans-on-moon>

2) 정서영, 이준, "미국의 아르테미스 추진 현황 및 시사점," 한국항공우주학회 학술발표회 초록집, 한국항공우주학회, 2022년 4월, 511면.

3) 과학기술정보통신부, "대한민국 우주산업전략," 관계부처 합동, 2018년, 2면.

4) Alex Blair, "Space economy forecast to be worth $1trn by 2040," *Airforce Technology*, September 6, 2023, https://www.airforce-technology.com/news/space-economy-forecasted-to-be-worth-1-trillion-by-2040

미국을 포함한 주요 국가들은 우주개발을 위한 예산을 편성하고 있는데, 2022년 전 세계 정부의 우주개발 예산은 약 1,030억 달러로 2021년과 비교하여 약 9%가 증가하였으며, 이 중 가장 많은 우주개발 예산을 책정한 나라는 미국으로 민군을 합쳐 약 620억 달러의 우주개발 예산을 책정하였고, 이는 전 세계 우주개발 예산의 약 60%이다. 두 번째는 중국으로 약 119억 달러의 우주개발 예산을 책정하였으며, 전체의 약 12%를 차지하고 있고, 그다음으로 일본이 49억 달러, 프랑스가 42억 달러, 러시아가 34억 달러의 예산을 편성하였다.[5]

특히 앞서 언급했던 바와 같이, 우주개발은 기존 정부주도에서 민간주도로 이동하고 있으며, OECD의 우주혁신에 관한 보고서에서는 우주개발의 변화 단계를 다음의 <표 1-2>와 같이 나누었다.

〈표 1-2〉 우주개발의 변화 단계[6]

구분	시기	주요내용
전(前) 단계	1926 – 1942	첫 로켓 발사(Goddard to V2)
	1943 – 1957	대륙간 탄도 미사일을 위한 군사 경쟁, 궤도상 최초의 위성의 등장
1단계	1958 – 1972	우주경쟁, 군사 응용의 시작, 로봇 우주탐험의 등장
2단계	1973 – 1986	최초의 우주정거장과 셔틀 등장, 군사용 GPS의 개발
3단계	1987 – 2002	2세대 우주정거장, 민간 및 상업용 우주산업 개발
4단계	2003 – 2018	소형위성의 개발, 우주활동의 글로벌화, 다양한 우주 응용분야의 등장
5단계	2019 – 2033	제3세대 우주정거장, 새로운 우주발사체, 궤도위성 등의 등장과 증가

먼저 전 단계부터 1단계까지는 정부주도의 군수기반에 따른 우주기술 발전 단계이며, 주로 로켓과 탄도미사일, 그리고 군용 위성의 개발이 이루어졌다. 그리고 2단계부터 군수와 민간이 합쳐져 GPS 기술을 개발하게 되었고, 3단계에 들

---

5) Euroconsult, "Government expenditure on space programs in 2020 and 2022, by major country," *statista*, https://www.statista.com/statistics/745717/global-governmental-spending-on-space-programs-leading-countries

6) OECD, "Space and Innovation," 2016, 21.

어 민간의 상업용 우주개발 기술들이 개발되기 시작하였다. 그리고 4단계에서는 우주활용 기술이 확산하기 시작하였고, 현재인 5단계는 상업중심의 새로운 우주산업 개발의 단계가 시작되었다.

우주산업의 선도주자는 미국이다. 미국의 민간 우주기업인 버진갤럭틱은 2023년 8월 11일 민간 관광객을 우주선에 태워 우주여행을 성공적으로 수행하였고,[7] 인튜이티브 머신스의 오디세우스 착륙선은 2024년 2월 22일 달의 남극지역 착륙에 성공하였으며,[8] 스페이스X의 유인우주선인 드래곤 엔데버(Dragon Endeavour)는 4명의 승무원을 태워 2024년 3월 5일 국제우주정거장에 성공적으로 도킹하였다.[9]

이러한 민간 기업들의 상업적 우주활동의 증가로 인하여, 각 국가는 점점 더 많은 예산을 우주산업에 투자하고 있으며, 앞서 보았듯이 우주개발에 많은 예산을 투입하고 있는 나라는 대표적으로 미국, 중국, 일본, 유럽연합이 있다. 다만 중국은 우주개발관련 법제가 마련되어 있지 않으므로 본 연구에서는 다루지 않는다. 이하에서는 미국, 유럽연합, 일본의 우주개발 현황 및 동향에 대하여 살펴보고자 한다.

1. 미국

미국은 민간에 지속적으로 우주개발 예산을 투입할 예정이며, 우주개발과 탐사에 관하여 국제적 선두주자를 유지하려는 목표를 가지고 있다.[10] 그리고 민간 기업들의 협력을 계속적으로 추진하고 있다. 미국의 부통령인 카밀라 해리스(Kamala Devi Harris)는 2023년 12월 미국 국가우주위원회의 제3차 회의를 소집하여 신규 우주활동 인가 및 감독체계(Novel Space Activities Authorization and supervision Framework)를 발표하였다. 동 감독체계에서는 우주규칙 설정에 있어서

---

7) Thomas Mackintosh, "Virgin Galactic: First space tourism mission after decades of promises," *BBC*, August 11, 2023, https://www.bbc.com/news/science-environment-66 468628

8) NASA, "Odysseus Lands on the Moon," February 29, 2024, https://www.nasa.gov/image-article/odysseus-lands-on-the-moon

9) Mike Wall, "SpaceX's Crew-8 Dragon capsule docks at the ISS," *Space dot com*, March 5, 2024, https://www.space.com/spacex-crew-8-iss-docking

10) Jeff Foust, "Congress passes final fiscal year 2024 spending bill for NASA, NOAA and FAA," *Space News*, March 9, 2024, https://spacenews.com/congress-passes-final-fiscal-year-2024-spending-bill-for-nasa-noaa-and-faa

국제 협력을 강화하고, 미국정부의 리더십을 유지하며, 궤도잔해 완화 표준 등의 정책을 지원해 나갈 것을 밝히고 있다. 또한 민간의 우주활동 참여를 지원하기 위한, 협력 사업으로 상업용 우주정거장 건설, 우주 내 조립 및 제조 산업 지원, 달 자원 추출 및 사용을 포함한 국제 파트너십 강화에 대한 내용이 있다.[11]

미국의 민간 우주개발과 관련하여, 미국 국무부에서는 우주 관련 외교를 담당하고, NASA에서는 우주개발을 주도하고 있다. 먼저 미국의 국무부는 신흥 우주개발국가들과의 파트너십을 확장하고 있으며, 아프리카 남부 및 남미의 국가들과 협력을 강화하고 있다. NASA의 경우, 아르테미스 계획의 조약국을 확대하고, 동 계획에 있는 달 궤도 우주정거장인 루나 게이트웨이(Lunar Gateway)를 건설하기 위한 협력 파트너십을 추진하고 있다.[12]

이러한 계획들을 통하여 미국은 민간 우주 부문의 역량을 강화하고, 관련 일자리들을 창출하여 민간 우주 부문의 혜택을 확장할 뿐만 아니라, 유연한 감독 체제를 구성하여 우주활동의 안전과 지속 가능한 개발의 균형을 맞추어 가는 정책을 추진하고 있다.[13]

2. 유럽연합

유럽의 우주개발관련 정책은 유럽 우주청(European Space Agency, 이하 'ESA'라 함)에서 추진하고 있다. ESA는 2021년 발표한 의제 2025(Agenda 2025)를 통해 유럽 내 우주관련 상업활동의 확대, 우주안전 및 보안 프로그램의 개발 등을 중점적으로 강화하도록 하고 있다.

2024년 1월 11일 ESA의 국장인 조셉 애쉬바허(Josef Aschbacher)는 언론 브리핑을 통해 2024년 ESA의 예산을 전년에 비해 10% 증가한 78억 유로로 결정했다고 발표하였다.[14] 이 중 독일이 약 11억 유로를 부담하여 가장 높게 부담하였

---

11) The White House, "FACT SHEET: U.S. Novel Space Activities Authorization and Super-vision Framework," December 20, 2023, https://www.whitehouse.gov/briefing-room/statements-releases/2023/12/20/fact-sheet-u-s-novel-space-activities-authorization-and-supervision-framework

12) NASA, "Gateway," https://www.nasa.gov/mission/gateway

13) The White House, "United States Novel Space Activities Authorization and Supervision Framework," December, 2023.

14) Jack Kuhr, "ESA's 2024 Budget Rises 10% to €7.8B," *Payload*, January 12, 2024, https://payloadspace.com/esa-2024-budget-rises-10-to-e7-8b

고, 이탈리아가 약 8억 유로, 영국이 약 5억 유로를 부담하기로 하였다. 이 예산
은 우주탐사 및 안전, 우주 상업화 등을 위해 사용될 예정이다.

3. 일본

　　일본은 우주항공연구개발기구(Japan Aerospace Exploration Agency)를 통하여
민간 우주산업을 지원하고 있다. 또한 2024년 2월 6일 우주전략기금의 기본계획
(宇宙戦略基金基本的な考え方)을 발표하며, 우주수송, 인공위성, 탐사의 세 가지 분
야에서 시장을 확대하고, 사회적인 문제를 해결하며, 새로운 영역을 개척한다는
3가지의 중점 목표를 제시하였다. 그리고 이를 위하여 2034년까지 1조 엔을 우
주관련 기술을 개발하는 일본 내 기업, 대학 및 기타 기관을 지원하는데 사용할
계획을 추진하고 있다.[15] 또한 2030년대까지 민간 발사체를 포함하여 연간 30회
의 발사를 실행할 수 있는 우주수송 시스템 구축을 목표로 삼고 있다.

　　특히 일본은 2024년 1월 20일 탐사선 슬림(SLIM)을 달 표면에 착륙시키는데
성공함으로써, 세계에서 5번째[16]로 달 착륙에 성공하였다. 또한 2024년 2월 17
일에 새로운 차세대 주력 대형 로켓인 H3의 발사를 성공하였는데, H3는 기존의
로켓보다 추진력은 40% 올렸고 비용은 50%를 줄였다. 앞으로 주력적으로 일본
의 우주 수송을 맡게 되며 아르테미스 계획에서도 활용될 계획이 있다.[17] 특히
아르테미스 계획에서 일본은 최소 2명의 우주비행사를 달에 착륙시키는 계획을
추진 중이다.

　　일본은 글로벌 우주 산업의 핵심적인 역할을 맡고 있고, 우주안보, 민간협
력, 달탐사와 같은 분야에서 우주 경쟁력을 강화하고 있으며, 국제협력의 필요성
을 강조하는 동시에 우주산업 기술 발전을 추진하고 있다.

Ⅱ. 우주개발 관련 법제

　　각 국가는 우주개발을 위한 법제를 가지고 우주개발의 방향성과 내용들을 규

---

15)　内閣府宇宙開発戦略推進事務局, “宇宙戦略基金基本的な考え方,” 令和6年2月6日, https://
　　www8.cao.go.jp/space/comittee/dai109/sankou.pdf
16)　달 착륙 국가는 미국, 소련, 중국, 인도, 일본이 있다(2024년 5월 기준).
17)　강경주, “우주 강국 일본 또 해냈다…日 신형 H3로켓 발사 성공,” 한국경제, 2024년 2월
　　17일, <https://www.hankyung.com/article/202402170355i>

정하고 있다. 특히 우주관련 분야의 선진국인 미국의 경우 일찍이 1980년대에 상업적 우주활동을 위한 우주법률들을 제정하였으며, 유럽연합은 회원국의 우주개발관련 법적 구조(Legal Framework)인 유럽 우주법 제정을 앞두고 있고, 일본은 우주기본법을 통하여 우주개발과 관련된 내용을 규정하고 있다. 본 단락에서는 미국과 유럽연합, 그리고 일본의 우주개발관련 법제에 대하여 살펴보고자 한다.

1. 미국의 상업적 우주발사경쟁력법

미국의 상업적 우주발사경쟁력법(Commercial Space Launch Competitiveness Act, 이하 'CSLCA'라 함)은 2015년 버락 오바마(Barack Obama) 정부의 우주법제 개편정책에 따라서 미국의 우주관련 법들을 개편한 법률이다. 이 법은 기존 국가주도의 우주관련 산업을 민간 우주기업으로 옮기기 위해 제정되었으며,[18] 우주활동으로 발생할 수 있는 법적 책임들을 완화하였고, 우주관련 보호제도들을 정비하였다. 미국의 상업적 우주발사, 우주자원의 탐사 등과 같은 우주와 관련된 내용들은 모두 CSLCA에서 규정하고 있다. 이하에서는 CSLCA의 입법배경과 구조, 주요 내용에 대하여 살펴보고자 한다.

가. 입법 배경

미국의 첫 번째 우주관련 법제는 1958년의 국가항공우주법(National Aeronautics and Space Act)이며 이후 1984년에는 상업적우주발사법(Commercial Space Launch Act)이 제정되었다.

상업적우주발사법은 민간기업의 위성발사와 관련한 내용들을 규정하고 있으며, 민간기업들이 우주발사를 하기 위한 상업적 조치들을 규정하고 있다. 이후 1988년과 2004년에 개정이 이루어지고 2015년 오바마 정부의 정책에 따라서 CSLCA가 제정되게 되었다.

CSLCA 제정 당시 미국 정부는 자국의 우주관련 민간기업의 발전이 상당히 진행되어 있다고 판단하여 우주산업의 경쟁력을 계속적으로 증가시키는 것을 목표로 상업우주와 관련된 법제를 마련한 것으로 볼 수 있다.[19]

---

18) The White House, "National Space Policy of the United States of America," June 28, 2010, 3.
19) H.R. 5063, 113th Cong. (2013-2014), https://www.congress.gov/bill/113th-congress/house-bill/5063

CSLCA는 몇 개의 상업적 우주관련 발의안들이 합쳐져서 입법화되었고, 2015년 11월 25일 오바마 대통령이 서명함으로써 연방 우주법 체제를 구성하게 되었다. CSLCA는 그 전문에서 이 법의 제정 목적을 밝히고 있다.

CSLCA 전문[20]
(연구자 번역본)

민간 부문의 투자를 장려하고, 보다 안정적이고 예측 가능한 규제 조건 조성 등의 목적을 위해 발전중인 상업적 우주산업의 성장을 위한 환경을 촉진한다.

이에 따르면 "민간 부분의 투자를 장려하고, 보다 안정적이고 예측 가능한 규제 조건 조성 등의 목적을 위해 발전중인 상업적 우주산업의 성장을 위한 환경을 촉진한다"고 규정하며 미국의 상업적 우주산업의 성장을 위한 법률로서 작용하도록 하고 있다.

나. CSLCA의 구조

CSLCA는 미국 연방법 제51편의 국가 및 상업 우주 프로그램(National and Commercial Space Programs) 관련 규정들을 수정하거나 추가하는 형태로 편입되었다. CSLCA는 총 4개의 편으로 구성되어 있으며, 민간 항공우주기업의 경쟁력 강화, 상업적 원격탐사, 우주상업 사무국, 우주자원의 탐사 및 이용에 관한 내용으로 구성되어 있다. CSLCA의 구조와 각각의 내용들은 다음의 <표 1-3>과 같다.

〈표 1-3〉 CSLCA의 구조[21]

편	법률구조	
제1편	민간 항공우주기업의 경쟁력 강화 Spurring Private Aerospace Competitiveness and Entrepreneurship	
	제101절 약칭 제102절 국제발사경쟁력	Sec. 101. Short title. Sec. 102. International launch com-

---

20) CSLCA 전문: To facilitate a pro-growth environment for the developing commercial space industry by encouraging private sector investment and creating more stable and predictable regulatory conditions, and for other purposes.

21) U.S. COMMERCIAL SPACE LAUNCH COMPETITIVENESS ACT, PUBLIC LAW 114-90-NOV. 25, 2015.

		petitiveness.
	제103절 우주비행참가자 보상	Sec. 103. Indemnification for space flight participant.
	제104절 발사승인의 유연성	Sec. 104. Launch license flexibility.
	제105절 승인의 보고	Sec. 105. Licensing report.
	제106절 연방관할	Sec. 106. Federal jurisdiction.
	제107절 상호면책	Sec. 107. Cross waiver.
	제108절 우주당국	Sec. 108. Space authority.
	제109절 궤도교통관리	Sec. 109. Orbital traffic management.
	제110절 우주감시 및 상황인식	Sec. 110. Space surveillance and situational awareness data.
	제111절 합의기준 및 특정안전규정 요건의 확대	Sec. 111. Consensus standards and extension of certain safety regulation requirements.
	제112절 정부 우주비행사	Sec. 112. Government astronauts.
	제113절 상업우주발사활동의 능률화	Sec. 113. Streamline commercial space launch activities.
	제114절 국제우주정거장의 운영 및 활용	Sec. 114. Operation and utilization of the ISS.
	제115절 주정부 상업발사시설	Sec. 115. State commercial launch facilities.
	제116절 우주지원차량연구	Sec. 116. Space support vehicles study.
	제117절 우주발사체계의 갱신	Sec. 117. Space launch system update.
제2편	상업적 원격탐사 Commercial Remote Sensing	
	제201절 연례보고 제202절 법정갱신보고	Sec. 201. Annual reports. Sec. 202. Statutory update report
제3편	우주상업사무국 Office of Space Commerce	
	제301절 우주상업화사무국의 명칭 변경 제302절 우주상업사무국의 기능	Sec. 301. Renaming of office of space commercialization. Sec. 302. Functions of the office of space commerce.
제4편	우주자원의 탐사 및 이용 Space Resource Exploration and Utilization	
	제401절 약칭 제402절 (미국 연방법) 제51편의 개정 제403절 외계 주권 권리의 포기[22]	Sec. 401. Short title. Sec. 402. Title 51 amendment. Sec. 403. Disclaimer of extraterritorial sovereignty.

---

22) 제403절은 미국이 천체를 포함한 외기권의 주권이나 배타적 권리, 관할권이나 소유권을 주장하지 않는다고 규정하고 있으며, 이에 따라 본 연구에서는 권리의 포기(Disclaimer)라고 번역하였다.

　　먼저 제1편은 영문의 앞 글자를 따서 SPACE Act라고 불리며, 발사승인,[23] 관할권, 상업적 우주발사활동, 우주발사체계 등과 같은 민간의 상업우주활동에 관한 전반적인 내용에 대하여 규정하고 있다. 특히 민간항공 우주기업의 책임보험조건을 완화시키며, 우주 감독당국을 명문화하여 주정부 차원에서 우주활동에 대한 관리 및 감독을 하도록 하였으며, 정부에서 활동하는 우주비행사의 지위를 명확하게 하였고, 우주비행 참가자에게도 보호 규정에 대한 예외를 인정하도록 하고 있다. SPACE Act는 이와 같이 민간항공 우주기업이 우주활동을 할 때에 필요한 법적 조치와 책임들을 규정하여 해당 기업들이 적극적으로 상업적 우주활동을 할 수 있도록 지원하고 있다.[24]

　　다음으로 제2편은 상업적 원격탐사의 보고 체계에 대한 내용을 규정하고 있다. 제60126조에는 연례보고에 대하여 규정하고 있다.

미국 연방법 제51편
(연구자 번역본)

제60126조(a)[25]
(a) 일반 사항. ―(교통부) 장관은 미국의 상업적 우주발사경쟁력법이 제정된 날로부터 180일 이내에 상원의 상업과학교통위원회와 하원의 과학우주기술위원회에 보고서를 제출하고, 그 이후에는 다음의 사항에 대하여 연례보고서를 제출하여야 한다.

　　이에 따르면 미국 교통부 장관은 연방 상원의 상업과학교통위원회(the Committee on Commerce, Science, and Transportation)와 하원의 과학우주기술위원회(the Committee on Science, Space, and Technology)에 연례보고를 하도록 규정하고 있다.

---

23) "Authorizaion"은 "license"를 통한 면허의 승인을 의미하기 때문에 본문에서는 승인으로 번역하기로 한다.

24) Hobe, Stephan, and Kuan-Wei Chen, *Legal Status of Outer Space and Celestial Bodies* (Routledge Handbook of Space Law, 2016), 39.

25) 51 U.S.C.A. § 60126(a): (a) In General.-The Secretary shall submit a report to the Committee on Commerce, Science, and Transportation of the Senate and the Committee on Science, Space, and Technology of the House of Representatives not later than 180 days after the date of enactment of the U.S. Commercial Space Launch Competitiveness Act, and annually thereafter, on-.

제3편은 우주상업사무국(Office of Space Commerce)에 관한 규정으로 사무국
의 기능에 대하여 세세하게 규정하고 있다.

> **미국 연방법 제51편**
> **(연구자 번역본)**
>
> **제50702조(c)[26]**
> (c) 사무국의 기능. ─ 사무국은 상무부 내에서 우주관련 문제, 프로그램 및 계획의 조정을 위
>   한 주요 부서가 되며, 다음을 포함한다 ─
>   (1) 미국의 우주상업 산업의 성장과 기술 발전을 촉진하기 위한 여건을 조성;
>   (2) 상무부 산하에서 우주상업정책 및 수행의 조정;
>   (3) 미국의 우주상업을 촉진하기 위하여 미국 상무부를 대표하여 미국의 정책을 개발하
>   고, 외국 국가들과 협상 진행;
>   (4) 관련기관의 작업반과 협력하여 우주상업과 관련된 미국의 지역공간 기술의 발전 촉
>   진; 및
>   (5) 연방조정국을 포함하여 우주기반 항법에 관련된 연방기관에 우주기반 항법 및 정밀
>   시간유지 시스템의 사용과 관리에 관한 정책을 제공하고 지원한다.

이에 따르면, 먼저 우주상업사무국은 미국 우주상업 산업의 성장과 기술 발
전을 위한 여건을 조성하고, 미국 상무부(Department of Commerce) 산하에서 우
주상업정책 및 수행을 조정하며, 우주상업과 관련하여 미국 상무부를 대표하고,

---

26) 51 U.S.C.A. § 50702(c):
  (c) Functions of Office. ─ The Office shall be the principal unit for the coordination of
    space-related issues, programs, and initiatives within the Department of Commerce,
    including ─
  (1) to foster the conditions for the economic growth and technological advancement
    of the United States space commerce industry;
  (2) to coordinate space commerce policy issues and actions within the Department of
    Commerce;
  (3) to represent the Department of Commerce in the development of United States
    policies and in negotiations with foreign countries to promote United States space
    commerce;
  (4) to promote the advancement of United States geospatial technologies related to
    space commerce, in cooperation with relevant interagency working groups; and
  (5) to provide support to Federal Government organizations working on Space-Based
    Positioning Navigation, and Timing policy, including the National Coordination
    Office for Space-Based Position, Navigation, and Timing.

우주상업과 관련된 미국의 지역공간 기술발전을 촉진하며, 우주기반 항법에 관한 지원을 연방조정국 및 관련 연방기관에 제공해야 한다. 즉 제3편은 우주상업 사무국이 연방정부 및 관련기관에 우주상업의 발전을 위하여 지원해야 되는 내용을 담고 있다.

제4편은 우주자원의 탐사 및 이용에 관한 내용을 담고 있다. 여기에서는 소행성자원과 우주자원의 정의 및 권리에 대한 규정이 포함되어 있다. 제402절에서는 미국 연방법 제51편 제5부의 개정에 대하여 규정하고 있는데, 정의규정과 상업적 탐사 및 회수[27] 그리고 소행성자원과 우주자원의 권리에 대하여 규정하도록 하고 있다.

2. 유럽연합의 우주개발관련 법제

유럽연합의 국가들은 개별적으로 우주관련 법률을 가지고 있지만 아직까지 유럽연합 전체의 우주관련 내용을 규율하는 법은 시행되고 있지 않으며, 다만 유럽연합 우주법(European Union Space Law)이 시행되면 유럽연합의 우주관련 활동을 규율할 것으로 기대된다. 기존 유럽연합의 회원국들은 각각의 국가들이 ESA나 유럽 기상위성기구(European Organisation for the Exploitation of Meteorological Satellites) 등 정부간 기구를 통하여 우주관련 활동을 수행하였다. 이후 2007년 유럽연합 이사회와 ESA의 공동 회의에서 유럽우주정책에 관한 결의안이 채택되었고, 2021년부터 유럽연합 우주프로그램(European Union Space Programme)[28]을 통해 유럽연합의 우주관련 기본 비전과 전략을 제시하고, 보안 및 방어, 우주 접근 및 탐사와 같은 문제를 다루고 있다.

가. 우주활동 규범의 구조

유럽연합은 회원국들이 동의한 부분에서 초국가적인 권한을 가지고 있으며, 이를 통하여 유럽연합 회원국들을 규율하는 지침(Directive)이나 규정(Regulation)[29] 등을 정하고 있다. 유럽연합 기능조약(The Treaty on the Functioning of the

---

27) 미국 연방법에서 회수(recovery)란 광물자원을 채취(채굴)하는 것을 의미한다.

28) Regulation (EU) 2021/696 of the European Parliament and of the Council of 28 April 2021 establishing the Union Space Programme and the European Union Agency for the Space Programme and repealing Regulations (EU) No 912/2010, (EU) No 1285/2013 and (EU) No 377/2014 and Decision No 541/2014/EU.

European Union, 이하 '기능조약'이라 함) 제4조 제3항에서는 우주분야 연구, 기술개
발의 권한에 대하여 규정하고 있다.

> 유럽연합 기능조약
> (연구자 번역본)
>
> 제4조 제3항[30]
> 유럽연합은 연구, 기술개발 및 우주분야에서 활동을 수행할 권한을 가지며, 특히 프로그램을
> 수립하고 이행할 수 있는 권한을 가진다. 그러나 이러한 권한의 행사는 회원국의 활동을 방해
> 하지 않는다.

　동규정에 따르면 유럽연합은 연구, 기술개발 및 우주분야에서 프로그램을
수립하고 이행할 권한을 가지고 있다고 규정하며 유럽연합이 각각의 회원국에
대한 우주 프로그램의 수립 및 이행에 대한 권한을 가지고 있음을 규정하고 있
다. 그러나 동법 제4조 제3항 하단에서는 "이러한 권한의 행사는 회원국의 활
동을 방해하지 않는다"라고 규정하고 있으므로 병행적 권한이라고 할 수 있
다.[31] 즉 권고적 성격을 가지고 있는 것으로 해석할 수 있다. 이어서 기능조약
제189조는 유럽연합이 우주분야에서 가지고 있는 권한을 구체적으로 규정하고
있다.

---

29) 유럽연합에서 규정은 모든 회원국들의 이행과 결과에 대하여 일반적으로 적용되는 구속
　　력을 가지고 있으며, 지침은 이행의 형식이나 방법은 자유롭지만 결과에 대하여만 구속
　　력을 가지고 있다. 본 연구에서는 유럽연합의 "regulation"은 규정으로 하고, 다른 국가의
　　"regulation"은 법으로 번역하기로 한다.
30) The Treaty on the Functioning of the European Union, Article 4(3) : In the areas of
　　research, technological development and space, the Union shall have competence to
　　carry out activities, in particular to define and implement programmes; however, the
　　exercise of that competence shall not result in Member States being prevented from
　　exercising theirs.
31) Von der Dunk Frans, *European Space Law* (Edward Elgar Publishing, 2015), 257.

유럽연합 기능조약
(연구자 번역본)

제189조[32]
1. 유럽연합은 과학적 및 기술적 진보, 산업 경쟁력 및 정책의 이행을 촉진하기 위하여 유럽 우주정책을 수립해야 한다. 이를 위해 공동의 계획을 추진하고, 연구 및 기술개발을 지원 하며, 우주 탐사 및 개발에 필요한 노력을 조정할 수 있다.
2. 제1항에 언급된 목표를 달성하기 위하여 유럽 의회와 이사회는 일반적인 입법 절차에 따 라 필요한 조치를 수립해야 하고, 이러한 조치는 유럽 우주 프로그램의 형식을 취할 수 있 으며, 이 때에 회원국의 법률과 규정의 조절은 제외한다.
3. 유럽연합은 유럽 우주청과 적절한 관계를 수립해야 한다.
4. 본 조항은 본 장의 다른 조항에 영향을 미치지 않는다.

　　먼저 제1항에서는 유럽연합이 과학적 및 기술적 진보, 산업 경쟁력 및 정책 의 이행을 촉진하기 위해서 유럽 우주정책을 수립해야 한다고 규정하며, 이를 위 해서 연구 및 기술개발을 지원하고 우주의 탐사 및 개발에 필요한 노력을 조정 할 수 있다고 규정하고 있다. 즉 유럽연합은 과학 분야뿐만이 아닌 산업(상업)적 분야에서도 그 권한을 가지고 있는 것으로 해석할 수 있다. 이어서 제2항에서는 제1항의 목적을 달성하기 위하여, 유럽의회와 이사회는 일반적인 입법 절차에 따라 필요한 조치를 수립해야 하지만, 회원국들의 법과 규정의 조절에 대한 내용 은 제외한다고 규정하고 있다. 이는 특정 회원국들은 이미 우주의 탐사나 국방

---

32) The Treaty on the Functioning of the European Union, Article 189:
　　1. To promote scientific and technical progress, industrial competitiveness and the implementation of its policies, the Union shall draw up a European space policy. To this end, it may promote joint initiatives, support research and technological development and coordinate the efforts needed for the exploration and exploitation of space.
　　2. To contribute to attaining the objectives referred to in paragraph 1, the European Parliament and the Council, acting in accordance with the ordinary legislative pro−cedure, shall establish the necessary measures, which may take the form of a European space programme, excluding any harmonisation of the laws and regu−lations of the Member States.
　　3. The Union shall establish any appropriate relations with the European Space Agency.
　　4. This Article shall be without prejudice to the other provisions of this Title.

체계과 같은 법률들을 가지고 있으며, 룩셈부르크의 경우는 자체적으로 우주 발사능력이 없지만 우주자원에 관한 법률을 가지고 있으므로, 만약 이러한 법률들의 조화를 이루기 위해서는 보다 많은 노력과 협의를 필요로 하기 때문이다. 유럽연합은 이러한 노력과 협의를 통하여 통일적인 법의 규정을 만드는 것보다는 회원국 각각이 입법한 우주관련 법제를 존중하여 회원국들이 독자적으로 우주활동을 수행할 수 있도록 하고 있다. 또한 이어서 우주 프로그램에 필요한 조치를 수립할 수 있다고 규정하고 있다.

ESA는 독자적인 정부간 국제기구이며 유럽연합과는 구별되는 별개의 기관이다. 그러므로 ESA는 회원국에 대하여 법적 구속력 있는 조치를 할 수는 없으며, 다만 유럽연합 회원국들의 우주 프로그램을 관리할 수 있도록 하고 있다. 유럽우주기구 설립을 위한 협약(Convention for the Establishment of a European Space Agency, 이하 'ESA 협약'이라 함) 제2조에서는 ESA의 설립 목적을 밝히고 있다.

유럽우주기구 설립을 위한 협약
(연구자 번역본)

제2조[33]
이 기구의 목적은 유럽 국가들 간의 우주연구 및 기술, 우주 응용 분야에서 평화적인 목적으로 협력을 촉진하고, 과학적 목적과 우주 응용 시스템의 이용을 목적으로:
a. 유럽의 장기적인 우주 정책을 정교화 및 시행하며, 회원국에 우주 목표를 제시하고, 다른 국가 및 국제기구, 기관과 관련하여 회원국의 정책을 조정하며;
b. 우주 분야의 활동과 프로그램을 정교화 및 시행하며;
c. 유럽 우주 프로그램과 국가의 프로그램을 조정하고, 특히 응용 위성의 개발과 관련하여 점진적이고 가능한 한 완전히 유럽 우주 프로그램에 통합하여;
d. 프로그램에 적합한 산업 정책을 정교화하고 시행하며, 회원국에 일관된 산업 정책을 제시하는 것에 있다.

---

33) Convention for the Establishment of a European Space Agency Article 2: The purpose of the Agency shall be to provide for and to promote, for exclusively peaceful purposes, cooperation among European States in space research and technology and their space applications, with a view to their being used for scientific purposes and for operational space applications systems:
    a. by elaborating and implementing a long-term European space policy, by re-

즉 ESA의 설립 목적은 우주연구 및 우주 응용분야에서 유럽 국가 간의 협력을 평화적인 목적으로 촉진하는 것에 있다.

ESA는 동협약 제5조 제1항에서 우주활동 전반에 대한 활동을 의무적 활동과 선택적 활동으로 나누어서 규정하고 있다.

유럽우주기구 설립을 위한 협약
(연구자 번역본)

제5조 제1항[34]

1. 본 기구의 활동은 모든 회원국이 참여해야 하는 의무적인 활동과 회원국이 공식적으로 참여하지 않겠다고 선언하는 선택적인 활동이 있다.

   a. 의무적인 활동과 관련하여 기구는 다음을 보장하여야 한다.:

      ⅰ. 교육, 문서화, 미래사업 및 기술개발과 관련된 연구의 기본적인 활동의 실행

      ⅱ. 위성 및 기타 우주 시스템을 포함한 과학 프로그램의 정교화 및 실행

      ⅲ. 관련 정보를 수집하여 회원국에 배포하고, 격차와 중복 활동에 주의를 기울이며, 국제 및 국가 프로그램의 조화를 위해 조언과 지원 제공

      ⅳ. 우주기술 운영자들과 정기적으로 연락을 유지하고 요구사항을 파악.

   b. 선택적 활동과 관련하여 기구는 부속서 Ⅲ의 규정에 따라 다음을 포함할 수 있는 프로그램의 실행을 보장해야 한다.:

      ⅰ. 위성 및 기타 우주 시스템의 설계, 개발, 건설, 발사, 궤도 배치 및 제어;

      ⅱ. 발사시설 및 우주수송시스템의 설계, 개발, 건설 및 운영.

---

commending space objectives to the Member States, and by concerting the policies of the Member States with respect to other national and international organisations and institutions;

b. by elaborating and implementing activities and programmes in the space field;

c. by coordinating the European space programme and national programmes, and by integrating the latter progressively and as completely as possible into the European space programme, in particular as regards the development of applications satellites;

d. by elaborating and implementing the industrial policy appropriate to its programme and by recommending a coherent industrial policy to the Member States.

34) Convention for the Establishment of a European Space Agency Article 5, 1:

   1. The activities of the Agency shall include mandatory activities, in which all Member States participate, and optional activities, in which all Member States participate apart from those that formally declare themselves not interested in participating therein.

회원국들은 동조항에 따라 의무적 활동에 참여해야 하는 법적인 의무를 가지고 있는데, 법적인 의무는 우주활동으로 얻게 된 정보를 수입하여 회원국들과 공유하고, 국제 프로그램과 국가 프로그램의 조화를 위한 조언과 지원을 제공할 것을 포함하고 있으며, 이러한 내용은 기술력을 가진 국가와 그렇지 못한 국가 간의 공동의 발전을 위한 균형적 배분으로 볼 수 있다.

나. 유럽연합 우주법

유럽연합은 2024년 4월 기준 포괄적 유럽 우주법을 제정하는 과정중에 있으며, 아직까지 그 초안이 공개되지 않았으므로 본 단락에서는 유럽 의회(European Commission)의 회의자료를 통하여 유럽연합 우주법의 내용에 대하여 기술해 보고자 한다.

유럽연합은 유럽 우주법의 제정을 통하여 유럽연합 회원국들 간의 우주활동 규제를 통일하고, 우주산업의 경쟁력을 강화하며, 글로벌 협력 확대를 촉진하려는 목적을 가지고 있다. 이 법의 제정 목적은 우주를 위한 진정한 유럽연합 단일시장의 구축에 있으며, 이는 앞서 살펴보았던 바와 같이 유럽연합 전체를 규율하는 규정이나 지침이 없기 때문에, 각각의 유럽연합의 회원국들은 서로 상이한 우주관련 국내법을 가지고 있고, 이러한 문제를 해결하기 위해 유럽연합 우주법을 제정하고 있다. 즉 유럽연합은 우주활동과 관련된 공동 규칙을 정함으로써 유럽

---

a. With respect to the mandatory activities, the Agency shall:
   ⅰ. ensure the execution of basic activities, such as education, documentation, studies of future projects and technological research work;
   ⅱ. ensure the elaboration and execution of a scientific programme including satellites and other space systems;
   ⅲ. collect relevant information and disseminate it to Member States, draw attention to gaps and duplication, and provide advice and assistance for the harmonisation of international and national programmes;
   ⅳ. maintain regular contact with the users of space techniques and keep itself informed of their requirements.
b. With respect to the optional activities, the Agency shall ensure, in accordance with the provisions of Annex III, the execution of programmes which may, in particular, include:
   ⅰ. the design, development, construction, launching, placing in orbit, and control of satellites and other space systems;
   ⅱ. the design, development, construction, and operation of launch facilities and space transport systems.

우주시장의 통일성을 확보하는 동시에 경쟁력을 강화하기 위한 방안을 추진하고 있다.[35)]

유럽 우주법은 크게 안전(safety), 피해 복원력(resilience), 지속가능성(sustainability)이라는 3개 부분으로 구성되어 있으며, 이하에서는 그 각각의 내용에 대하여 살펴보고자 한다.

먼저 안전 부분은 우주의 교통관리를 개선하여 충돌의 위험을 줄이는 것을 목표로 하고 있으며, 이를 위한 입법 표준화를 제시할 것으로 여겨진다. 이를 통하여 우주교통과 관련된 분야의 규칙을 작성하고, 감독에 관한 사항을 규정하여, 사고를 예방하는 것에 그 목표를 두고 있다.[36)]

다음으로 피해 복원력은 우주공간에 배치된 자산의 시스템이 손상되거나 해킹된 경우에 이를 신속하게 복구할 수 있는 능력에 대한 규정이다.[37)] 상세한 내용은 나와 있지 않지만 통일된 접근 방식을 통하여 피해 복원성과 안전성, 그리고 보안성을 높일 것으로 예상된다.

마지막으로 지속가능성은 궤도와 시스템을 보존하여 우주활동의 장기적인 수행을 지속하게 하는 것으로, 특히 환경 보호에 대한 내용을 규정하여, 우주활동에서 발생할 수 있는 부정적인 영향을 최소화할 것을 목표로 하고 있다.[38)] 즉 궤도에 있는 우주 잔해와 재진입으로 인한 환경 및 건강의 위험을 줄여서 지속가능한 우주활동의 구축을 목표로 하고 있다. 이 외에 기본권으로 아직 우주에 진출하지 않은 EU 국가들의 장기적인 접근을 보장하도록 규정할 것으로 예상할 수 있다.

이처럼 유럽연합의 우주법은 우주개발과 관련된 부분에 있어서 회원국들에 통일된 법적 기틀을 제공하는 것을 목표로 하고 있으며, 위의 세 가지 부분을 통하여 유럽연합 회원국들에게 공통된 우주산업 발전의 방향성을 제시하려 하고 있다.

3. 일본의 우주개발관련 법제

일본은 우주기본법(宇宙基本法)을 통하여 우주의 개발 및 이용에 관한 기본

---

35) European Parliament, "Legislative Train," February, 2024, 1.
36) European Commission, Ref. Ares(2023)7052281, 2.
37) ibid, 2.
38) ibid, 3.

적인 내용들을 규정하고 있으며, 우주개발과 관련된 시책, 계획, 법제의 정비와 같은 내용들을 규정하고 있다. 이하에서는 일본의 우주기본법의 주요 구조와 내용에 대하여 살펴보고자 한다.

가. 우주기본법의 기본 구조

일본의 우주기본법은 2008년 제정되었으며, 2021년 개정되었고, 일본의 우주개발 및 이용에 관하여 기본적인 법적 구조를 제시하고 있다. 이 법은 2008년 5월 일본 국회를 통과하여 동년 8월부터 시행되었으며, 총 5개의 장으로 구성되어 있다. 각 장은 총칙, 기본적 시책, 우주 기본계획, 우주개발 전략본부, 우주활동에 관한 법제의 정비로 나누어서 각각의 내용에 대하여 상세하게 규정하고 있다. 일본 우주기본법의 주요 구조는 아래의 <표 1-4>와 같다.

〈표 1-4〉 일본 우주기본법의 구조

장	제목	내용
1장	총칙	법의 입법목적, 우주의 평화적 이용, 국제협력 등과 같은 기본적인 내용
2장	기본적 시책	인공위성의 이용, 안전확보, 민간사업자에 의한 우주개발이용의 촉진, 환경 보전 등에 관한 내용
3장	우주 기본계획	우주개발의 계획적인 추진을 위하여 우주개발이용에 관한 계획을 세우도록 하는 내용
4장	우주개발 전략본부	우주개발 전략본부의 수립 및 업무분장에 관한 내용
5장	우주활동에 관한 법제의 정비	우주활동에 관한 법제를 정비하도록 하는 내용

먼저 동법 제1조는 이 법의 목적에 대하여 규정하고 있는데 이에 따르면 과학기술의 발전 및 우주의 개발과 이용의 중요성이 증가함에 따라, 일본의 우주개발이용의 역할을 확대하기 위하여, 이와 관련된 기본이 되는 사항을 정하고, 국민의 생활 향상 및 경제사회 발전에 기여하기 위하여 동법을 제정하였다고 밝히고 있다. 그리고 이러한 목적을 바탕으로 ① 우주개발이용에 관한 기본적 이념, ② 기본적 시책, ③ 우주개발이용의 기관, ④ 체제의 검토에 관한 내용을 법률로 정하고 있다.

나. 우주기본법의 주요 내용

일본의 우주기본법은 우주개발의 관한 기본적 이념을 근거로 하여 주요 내용을 구성하고 있다. 이러한 기본이념은 우주기본법 전체의 규정에서 찾아볼 수 있는데, 법률 적용의 가장 중요한 기본이념으로서 작용하고 있다.[39] 그 내용을 정리하면 다음의 다섯 가지로 나눌 수 있다.

첫 번째는 우주의 평화적 이용에 관한 내용이다. 이에 관련된 내용은 동법 제2조에서 규정하고 있다.

일본 우주기본법
(연구자 번역본)

제2조[40]
우주개발 및 이용은 달 및 그 밖의 천체를 포함한 우주공간의 탐사 및 이용에 있어서 국가활동을 규율하는 원칙에 관한 조약 등 우주개발이용에 관한 조약 및 그 밖의 국제합의가 정하는 바에 따라 일본 헌법의 평화주의 이념에 입각하여 실시한다.

동법 제2조에서는 우주의 개발과 이용은 달과 기타 천체를 포함하여, 국가활동을 규율하는 조약이나 국제합의가 정하는 바에 따라 행하여야 한다고 규정하고 있다. 우주조약 전문에서는 평화적 목적을 위한 외기권의 탐사와 이용에 협조하여야 한다고 규정하고 있는데, 이 조항은 이러한 우주조약의 규정을 따라 우주를 평화적으로 이용해야 하며, 국제우주법의 관련 규정을 준수할 것을 요구하고 있다.

두 번째는 생활과 발전에 관한 내용이다. 이 내용은 동법 제3조와 제5조에

---

39) 青木節子, "宇宙基本法", ジュリスト 1363号, 2008年, 36頁~37頁.
40) 일본 우주기본법 제2조: この法律は´科学技術の進展その他の内外の諸情勢の変化に伴い´宇宙の開発及び利用（以下「宇宙開発利用」という°）の重要性が増大していることにかんがみ´日本国憲法の平和主義の理念を踏まえ´環境との調和に配慮しつつ´我が国において宇宙開発利用の果たす役割を拡大するため´宇宙開発利用に関し´基本理念及びその実現を図るために基本となる事項を定め´国の責務等を明らかにし´並びに宇宙基本計画の作成について定めるとともに´宇宙開発戦略本部を設置すること等により´宇宙開発利用に関する施策を総合的かつ計画的に推進し´もって国民生活の向上及び経済社会の発展に寄与するとともに´世界の平和及び人類の福祉の向上に貢献することを目的とする°

서 규정하고 있다.

> 일본 우주기본법
> (연구자 번역본)
>
> 제3조[41)]
> 우주개발이용은 국민생활의 향상, 안전하고 안심하며 살 수 있는 사회의 형성, 재해, 빈곤, 그 밖에 인간의 생존과 생활에 대한 다양한 위협의 제거, 국제사회의 평화 및 안전의 확보와 일본의 안전보장에 이바지하도록 실시되어야 한다.

　　제3조에서는 우주의 개발 및 이용은 국민생활을 향상시키고, 인간의 생존 및 생활에 대한 위협을 제거해야 하며 일본의 안전보장에 도움이 되도록 행하여야 한다고 규정하고 있다.

> 일본 우주기본법
> (연구자 번역본)
>
> 제5조[42)]
> 우주개발이용은 우주와 관련된 지식의 집적이 인류의 지적 자산이라는 점에 비추어, 첨단적인 우주개발이용의 추진 및 우주과학의 진흥 등을 통해 인류 우주에 대한 꿈 실현 및 인류사회의 발전에 이바지하도록 실시되어야 한다.

　　제5조에서는 우주개발이용은 인류사회의 발전에 기여하도록 행하여야 한다고 규정하고 있다. 이 두 조항을 통하여 일본의 우주개발과 이용은 과학기술 연구개발 분야에 국한되지 않고, 국제평화와 국가안보를 지키는 것에 사용될 수 있다. 이러한 이념은 민간의 우주활동과 안전보장이라는 두 가지 목적이 담겨 있다.[43)]

---

41) 일본 우주기본법 제3조: 宇宙開発利用は´国民生活の向上´安全で安心して暮らせる社会の形成´災害´貧困その他の人間の生存及び生活に対する様々な脅威の除去´国際社会の平和及び安全の確保並びに我が国の安全保障に資するよう行われなければならない。
42) 일본 우주기본법 제5조: 宇宙開発利用は´宇宙に係る知識の集積が人類にとっての知的資産であることにかんがみ´先端的な宇宙開発利用の推進及び宇宙科学の振興等により´人類の宇宙への夢の実現及び人類社会の発展に資するよう行われなければならない。
43) 秦嗣权, "日本《宇宙基本法》探析", 阴山学刊: 社会科学版第28卷, 第5号, 2015年, 97頁.

세 번째는 산업의 진흥에 관한 내용이다. 이는 동법 제4조에서 규정하고 있다.

> **일본 우주기본법**
> **(연구자 번역본)**
>
> **제4조[44]**
> 우주개발이용은 우주개발이용의 적극적이고 계획적인 추진, 우주개발이용에 관한 연구개발 성과의 원활한 기업화 등에 의해 일본의 우주산업, 그 밖의 산업의 기술력 및 국제경쟁력의 강화를 가져와 일본 산업의 진흥에 이바지하도록 실시되어야 한다.

동조에 따르면, 우주개발의 이용은 적극적이고 계획적으로 추진해야 하며, 연구개발 성과의 원활한 기업화 등을 통하여 일본이 우주산업과 관련하여 국제적 경쟁력을 가지고 일본 산업 진흥에 기여하여야 한다고 규정하고 있다. 이는 우주공간의 대외 사업화와 비정부 기구의 우주참여에 대한 내용이며, 이러한 비정부 기구는 국가와 밀접한 관계를 맺어온 대기업뿐만이 아니라 우주산업 시장에 새로 뛰어든 중소기업에도 적용될 수 있는 규정이다.

네 번째는 국제협력에 대한 내용으로 동법 제6조에서 규정하고 있다.

> **일본 우주기본법**
> **(연구자 번역본)**
>
> **제6조[45]**
> 우주개발이용은 우주개발이용에 관한 국제협력, 우주개발이용에 관한 외교 등을 적극적으로 추진함으로써, 일본의 국제사회에서의 역할을 적극적으로 수행하는 동시에, 국제사회에서 일본의 이익 증진에 기여하도록 실시되어야 한다.

---

44) 일본 우주기본법 제4조: 宇宙開発利用は´宇宙開発利用の積極的かつ計画的な推進´宇宙開発利用に関する研究開発の成果の円滑な企業化等により´我が国の宇宙産業その他の産業の技術力及び国際競争力の強化をもたらし´もって我が国産業の振興に資するよう行われなければならない。

45) 일본 우주기본법 제6조: 宇宙開発利用は´宇宙開発利用に関する国際協力´宇宙開発利用に関する外交等を積極的に推進することにより´我が国の国際社会における役割を積極的に果たすとともに´国際社会における我が国の利益の増進に資するよう行われなければならない。

제19조⁴⁶⁾

> 국가는 우주개발이용 분야에서 일본의 국제사회에서의 역할을 적극적으로 수행하는 동시에 국제사회에서 일본의 이익을 증진하기 위하여, 우주개발이용과 관련된 연구개발을 위한 국제적인 연계, 국제적인 기술협력, 그 밖의 국제협력을 추진하는 동시에 일본의 우주개발이용에 대한 여러 나라의 이해를 높이기 위하여 필요한 시책을 강구한다.

제6조에서는 우주개발이용에 관한 국제협력, 외교 등을 적극적으로 추진하여 일본이 국제사회에서 적극적으로 참여하여야 한다고 규정하며, 이를 통해서 일본의 이익 증진에 기여하여야 한다고 규정하고 있다. 즉 일본의 정치·외교의 능력을 높이는 것도 우주개발 이념의 목표 중 하나로 설정하여 국가적으로 지원할 수 있도록 규정하고 있다. 이에 따라 동법 제19조에서 일본은 우주개발 연구를 위한 국제적 협력을 추진하여야 한다고 규정하며, 우주외교 또한 우주개발을 위한 기본이념으로 작동하도록 규정하고 있다.

마지막은 우주개발이용이 우주환경에 미치는 영향에 대한 내용으로, 동법 제7조와 제20조에서 규정하고 있다.

일본 우주기본법
(연구자 번역본)

제7조⁴⁷⁾

> 우주개발이용은 우주개발이용이 환경에 미치는 영향을 고려하여 이루어져야 한다.

제20조⁴⁸⁾

> 1. 국가는 환경과의 조화를 배려한 우주개발이용을 추진하기 위하여 필요한 시책을 강구한다.
> 2. 국가는 우주환경을 보전하기 위한 국제적 연계를 확보하도록 노력한다.

---

46) 일본 우주기본법 제19조: 国は´宇宙開発利用の分野において´我が国の国際社会における役割を積極的に果たすとともに´国際社会における我が国の利益を増進するため´宇宙開発利用に関し´研究開発のための国際的な連携´国際的な技術協力その他の国際協力を推進するとともに´我が国の宇宙開発利用に対する諸外国の理解を深めるために必要な施策を講ずるものとする。

47) 일본 우주기본법 제7조: 宇宙開発利用は´宇宙開発利用が環境に及ぼす影響に配慮して行われなければならない。

동법 제7조는 우주의 개발과 이용은 환경에 미치는 영향을 고려하여 이루어
져야 한다고 규정하고 있다. 또한 제20조 제1항에서는 우주환경 보전을 위한 국
제협력을 위하여 노력하여야 하며, 제2항에서는 우주의 환경을 보전하기 위한
국제적인 연계를 확보하여야 한다고 규정하고 있다.

우주개발과 환경보호의 기본이념을 실천하기 위해서는 국가의 강력하고 자
립적인 우주개발 능력이 전제되어야 하는데, 이와 관련된 내용은 동법 제17조,
제21조, 제22조에서 규정하고 있다.

일본 우주기본법
(연구자 번역본)

제17조[49]
국가는 우주개발이용에 관한 기술의 신뢰성을 유지 및 향상시키는 것의 중요성에 비추어 우주
개발이용에 관한 기초연구 및 기반적 기술의 연구개발 추진, 그 밖의 필요한 시책을 강구한다.

제21조[50]
국가는 우주개발이용을 추진하기 위하여 대학, 민간사업자 등과 긴밀한 연대협력을 도모하면서
우주개발이용과 관련한 인재의 확보, 양성 및 자질 향상을 위하여 필요한 시책을 강구한다.

제22조[51]
국가는 국민이 우주개발이용에 관한 이해와 관심을 높이도록 우주개발이용에 관한 교육 및 학
습의 진흥, 홍보활동의 강화, 그 밖에 필요한 시책을 강구한다.

---

48) 일본 우주기본법 제20조: 国は，環境との調和に配慮した宇宙開発利用を推進するために
必要な施策を講ずるものとする。 2 国は，宇宙の環境を保全するための国際的な連携を
確保するように努めるものとする。

49) 일본 우주기본법 제17조: 国は，宇宙開発利用に関する技術の信頼性の維持及び向上を図
ることの重要性にかんがみ，宇宙開発利用に関する基礎研究及び基盤的技術の研究開発
の推進その他の必要な施策を講ずるものとする。

50) 일본 우주기본법 제21조: 国は，宇宙開発利用を推進するため，大学，民間事業者等と緊
密な連携協力を図りながら，宇宙開発利用に係る人材の確保，養成及び資質の向上のた
めに必要な施策を講ずるものとする。

51) 일본 우주기본법 제22조: 国は，国民が広く宇宙開発利用に関する理解と関心を深めるよ
う，宇宙開発利用に関する教育及び学習の振興，広報活動の充実その他の必要な施策を
講ずるものとする。

　먼저 제17조는 기초연구를 강화하여 기반적 기술의 연구개발을 추진하고, 그 밖의 필요한 시책을 강구해야 한다고 규정하고 있다. 이어서 제21조에서는 우주개발이용을 추진하기 위하여 대학, 민간사업자 등과 긴밀한 협력을 추진하고, 위한 전문인력을 양성하여야 한다고 규정하며, 제22조에서 국민의 이해와 관심을 높이기 위하여 우주개발을 위한 교육과 학습을 활성화하도록 규정하고 있다.

　이어서 일본의 우주기본법 제35조에서는 우주활동과 관련한 규제, 조약, 국제합의의 실시를 위한 법제의 정비를 추진하도록 규정하여 일본의 우주관련 입법에 대한 내용을 규정하고 있다.

일본 우주기본법
(연구자 번역본)

제35조[52)]
1. 정부는 우주활동과 관련한 규제, 그 밖에 우주개발이용에 관한 조약, 그 밖의 국제합의를 실시하기 위하여 필요한 사항 등에 관한 법제의 정비를 종합적이고 계획적으로 신속히 실시하여야 한다.
2. 전항의 법제 정비는 국제사회에서의 일본의 이익 증진 및 민간의 우주개발이용 추진에 이바지하도록 실시한다.

　동조항을 통하여 일본 정부가 우주활동과 관련된 규제, 기타 우주개발이용에 관한 조약 및 국제합의를 실시하기 위하여 필요한 사항 등에 관한 법제의 정비를 신속하게 실시하도록 규정하고 있다. 이러한 내용을 종합하여 보았을 때에, 일본은 우주기본법을 통하여 우주활동과 관련된 기본이념들을 제시하고, 이러한 이념을 바탕으로 우주관련 법제를 구축하도록 하고 있다.

---

52) 일본 우주기본법 제35조: 政府は゛宇宙活動に係る規制その他の宇宙開発利用に関する条約その他の国際約束を実施するために必要な事項等に関する法制の整備を総合的゛計画的かつ速やかに実施しなければならない゜2 前項の法制の整備は゛国際社会における我が国の利益の増進及び民間における宇宙開発利用の推進に資するよう行われるものとする゜

제2절 우리나라 우주개발 상황

우리나라는 자력으로 우주발사체와 인공위성을 제작하고 발사할 수 있는 국가로, 2022년 누리호를 발사하며 전 세계에서 11번째로 우주물체 자력 발사국이 되었다. 또한 정책적으로는 우주개발사업을 지원하기 위한 예산을 배정하고 있고, 법적으로는 우주개발진흥법, 우주손해배상법 등과 같은 법률을 통하여 우주개발 과정에서 발생할 수 있는 사항들을 규정하고 있다. 본 절에서는 우리나라의 우주개발의 현황과 동향, 그리고 우주개발관련 법제에 대하여 살펴보고자 한다.

Ⅰ. 우주개발 현황 및 동향

우리나라는 1992년 우리별 1호를 시작으로 우주개발을 시작하였다. 1999년 우리나라의 우주개발 예산은 약 900억 원이었지만 2006년에는 3천억 원이 넘었으며, 2022년에는 7,340억 원, 2023년에는 8,742억 원에 도달하며 우주개발과 관련하여 지속적인 투자를 하고 있다. 우리나라는 한국형 위성항법시스템의 개발사업 및 다목적 실용위성의 개발, 그리고 차세대 발사체 개발사업 등을 주력으로 추진하고 있으며, 한국형 위성항법 시스템은 전체 예산의 약 21%를 사용하였고, 위성체 제작은 약 35%, 발사체는 약 17%의 예산을 사용하였다.[53]

우리나라는 2023년에 총 13개의 위성체 제작 관련 사업을 진행하였으며, 이중 민간과 관련된 부분은 11개, 국방과 관련된 부분은 2개이다. 민간 부분의 경우 국가 재난, 재해의 예방 목적으로 위성 및 다목적 위성, 위성 군집시스템과 같은 위성들을 개발하고 있으며, 국방 부분은 정찰용 레이더 위성처럼 한반도 주변을 감시하는 위성들을 개발하고 있다.[54] 발사체와 관련하여 2021년 누리호 1차 시험발사를 시작으로, 한국형 발사체의 고도화 사업을 추진하고 있으며, 2023년 5월에는 누리호 3차 발사를 성공하며 발사체 관련 기술의 완성도 및 안정성을 입증하였다.

우리나라는 2027년까지 우주개발 예산을 1조 5,000억 원 이상 확대하고

---

53) 과학기술정보통신부, "2023 우주산업실태조사", 거대공공연구정책과, 2023년, 231면~232면.
54) 과학기술정보통신부, 앞의 보고서, 236면.

2045년까지 100조 원의 투자를 끌어낼 계획을 갖고 우주산업 육성을 위한 정책을 추진하고 있다.[55]

특히 2024년 5월 우주항공청의 설립을 통하여 우주 강국으로서의 도약 및 우주시대의 개막을 추진하고 있으며, 우주항공 분야의 경쟁력을 제고하고, 우주산업 활성화를 추진하고 있다.[56] 우주항공청은 과학기술정보통신부의 외청인 중앙행정기관으로 운영하며, 우주항공정책, 연구개발, 산업육성, 민군협력, 국제협력 등의 업무를 수행한다. 정부는 우주항공청을 통하여 혁신 우주항공 기업 육성 및 일자리를 창출하고, 정부의 투자 규모를 확대하여 세계시장 10%의 전유를 목표로 하고 있다.[57] 2022년 11월 윤석열 대통령은 미래 우주경제 로드맵을 발표하며 2032년에 달 착륙 및 자원채굴을 진행하겠다는 계획을 발표했다. 또한 민간기업의 협력을 통하여 우리나라 경제의 새로운 성장동력을 마련하고, 2045년에는 화성 탐사를 목표로 하고 있다.

우주개발 시대가 본격적으로 열리면서 우리나라 또한 우주항공청의 설립을 통해 우주경쟁에 본격적으로 뛰어들어가고 있다. 이를 위하여 차세대 발사체, 위성과 관련된 기술개발을 지원하고 있으며, 우주 선진국들을 따라잡기 위한 정책들을 추진하고 있다.

II. 우주개발 관련 법제

우리나라의 우주관련 전문 법률은 우주개발진흥법, 우주손해배상법, 항공우주산업개발 촉진법이 있으며, 그 외에 기상법, 전파법 등에 우주와 관련된 사항들을 포함하고 있다. 이 중 우주개발과 관련된 법률은 우주개발진흥법이다.

우주개발진흥법은 2005년 5월에 공포되고 동년 12월 1일에 발효되었으며, 동법을 통하여 우주개발에 대한 기반을 갖추게 되었다. 우주개발진흥법은 우주개발을 촉진하고, 우주물체를 효율적으로 관리하여 우주공간의 평화적 이용과

---

55) 이상헌, "2027년까지 우주개발 예산 1조 5,000억 이상 확대", 동아일보, 2024년 3월 14일, <https://www.donga.com/news/Politics/article/all/20240313/123961047/1>

56) 대한민국 정책브리핑, "윤석열 대통령, 미래 우주경제 로드맵 발표", 2022년 11월 28일, <https://www.korea.kr/briefing/presidentView.do?newsId=148908818&pWise=mMain&pWiseMain=G1#president>

57) 과학기술정보통신부 보도자료, "대한민국의 우주강국 도약을 위한 위대한 발걸음을 시작", 2024년 1월 11일, 2면.

과학적 탐사를 촉진하고 국가의 안전보장과 국민경제의 발전, 그리고 국민생활의 향상에 이바지하기 위하여 제정되었다고 그 법의 목적을 밝히고 있다.[58]

즉 우주개발에 관한 기본적인 사항을 정하여 우주공간의 질서를 확립하고, 국민생활의 향상을 위하여 제정된 법이 우주개발진흥법이다.

우주개발진흥법은 인공위성, 우주발사체, 우주물체의 등록, 발사허가 등과 같은 내용을 규정하여 우주조약의 내용을 준수하도록 하고 있으며, 체계적인 우주개발을 위해 우주개발 진흥 기본계획, 위성정보 활용 종합계획, 우주 위험대비 기본계획을 수립하도록 의무화하고 있다.[59]

우주개발진흥법의 주요 구조는 아래의 <표 1-5>와 같다.

〈표 1-5〉 우주개발진흥법의 구조

장	제목	내용
1장	총칙	총칙적 사항으로 이 법의 목적, 정의, 다른 법률과의 관계에 대하여 규정
2장	추진체계	우주개발사업과 관련된 내용으로, 우주개발진흥 기본계획의 수립과 같은 내용과 국가우주위원회 및 우주항공청에 대하여 규정
3장	우주물체	우주물체의 등록 및 관리에 대한 내용으로, 국제연합의 우주물체등록협약에 대한 규정을 국내입법화한 내용
	우주발사체	우주발사체의 발사허가, 결격사유, 우주사고에 따른 손해배상책임에 대한 내용을 규정
4장	우주위험의 대비	우주위험 대비를 위한 시행계획, 우주환경 감시기관 등에 관한 규정
5장	우주개발의 촉진	우주개발사업 장려를 위한 민간 우주개발사업의 지원, 협조 등에 관한 규정
6장	보칙	우주개발 등에 관한 실태조사, 비밀엄수의 의무 등에 관한 규정

58) 우주개발진흥법 제1조: 이 법은 우주개발을 체계적으로 진흥하고 우주물체를 효율적으로 이용·관리하도록 함으로써 우주공간의 평화적 이용과 과학적 탐사를 촉진하고 국가의 안전보장 및 국민경제의 건전한 발전과 국민생활의 향상에 이바지함을 목적으로 한다.
59) 우주개발진흥법 제5조 제1항: 정부는 우주개발의 진흥과 우주물체의 이용·관리 등을 위하여 5년마다 우주개발에 관한 중장기 정책 목표 및 기본방향을 정하는 우주개발진흥 기본계획을 수립하여야 한다; 제5조의3 제1항: 정부는 위성정보의 보급 및 활용을 촉진하기 위하여 5년마다 위성정보활용종합계획을 수립하여야 한다; 제15조 제1항: 정부는 우주위험에 대비하기 위하여 10년마다 우주위험 대비에 관한 중장기 정책 목표 및 기본방향을 정하는 우주위험대비기본계획을 수립하여야 한다.

| 7장 | 벌칙 | 동법령의 내용을 위반한 경우 받게 되는 벌칙에 관한 규정 |

이처럼 우리나라 우주개발진흥법은 우주의 개발과 관련된 사항뿐만이 아니라, 우주물체의 운영 및 우주발사 활동에 관하여도 규정하고 있다. 이하에서는 우리나라 우주개발진흥법의 주요 내용들에 대하여 살펴보고자 한다.

1. 용어의 정의와 추진체계

우주개발진흥법 제2조는 동법에서 사용하고 있는 용어에 대한 정의를 내리고 있다. 먼저 우주개발에 관하여 동법 제2조 제1호에서 두 가지로 나누어 규정하고 있다.

첫 번째로 우주개발이란 우주물체의 설계·제작·발사·운용 등에 관한 연구활동 및 기술개발활동[60]이라고 규정하고 있다. 우주활동을 위해서는 발사체나 위성과 같은 우주물체를 개발해야 하고, 이러한 우주물체의 개발이 전제가 되어야지만 우주활동이 가능하기 때문에 우주개발 연구활동 및 기술개발 활동의 개념을 포함한 것으로 볼 수 있다. 즉 우주개발은 연구개발과 그것을 이용하는 실제적인 활동도 포함할 수 있다.

두 번째로 우주공간의 이용·탐사 및 이를 촉진하기 위한 활동[61]이라고 규정하고 있는데, 이러한 활동은 우주물체를 활용하여 우주에 있는 정보를 수집하거나, 탐사를 위하여 우주자원을 채취하는 등의 활동이 포함된다. 다만 우주개발에 관하여 동법은 폭넓게 규정하고 있으므로 우주개발의 활동이 다른 법령에서 규율하고 있는 활동과 겹치게 될 수도 있다. 그러나 동법 제4조는 다른 법령에 특별한 규정이 있는 경우를 제외하고는 본 법의 내용을 적용하도록 규정하고 있으므로, 다른 법령의 활동과 겹치게 된다면, 특별한 규정이 없는 한 우주개발진흥법을 우선적으로 적용하게 된다.

다음으로 동법 제2조 제3호에서는 우주물체에 대하여 규정하고 있다. 본 조항에 따르면 우주물체란 인공우주물체, 자연우주물체, 운석으로 나눌 수 있는데,

---

[60] 우주개발진흥법 제2조 제1호 가목: 인공우주물체의 설계·제작·발사·운용 등에 관한 연구활동 및 기술개발활동.
[61] 우주개발진흥법 제2조 제1호 나목: 우주공간의 이용·탐사 및 이를 촉진하기 위한 활동.

인공우주물체는 우주공간에서 사용할 것을 목적으로 설계 및 제작된 물체를 의미하며, 우주발사체, 인공위성, 우주선 및 그 구성품을 포함한다고 규정하고 있다.[62] 여기에서 주의할 점은 완성된 물체뿐만이 아니라 그 구성품 또한 인공우주물체의 범위에 들어가게 된다. 즉 하나의 우주물체를 만들기 위한 구성품도 인공우주물체에 들어가게 되며, 예를 들어 우주정거장을 만들기 위한 모듈(module)을 우주공간으로 수송하는 경우, 해당 모듈도 인공우주물체의 지위를 가지게 된다. 다음으로 자연우주물체란 우주에서 자연적으로 만들어진 물체를 의미하며, 우주의 토양이나 광물과 같은 우주자원과 운석도 자연우주물체의 범위에 들어가게 된다. 다만 운석이 지구 중력에 의하여 지구 표면에 낙하할 경우에는 자연우주물체가 아닌 운석의 지위를 가지게 된다.

이 외에 동조항은 우주발사체, 우주사고, 위성정보, 우주위험, 우주사업자, 우주산업클러스터와 같은 내용들에 대하여 정의를 내리고 있으며, 이러한 정의 규정을 통하여 동법의 적용 범위와 내용을 명확하게 규정하고 있다.

다음으로 제2장에서는 우주개발의 진흥을 위한 추진체계에 대하여 규정하고 있다. 먼저 제5조에서는 정부가 우주개발의 진흥과 우주물체의 이용 및 관리를 위하여 우주개발 진흥 기본계획을 수립하도록 규정하고 있으며, 이 기본계획에는 우주개발정책의 목표, 추진계획, 연구개발 등과 같은 내용들을 포함하도록 하고 있다. 여기에 더하여 우주자원의 개발 및 확보와 활용에 관한 사항[63]을 동 계획에 포함하도록 하고 있는데, 이는 앞서 보았던 미래 우주경제 로드맵의 정책이 반영된 것으로 볼 수 있으며, 우리나라 또한 우주자원 확보의 경쟁에 참여할 의지를 보인 것으로 해석할 수 있다. 이 외에 제6조에서는 국가우주위원회의 설립에 대한 내용을 규정하고 있는데, 국가우주위원회는 우주개발에 관한 사항을 심의하는 역할을 담당하도록 하고 있다. 또한 제7조에서는 우주항공청장은 우주개발사업을 추진하기 위한 전문기관을 지정하여 지원할 수 있다고 규정하고 있는데, 우주항공청의 설립 이전에는 과학기술정보통신부장관이 전문기관을 지정하였었다.

우리나라의 우주개발진흥법은 우주개발의 진흥을 위한 추진체계를 상세하

---

62) 우주개발진흥법 제2조 제3호 가목: "인공우주물체"란 우주공간에서 사용하는 것을 목적으로 설계·제작된 물체(우주발사체, 인공위성, 우주선 및 그 구성품을 포함한다)를 말한다.
63) 우주개발진흥법 제5조 제2항 제12호: 우주자원의 개발 및 확보·활용에 관한 사항.

게 규정하고 있으며, 기본계획을 수립한다는 통상적인 규정을 하는 것이 아닌, 각각에 들어가야 할 내용들을 상세하게 규정하며 우주개발을 위한 구체적인 계획과 내용을 제시하고 있다.

2. 우주물체의 등록과 발사허가

우주개발진흥법 제3장에서는 우주물체의 등록에 대하여 규정하고 있다. 먼저 제8조는 국내 및 국외에서 인공우주물체를 발사하는 경우에 180일 전까지 예비 등록을 하도록 하고 있는데, 이는 국제연합의 외기권에 발사된 물체의 등록에 관한 협약(The Convention on Registration of Objects Launched into Outer Space, 이하 '우주물체등록협약'이라 함) 제2조 제1항[64]에서 규정하고 있는 내용을 이행하기 위하여 입법한 것으로, 우주물체로 인한 피해의 발생 시 그 책임 국가를 특정하기 위한 것이다. 이를 위하여 우주개발진흥법 제9조 제1항에서는 제8조에 따라 등록된 인공우주물체를 우주물체등록협약에 따라 국제연합에 등록하도록 규정하고 있다. 그리고 제2항에서는 인공우주물체의 수명 완료 등으로 인한 사항이 발생할 경우에는 국제연합에 통보하도록 규정하고 있는데, 이는 인공위성과 같은 인공우주물체가 수명이 완료되어 계속적으로 궤도 내에서 비행을 할 때, 다른 인공우주물체와 충돌을 방지하기 위한 것으로, 이러한 조치를 통하여 인공우주물체가 충돌하였을 경우 그 손해배상의 책임의 면함을 주장한 사례가 있다.[65]

이어서 우주발사체의 발사허가에 대한 내용은 동법 제11조에서 규정하고 있으며, 우주발사체를 발사하려는 자는 우주항공청장의 허가를 받아야 할 것을 규정하고 있다. 이러한 허가는 우리나라에서 발사하는 모든 발사체와 우리나라 국민(법인 등)이 외국에서 발사하려는 경우 모두를 포함한다. 이러한 발사허가에 대한 내용은 우주손해에 대한 책임을 발사국이 지도록 하고 있는 국제 우주법

---

64) 우주물체등록협약 제2조 제1항: 우주물체가 지구 궤도 또는 그 너머로 발사될 때, 발사국은 해당 우주물체를 적절한 등록부에 등록하여야 하며, 해당 등록부는 발사국이 관리해야 한다. 각 발사국은 국제연합 사무총장에게 해당 등록부의 설립을 알려야 한다(When a space object is launched into earth orbit or beyond, the launching State shall register the space object by means of an entry in an appropriate registry which it shall maintain. Each launching State shall inform the Secretary General of the United Nations of the establishment of such a registry).

65) 미국의 이리듐-33 충돌 사건에서는 러시아가 퇴역한 인공위성의 궤도비행을 남겨 놓았으므로 해당 충돌에 대한 손해배상책임이 없다고 주장하였다. 이에 대한 자세한 내용은 제4장에서 다루도록 한다.

체계의 내용을 이행하기 위한 것이다.

3. 우주개발의 촉진

제5장은 우주개발의 촉진에 관한 내용을 규정하고 있는데, 우선 제18조에서는 우주항공청장은 민간부문의 우주개발과 연구개발투자를 활성화하기 위한 전략을 수립하고 추진하여야 한다고 규정하고 있다. 또한 민간 우주개발의 촉진을 위하여 공공기관, 지방 공기업, 정부출연 연구기관 등의 우주개발 기반시설을 우주사업자에게 개방 및 활용할 수 있도록 하고 있다.[66] 이는 민간 우주기업들의 발전을 촉진하기 위한 법제를 마련한 것으로, 이에 따라 우리나라의 우주사업자는 정부출연 연구기관의 우주개발 기반시설을 활용할 수 있다.

또한 우주개발사업 성과의 확산 및 기술이전의 촉진을 위하여, 우주항공청장은 우주개발사업 성과 및 기술이전에 관한 정보의 관리 및 유통, 연구기관 간의 교류 및 협력 등을 위한 시책을 수립하고 시행하도록 하고 있으며,[67] 이러한 사업을 연구기관에 수행하도록 하고 그 비용의 전부나 일부를 출연하거나 보조할 수 있다고 규정할 수 있다.[68] 또한 우주개발과 관련된 창업의 촉진, 전문인력의 양성, 우주신기술의 지정 등과 같은 활동을 추진하여 우주개발을 촉진할 수 있도록 하고 있다.

우리나라의 우주개발진흥법은 우주개발의 촉진을 위하여 정의규정, 추진체계, 우주물체 등록, 우주발사체의 허가제도, 우주개발의 지원 내용에 대하여 상세히 규정하며 우주개발산업의 진흥을 위한 법적 안정성을 제공함과 동시에, 국제 우주법 체계에서 요구하고 있는 사항들의 이행을 위한 규정을 입법화하였다.

---

66) 우주개발진흥법 제18조의2 제1항: 국가와 지방자치단체는 민간 우주개발을 촉진하기 위하여 다음 각 호의 기관이 보유한 우주개발 기반시설을 우주사업자에게 개방·활용하게 할 수 있다.
67) 우주개발진흥법 제18조의4, 제1항: 우주항공청장은 우주개발사업 성과를 확산시키고, 기술이전을 촉진하기 위하여 다음 각 호의 사항에 관한 시책을 수립·시행하여야 한다. 1. 우주개발사업 성과 및 기술이전에 관한 정보의 관리·유통, 2. 우주개발사업 성과의 확산 및 기술이전 관련 연구기관등에 설치된 조직의 육성, 3. 연구기관등 간의 인력·기술·인프라 등의 교류·협력, 4. 그 밖에 우주항공청장이 우주개발사업 성과 확산과 기술이전 촉진을 위하여 필요하다고 인정하는 사항.
68) 우주개발진흥법 제18조의4 제3항: 우주항공청장은 제2항에 따라 추진하는 사업을 연구기관등으로 하여금 수행하게 하고 그 사업 수행에 드는 비용의 전부 또는 일부를 출연하거나 보조할 수 있다.

이러한 내용은 앞서 살펴본 미국이나 유럽연합, 일본의 우주개발과 관련된 법제보다 더 상세하고 자세한 내용들로, 우주개발진흥법을 통하여 우주산업을 촉진할 수 있는 법적, 제도적 기반을 제공하고 있다.

제3절 소결

OECD의 우주개발 변화 단계에서 알 수 있듯이, 국가 주도의 우주개발은 2000년대에 들어서면서 민간 주도로 변화가 되고 있으며, 스페이스X, 인튜이티브 머신스, 이노스페이스와 같은 민간 우주기업들이 우주발사체, 인공위성, 우주여행 등과 같은 사업들을 추진하고 있다. 이에 따라 각 국가는 우주개발을 위한 법제를 가지고 우주개발과 관련된 사업들을 지원하고 그 방향과 내용들을 규정하고 있다.

미국은 일찍이 기존 국가 주도의 우주관련 산업을 민간으로 옮기기 시작하였으며, 이를 위하여 우주활동으로 발생할 수 있는 법적 책임들을 완화하였다. CSLCA는 우주발사체의 승인, 위성과 같은 상업적 우주활동에 대한 전반적인 내용들을 규정하고 있으며, 특히 민간 우주기업의 책임보험조건을 완화하여 민간 우주기업들의 우주산업 참여를 독려하고 있다.

또한 우주자원의 탐사 및 이용에 관한 내용을 규정하고 있는데, 소행성자원과 우주자원을 구분하여 정의를 내리며, 소행성 및 우주자원의 상업적 탐사 및 회수, 그리고 우주자원의 소유에 대하여 규정하며 미국 민간 기업들이 우주자원 채굴 활동을 수행할 수 있는 법적 구조를 제공하고 있다.

유럽연합의 경우 각각의 회원국들이 ESA와 같은 정부간 기구를 통하여 우주개발활동을 수행하고 있으며, 유럽연합 이사회와 ESA의 결의안을 통하여 우주개발의 비전과 전략, 탐사 등과 같은 내용을 규정하고 있다. 특히 유럽연합 회원국들을 규율할 수 있는 유럽연합 우주법이 입법 과정 중에 있으며, 이 우주법을 통하여 회원국들의 우주개발 활동 관련 규제 및 유럽 우주시장의 통일성을 확보하려 하고 있다. 유럽연합의 우주법은 크게 안전, 피해 복원력, 지속가능성의 세 가지 주제로 구성되어 있으며, 안전과 관련된 부분은 우주 궤도관리를 통하여 위성과 같은 우주물체의 충돌을 줄이는 것에 그 목적을 두고 있고, 피해 복원력의 경우 우주공간에 배치된 위성과 같은 자산의 손상이나 해킹 등의 피해가 발생하였을 경우에, 이를 신속하게 복구할 수 있는 능력의 개발 및 협조, 그리고 관련 부품들의 표준화를 목적으로 하고 있다. 지속가능성은 우주환경에 관한 내용으로, 우주활동의 장기적인 수행을 위하여 환경, 특히 우주 폐기물과 관련된 내용을 규정하여 우주활동 중에 발생할 수 있는 부정적인 영향들을 최소화하는 것을 목적으로 하고 있다. 즉 유럽연합은 우주법을 통하여 회원국들에 통일적인 법적 기틀을 제공하는 것을 목표로 하고 있으며, 우주개발 산업의 발전을 추진하려 하고 있다.

　　일본은 우주기본법을 통하여 우주개발 및 우주의 이용에 관한 사항들을 규정하고 있다. 우주기본법의 목적은 우주개발의 중요성을 인식하여 일본의 우주개발 역량을 강화하고 경제사회의 발전 및 국민의 생활을 향상시키는 것에 있으며, 동법을 통하여 우주개발과 이용에 관한 기본적인 법적 내용, 관련된 시책, 우주개발 기관, 그리고 법적 체제의 검토에 관한 내용을 규정하고 있다. 일본의 우주기본법은 우주개발의 이념을 우주의 평화적 이용, 우주개발을 통한 생활의 발전, 우주산업의 진흥, 우주개발의 국제협력, 우주환경의 보호 다섯 가지로 나누어서 제시하고 있다.

　　우리나라는 우주개발진흥법을 통하여 우주개발과 관련된 기본적인 내용을 규정하고, 이를 통하여 국민들의 생활을 향상시키려고 하고 있다. 동법은 인공위성, 우주발사체, 우주물체의 등록 등과 같은 내용들을 규정하며 국제 우주법을 준수하도록 하고 있으며, 특히 우주개발과 관련된 용어들을 폭넓게 정의하고 있는데 이는 향후 발전할 수 있는 우주산업에 대한 내용들을 모두 규율하게 할 수 있도록 하기 위함이다.

　　우주개발진흥법은 우주개발의 진흥을 위한 추진체계 및 계획 수립에 대하여 상세히 규정하고 있으며, 정부가 우주개발의 진흥과 관련된 각종 계획을 수립하고 해당 계획들에 들어갈 내용들을 상세하게 규정하고 있다. 또한 우주자원의 개발 및 확보에 관한 사항을 이러한 수립 내용에 들어가도록 규정하여 우리나라도 우주자원 확보 경쟁에 참여할 수 있는 법적 기틀을 마련하였다. 그리고 국제 우주법의 준수를 위하여, 우주개발진흥법은 우주물체의 등록, 우주물체의 폐기와 관련된 사항은 동법에 의하여 국제연합에 통보하도록 하고 있는데, 이는 우주물체로 인하여 손해가 발생하였을 경우에 그 책임을 확정하기 위한 것으로 해석할 수 있다.

이처럼 각국의 우주개발관련 법제들은 국제 우주법의 내용을 준수함과 동시에 우주개발 촉진을 위한 내용들을 담고 있으며, 이를 통하여 우주개발산업의 진흥을 위한 법적 안정성을 제공하면서 민간 우주기업들의 참여를 독려하고 있다. 특히 앞서 보았듯이 우주개발에서 가장 사업성이 높은 것이 우주자원의 채굴이며, 우주자원의 채굴을 위한 기술개발이 활발하게 이루어지고 있다. 그러나 국내법을 통한 우주자원의 소유권 인정이 국제 우주법 체계와 상충할 수 있는 문제가 발생하고 있으며, 민간 우주기업의 우주사업 참여 증가로 인하여 발생할 수 있는 우주사고의 손해배상에 대한 문제점도 발생하고 있다. 이러한 이유로 다음 장에서는 우주자원과 우주손해배상에 대하여 심도 있는 연구를 진행하고자 한다.

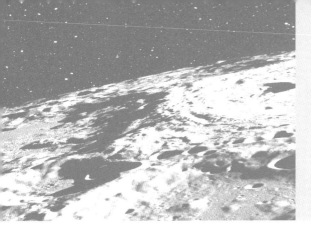

제3장

주요국 우주자원 개발의 민사법적 쟁점

제1절 우주자원의 정의와 법적 지위

국제규범에서 우주자원의 정의에 대한 규정은 없다.[1] 그러나 2010년 12월 당시 미국의 대통령이었던 버락 오바마가 서명한 국가 및 상업우주계획(National and Commercial Space Programs)에서는 우주자원에 대하여 항공 및 우주활동이나 우주와 관련된 모든 분야의 발전에서 실현될 수 있는 유형 또는 무형의 이익을 의미한다고 정의하고 있다.[2]

미국의 연방법 제51편의 우주자원의 탐사 및 이용(Space Resource Commercial Exploration and Utilization)[3]의 제51301조에서는 우주자원의 정의에 대하여 규정하고 있다. 동조에서는 단순히 우주자원에 대하여만 규정하는 것이 아니라, 소행성자원, 우주자원, 미국 시민을 나누어서 규정하고 있다.

---

1) 정영진, "우주자원 탐사 국제규범 논의 동향", 한국항공우주연구원, e-정책정보센터, 2018년, 2면, < https://www.kari.re.kr/download/viewer/1549751800945/index.html >
2) 51 U.S.C.A. § 40302(9): 우주자원- "우주자원"이란 다음과 같이 실현될 수 있는 모든 유형 또는 무형의 이익을 의미한다-(A)항공 및 우주활동; 또는 (B)우주와 관련된 모든 분야의 발전(Space resource.-The term "space resource" means any tangible or intangible benefit which can be realized only from- (A)aeronautical and space activities; or (B)advancements in any field related to space).
3) SRCEU는 미국 연방법 제51편 국가와 상업적 우주 프로그램 안에 있는 우주자원의 탐사 및 이용에 관한 규정으로, 본문에서는 제51편의 다른 규정들과 구분하기 위하여 SRCEU라 표현하고 각주는 연방법의 인용 형식을 따라 "51 U.S.C.A"로 표기한다.

미국 연방법 제51편
(연구자 번역본)

제51301조[4]
이 장에서는 다음과 같이 정의한다:
(1) 소행성자원. ―
"소행성자원"이란 단일 소행성 위 또는 그 안에서 발견된 우주자원을 의미한다.
(2) 우주자원. ―
    (A) 일반적으로. ―
    "우주자원"이란 외기권의 비생물 자원을 의미한다.
    (B) 포함 항목. ―
    "우주자원"은 물과 광물을 포함된다.
    (3) 미국 시민. ―
    "미국 시민"이란 제50902조에 명시된 "미국 시민"을 의미한다.

　　동조항에 따르면 소행성 자원이란 단일 소행성 위 또는 그 안에서 발견된 우주자원을 의미한다고 규정하며, 우주자원이란 외기권에 있는 비생물(abiotic) 자원을 의미하고 물과 광물을 포함한다고 규정하고 있다. 그리고 미국 시민은 제 50902조에 명시된 미국 시민을 의미한다고 규정하고 있는데, 이는 우주자원의 소유권을 미국 시민에 한정하여 인정하기 때문이다. 그 외에 룩셈부르크, 일본, 아랍에미리트에서는 각각의 우주자원법을 두며 우주자원의 정의에 대하여 규정하고 있다. 본 절에서는 각각의 법들이 규정하고 있는 우주자원의 정의에 대하여 살펴보고, 그 후에 우주자원의 법적 지위, 그리고 민사법적 쟁점에 대하여 살펴보고자 한다.

---

4) 51 U.S.C.A. § 51301: In this chapter: (1) Asteroid resource.–The term "asteroid resource" means a space resource found on or within a single asteroid. (2) Space resource.–(A) In general.–The term "space resource" means an abiotic resource in situ in outer space. (B) Inclusions.–The term "space resource" includes water and minerals. (3) United states citizen.–The term "United States citizen" has the meaning given the term "citizen of the United States" in section 50902.

Ⅰ. 우주자원의 정의와 범위

우주자원에 대하여 국제법적으로 명확하게 합의된 내용은 없으며, 미국의 SRCEU, 일본의 우주자원법, 아랍에미리트의 우주자원법(Space Resources Regula-tion)에서 각각 우주자원에 대하여 정의를 내리고 있다. 우주자원이란 그 언어적 의미 그대로 우주에 있는 자원을 의미한다고 할 수 있다. 국제법 체계에서는 우주자원에 대한 정의규정이 없으며, 국내법을 통하여 우주자원에 대하여 정의를 내린 곳은 미국의 SRCEU, 아랍에미리트의 우주자원법 그리고 일본의 우주자원법이 있다. 일본과 아랍에미리트의 우주자원법을 먼저 살펴보면, 일본은 우주자원법 제2조 제1항을 통해 우주자원에 대하여 정의를 내리고 있다.

일본 우주자원법
(연구자 번역본)

제2조 제1항[5)]
우주자원이란 달, 기타 천체를 포함한 우주공간에 존재하는 물, 광물, 기타 천연자원을 의미한다.

동조항을 통하여 일본에서 우주자원이란 달 및 기타 천체를 포함한 우주공간에 존재하는 물, 광물 및 기타 천연자원을 의미한다고 규정하고 있다.

아랍에미리트는 아랍에미리트 우주자원법 제1조에 있는 정의 조항을 통하여 우주자원에 대하여 정의를 내리고 있다.

아랍에미리트 우주자원법
(연구자 번역본)

제1조 우주자원 정의 부분[6)]
우주자원: 광물 및 물을 포함한 외기권에 존재하는 모든 비생명체 자원.

---

5) 일본 우주자원법 제2조 제1항: 宇宙資源　月その他の天体を含む宇宙空間に存在する水´鉱物その他の天然資源をいう。

6) UAE space resources law Article 1: Space Resource: Any non-living resources present

동조항에서는 우주자원이란 광물 및 물을 포함하여 우주공간에 존재하는 모든 비생명체 자원을 의미한다고 규정하고 있다.

앞서 보았듯이 미국의 SRCEU는 제51301조를 통하여 우주자원에 대한 정의를 내리고 있다. 이 정의는 소행성자원과 우주자원으로 나누어서 정의하고 있는데, 먼저 소행성자원은 소행성의 위 또는 그 안에서 발견할 수 있는 자원으로 정의하고 있다. 소행성이란 태양계 천체에서 태양 주위를 공전하는 천체를 의미하는데,[7] 실제로 소행성자원을 획득하기 위해서는 지구에 근접한 소행성으로부터 자원을 추출해야 한다. 미국의 NASA는 6천 개 이상의 소행성을 추적하고 있으며, 이 중 지구에 가장 가깝고 가치가 높은 소행성 10개를 채굴하면 약 1조 5천억 달러 이상의 수익을 낼 수 있다고 판단하고 있다. 그 외에도 소행성 16 프시케(16 Psyche)에는 약 700조 달러의 가치를 가진 금(gold)을 포함하고 있는 것으로 판단하고 있다.[8] 이러한 소행성의 자원을 채굴하게 될 경우, 새로운 산업의 등장 및 우주산업의 발전이 이루어질 수 있으며, 인류에게 새로운 경제적 흐름이 생기게 된다.[9] 다음으로 동조는 우주자원에 대하여 우주공간의 비생물(abiotic)자원을 의미한다고 규정하며, 이러한 자원에는 물과 광물을 포함한다고 규정하고 있다. 즉 생물 형태를 제외한 모든 자원이 우주자원에 포함된다고 볼 수 있다.[10]

이와 같이 미국, 일본, 아랍에미리트의 우주자원에 대한 정의는 모두 비슷하다. 이는 2015년 미국의 SRCEU의 제정 후 2021년에 일본이, 2023년에는 아랍에미리트가 우주자원법을 제정할 때 미국의 우주자원 정의규정을 참고하였기 때문이라고 볼 수 있으며, 여기에서 더 나아가 다른 우주 강대국들이 이와 비슷한 내용의 입법을 한다면 결과적으로 국제적 관습으로서 우주자원에 대한 정의가 받아들여질 가능성이 있다.

---

in outer space, including minerals and water.

7) Murnane Austin C, "The Prospector's Guide to the Galaxy," *Fordham International Law Journal* 37, (2013): 236.

8) Shriya Yarlagadda, "Economics of the Stars: The Future of Asteroid Mining and the Global Economy," *Harvard International Review*, April 8, 2022, https://hir.harvard.edu/economics-of-the-stars

9) Murnane, "The Prospector's Guide to the Galaxy," 238.

10) Joseph N. Pelton, *The New Gold Rush: The Riches of Space Beckon* (Springer, 2016), 103-104.

Ⅱ. 우주자원의 법적 지위

국제법상 우주자원에 대하여 명확하게 정의를 내린 규정은 없지만, 우주조약과 달협정은 우주자원의 법적 지위를 규율하고 있다. 본 단락에서는 먼저 우주조약상 우주자원의 법적 지위에 대하여 살펴보고, 그 후에 달협정상 우주자원의 지위에 대하여 살펴보고자 한다.

1. 우주조약

우주조약은 1967년 제정되었으며 국제우주법에서 최고 규범의 지위를 가지고 있다. 현재까지 우주자원에 대한 국제법적 규범이 없기 때문에 미국, 룩셈브루크, 아랍에미리트, 일본의 우주자원에 대한 국내법들은 우주조약의 내용과 상충된다는 논쟁이 있다.

우주조약은 모든 국가들에 우주활동의 자유와 접근을 보장하고 있으며, 제1조와 제2조를 통하여 이러한 원칙들을 규정하고 있다.

우주조약
(외교부 국문본)

제1조[11]
달과 기타 천체를 포함한 외기권의 탐사[12]와 이용은 그들의 경제적 또는 과학적 발달의 정도에 관계없이 모든 국가의 이익을 위하여 수행되어야 하며 모든 인류의 활동 범위이어야 한다. 달과 기타 천체를 포함한 외기권은 종류의 차별없이 평등의 원칙에 의하여 국제법에 따라 모든 국가가 자유로이 탐사하고 이용하며 천체의 모든 영역에 대한 출입을 개방한다.
달과 기타 천체를 포함한 외기권에 있어서의 과학적 조사의 자유가 있으며 국가는 이러한 조사에 있어서 국제적인 협조를 용이하게 하고 장려한다.

제2조[13]
달과 기타 천체를 포함한 외기권은 주권의 주장에 의하여 또는 이용과 점유에 의하여 또는 기타 모든 수단에 의한 국가 전유(선점)[14]의 대상이 되지 아니한다.

---

11) Treaty on principles governing the activities of States in the exploration and use of

제1조에서는 달과 기타 천체를 포함한 외기권의 탐사와 이용은 모든 국가의 이익을 위하여 수행하여야 하고, 모든 국가가 자유롭게 탐사하고 이용할 수 있다고 규정하며 우주 자체를 인류의 공동이익으로 선언하고 있다. 이러한 인류의 공동이익을 전제로 하여 우주활동의 자유의 원칙과 제2조 전유금지의 원칙을 제시하며, 달과 기타 천체를 포함한 외기권은 주권의 주장에 의하여 또는 이용과 점유에 의하여 국가 전유의 대상이 되지 않는다고 규정하고 있다. 즉 우주조약은 모든 국가들에 우주를 자유롭게 탐사하고 이용할 수 있는 활동과 접근에 대하여 자유권을 보장하고 있는 동시에 국가들이 개별적으로 주권행사를 하는 것을 금지하고 있다.15)

전유금지의 원칙에 대하여 자세히 살펴보면, 우주조약 제2조에서는 우주의 평화적 이용을 위하여, 특정 국가가 우주를 전유하거나 소유할 수 없다는 전유금

---

outer space, including the moon and other celestial bodies(here in after 'Space treaty') Article 1: The exploration and use of outer space, including the moon and other celestial bodies, shall be carried out for the benefit and in the interests of all countries, irrespective of their degree of economic or scientific development, and shall be the province of all mankind.

Outer space, including the moon and other celestial bodies, shall be free for exploration and use by all States without discrimination of any kind, on a basis of equality and in accordance with international law, and there shall be free access to all areas of celestial bodies. There shall be freedom of scientific investigation in outer space, including the moon and other celestial bodies, and States shall facilitate and encourage international co-operation in such investigation.

12) 외교부 국문본은 "exploration"을 "탐색"이라고 번역하지만, 일반적으로 "space exploration"을 "우주탐사"라고 번역하고 있으므로 본 연구에서는 "exploration"을 "탐사"라고 번역한다.

13) Space Treaty Article 2: Outer space, including the moon and other celestial bodies, is not subject to national appropriation by claim of sovereignty, by means of use or occupation, or by any other means.

14) 외교부 국문본에는 "appropriation"을 전용으로 번역하였으나, 옥스퍼드 출판사의 법률용어사전에 의하면 "appropriation"은 재산에 대한 통제권 행사, 재산의 소유권 또는 비점유권의 이익을 가져오는 것으로 정의하고 있으며, 법원도서관의 외국법률용어집(영어편)에서도 "전유화(專有化)"라고 번역하고 있고, 이와 관련된 국내 문헌 및 논문에서는 우주조약 제2조가 "전유금지의 원칙"을 규정하고 있다고 보기 때문에 본 연구에서는 "전유"로 용어를 통일한다. 이러한 전유는 다른 국가보다 먼저 이용 또는 점거하여 주권주장을 하는 것을 의미하는 것이기 때문에 선점(先占)이라고도 볼 수 있다(선점은 이해를 돕기 위하여 연구자가 추가함).

15) Virgiliu Pop, *Who owns the moon?: extraterrestrial aspects of land and mineral resources ownership* (Springer Science & Business Media, 2008), 36.

지의 원칙(non-appropriative principle)에 대하여 규정하고 있다.16) 이에 따라 우주는 인류의 공동이익(common interest of mankind)의 대상이기 때문에 영유권의 대상으로 삼을 수는 없다. 즉 전통적인 소유권 취득의 방식은 천체와 우주공간에 적용할 수 없으며,17) 천체와 우주공간의 일부인 우주자원 역시 인류의 공동이익이라는 범주에서 판단하여야 한다고 해석할 수도 있다. 그러나 이러한 전유금지의 원칙은 국가 전유(national appropriation) 대상이 되지 않는다고만 규정하고 있으므로 국가는 우주의 전유를 주장할 수 없지만, 국가가 아닌 사인은 우주의 전유를 주장할 수 있다는 해석상의 문제가 발생한다.18) 우주조약에서는 국가 전유에 대하여만 금지하고 있을 뿐 사인의 전유에 대하여는 금지하고 있는 규정이 없으며, 특히 국가 전유에서 사용한 단어인 "national"은 명확하게 국가 주체를 의미하기 때문에 이러한 문제가 발생한다.

우주조약의 설립 취지를 살펴보면, 우주조약의 제정 당시 우주의 활동은 국가 주도로만 이루어져 왔으며, 사인이 우주활동을 할 수 있는 기술과 여건이 조성되지 않았고, 그에 따라 우주조약에서 규정하고 있는 국가란 단어는 사인도 포함할 수 있으며, 또한 우주조약의 전체적인 흐름을 보면 국가들의 자유로운 우주활동을 보장하기 위하여 우주에 대한 배타적 지배나 소유를 배제한다는 내용을 이루고 있으므로, 우주자원도 우주공간 안에 속한 것으로 국가뿐만 아니라 사인의 사적소유를 인정할 수 없다는 해석이 가능하다.19)

즉 우주조약 제2조에서 규정하고 있는 국가의 전유금지에 대한 내용을 우주자원에 적용하여 해석하여 보면, 해당 조문에서는 국가의 전유금지만을 규정하고 있으므로 사인은 전유가 가능하다는 문언적 해석과, 우주조약의 전체 내용과 당시의 상황을 비추어 보았을 때에 국가의 전유뿐만 아니라 사인의 전유 또한 금지하는 규정으로 보아야 한다는 유추해석이 가능하다. 이러한 유추해석에 대한 근거로, 우주조약 제6조와 제7조를 들 수 있다.

---

16) Fabio Tronchetti, "The Non-Appropriation Principle as a Structural Norm of International Law: A New Way of Interpreting Article II of the Outer Space Treaty," *Air and Space Law* 33, no.3 (2008): 277-278.

17) Fabio Tronchetti, *Legal aspects of space resource utilization* (Edward Elgar Publishing, 2015), 779.

18) Ricky Lee, *Law and regulation of commercial mining of minerals in outer space* (Springer Science & Business Media, 2012), 166.

19) Eric Husby, "Sovereignty and property rights in outer space," *Journal of International Law & Prca 3*, (1994): 359.

우주조약
(외교부 국문본)

제6조[20]

본 조약의 당사국은 달과 기타 천체를 포함한 외기권에 있어서 그 활동을 정부기관이 행한 경우나 비정부 단체[21]가 행한 경우를 막론하고, 국가활동에 관하여 그리고 본 조약에서 규정한 조항에 따라서 국가활동을 수행할 것을 보증함에 관하여 국제적 책임을 져야 한다. 달과 기타 천체를 포함한 외기권에 있어서의 비정부 단체의 활동은 본 조약의 관계 당사국에 의한 인증과 계속적인 감독을 요한다. 달과 기타 천체를 포함한 외기권에 있어서 국제기구가 활동을 행한 경우에는, 본 조약에 의한 책임은 동 국제기구와 이 기구에 가입하고 있는 본 조약의 당사국들이 공동으로 부담한다.

제7조[22]

달과 기타 천체를 포함한 외기권에 물체를 발사하거나 또는 발사를 의뢰한[23] 본 조약의 각 당사국과 그 영역 또는 시설로부터 물체를 발사한 각 당사국은 지상, 공간 또는 달과 기타 천체를 포함한 외기권에 있는 이러한 물체 또는 동 물체의 구성부분에 의하여 본 조약의 다른 당사국 또는 그 자연인 또는 법인에게 가한 손해에 대하여 국제적 책임을 진다.

---

20) Space Treaty Article 6: States Parties to the Treaty shall bear international responsibility for national activities in outer space, including the moon and other celestial bodies, whether such activities are carried on by governmental agencies or by non-governmental entities, and for assuring that national activities are carried out in conformity with the provisions set forth in the present Treaty. The activities of non-governmental entities in outer space, including the moon and other celestial bodies, shall require authorization and continuing supervision by the appropriate State Party to the Treaty. When activities are carried on in outer space, including the moon and other celestial bodies, by an international organization, responsibility for compliance with this Treaty shall be borne both by the international organization and by the States Parties to the Treaty participating in such organization.

21) 외교부 국문본에서는 "entity"를 "주체"로 번역하였으나, 본 연구에서는 "단체"로 번역하기로 한다.

22) Space Treaty Article 7: Each State Party to the Treaty that launches or procures the launching of an object into outer space, including the moon and other celestial bodies, and each State Party from whose territory or facility an object is launched, is internationally liable for damage to another State Party to the Treaty or to its natural or juridical persons by such object or its component parts on the Earth, in air or in outer space, including the moon and other celestial bodies.

23) 외교부 국문본에서는 "procures the launching of an object into outer space"를 "물체를 발사하여 궤도에 진입케 한"이라고 번역하고 있는데 여기서 "procure"는 "의뢰하다"라는 의미로 사용되었기 때문에 본 연구에서는 "발사를 의뢰한"이라고 번역하기로 한다.

먼저 제6조에서는 비정부 단체의 우주활동의 경우 해당 국가가 모든 국제법적 책임의 주체가 된다고 규정하고 있으며, 제7조에서는 우주물체의 발사로 인하여 손해가 발생한 경우, 그 해당 책임은 발사국에 있다고 규정하고 있으므로, 비정부 단체인 사인의 우주활동에 대한 책임은 해당 국가가 지고 있다. 이에 따라 사인이 우주에서 전유행위를 할 때에 그 책임은 국가에 귀속되고, 결과적으로 사인의 우주공간이나 자원에 대한 전유행위의 책임이 국가에 있으므로, 국가의 전유로 해석할 수도 있다.

2. 달협정

달협정은 1979년 체결되었으며, 협정의 명칭 때문에 달에 한정하여 규율하고 있다고 볼 수 있지만, 달협정 제1조의 규정에 따라 그 범위가 달에 한정되지 않는다.

달협정
(연구자 번역본)

제1조 제1항[24]
달과 관련된 본 조약의 조항은 지구를 제외한 태양계 내의 다른 천체에도, 이러한 천체와 관련하여 구체적인 법적 규범이 발효되는 한을 제외하고 적용된다.

달협정 제1조에 따르면, "지구를 제외한 태양계 내의 다른 천체에도"라고 규정하고 있으므로, 달협정의 범위는 달에 국한되지 않고, 천체와 관련하여 구체적인 법적 규범이 발효되는 경우를 제외하고는 달과 태양계에 속한 모든 천체를 포함하는 것으로 해석할 수 있다. 또한 달협정에서는 제11조 제1항, 제2항, 제3항을 통하여 달과 그 천연자원에 대하여 규정하고 있다.

---

24) Agreement Governing the Activities of States on the Moon and Other Celestial Bodies(here in after 'Moon Treaty') Article 1, 1: The provisions of this Agreement relating to the moon shall also apply to other celestial bodies within the solar system, other than the earth, except in so far as specific legal norms enter into force with respect to any of these celestial bodies.

달협정
(연구자 번역본)

제11조 제1항,25) 제2항,26) 제3항27)
1. 달과 그 천연자원은 인류의 공동유산이며, 이는 본 협정의 조항, 특히 이 조문의 5항에 표현되어 있다.
2. 달은 주권주장, 이용 또는 점거, 그 밖의 어떤 수단에 의해서도 국가 전유(선점)의 대상이 되지 않는다.
3. 달의 표면이나 표면 밑, 그 일부 또는 천연자원은 어떠한 국가, 정부간 또는 비정부 국제기구, 국가기구 또는 비정부 단체 또는 자연인의 재산이 될 수 없다. 달의 표면이나 표면 밑과 연결된 구조물을 포함하여 달의 표면이나 표면 밑에 인력, 우주 비행체, 장비, 시설, 정거장 및 설치물을 설치하는 것은 달의 표면이나 표면 밑 또는 그 어떤 영역에 대한 소유권을 발생시키지 않는다. 이러한 내용은 본 조항 제5항에서 언급한 국제 체제에 영향을 미치지 않는다.

달협정 제11조 제1항에서는 달과 그 자원은 인류공동유산이라고 규정하며, 제2항에서는 국가 전유의 대상이 될 수 없다고 규정하고 있다. 즉 달협정에서는 달과 달에 있는 천연자원은 공유물의 개념을 확장하여 인류의 공동유산으로 규정하고 그 자원의 전유를 금지하고 있다.28) 우주조약과 비교하여 보면, 우주조약이 제2조에서 외기권(outer space)은 국가 전유(선점)의 대상이 되지 않는다고 하

25) Moon Treaty Article 11, 1: The moon and its natural resources are the common heritage of mankind, which finds its expression in the provisions of this Agreement, in particular in paragraph 5 of this article.
26) Moon Treaty Article 11, 2: The moon is not subject to national appropriation by any claim of sovereignty, by means of use or occupation, or by any other means.
27) Moon Treaty Article 11, 3: Neither the surface nor the subsurface of the moon, nor any part thereof or natural resources in place, shall become property of any State, international intergovernmental or non-governmental organization, national organization or non-governmental entity or of any natural person. The placement of personnel, space vehicles, equipment, facilities, stations and installations on or below the surface of the moon, including structures connected with its surface or subsurface, shall not create a right of ownership over the surface or the subsurface of the moon or any areas thereof. The foregoing provisions are without prejudice to the international regime referred to in paragraph 5 of this article.
28) Kyle A Jacobsen, "From Interstate to Interstellar Commerce: Incorporating the Private Sector into International Aerospace Law," *Temple Law Review 87*, (2014): 159.

여 그 범위를 광범위하게 확장한 것에 비하여, 달협정은 달과 달에 있는 천연자원(natural resource)이라 규정하여 우주와 우주자원을 구분함으로써 우주조약보다 명확하게 그 적용 범위를 제시하고 있다. 특히 달협정 제11조 제3항은 달의 표면이나 표면 밑 또는 그 일부의 천연자원은 정부간 또는 비정부 국제기구, 국가기구, 비정부 단체 또는 자연인의 재산이 될 수 없다고 규정하고 있다. 여기에 더하여 달의 표면이나 표면 밑에 구조물, 인력, 장비, 시설, 정거장 등 시설물을 설치하는 것은 달의 소유권을 발생시키지 않는다고 규정하고 있다. 즉 달협정은 달에 인류 공동유산의 지위를 부여하고 국가적, 사적 전유 모두를 금지하고 있다. 우주조약의 경우 명시적으로는 국가 전유만을 금지하고 있지만, 달협정은 국가적, 사적 전유를 모두 명시적으로 금지하고 있으므로 해석상의 문제가 발생할 수 있는 여지를 방지하고 있다.

이와 비슷하게, 국제 조약 중 1982년에 제정된 국제연합의 해양법협약(United Nations Convention on the Law of the Sea, 이하 '해양법협약'이라 함)이 달협정 외에도 인류의 공동유산에 대한 개념을 가지고 있다. 이러한 내용은 해양법협약 제136조와 제137조에서 찾아볼 수 있다.

해양법협약
(외교부 국문본)

제136조[29)
심해저와 그 자원은 인류의 공동유산이다.

제137조[30)
1. 어떠한 국가도 심해저나 그 자원의 어떠한 부분에 대하여 주권이나 주권적 권리를 주장하거나 행사할 수 없으며, 어떠한 국가·자연인·법인도 이를 자신의 것으로 독점할 수 없다. 이와 같은 주권, 주권적 권리의 주장·행사 또는 독점은 인정되지 아니한다.
2. 심해저 자원에 대한 모든 권리는 인류 전체에게 부여된 것이며, 해저기구는 인류 전체를 위하여 활동한다. 이러한 자원은 양도의 대상이 될 수 없다. 다만, 심해저로부터 채취된 광물은 이 부와 해저기구의 규칙, 규정 및 절차에 의하여서만 양도할 수 있다.
3. 국가, 자연인 또는 법인은 이 부에 의하지 아니하고는 심해저로부터 채취된 광물에 대하여 권리를 주장, 취득 또는 행사할 수 없다. 이 부에 의하지 아니한 권리의 주장, 취득 및 행사는 인정되지 아니한다.

해양법협약 제136조에서는 심해저와 그 자원은 인류의 공동유산이라고 명확하게 정의하고 있다. 이에 대한 상세한 내용은 이어서 동협약 제137조에서 규정하고 있는데, 이에 따르면, 어떠한 국가도 심해저나 그 자원에 대하여 주권적 권리를 주장하거나 행사할 수 없으며, 국가·자연인·법인 모두 이를 독점할 수 없다고 규정하고 있다. 또한 이러한 자원은 양도의 대상이 될 수 없으며, 다만 심해저로부터 채취된 광물은 규정과 절차에 의하여만 양도될 수 있다고 규정하고 있다.

학계에서는 이러한 인류 공동유산에 대한 특징으로 다음의 다섯 가지를 제시하고 있는데, ① 비전유적 성질을 가지며, ② 모든 인류에 의하여 공동으로 관리되고, ③ 해당 자원의 개발로 얻는 이익이 국제적으로 공유되어야 하며, ④ 평화적인 목적으로 사용되어야 하고, ⑤ 해당 자원이 인류의 다음 세대를 위하여 보존될 가치가 있어야 할 것이다.[31] 그러나 달협정에서는 해양법협약과 같이 예외적인 조항을 두고 있지 않기 때문에 우주자원을 소유할 수 있는 근거가 부족하다.

달협정 제11조 제5항에서는 달의 천연자원의 개발과 이용이 곧 실현될 것이므로, 국제적 체제를 수립하고 이행할 것을 규정하고 있으며, 이어서 제7항(b)에

---

29) United Nations Convention on the Law of the Sea Article 136: The Area and its re-sources are the common heritage of mankind.

30) United Nations Convention on the Law of the Sea Article 137:

1. No State shall claim or exercise sovereignty or sovereign rights over any part of the Area or its resources, nor shall any State or natural or juridical person appropriate any part thereof. No such claim or exercise of sovereignty or sovereign rights nor such appropriation shall be recognized.

2. All rights in the resources of the Area are vested in mankind as a whole, on whose behalf the Authority shall act. These resources are not subject to alienation. The minerals recovered from the Area, however, may only be alienated in accordance with this Part and the rules, regulations and procedures of the Authority.

3. No State or natural or juridical person shall claim, acquire or exercise rights with respect to the minerals recovered from the Area except in accordance with this Part. Otherwise, no such claim, acquisition or exercise of such rights shall be recognized.

31) Ellen Heim Barbara, "Exploring the Last Frontiers for Mineral Resources: A Comparison of International Law Regarding the Deep Seabed, Outer Space, and Antarctica." *Vanderbilt Journal of Transnational Law* 23, (1990): 827; Christopher C Joyner, "Legal Implications of the Concept of the Common Heritage of Mankind," *International and Comparative Law Quarterly* 35, (1986): 191–192.

서는 자원에서 파생되는 이익을 당사국들이 공평하게 분담하여야 한다고 규정하고 있다.

> 달협정
> (연구자 번역본)
>
> 제11조 제5항[32]
> 본 협정의 당사국들은 달의 천연자원 개발이 곧 실현될 것이므로, 이를 관리하기 위한 적절한 절차를 포함한 국제적 체제를 구축하기로 약속한다. 이 조항은 본 협정 제18조에 따라 시행된다.
>
> 제11조 제7항(b)[33]
> 모든 당사국이 자원에서 파생되는 이익을 공평하게 분담하고, 개발 도상국들의 이익 및 수요와 달탐사에 직접적으로 혹은 간접적으로 기여한 국가들의 노력은 특별히 고려되어야 한다.

　동규정에서는 천연자원을 관리하기 위한 구체적인 국제적 체제에 대하여 규정하고 있지 않다. 해양법협약에서는 국제해저기구를 설립하여 심해저 자원에 대한 관리 및 역할에 대하여 상세하게 규정하고 있지만, 달협정은 단순히 국제적 체제를 수립하고 이행하여야 한다고만 규정하고 있으므로 그 효과와 역할이 명확하지 않다.

　달협정 제11조 제7항(b)은 모든 당사국이 자원에서 파생되는 이익을 공평하게 분담하고, 개발 도상국들의 이익 및 수요와 달탐사에 직·간접적으로 기여한 국가들의 노력에 대하여 특별하게 고려하여야 한다고 규정하고 있다. 이 또한 명확한 기준이 없고, 실제적으로 이러한 이익을 특별하게 분배한다고 하였을 때에

---

32) Moon Treaty Article 11, 5: States Parties to this Agreement hereby undertake to establish an international regime, including appropriate procedures, to govern the exploitation of the natural resources of the moon as such exploitation is about to become feasible. This provision shall be implemented in accordance with article 18 of this Agreement.

33) Moon Treaty Article 11, 7(d): An equitable sharing by all States Parties in the benefits derived from those resources, whereby the interests and needs of the developing countries, as well as the efforts of those countries which have contributed either directly or indirectly to the exploration of the moon, shall be given special consideration.

투자 및 개발한 국가는 역차별적인 대우를 받을 수 있으며,[34] 결과적으로 달의 탐사 및 자원채취 발전에 대한 부정적인 요소로 작용할 수 있다.

실제로 우주관련 선진국들은 이 규정을 달협정에 가입하지 않은 중대한 사유로 꼽았다.[35] 즉 달협정은 달은 인류의 공동유산이라는 원칙을 세우며, 그 개발에 대한 내용도 인류가 공동으로 혜택을 누릴 수 있도록 규정하고 있지만, 우주개발국들이 역차별적인 대우를 받을 수 있다. 또한 달협정은 무분별한 달 자원의 개발과 이용을 막기 위하여 우주자원의 전유를 금지하고 있으나 이로 인하여 우주개발국으로부터 외면받게 되었고, 그러므로 달협정을 통하여는 우주자원의 상업적 이용에 대한 경제적 수익을 보장받을 수 없게 되었다.[36]

Ⅲ. 우주자원 소유에 관한 학설

근대법에서 소유권은 물건을 전면적으로 지배할 수 있는 권리인데,[37] 우주조약에서는 우주자원의 소유권에 대하여 명확하게 규정하고 있지 않기 때문에 우주자원이 소유가 가능하다는 학설과 가능하지 않다는 학설이 대립하고 있다. 또한 민법의 원리로 우주자원의 소유권을 인정하기 위해서는 우주자원이 민법상 소유의 대상이 될 수 있는지를 확정해야 한다. 이하에서는 먼저 우주조약상의 우주자원 소유에 대한 학설을 살펴보고, 그 후에 민법상의 우주자원 소유에 대하여 살펴보고자 한다.

1. 우주조약상 우주자원의 소유

우주자원과 관련된 가장 큰 쟁점은 우주자원이 소유가 가능한지에 대한 내용이다. 우주조약의 규정을 살펴보면 우주자원은 전유가 불가능하다고 명확하게

---

34) Blake Gilson, "Defending Your Client's Property Rights in Space: A Practical Guide for the Lunar Litigator," *Fordham Law Review* 80, (2011): 1384-1385.

35) I. H. Diederiks-Verschoor, "Implications of Commercial Activities in Outer Space, Especially for the Developing Countries," *Journal of Space Law* 17, (1989): 115.

36) Kevin V. Cook, "The Discovery of Lunar Water: An Opportunity to Develop A Workable Moon Treaty," *Georgetown International Environmental Law Review* 11, (1999): 659; Ryan Hugh O'Donnell, "Staking A Claim in the Twenty-First Century: Real Property Rights on Extra-Terrestrial Bodies," *University of Dayton Law Review* 32, (2007): 474-475.

37) 곽윤직, 물권법, 신정판, 1996년, 288면.

규정하고 있지 않다. 그러므로 우주조약 제2조의 전유금지에 대한 원칙이 문언적 해석으로 국가가 천체 및 우주공간에 대하여 소유하는 것이 불가능하기 때문에 사적 주체는 가능하다는 것인지, 아니면 전유금지의 원칙은 천체 및 우주공간에 대한 국가의 영토취득만을 금지하는 것으로 해석해야 하는 것인지에 대한 논쟁이 있다.

가. 우주자원 소유에 관한 학설

우주조약 제2조에서는 천체 및 우주공간이 주권의 주장에 의하여 국가 전유의 대상이 되지 않는다고 규정하고 있으므로 우주자원의 소유를 찬성하는 학설은 전유금지의 원칙을 규정하고 있는 우주조약 제2조가 아닌, 자유의 원칙을 규정하고 있는 우주조약 제1조의 규정을 근거로 하여 우주자원은 사적소유가 가능하다고 주장한다.[38] 즉 자유로운 탐사와 이용의 원칙이라는 관점에서 천체를 포함한 우주공간은 국제적인 공역의 지위를 가지게 된다는 학설이다. 또 다른 학설은 우주조약 제2조에서 규정하고 있는 전유금지의 원칙은 국가만을 대상으로 한다고 주장한다.[39] 이 학설은 동조항의 문언에서 명확하게 국가라고 규정하고 있으며, 사인은 규정하고 있지 않기 때문에 사적 주체는 우주자원의 소유가 가능하다고 주장한다.

우주자원의 소유를 반대하는 학설의 경우, 우주조약에서 국가의 주권을 배제하고 있으므로, 국가의 주권 및 관할권이 없는 경우에는 소유권을 인정할 수 없다고 주장한다.[40] 이러한 학설은 외기권을 포함한 우주공간에서는 국가의 영토취득이 금지되기 때문에 국가의 관할권이 성립할 수 없으며, 소유에 관한 국내법을 적용할 수 없다는 견해이다.

우주자원의 소유가 가능하다는 학설과 가능하지 않다는 학설을 비교하여 보면, 가장 쟁점이 되는 부분은 우주조약에서 규정하고 있는 국가전유금지의 원칙

---

38) Cepelka, Cestmir, and Jamie HC Gilmour, "The Application of General International Law in Outer Space," *Journal of Air Law and Commerce* 36, no.1 (1970): 38.

39) Alan Wasser, and Jobes Douglas, "Space Settlements, Property Rights, and International Law: Could a Lunar Settlement Claim the Lunar Real Estate It Needs to Survive," *Journal of Air Law and Commerce* 73 (2008): 48.

40) Henry R. Hertzfeld, and Frans G. von der Dunk, "Bringing Space Law into the Commercial World: Property Rights Without Sovereignty," *Chicago Journal of International Law* 6 (2005): 81.

이 우주자원을 포함하는 것인지에 대한 내용이다. 포함한다는 학설은 소유권의 주장은 국가의 주권을 근거로 하기 때문에 전유금지의 원칙을 어기는 것이라고 주장하며, 포함하지 않는다는 학설은 우주조약은 우주공간의 자유로운 탐사 이용을 규정하고 있으며, 전유금지의 원칙은 국가만을 그 대상으로 하기 때문에 사적 주체는 우주자원의 소유가 가능하다고 본다.

나. 검토

우주자원의 소유를 찬성하는 학설과 반대하는 학설 모두 각각의 주장을 뒷받침하는 견해를 가지고 있다고 여겨진다. 그러나 우주조약에서 규정하고 있는 전유금지의 원칙은 외기권에 대한 국가의 주권과 영토의 주장을 금지하고 있는 내용으로 이를 우주자원도 포함한다고 확대해석하는 것은 구체적인 타당성이 없다고 여겨진다. 예를 들어 달협정에서는 우주자원 소유에 대한 금지를 명확하게 규정하고 있으므로, 우주조약에서도 이러한 내용을 고려하였다면 우주자원의 소유를 명확하게 금지하였을 것이다.

이를 바탕으로 생각해 보면, 미국 등 3개 국가의 우주자원 소유권 관련 규정이 우주조약의 내용을 침해한다고 명확하게 주장하기는 어려워 보인다. 우주조약에서 규정하고 있는 전유금지의 원칙은 천체 및 우주공간의 영토 주장을 금지하는 규정으로 해석하는 것이 더 타당하며, 이를 근거로 우주자원에까지 그 범위를 확장하는 것은 지나치게 확대해석 하는 것으로 볼 수 있기 때문이다. 또한 달협정을 근거로 하여 우주조약의 전유금지원칙이 사적 주체를 포함한다고 주장하는 견해는, 달협정의 당사국이 적으며 대부분이 개발도상국이기 때문에 그 주장을 뒷받침하기가 어렵다. 조약이 국가에 구속력 갖기 위해서는 조약에 대한 국가의 기속적 동의가 필요하며,[41] 조약의 해석에 관하여는 조약에 관한 비엔나 협약(Vienna Convention on the Law of Treaties) 제31조를 참고할 수 있다.

---

41) 김대순, 국제법론, 제21판, 삼영사, 2022년, 161면.

조약법에 관한 비엔나협약
(외교부 국문본)

제31조[42)

1. 조약은 조약문의 문맥에서 그리고 조약의 대상 및 목적에 비추어, 그 조약의 문언에 부여되는 통상적 의미에 따라 신의에 좇아 성실하게 해석되어야 한다.
2. 조약 해석의 목적상, 문맥은 조약의 전문 및 부속서를 포함한 조약문에 추가하여 다음으로 구성된다.
    가. 조약 체결과 연계되어 모든 당사자 간에 이루어진 조약에 관한 합의
    나. 조약 체결과 연계되어 하나 또는 그 이상의 당사자가 작성하고, 다른 당사자가 모두 그 조약에 관련된 문서로 수락한 문서
3. 문맥과 함께 다음이 고려된다.
    가. 조약 해석 또는 조약 규정 적용에 관한 당사자 간 후속 합의
    나. 조약 해석에 관한 당사자의 합의를 증명하는 그 조약 적용에 있어서의 후속 관행
    다. 당사자 간의 관계에 적용될 수 있는 관련 국제법 규칙
4. 당사자가 특정 용어에 특별한 의미를 부여하기로 의도하였음이 증명되는 경우에는 그러한 의미가 부여된다.

---

42) Vienna Convention on the Law of Treaties Article 31:
  1. A treaty shall be interpreted in good faith in accordance with the ordinary meaning to be given to the terms of the treaty in their context and in the light of its object and purpose.
  2. The context for the purpose of the interpretation of a treaty shall comprise, in addition to the text, including its preamble and annexes:
    (a) any agreement relating to the treaty which was made between all the parties in connection withthe conclusion of the treaty;
    (b) any instrument which was made by one or more parties in connection with the conclusion of the treaty and accepted by the other parties as an instrument related to the treaty.
  3. There shall be taken into account, together with the context:
    (a) any subsequent agreement between the parties regarding the interpretation of the treaty or the application of its provisions;
    (b) any subsequent practice in the application of the treaty which establishes the agreement of the parties regarding its interpretation;
    (c) any relevant rules of international law applicable in the relations between the parties.
  4. A special meaning shall be given to a term if it is established that the parties so intended.

이에 따르면, 국제조약을 해석할 때에는 조약규정의 적용에 관한 당사자 간의 후속 합의, 해석에 관한 합의를 확정하는 후속의 관행, 관련 국제법의 규칙은 조약 규정의 문맥과 함께 해석해야 한다고 규정하고 있는데, 이러한 내용을 고려할 때 달협정의 내용을 우주조약에 확장해 적용할 수는 없다. 또한 우주조약의 내용을 법리적으로 본다면, 우주조약에서 규정하고 있는 우주공간이 우주자원을 포함하여 규정한다고 보기에도 어렵다고 여겨진다. 앞서 언급하였던 바와 같이 우주조약 제2조에서 규정하고 있는 전유금지의 원칙은 우주의 공간적인 지역을 금지하는 것이지 그 안에 있는 우주자원을 금지하는 것이 아니기 때문이다.[43]

2. 민법상 우주자원의 소유

민법상 우주자원의 광물을 중심으로 그 소유에 대하여 살펴보면,[44] 천체와 우주공간의 광물은 과실의 취득과 무주물의 귀속으로 나누어서 생각해 볼 수 있다. 먼저 과실의 취득은 우주공간 및 천체의 광물을 천연과실로 보아 그 원물(우주)로부터 분리하여 독립한 물건이 되었을 때에 수취권자에게 귀속한다는 내용이며, 무주물의 귀속은 무주의 동산인 우주의 광물을 소유의 의사로 점유하여 소유권을 취득한다는 내용이다. 이하에서는 과실의 취득과 무주물의 귀속을 통한 우주광물의 소유에 대하여 살펴보고자 한다.

가. 과실의 취득

우선 물건이란 유체물과 무체물로 나눌 수 있는데, 유체물은 형체가 있는 물질이고 무체물은 형체가 없는 물질이다. 그리고 민법상 물건이 되려면 관리가 가능해야 한다.[45] 물건으로부터 발생하는 경제적인 수익을 과실이라고 하며, 과

---

43) 김영주, "우주 자원의 상업적 이용에 관한 법적 문제-미국의 2015년 '우주 자원의 탐사 및 이용에 관한 법률'의 구조와 쟁점-", 한국항공우주정책·법학회지 제32권 제1호, 한국항공우주법학회, 2017년, 460면.

44) 우주자원법을 입법한 국가들은 우주자원에 대하여 물과 광물을 포함한 비생물 자원이라고 규정하고 있다. 우리나라에서 물은 주로 공공재로 간주되어 국가나 지방자치단체에서 관리하고 있으며(하천법 제4조, 지하수법 제2조의2), 우리 민법에서는 물 자체의 개인 소유에 대하여 명확하게 하고 있지 않고, 로마법계와 영미법계에서도 물은 소유의 대상이 아니라 이용의 대상으로 여겨지기 때문에(김영희, "로마법과 우리 민법상 물에 관한 규정들에 대한 비교 연구", 법사학연구 제53호, 한국법사학회, 2016년 4월, 281면~284면) 본 단락에서는 우주자원의 민법상 소유의 관점을 연구하기 위하여 우주공간 및 천체에 있는 광물을 중심으로 다루고자 한다.

45) 곽윤직, 민법총칙, 박영사, 1996년, 292면~293면.

실을 생기게 하는 물건을 원물이라고 한다.[46] 우주자원을 중심으로 보면, 과실은 우주공간 및 천체의 광물이고, 원물은 광물이 속해있는 우주공간과 천체라고 볼 수 있다. 우주광물의 소유를 과실의 취득으로 해석하는 것은 원물로부터 분리하는 때에 이를 수취할 권리자에게 귀속한다는 원리이다. 과실의 취득은 천연과실과 법정과실로 나눌 수 있는데[47] 천연과실은 원물의 경제적인 용도에 따라서 유기적이거나 무기적으로 산출되는 것을 의미하며, 법정과실은 물건의 사용대가로 받는 금전 기타의 물건이다.[48] 천연과실의 유기적인 산출물은 과수의 열매, 우유, 가축의 새끼 등이 있고, 무기적인 산출물은 광물, 석재, 토사 등이 있다.[49] 이에 비추어 보았을 때에 우주광물은 광물로서 천연과실의 무기적인 산출물에 속할 수 있다. 이러한 천연과실에 대한 법리는, 원물로부터 분리하는 때에 수취권자가 소유권을 가지기 때문에, 우주광물을 우주공간 및 천체로부터 분리하기 전에는 국가나 사인이 소유(전유)할 수 없지만 그 원물(우주공간 및 천체)로부터 분리하였을 때에는 수취권자가 소유권을 가진다는 해석을 할 수 있다.

천연과실은 원물과 분리되기 전에는 원물의 구성 부분이지만, 원물과 분리되면서 독립적인 물건이 된다. 이러한 천연과실의 취득과 관련하여 생산주의와 분리주의가 대립하고 있다.[50] 생산주의는 원물로부터 천연과실을 생산하게 한 생산주체에게 소유권을 부여하는 것이며, 분리주의는 천연과실의 분리시 원물 소유자가 천연과실을 취득하는 것이다.[51] 생산주의의 관점에서 보면 우주광물(천연과실)을 우주공간 및 천체(원물)로부터 분리한 자가 소유권을 취득할 수 있지만, 분리주의의 관점에서 보면 원물 소유자가 천연과실에 대하여 수취권을 가지고 있으므로 천연과실의 분리자가 아닌 해당 우주공간 및 천체의 소유자가 우주광물의 소유권을 가지게 된다. 그러나 우주공간 및 천체는 우주조약 제2조에 따라 전유의 대상이 되지 않기 때문에 분리주의의 관점에서는 원물의 소유자가 존재하지 않게 된다. 우리 민법은 분리주의를 택하고 있으므로 원물의 소유자가 아닌 자가 과실을 취득하기 위해서는 선의의 점유자, 지상권자, 전세권자 등이어

---

46) 이상원, 주석민법−총칙(2): 김용담 편집대표, 한국사법행정학회, 2010년, 317면.
47) 손종학, 민법총칙, 충남대학교출판부, 2010년, 255면.
48) 민법 제101조 제2항: 물건의 사용대가로 받는 금전 기타의 물건은 법정과실로 한다.
49) 곽윤직, 앞의 민법총칙, 316면.
50) 곽윤직, 앞의 민법총칙, 317면.
51) 이상원, 앞의 책, 321면.

야 하며,[52] 우주공간과 천체를 대상으로 보았을 때에는 선의의 점유자가 수취권을 가질 수 있다고 볼 수 있다. 그렇지만, 선의의 점유자는 수취권이 있다고 오신(誤信)한 자를 의미하기 때문에,[53] 분리주의로는 무주물인 우주공간[54] 및 천체에서의 광물 취득을 주장하기에는 어렵고, 생산주의의 관점에서 광물의 소유를 주장해야 한다. 그리고 분리주의로는 악의의 점유자만 있으므로 무주물인 우주공간에서 우주광물의 취득을 악의의 점유자가 소유를 주장하기는 어렵고, 생산주의로는 광물의 생산자가 우주광물의 소유를 주장하게 된다.

나. 무주물의 귀속

우리 민법 제252조[55]는 무주물의 귀속에 대하여 규정하고 있다. 동조의 제1항에 따르면 무주의 동산을 소유의 의사로 점유한 자는 그 소유권을 취득할 수 있다. 점유는 물건에 대한 사실상의 지배를 법이 인정하고 효과를 결부시키는 법적 현상으로,[56] 이러한 무주물의 귀속에 관한 법리를 우주광물의 소유권에 적용할 수 있다.

무주물의 귀속은 선점에 의한 소유권의 취득으로, 선점에 의한 소유권의 취득은 무주의 동산을 자주점유한 때에 인정된다.[57] 무주물의 소유권을 취득하기 위해서는 세 가지 요건을 갖추어야 하는데, 무주물이어야 하며, 동산이어야 하고, 선점을 하여야 한다.[58] 먼저 무주물이란 현재 소유자가 없는 물건을 의미한다.[59] 이러한 무주물은 원시적 무주물과 후발적 무주물로 나눌 수 있는데, 원시적 무주물이란 소유가 되지 않았던 물건을 의미하며, 후발적 무주물은 누구의 소유였지

---

52) 지원림, 민법강의, 제19판, 홍문사, 2022년, 162면; 이은영, 민법총칙, 제4판, 박영사, 2005년, 307면.

53) 지원림, 앞의 책, 550면.

54) 우주조약을 비롯한 국제법은 우주공간이 공역이라는 근거를 제시하지 못하며, 우주조약 및 국제연합 결의안은 우주공간의 주권 배제만을 명시하고 있고, 공해, 남극과 같이 법적인 개념이 정의된 것이 아니기 때문에(김종복, 신우주법, 한국학술정보, 2011년, 44면) 본 단락에서는 우주공간을 무주물로 해석하도록 한다.

55) 민법 제252조: ① 무주의 동산을 소유의 의사로 점유한 자는 그 소유권을 취득한다. ② 무주의 부동산은 국유로 한다. ③ 야생하는 동물은 무주물로 하고 사양하는 야생동물도 다시 야생상태로 돌아가면 무주물로 한다.

56) 김형석, 주석민법-물권(1): 김용담 편집대표, 한국사법행정학회, 2011년, 233면.

57) 김준호, 민법강의, 제30판, 법문사, 2024년, 1442면.

58) 김준호, 앞의 책, 634면.

59) 권오곤, 민법주해[V]-물권(2): 곽윤직 편집대표, 박영사, 1992년, 478면.

만 무주의 상태가 된 물건을 의미한다.[60] 우주광물을 중심으로 살펴보면, 우주공간 및 천체는 누구도 소유할 수 없으며, 이에 따라 그 공간에 있는 우주광물의 소유자가 없기 때문에, 우주광물은 무주물의 지위를 가질 수 있고,[61] 어느 누구의 소유가 되지 않았기 때문에 원시적 무주물의 지위를 갖게 된다. 다음은 우주광물이 동산에 해당하는지에 대한 여부이다. 부동산은 토지 및 그 정착물의 의미하며, 부동산 이외의 물건은 동산이다.[62] 또한 토지에 부착되는 물건이라 하더라도 정착물이 아니면 동산에 해당하게 된다.[63] 우주광물은 행성이나 소행성 등의 표면이나 내부에 있으므로 표면에 있는 광물은 동산의 지위를 가질 수 있게 되며, 내부에 있는 광물은 채굴 후에 동산의 지위를 가질 수 있게 된다. 마지막으로 선점은 무주물을 소유의 의사로서 점유하는 것을 의미한다. 점유 취득의 여부는 사실상 물적지배를 기준으로 하기 때문에 우주광물을 소유의 의사로서 채굴하게 되면 그 채굴시에 선점이 이루어진다. 즉 우주광물은 무주물 귀속의 법리로 그 소유권 취득을 위한 요건들을 갖출 수 있으며, 우주공간 및 천체의 전유금지가 국가의 영토주권 주장만을 대상으로 한다는 해석을 적용한다면 사적 주체뿐만이 아니라 국가와 같은 공적 주체도 우주광물의 소유가 가능하다.

다. 검토

우주자원의 소유권과 관련하여, 과실의 취득보다는 무주물 귀속의 법리로 설명하는 것이 더 타당하다고 여겨진다. 우선 천체를 포함한 우주공간은 우주조약 제2조에 따라 주권의 주장이나 이용과 점유에 의하여 국가 전유의 대상이 되지 아니하기 때문에 이를 확대해석하여 본다면 국가뿐만이 아니라 사인도 우주공간 및 천체에 대하여 소유를 주장할 수 없다. 예를 들어 특정 사인이 무주지인 우주공간을 선점하고 소유권을 주장하면 해당 사인이 속한 국가는 자국의 영토로 무주지를 편입하게 되고 이는 국가적 추인행위로 볼 수 있으므로, 우주조약 제2조에서 규정하고 있는 국가전유금지의 원칙을 위반하게 된다. 과실의 취득에

---

60) 김진우, 주석민법-물권(1): 김용담 편집대표, 한국사법행정학회, 2011년, 836면.
61) 광업법 제2조에서는 광물을 광업권의 객체로 규정하고 있으므로 무주물의 지위를 가질 수 없지만, 우주공간 및 천체는 주권주장의 대상이 되지 않고, 광업법은 우주자원을 대상으로 한 법률이 아니기 때문에 본 연구에서는 우주광물이 무주물의 지위를 가질 수 있다고 해석한다.
62) 민법 제99조: "① 토지 및 그 정착물은 부동산이다. ② 부동산 이외의 물건은 동산이다."
63) 김병재, 민법주해[Ⅱ]-총칙(2): 곽윤직 편집대표, 박영사, 1992년, 63면.

서 분리주의는 원물 소유주가 수취권을 가지고 있으며, 원물 소유주가 아닌 자가 수취권을 가지기 위해서는 수취권이 본인에게 있다고 오신을 해야 한다. 우주라는 원물은 소유자가 없는 무주물이기 때문에 오신을 이유로 선의의 점유자라는 주장을 하기가 어렵다. 또한 생산주의의 관점에 따라 우주광물의 과실취득을 설명할 수도 있지만, 이 견해를 취할 경우, 추가적인 논의가 이루어질 수밖에 없으므로, 과실의 취득으로 우주광물의 소유를 해석하는 것은 또 다른 논쟁을 불러일으킬 가능성이 높다.

이와 달리, 무주물 귀속의 법리로 우주광물의 소유를 명확하게 설명할 수 있다. 천체 및 우주공간과 우주광물을 중심으로 보면, 무주물 귀속은 천체나 우주공간의 법적 지위와는 관계없이 그 소유의 대상이 되는 우주광물만을 중심으로 소유의 귀속을 해석한다. 무주물은 소유자가 없는 물건이며, 동산이고, 소유의 의사로 점유하면 선점을 통해 소유권을 취득할 수 있다.[64] 우주조약의 내용을 비추어 보았을 때에도 천체 및 우주공간의 전유를 금지하고 있지만 우주자원의 전유를 명확하게 금지하고 있지 않기 때문에, 우주공간의 소유권을 주장하지 않으면서 우주광물에 대한 소유권을 주장할 수 있다.

결론적으로 우주광물의 소유권에 대한 내용은 과실취득의 법리보다 무주물 귀속의 법리로 설명하는 것이 더 타당하다고 생각하며, 이렇게 해석하는 경우 우주조약에서 규정하고 있는 전유금지의 원칙과 상충할 가능성도 현저히 낮아질 것으로 판단된다.

제2절 우주자원 관련 법제

우주자원에 관한 국제법은 없으며, 국제연합 우주사무국(Unites Natiuons Office for Outer Space Affairs)에서 우주자원과 관련된 작업반(Working Group)이 이에 대한 논의를 하고 있는 실황이다.[65] 우주자원에 관한 국내 입법으로는

---

64) 곽윤직, 앞의 물권법, 270면.
65) UNOOSA, "Working Group on Legal Aspects of Space Resource Activities," United Nations, https://www.unoosa.org/oosa/en/ourwork/copuos/lsc/space-resources/index.html

2024년 4월 기준으로 미국, 룩셈부르크, 일본, 아랍에미리트 4개의 국가가 우주
자원에 대한 국내 법률을 가지고 있다.[66] 본 절에서는 각국의 우주자원법에 대
하여 연구를 진행하고자 한다.

Ⅰ. 미국

미국은 미국 연방법 제51편 제5부의 SRCEU에서 우주자원, 우주자원의 소
유, 우주자원의 소유 주체 등에 대하여 규정하고 있다. 특히 우주자원을 소유할
수 있는 소유 주체를 미국 시민으로 한정하며, 오직 사적 주체만이 우주자원을
소유할 수 있도록 규정하고 있는데, 이는 우주조약에서 규정하고 있는 전유금지
의 원칙을 우회하기 위한 것으로도 볼 수 있다. 본 단락에서는 미국의 SRCEU에
서 규정하고 있는 우주자원의 정의와 우주자원의 상업적 활동에 대하여 살펴보
고자 한다.

1. 우주자원의 정의

SRCEU 제51301조는 정의규정으로, 우주자원의 정의에 대하여 규정하고 있
다. 이 조항은 소행성자원과 우주자원을 나누어서 규정하고 있는데, 이는 우주자
원을 좀 더 세분화하여 개념적으로 정리하기 위함으로 해석할 수 있다.[67] 앞서
살펴본 바와 같이, 동조항에서는 소행성자원과 우주자원을 나누어서 규정하고
있으며, 소행성자원이란 소행성에서 발견되는 우주자원이고, 우주자원이란 천체
와 우주공간에 있는 물과 광물을 포함한 비생물 자원이라고 규정하고 있다. 이어
서 동조항 제3항에서는 미국 시민에 대하여 규정하고 있는데, 여기에서 미국 시
민에 대한 정의를 규정하는 이유는 SRCEU 제51303조에서 미국 시민이 소행성자
원 또는 우주자원을 소유할 수 있다고 규정하고 있기 때문이다.

---

66) Morgan M. DePagter, "How Property Rights in Space Could be Dictated by the
    Countries Willing to Make the First Move," *Chicago Journal of International Law*,
    https://cjil.uchicago.edu/online-archive/who-dares-wins-how-property-rights-
    space-could-be-dictated-countries-willing-make
67) Andrew Lintner, "Extraterrestrial Extraction: The International Implications of the Space
    Resource Exploration and Utilization Act of 2015," *Fletcher Forum of World Affairs* 40,
    (2016): 150.

> **미국 연방법 제51편**
> **(연구자 번역본)**
>
> 제51303조[68]
> 이 장에 따라 소행성자원 또는 우주자원의 상업적 회수에 종사하는 미국 시민은 미국의 국제
> 적 의무를 포함하여 적용가능한 법률에 따라 취득한 소행성자원 또는 우주자원을 점유, 소유,
> 운송, 사용 및 판매를 포함한 취득한 모든 소행성자원 또는 우주자원에 대한 권리를 가진다.

동조항에서는 우주자원 소유의 권리에 대한 내용으로 점유, 소유, 운송, 사용 및 판매를 할 수 있다고 열거하고 있으며, 우주자원을 소유할 수 있는 대상에 대하여 미국 시민이라고 한정하고 있다. 우주자원 소유가 가능한 미국 시민의 구체적인 내용은 제50902조(1)에서 규정하고 있다.

> **미국 연방법 제51편**
> **(연구자 번역본)**
>
> 제51902조(1)[69]
> (1) 미국의 시민이란 다음을 의미한다:
>   (A) 미국의 시민인 개인;
>   (B) 미국 또는 미국 주의 법에 따라 조직되거나 설립된 단체;
>   (C) 본 조항의 (A) 또는 (B)에 설명된 개인이나 단체가 지배적 지분(교통부 장관 고시)을
>   소유하고 있는 외국의 법률에 의해 조직되거나 구성된 단체.

---

68) 51 U.S.C.A. § 501303: A United States citizen engaged in commercial recovery of an asteroid resource or a space resource under this chapter shall be entitled to any asteroid resource or space resource obtained, including to possess, own, transport, use, and sell the asteroid resource or space resource obtained in accordance with applicable law, including the international obligations of the United States.

69) 51 U.S.C.A. § 501902(1): In this chapter—
(1) "citizen of the United States" means—
(A) an individual who is a citizen of the United States;
(B) an entity organized or existing under the laws of the United States or a State; or
(C) an entity organized or existing under the laws of a foreign country if the controlling interest (as defined by the Secretary of Transportation) is held by an

동규정에서 미국 시민이란 미국 시민권을 가지고 있거나, 미국의 연방법 혹은 주법에 의하여 조직된 단체이거나, 미국 시민이나 미국 단체가 지배적 지분을 가지고 있는 외국 단체이다. 즉 이러한 미국 시민은 SRCEU 제51303조의 적용을 받아 우주자원을 소유하고 그에 대한 권리를 향유할 수 있다.

2. 우주자원의 상업적 활동

우주자원의 상업적 활동과 관련하여 SRCEU 제51302조(a)는 상업적 탐사와 상업적 회수(commercial recovery)에 대하여 규정하고 있다.

미국 연방법 제51편
(연구자 번역본)

제51302조(a)[70]

(a) 적절한 연방기관을 통해 행동을 취하는 대통령은
 (1) 미국 시민의 우주자원에 대한 상업적 탐사 및 상업적 회수를 촉진하고,
 (2) 미국의 국제적 의무에 부합하는 방식으로 우주자원의 상업적 탐사 및 상업적 회수를 위한 경제적으로 실행 가능하고 안전하며 안정적인 산업의 미국 내 발전에 대한 정부의 장벽을 허물어야 하고,
 (3) 미국의 국제적 의무에 따라 그리고 연방정부의 승인 및 계속적인 감독 하에 미국 시민의 우주자원에 대한 상업적 탐사 및 상업적 회수에 유해한 방해없이 종사할 권리를 증진해야 한다.

---

individual or entity described in subclause (A) or (B) of this clause.

70) 51 U.S.C.A. § 501302(a): (a) In General.-The President, acting through appropriate Federal agencies, shall-
 (1) facilitate commercial exploration for and commercial recovery of space resources by United States citizens;
 (2) discourage government barriers to the development in the United States of economically viable, safe, and stable industries for commercial exploration for and commercial recovery of space resources in manners consistent with the international obligations of the United States; and
 (3) promote the right of United States citizens to engage in commercial exploration for and commercial recovery of space resources free from harmful interference, in accordance with the international obligations of the United States and subject to authorization and continuing supervision by the Federal Government.

동조항에 따르면 미국 대통령은 미국 시민에 의한 우주자원의 상업적 탐사 및 상업적 회수를 촉진해야 한다고 규정하며 미국 대통령 및 정부기관의 의무를 나타내고 있다. 특히 제51302조(a)(2)에서는 미국이 국제의무에 부합하는 방식으로 우주자원의 상업적 탐사 및 상업적 회수를 진행해야 한다고 규정하고 있는데, 이는 명확하게 국제조약, 특히 우주조약의 규정을 위반하지 않는 사항에서 우주자원을 탐사하고 회수할 것을 의미한다고 볼 수 있다. 그리고 이어서 제51302조(a)(3)에서는 미국 시민들이 유해한 방해(harmful interference)로부터 벗어나 자유롭게 우주자원을 탐사 및 회수할 수 있도록 관리 및 감독하여야 한다고 규정하고 있다. 또한 이 조항에서는 상업적 탐사와 상업적 회수에 대하여 규정하고 있는데, 상업적 탐사의 경우 우주에 있는 자원을 탐사하고 그 실익을 계산하는 행위라고 볼 수 있다. 그러나 상업적 회수(comercial recovery)는 자원의 채취를 말하는 것인지, 아니면 자원의 채취 후 복구(recovery)를 의미하는 것인지 명확하지 않게 느껴질 수 있다. 이와 관련하여, 미국 연방법 제30편 제1403조(1)(A)의 광물 및 광업의 조항을 참고하여 유추해석할 수 있다.

미국 연방법 제30편
(연구자 번역본)

제1403조(1)(A)[71]
(1) "상업적 회수"란
　(A) 이익을 얻기 위한 목적으로 해상에서 광물자원을 회수하여 판매나 상업적으로 사용하는 것을 의미한다. 실제로 이익이 발생하였는지는 관계가 없다.

동조항에서는 상업적 회수에 대하여 정의규정을 내리고 있다. 이에 따르면 상업적 회수란 이익을 얻기 위해 상업적으로 광물자원을 회수(채굴)하기 위하여 해상에서 하는 활동을 의미한다고 규정하고 있다. 즉 이 조항에서는 해상에서 하는 상업적 회수에 대하여 규정하고 있지만, 이를 제51편의 우주에서의 상업적 회

---

71) 30 U.S.C.A. § 1403(1)(A): (1) "commercial recovery" means-(A) any activity engaged in at sea to recover any hard mineral resource at a substantial rate for the primary purpose of marketing or commercially using such resource to earn a net profit, whether or not such net profit is actually earned.

수로 유추적용 한다면, 우주자원의 상업적 회수란, 이익을 얻기 위해 상업적으로 우주의 광물자원을 회수하는 모든 활동을 의미한다고 할 수 있다.

다시 제51302조로 돌아가면, 동규정에서는 우주자원의 탐사 및 회수에 관하여 미국 대통령에게 권한을 부여하고 있다. 먼저 대통령은 적절한(appropriate)연방기관을 통하여 우주자원의 탐사 및 회수에 관하여 승인 관리 및 감독을 하도록 할 수 있으며, 이 규정에 따라 미국 국무부(U.S. Department of State) 산하의 우주 및 첨단기술국(Office of Space and Advanced Technology)에서 우주외교, 우주자원의 상업적 개발 등의 정책 업무를 지원하고 있다.[72] 그리고 미국 상무부와 교통부가 우주활동을 감독하는 권한을 수행하고 있다.[73]

Ⅱ. 룩셈부르크

룩셈부르크는 2016년 우주자원에 대한 정부 정책에 대한 내용을 담은 우주자원계획을 발표하였고, 2017년에 우주자원법(Law on the Exploration and Use of Space Resources, 이하 'LEUSR'이라 함)을 제정하였다. LEUSR은 미국의 SRCEU 다음으로 제정된 우주자원의 소유권을 인정하는 법으로, 이 법을 통하여 우주자원에 대한 법적지위, 특히 우주자원의 소유권을 확정하였다. 이하에서는 LEUSR의 특징과 우주자원 활동의 승인에 대하여 살펴보고자 한다.

1. 룩셈부르크 우주자원법의 특징

LEUSR은 우주자원의 탐사와 이용을 위하여 우주자원개발에 대한 내용을 세세하게 규정하고 있다.[74] LEUSR의 주요 특징은 아래의 네 가지로 나눌 수 있다.

첫째로 우주자원의 법적 지위에 대하여 확정하였다. 이와 관련하여 LEUSR 제1조에서 규정하고 있다.

---

72) Georgetown Law, "Space Law: The Law of Outer Space," *Georgetown Law Library*, https://guides.ll.georgetown.edu/c.php?g=1037047&p=7762102

73) The White House, "FACT SHEET: U.S. Novel Space Activities Authorization and Supervision Framework," Dec 20, 2023, https://www.whitehouse.gov/briefing-room/statments-releases/2023/12/20/fact-sheet-u-s-novel-space-activities-authorization-and-supervision-framework

74) Tanja Masson-Zwaan & Mahulena Hofmann, *Introduction to Space Law* (Kluwer Law International, 2019), 103.

룩셈부르크 우주자원법
(연구자 번역본)

제1조75)
우주자원은 소유가 가능하다.

동조는 우주자원의 법적 지위에 대하여 규정하고 있는데, "우주자원은 소유
가 가능하다"라고 규정하며 우주자원의 소유권을 명확하게 인정하였다. 여기에
서 주의할 점은 미국의 경우 사적 주체인 미국 시민이 우주자원을 소유할 수 있
다고 규정하고 있는 것에 비하여, LEUSR은 우주자원은 소유가 가능하다고 규정
하며 사적 주체뿐만이 아니라 공적 주체도 우주자원을 소유할 수 있도록 규정하
고 있다는 점이다. 이는 미국이 우주조약의 전유금지의 원칙에 대하여 국가의 소
유만을 금지하고 있다고 해석한 것에 비하여, 룩셈부르크는 전유금지의 원칙에
우주자원이 포함되지 않는다고 해석한 것으로 여길 수 있다.

두 번째로 LEUSR 제2조는 우주자원을 탐사하거나 사용하기 위해서는 승인
을 받도록 규정하고 있다.

룩셈부르크 우주자원법
(연구자 번역본)

제2조76)
(1) 그 누구도 경제 및 우주활동을 담당하는 장관 또는 장관들(이하 "장관"이라 한다)로부터
서면으로 임무의 승인을 받지 않고는 우주자원을 탐사하거나 사용할 수 없다.
(2) 그 누구도 제1항에 언급된 활동의 승인을 다른 사람 혹은 중개인을 통하여 부여 받을 수
없다.
(3) 승인을 받은 운영자는 제1항에 따라 부여받은 승인의 내용과 룩셈부르크의 국제의무에
따라서만 활동을 수행할 수 있다.
(4) 이 법은 위성 통신, 궤도 위치 또는 주파수 대역 사용에는 적용되지 않는다.

---

75) LEUSR Article 1: Space resources are capable of being owned.
76) LEUSR Article 2:
   (1) No person can explore or use space resources without holding a written mission
     authorisation from the minister or ministers in charge of the economy and space

동법 제1항에서는 승인 제도에 대한 내용을 다루고 있는데, 먼저 우주활동을 담당하는 장관의 승인을 받지 않고는 우주자원을 탐사하거나 이용할 수 없다고 규정하고 있으며, 제2항에서는 이러한 승인은 중개할 수 없다고 규정하며 반드시 당사자가 승인을 받아 우주자원에 대한 탐사 및 이용을 하도록 규정하고 있다. 이어서 제3항에서는 룩셈부르크의 국제의무의 범위 안에서만 우주자원을 탐사하거나 이용할 수 있다고 규정하고 있는데 이는 미국의 SRCEU의 국제의무를 준수한다는 규정과 흡사한 내용이다.

세 번째로 LEUSR에서는 승인을 받기 위한 조건에 대하여 제8조(1)에서 세세하게 규정하고 있다.

룩셈부르크 우주자원법
(연구자 번역본)

제8조[77]
(1) 승인은 운영자의 자본 또는 의결권의 10% 이상을 직접 또는 간접적으로 보유한 주주 또는 회원(자연인 또는 법인)의 신원과 해당 지분의 양, 10%의 조건을 충족하지 못할 경우 20명의 최대 주주 또는 구성원의 신원을 장관에게 통보하는 것을 조건으로 한다. 건전하고 신중한 운영을 보장해야 할 필요성을 고려하여 해당 주주 또는 회원의 적합성이 만족스럽지 않은 경우 승인은 거부된다.

---

activities(hereinafter "the ministers").
(2) No person shall be authorised to carry out the activity referred to in paragraph 1 either through another person or as an intermediary for the carrying out of such activity.
(3) The authorised operator may only carry out the activity referred to in paragraph 1 in accordance with the conditions of the authorisation and the international obligations of Luxembourg.
(4) This Law shall not apply to satellite communications, orbital positions or the use of frequency bands.
77) LEUSR Article 8(1): The authorization shall be subject to the communication to the ministers of the identity of the shareholders or members, whether direct or indirect, natural or legal persons, that have direct or indirect holdings of at least 10 per cent of the capital or of the voting rights in the operator, and of the amount of such holdings or, if such 10 per cent threshold is not met, the identity of the twenty largest shareholders or members. The authorisation shall be refused if, taking into account the need to ensure a sound and prudent operation, the suitability of those share-

동법에서는 우주자원의 탐사 및 이용을 위한 승인을 받기 위해서 자본금의 10% 이상을 직접 또는 간접적으로 소유하여야 하며, 이 기준이 미달될 경우에는 20명의 최대 주주 또는 구성원의 신원을 제출해야 한다고 규정하고 있다. 또한 우주자원 활동을 수행하려는 기업은 건전하고 신중한 운영이 보장되어야 하며, 이러한 적합성을 만족하지 못할 경우에는 승인이 거부된다고 규정하고 있다.

마지막으로 계속적인 감독을 받을 것을 규정하고 있는데 이에 대한 내용은 동법 제15조에서 규정하고 있고, 임무에 대한 책임은 제16조에서 규정하고 있다.

룩셈부르크 우주자원법
(연구자 번역본)

제15조[78]
장관은 승인된 임무에 대하여 계속적인 감독을 담당한다.

제16조[79]
임무에 대한 승인을 받은 운영자는 모든 준비 작업과 임무를 포함하여 임무 수행 시 발생하는 모든 손해에 대하여 전적으로 책임을 져야 한다.

동규정에 따르면 장관은 승인된 임무에 대하여 계속적으로 감독을 하여야 한다고 규정하고 있으며, 여기에 더하여 임무 수행 중에 발생하는 모든 손해에 대하여는 해당 기업이 책임을 질 것을 규정하고 있다.

2. 우주자원 활동의 승인

앞서 살펴본 바와 같이, LEUSR은 우주조약 제6조에서 규정하고 있는, 당사국이 우주의 활동을 계속적으로 감독해야 한다는 규정을 반영하여 LEUSR 제2조 제1항에서 우주자원을 탐사 및 이용하기 위해서는 반드시 승인을 받도록 규정하고 있으며, 제15조에서 장관이 계속적으로 감독을 하여야 한다고 규정하고 있다.

---

holders or members is not satisfactory.

78) LEUSR Article 15: The ministers are in charge of the continuous supervision of the missions for which an authorisation has been granted.

79) LEUSR Article 16: The operator that is granted an authorisation for a mission is fully responsible for any damage caused at the occasion of the mission, including at the occasion of all preparatory works and duties.

이어서 제3조에서는 신청의 형식에 대하여 규정하고 있다.

룩셈부르크 우주자원법
(연구자 번역본)

제3조[80]
장관에게 서면으로 신청을 하면 상업적 목적의 우주자원 탐사 및 이용 임무를 위한 승인이 운영자에게 부여될 수 있다.

동조는 장관에게 서면으로 신청을 하여 승인을 받도록 규정하고 있으며, 이러한 승인은 상업적 목적을 위한 우주자원의 탐사 및 이용 임무에 한정하고 있다. 또한 승인을 받기 위한 조건을 제7조에서 제11조에 걸쳐 상세히 규정하고 있다. 먼저 제7조는 다음과 같이 규정하고 있다.

룩셈부르크 우주자원법
(연구자 번역본)

제7조[81]
(1) 승인은 룩셈부르크에 중앙 관리와 등록된 사무소의 존재를 보여주는 증거 제출을 조건으로 한다. 여기에는 승인을 받으려는 운영자의 관리 및 회계 구조를 포함한다.

---

80) LEUSR Article 3: The authorisation shall be granted to an operator for a mission of exploration and use of space resources for commercial purposes upon written application to the ministers.

81) LEUSR Article 7:
   (1) The authorisation shall be subject to the production of evidence showing the existence in Luxembourg of the central administration and of the registered office, including the administrative and accounting structures of the operator to be authorised.
   (2) The operator to be authorised shall have a robust scheme of financial, technical and statutory procedures and arrangements through which the exploration and utilization mission, including the commercialisation of space resources are planned and implemented. The operator to be authorised shall furthermore have a robust internal governance scheme, which includes in particular a clear organisational structure with well defined, transparent and consistent lines of responsibility, effective processes to identify, manage, monitor and report the risks it is or might be exposed to, and adequate internal control mechanisms, including sound ad-

(2) 승인을 받으려는 운영자는 재정적, 기술적 및 법적 절차와 방식을 통해 탐사 및 활용 임
    무, 우주자원의 상업화를 계획하고 실행할 수 있는 강력한 제도를 갖추어야 한다. 또한
    승인을 받으려는 운영자는 특히 명확한 조직 구조와 잘 정의되고 투명한 일관된 책임의
    체제를 포함하는 강력한 내부 운영 체계를 갖추어야 한다. 또한 위험을 식별, 관리, 모니
    터링 및 보고하는 효과적인 체계와 운영자가 직면하거나 직면할 수 있는 위험에 적절하게
    대응할 수 있는 내부 통제 방법, 건전한 관리 및 회계 절차, 기술 시스템과 응용 프로그램
    의 통제 및 보안 방식을 갖추어야 한다.

(3) 이 조항에서 언급된 방식, 처리, 절차 및 방법은 운영자가 승인을 구하는 임무만이 아니
    라 운영자의 운영 방식에 내재한 위험의 성격, 규모 및 복잡성에 비례하여 포괄적이고 적
    절해야 한다.

이 규정을 살펴보면, 승인을 받기 위해서는 해당 기업의 등록사무소가 룩셈
부르크에 소재하고 있어야 하며, 우주자원의 상업화를 위한 탐사 및 이용에 관한
임무를 계획하고 이행할 수 있는 재정적, 기술적 및 법적 절차를 가지고 있어야
한다. 또한 위험을 식별하고 관리할 수 있는 위험 감지 체계를 갖추어야 하며,
건전한 회계 절차 및 보안 조치를 포함한 내부 통제 시스템을 갖출 것을 요구하
고 있다. 즉 제7조는 우주자원을 탐사 및 이용하려는 민간 기업의 기본적인 내용
과 강력한 내부지배 구조를 요구하고 있다. 이어서 제8조에서는 기업의 건전한
운영에 대하여 규정하고 있다.

룩셈부르크 우주자원법
(연구자 번역본)

제8조[82]

(1) 승인은 직접 또는 간접적으로 최소 10% 이상의 자본이나 투표권을 가지고 있는 운영자
    또는 구성원, 자연인 또는 법인의 신원을 장관에게 제출하는 것을 조건으로 한다. 만약

---

ministrative and accounting procedures, as well as control and security arrange-
ments for its technical systems and applications.

(3) The arrangements, processes, procedures and mechanisms referred to in this arti-
cle shall be comprehensive and proportionate to the nature, scale and complexity
of the risks inherent to the business model of the operator to be authorised as
well as to the mission for which the authorisation is sought.

82) LEUSR Article 8:

10%의 기준에 도달하지 못할 경우, 20명의 최대 주주 또는 구성원의 신원을 장관에게 제출하여야 한다.

건전하고 신중한 운영을 보장하기 위한 필요성을 고려하여, 해당 주주 또는 구성원의 적합성이 만족스럽지 않은 경우에는 승인이 거부된다.

(2) 건전하고 신중한 운영의 개념은 다음과 같은 기준에 따라 평가된다;

　　a) 승인을 받으려는 운영자와 제1항에서 언급된 주주 및 구성원의 좋은 평판;

　　b) 제1항에서 언급된 주주나 구성원의 좋은 평판, 지식, 기술 및 경험;

　　c) 제1항에서 언급된 주주 및 구성원의 재정 건전성;

　　d) 제안된 탐사 임무 또는 우주자원의 활용과 관련하여 자금의 세탁이나 테러에 자금을 조달하고 있거나, 조달하였거나, 조달을 시도하였다고 의심될 합리적인 근거가 있는지의 여부, 또는 탐사 임무나 활용이 그러한 위험을 증가시킬 가능성이 있는지의 여부

제1항에서 언급된 주주나 구성원의 좋은 평판에 대한 내용은 제9조 제1항 두 번째 문장의 규정에 따라 평가된다.

---

(1) The authorization shall be subject to the communication to the ministers of the identity of the shareholders or members, whether direct or indirect, natural or legal persons, that have direct or indirect holdings of at least 10 per cent of the capital or of the voting rights in the operator, and of the amount of such holdings or, if such 10 per cent threshold is not met, the identity of the twenty largest shareholders or members.

The authorisation shall be refused if, taking into account the need to ensure a sound and prudent operation, the suitability of those shareholders or members is not satisfactory.

(2) The concept of sound and prudent operation is assessed in accordance with the following criteria:

　　a) the good repute of the operator to be authorised and the shareholders and members referred to in paragraph 1;

　　b) the good repute, knowledge, skills and experience of any member of the management body of the shareholders or members referred to in paragraph 1;

　　c) the financial soundness of the shareholders and members referred to in para‐graph 1;

　　d) whether there are reasonable grounds to suspect that money laundering or terrorist financing is being or has been committed or attempted in relation to the proposed exploration mission or the proposed utilization of space resources or that such exploration mission or such utilization could increase the risk thereof.

The good repute of the members of the management body of the shareholders or members referred to in paragraph 1 shall be assessed in accordance with the terms of article 9, paragraph 1, second sentence.

우선 자본금의 10% 이상을 직간접적으로 소유할 것을 요구하고 있으며, 주주 및 구성원의 재무 건전성을 요구하고 있고, 만약 우주자원의 탐사 및 이용에 관한 활동이 자금세탁이나 테러 자금에 사용되거나 사용될 우려가 있을 경우 승인이 거부된다고 규정하고 있다.

이어서 동법 제9조 제1항과 제2항에서는 승인에 대한 세부사항을 규정하고 있다.

룩셈부르크 우주자원법
(연구자 번역본)

제9조 제1항[83)]
승인은 운영자 경영진의 구성원이 항상 충분히 좋은 평판을 가지고 있어야 하며, 직무를 수행할 수 있는 충분한 지식, 기술 및 경험을 보유해야 한다는 조건에 따라 결정되어야 한다. 이러한 좋은 평판은 범죄 기록 및 관련자들이 좋은 평판을 가지고 있음을 보여주는 모든 증거에 기초하여 평가되고 운영자의 온전한 운영을 보증한다.

제9조 제2항[84)]
최소 2인 이상이 운영자의 경영에 대하여 책임을 져야 한다. 이러한 사람은 사업의 방향을 효율적으로 결정할 수 있는 권한을 가져야 하고, 우주 산업이나 관련 분야에서 높은 책임과 자율성을 가지고 유사한 활동을 수행한 경험이 있어야 한다.

제9조 제1항은 승인에 대한 세부사항으로, 운영자 경영진의 구성원이 직무를 수행할 수 있는 충분한 지식, 기술 및 경험을 보유해야 한다고 규정하고 있으며, 제2항에서는 최소 2인 이상이 운영자의 경영에 대한 책임을 질 것을 요구하

---

83) LEUSR Article 9(1): The authorisation shall be subject to the condition that the members of the management body of the operator shall at all times be of sufficiently good repute and possess sufficient knowledge, skills and experience to perform their duties. Such good repute shall be assessed on the basis of police records and of any evidence tending to show that the persons concerned are of good repute and offer every guarantee of irreproachable conduct.

84) LEUSR Article 9(2): At least two persons must be responsible for the management of the operator. Those persons must be empowered to effectively determine the direction taken by the business. They must possess adequate professional experience by virtue of their having previously carried out similar activities at a high level of responsibility and autonomy in the space industry or in a related sector.

고 있고, 이러한 사람은 관련 분야에서 유사한 활동을 해 보았을 것을 요구하고 있다.

룩셈부르크 우주자원법
(연구자 번역본)

제10조[85]
(1) 승인 신청은 반드시 임무에 대한 위험 평가가 포함 되어야 한다. 이 평가는 승인 대상 운영자 개인의 재산, 동일한 그룹에 속하지 않은 보험회사의 보험증권 또는 동일한 그룹에 속하지 않은 신용기관의 보증에 이러한 위험의 보장 범위를 명시해야 한다.
(2) 승인은 임무와 관련된 위험에 적절한 재정 기반에 따라 조건부가 될 수 있다.

동법 제10조에서는 운영자와 동일한 그룹에 속하지 않은 보험회사의 보험 증권 또는 신용기관의 보증을 통하여 위험 보장 범위를 제출해야 한다고 규정하고 있으며, 임무의 위험도와 재정 기반에 따라 조건부가 될 수 있다고 규정하고 있다.

이어서 제11조에서는 회계 감사에 대한 내용을 규정하고 있으며, 제14조에서는 승인의 철회에 대한 내용을 규정하고 있다.

룩셈부르크 우주자원법
(연구자 번역본)

제11조[86]
1. 승인은 승인을 받을 운영자가 연간 회계 감사를 받을 것을 조건으로 한다. 이 감사는 1명 이상의 적절한 전문적 능력(experience)을 가지고 있는 승인된 회계 감사인(réviseurs

---

85) LEUSR Article 10:
   (1) The application for the authorisation must be accompanied by a risk assessment of the mission. It shall specify the coverage of these risks by personal financial means, by an insurance policy of an insurance undertaking not belonging to the same group than the operator to be authorised or by a guarantee of a credit in-stitution not belonging to the same group than the operator to be authorised.
   (2) The authorisation shall be conditional upon the existence of financial bases that are appropriate to the risks associated with the mission.
86) LEUSR Aricle 11:

d'entreprises agréés)이 실시한다.

2. 회계 감사인의 변경은 장관의 사전 허가를 받아야 한다.

3. 1915년 8월 10일 상업 회사에 관한 법률 규정에 따라, 감독 위원회를 구성할 수 있는 위원에 대한 규칙은 회계 감사인이 있는 경우에도 해당 법률에서 의무적으로 규정하는 운영자에게 적용된다.

제14조[87)

1. 승인 조건이 더 이상 충족되지 않으면 승인은 철회된다.

2. 운영자가 승인을 받은 후 36개월 이내에 승인을 사용하지 않거나, 승인을 포기하거나, 6개월 동안 사업을 수행하지 않을 경우 승인은 철회된다.

3. 허위, 기타 불법적인 수단을 통해 받은 승인은 철회된다.

먼저 제11조의 규정에 따라 승인을 받을 운영자는 회계 감사를 연간으로 받을 것을 조건으로 하며, 이러한 회계 감사는 전문적 능력을 가시고 있는 승인된 회계 감사인을 통해 받도록 규정하고 있다. 또한 회계 감사인의 변경은 반드시 장관의 사전 허가를 받도록 규정하고 있다. 이렇게 받은 승인은 동법 제14조의 규정에 따라 승인 조건이 충족되지 않을 경우 철회될 수 있다. 즉 회계 감사에서 재정적 안정성이 입증되지 않는다면 우주자원 활동의 승인은 철회될 수 있으며, 이에 더하여 승인을 받은 후 36개월 이내에 승인과 관련된 내용을 사용하지 않

---

(1) The authorisation shall be conditional on the operator to be authorised having its annual accounts audited by one or more reviseurs d'entreprises agrees who can show that they possess adequate professional experience.

(2) Any change in the reviseurs d'entreprises agrees must be authorised in advance by the ministers.

(3) The rules in respect of commissaires, which may form a supervisory board as laid down in the Law of 10 August 1915 on commercial companies, as amended, only apply to operators where the Law on commercial companies mandatorily pre-scribes it even if there is a reviseur d'entreprise.

87) LEUSR Article 14:

(1) The authorisation shall be withdrawn if the conditions for the granting thereof are no longer met.

(2) The authorisation shall be withdrawn if the operator does not make use thereof within thirty-six months of it being granted, renounces to it or has ceased to carry out his business for the preceding six months.

(3) The authorisation shall furthermore be withdrawn if it has been obtained through false statements or through any other irregular means.

거나, 승인을 받고 사업을 수행하였지만 6개월 이상 사업이 중단되었거나 운영자가 포기할 경우에는 승인이 철회된다. 그리고 허위사실이나 불법적인 수단으로 승인을 받은 경우에도 동규정은 승인이 철회된다고 규정하고 있다.

그리고 제18조는 동법의 규정을 어겼을 때에 받게 되는 처벌에 대하여 규정하고 있다.

룩셈부르크 우주자원법
(연구자 번역본)

제18조[88]

(1) 제2조의 규정을 위반하거나 위반을 시도한 자는 최소 8일, 최대 5년의 징역이나 최소 5,000유로, 최대 1,250,000유로의 벌금에 처해질 수 있다.

(2) 제5조, 제9조제3항제1호, 제11조제1항 또는 제2항의 규정을 위반하거나 위반을 시도하거나 승인의 조건을 위반한 자는 최소 8일, 최대 1년의 징역이나 최소 1,250유로, 최대 500,000유로의 벌금에 처해질 수 있다.

(3) 1항과 2항의 위반 없이 이러한 사안이 회부된 법원은 본 법의 규정을 위반하는 운영의 중단을 선언할 수 있으며, 이 경우 부과될 수 있는 최대 벌금은 발견된 위반 일수당 1,000,000유로를 초과하지 않는다.

먼저 제1항에서는 동법 제2조의 규정을 위반하거나 위반을 시도할 경우에 처해지는 처벌에 대하여 규정하고 있다. 즉 제2조는 우주자원 탐사 및 이용을 위

---

88) LEUSR Article 18:
(1) Any person who contravenes or attempts to contravene the provisions of article 2 shall be punished by a term of imprisonment of between eight days and five years and a fine of between 5.000 and 1.250.000 euros or either one of those penalties.
(2) Any person who contravenes or attempts to contravene the provisions of articles 5, 9paragraph 3 subparagraph 1, 11 paragraph 1 or 2 or that contravenes the terms and conditions of the authorisation shall be punished by a term of imprisonment of between eight days and one year and a fine of between 1.250 and 500.000 euros or either one of those penalties.
(3) Without prejudice to paragraphs 1 and 2, the court to which the matter is being referred, may declare the discontinuance of an operation contravening the provisions of the present law, under a penalty the maximum of which shall not exceed 1.000.000 euros per day of infringement found.

해서는 장관으로부터 승인을 받아야 한다고 규정하고 있으므로, 만약 이러한 승인 없이 우주자원 활동을 수행할 경우 8일에서 5년 이하의 징역이나 5천 유로 이상 125만 유로 이하의 벌금에 처해질 수 있다.

제2항은 승인을 양도하거나, 운영자의 변경, 회계 감사의 규정을 위반하였을 경우에 8일 이상 1년 이하의 징역이나, 1,250유로 이상 50만 유로 이하의 벌금에 처해질 수 있다고 규정하고 있다. 또한 제1항 및 제2항의 위반 없이 이러한 사안이 법원에 회부될 경우, 법원은 해당 운영의 중단을 선언할 수 있고, 이 경우 벌금은 위반한 일수당 100만 유로를 초과하지 않도록 규정하고 있다.

이처럼 LEUSR은 우주자원의 탐사 및 이용을 위한 승인의 조건을 상세하게 규정하고 있으며, 이는 룩셈부르크 정부가 우주자원 활동에 대한 계속적인 감독을 수행할 수 있도록 하는 동시에, 동법의 위반에 대해서는 형사처벌을 내릴 수 있는 법적 근거를 제공하고 있다.

Ⅲ. 일본

일본은 2021년 우주자원의 탐사 및 개발에 관한 사업활동 촉진에 관한 법률(宇宙資源の探査及び開発に関する事業活動の促進に関する法律 이하 '일본 우주자원법'이라 함)을 제정하였다. 일본 우주자원법 제1조를 보면 법의 입법목적에 대하여 밝히고 있는데, 이에 따르면 우주자원의 소유권 취득 및 이에 필요한 기타 사항을 정한다고 하며, 민간사업자에 의한 우주자원의 탐사 및 개발에 관한 사업활동을 촉진하는 것을 목적으로 한다고 규정하고 있다. 이하에서는 일본 우주자원법의 내용과 그 특징에 대하여 살펴보고자 한다.

1. 우주자원의 정의와 탐사

일본 우주자원법 제2조는 우주자원의 정의와 탐사 및 개발에 대하여 규정하고 있다.

일본 우주자원법

(연구자 번역본)

제2조[89]

이 법률에서 다음 각 호에 열거하는 용어의 정의는 해당 각 호에서 정하는 바에 따른다.

1. 우주자원: 달 및 그 밖의 천체를 포함한 우주공간에 존재하는 물, 광물 및 그 밖의 천연자원을 말한다.

2. 우주자원의 탐사 및 개발: 다음 중 어느 하나에 열거하는 활동(오직 과학적 조사로서 또는 과학적 조사를 위해 실시하는 것을 제외함)을 말한다.

　가. 우주자원의 채굴, 채취 등 이와 유사한 것으로서 내각부령으로 정하는 활동(나. 및 제5조에서 '채굴 등'이라 한다)에 이바지하는 우주자원 존재 상황의 조사

　나. 우주자원의 채굴 등 및 이에 부수되는 가공, 보관, 기타 내각부령으로 정하는 행위

먼저 동조 제1항에 따르면 우주자원이란 "달 및 그 밖의 천체를 포함한 우주공간에 존재하는 물, 광물 및 그 밖의 천연자원"을 의미한다고 규정하고 있다. 즉 달과 화성, 금성 등과 같은 위성과 행성은 물론이고, 기타 소행성이나 혜성 등도 이 범위에 포함되게 된다. 이어서 제2항은 우주자원의 탐사 및 개발에 관하여 규정하고 있는데, 과학적 조사는 우주자원의 탐사 및 개발에서 제외된다고 규정하며 그 범위를 구분하고 있다. 동법에서는 우주자원의 탐사와 개발에 관하여 개별적으로 정의를 내리지 않고 '탐사와 개발'을 일체화시켜 정의를 내리고 있다. 이에 따르면, 우주자원의 탐사와 개발이란 "우주자원의 채굴, 채취 등 이와 유사한 것으로서 내각부령으로 정하는 활동에 이바지하는 우주자원 존재 상황의 조사"에 관한 활동을 의미하고, 이어서는 "우주자원의 채굴 등 및 이에 부수되는 가공, 보관, 기타 내각부령으로 정하는 행위"라고 규정하고 있다. 여기에서 채굴

---

89) 일본 우주자원법 제2조: この法律において、次の各号に掲げる用語の意義は、それぞれ当該各号に定めるところによる。

　一 宇宙資源　月その他の天体を含む宇宙空間に存在する水、鉱物その他の天然資源をいう。

　二 宇宙資源の探査及び開発　次のいずれかに掲げる活動（専ら科学的調査として又は科学的調査のために行うものを除く。）をいう。

　　イ 宇宙資源の採掘、採取その他これに類するものとして内閣府令で定める活動（ロ及び第五条において「採掘等」という。）に資する宇宙資源の存在状況の調査

　　ロ 宇宙資源の採掘等及びこれに付随する加工、保管その他内閣府令で定める行為。

(採掘)이란 땅을 파서 땅속에 있는 광석 등을 캐내는(분리하는) 행위를 의미하며,
채취(採取)란 자연물(自然物)에서 그 일부분을 수집하는 것을 의미한다. 우주자원
의 기준에서 본다면, 채굴이란 천체에서 광물을 꺼내는 행위이며, 채취란 이미 분
리되어 있는 우주자원을 획득하는 것을 의미한다.[90] 또한 동조항에서는 이미 규
정하고 있는 사항 외의 '내각부령으로 정하는 활동'이라는 내용을 추가하였는데,
이는 우주자원을 채굴 및 채취할 수 있는 새로운 기술이 발견될 경우에 시행령을
통하여 바로 해당 내용을 추가할 수 있도록 위임규정을 둔 것으로 볼 수 있다.

　　다음으로 우주자원의 탐사 및 개발을 우주자원의 채굴 등 이에 부수되는 가
공, 보관 및 기타 내각부령으로 정하는 행위라고 규정하고 있는데, 이는 우주자
원을 정련하는 등의 행위를 의미하며, 보관은 우주자원을 보존 및 유지하는 행위
를 의미한다. 일본 우주자원의 탐사 및 개발에 관한 사업활동의 촉진에 관한 법
률 시행 규칙(宇宙資源の探査及び開発に関する事業活動の促進に関する法律施行規則, 이
하 '일본 우주자원법 시행규칙'이라 함) 제2조[91]에 따르면, 여기에서 의미하는 행위
란 우주자원의 수송이라고 규정하고 있다.

　　마지막으로 과학적 조사는 우주자원의 탐사 및 개발에 해당하지 않는다고
규정하고 있다. 이는 일본의 우주자원법이 과학적 목적이 아닌 상업적 목적을 위
하여 제정되었음을 명확히 밝히고 있는 규정이다. 일견 보기에는 과학적 탐사로
발견된 우주자원에 대하여 민간 기업이 우주자원을 채굴 및 채취하는 것으로 연
결될 수 있지만, 해당 조항은 과학적 탐사와 상업적 탐사를 완전히 분리했으며,
만약 과학적 목적과 상업적 목적이 함께할 경우에는 이러한 탐사에 대하여 일본
우주자원법을 통한 관리 및 감독이 필요하다.[92]

2. 국제적 의무와 승인

　　일본 우주자원법 제6조에서는 국제합의의 성실한 이행에 대하여 규정하고
있다.

---

90) 水島淳, "国内外の動向から見る宇宙資源開発に関する法的論点", 空法, 日本空法学会 第
　　60号, 2019年, 6611頁.
91) 일본 우주자원법 시행규칙 제2조: 법 제2조제2호나목의 내각부령으로 정하는 '행위'는 우
　　주자원의 수송으로 한다(法第二条第二号ロの内閣府令で定める行為は゛宇宙資源の輸送
　　とする).
92) 佐藤雅彦, 税所大輔, "宇宙探査と宇宙資源開発の法", 法学教室 497号, 2022年, 54頁.

일본 우주자원법
(연구자 번역본)

제6조[93]
1. 이 법률의 시행에 있어서는 일본이 체결한 조약 기타 국제합의의 성실한 이행을 방해하지 않도록 유의하여야 한다.
2. 이 법률의 어떤 규정도 달 및 그 밖의 천체를 포함한 우주공간의 탐사 및 이용의 자유를 행사하는 다른 나라의 이익을 부당하게 해하는 것은 아니다.

이 규정에 따르면, 동법의 시행에 있어서 "일본이 체결한 조약 기타 국제합의의 성실한 이행을 방해하지 않도록 유의해야 한다"고 규정하며, 일본 우주자원법의 규정이 달 및 그 밖의 천체를 포함한 우주공간의 탐사 및 이용의 자유를 행사하는 타국의 이익을 부당하게 해하지 않는다고 규정하고 있다. 이는 우주조약 제1조에서 규정하고 있는 우주공간의 탐사 및 이용에 관한 자유의 원칙을 존중하여, 일본의 우주자원법이 우주조약의 원칙을 위반하지 않도록 일종의 안전장치를 마련한 것으로 볼 수 있다.

또한 일본 우주자원법 제3조는 우주자원의 탐사 및 개발을 위한 승인에 관한 사항을 상세하게 규정하고 있다.

일본 우주자원법
(연구자 번역본)

제3조 제1항, 제2항[94]
1. 우주자원의 탐사 및 개발을 인공위성(「우주활동법」 제2조제2호에서 규정하는 인공위성을 말한다. 제1호 및 제4항도 동일하다.)의 이용 목적으로 실시하는 인공위성의 관리(같은 조

---

93) 일본 우주자원법 제6조: この法律の施行に当たっては゛我が国が締結した条約その他の国際約束の誠実な履行を妨げることがないよう留意しなければならない゜
    2 この法律のいかなる規定も゛月その他の天体を含む宇宙空間の探査及び利用の自由を行使する他国の利益を不当に害するものではない゜
94) 일본 우주자원법 제3조 제1항, 제2항:
    宇宙資源の探査及び開発を人工衛星(宇宙活動法第二条第二号に規定する人工衛星をいう゜第一号及び第四項において同じ゜)の利用の目的として行う人工衛星の管理(同条第

제7호에 규정된 인공위성의 관리를 의미한다.)와 관련된 「우주활동법」 제20조제1항의 승인(이하 이 조에서 "우주자원의 탐사 및 개발의 승인"이라 한다.)을 받고자 하는 자는 「우주활동법」 제20조제2항 각 호에서 열거하는 사항 외에, 내각부령으로 정하는 바에 따라 같은 항의 신청서에 다음에 열거하는 사항을 정한 계획(이하 "사업활동계획"이라 한다.)을 함께 기재하여야 한다.

(1) 해당 우주자원의 탐사 및 개발 허가 신청과 관련된 인공위성을 이용하여 실시하고자 하는 우주자원의 탐사 및 개발에 관한 사업활동(이하 이 항에서는 '우주자원의 탐사 및 개발에 관한 사업활동'이라 한다.)의 목적

(2) 우주자원의 탐사 및 개발에 관한 사업활동의 기간

(3) 제1호에 규정된 우주자원의 탐사 및 개발을 하려는 장소

(4) 제1호에 규정된 우주자원의 탐사 및 개발 방법

(5) 전3호에 열거된 것 외에 우주자원의 탐사 및 개발에 관한 사업활동의 내용

(6) 기타 내각부령으로 정하는 사항

2. 우주자원의 탐사 및 개발 허가 신청에 대해서 내각총리대신은 해당 신청이 「우주활동법」 제22조 각 호에 열거하는 것 외에 다음 각 호의 모두에 적합하다고 인정되는 때가 아니면 해당 우주자원의 탐사 및 개발 허가를 해서는 아니 된다.

(1) 사업활동계획이 우주기본법의 기본이념에 입각한 것이며, 우주의 개발 및 이용에 관한

七号に規定する人工衛星の管理をいう。)に係る宇宙活動法第二十条第一項の許可(以下この条において「宇宙資源の探査及び開発の許可」という。)を受けようとする者は、宇宙活動法第二十条第二項各号に掲げる事項のほか、内閣府令で定めるところにより、同項の申請書に次に掲げる事項を定めた計画(以下「事業活動計画」という。)を併せて記載しなければならない。

一 該宇宙資源の探査及び開発の許可の申請に係る人工衛星を利用して行おうとする宇宙資源の探査及び開発に関する事業活動(以下この項において単に「宇宙資源の探査及び開発に関する事業活動」という。)の目的

二 宇宙資源の探査及び開発に関する事業活動の期間

三 第一号に規定する宇宙資源の探査及び開発を行おうとする場所

四 第一号に規定する宇宙資源の探査及び開発の方法

五 前三号に掲げるもののほか、宇宙資源の探査及び開発に関する事業活動の内容

六 その他内閣府令で定める事項

2 宇宙資源の探査及び開発の許可の申請については、内閣総理大臣は、当該申請が、宇宙活動法第二十二条各号に掲げるもののほか、次の各号のいずれにも適合していると認めるときでなければ、当該宇宙資源の探査及び開発の許可をしてはならない。

一 事業活動計画が、宇宙基本法の基本理念に則したものであり、かつ、宇宙の開発及び利用に関する諸条約の的確かつ円滑な実施及び公共の安全の確保に支障を及ぼすおそれがないものであること。

二 申請者(個人にあっては、宇宙活動法第二十条第二項第八号の死亡時代理人を含む。)が事業活動計画を実行する十分な能力を有すること。

> 여러 조약의 정확하고 원활한 실시 및 공공의 안전 확보에 지장을 줄 우려가 없을 것
> (2) 신청자(개인은 우주활동법 제20조제2항제8호의 사망 시 대리인을 포함한다.)가 사업
>   활동계획을 실행할 충분한 능력을 갖출 것

먼저 제1항에서는 우주자원의 탐사 및 개발을 위하여 인공위성을 사용하는 것에도 승인을 받아야 함을 규정하고 있다. 이 내용에 따르면, 우주자원의 탐사 및 개발에 관한 사업활동의 목적, 사업활동의 기간, 우주자원의 탐사 및 개발을 하려는 장소, 방법, 사업활동의 내용, 기타 내각부령으로 정하는 사항을 기재하여 승인을 받을 것을 요구하고 있다. 다음으로 제2항에서는 우주자원의 탐사 및 개발의 승인 신청에 대하여, 내각총리대신은 일본의 우주활동법[95] 제22조 각 호를 충족할뿐만 아니라, 사업활동계획이 우주기본법의 기본이념에 입각하고, 공공의 안전 확보에 지장을 주어서는 안 되며, 사업활동을 실행할 충분한 능력을 갖출 것을 요구하고 있다.

> **일본 우주자원법**
> **(연구자 번역본)**
>
> **제3조 제3항, 제4항, 제5항[96]**
> 3. 내각총리대신은 우주자원의 탐사 및 개발 허가를 하려는 때에 해당 우주자원의 탐사 및 개발 허가 신청이 전항 각 호에 적합하다고 인정되는 것에 대하여 미리 경제산업대신과 협의해야 한다.
> 4. 제1항 및 「우주활동법」 제20조제2항의 규정은 같은 조 제1항의 허가와 관련된 인공위성의 이용목적을 변경하여 우주자원의 탐사 및 개발을 그 이용목적으로 하기 위한 「우주활동법」 제23조제1항의 허가를 받고자 하는 자에 대하여, 전2항의 규정은 해당 허가를 하고자 하는 때에 대하여 각각 준용한다.

---

95) 인공위성 등의 발사 및 인공위성 관리에 관한 법률(人工衛星等の打上げ及び人工衛星の管理に関する法律) 약칭 우주활동법으로 이하 '일본 우주활동법'이라 함.
96) 일본 우주자원법 제3조 제3항, 제4항, 제5항:
   3　内閣総理大臣は′宇宙資源の探査及び開発の許可をしようとするときは′当該宇宙資源の探査及び開発の許可の申請が前項各号に適合していると認めることについて′あらかじめ′経済産業大臣に協議しなければならない。
   4　第一項及び宇宙活動法第二十条第二項の規定は同条第一項の許可に係る人工衛星の利用の目的を変更して宇宙資源の探査及び開発をその利用の目的とするための宇宙活

5. 우주자원의 탐사 및 개발 허가 또는 전항에 규정하는 「우주활동법」 제23조제1항의 허가(다음 조 및 제5조에서 "우주자원의 탐사 및 개발 허가 등"이라 한다)를 받은 자에 대한 「우주활동법」 규정 적용에 대하여, 「우주활동법」 제23조제1항 중 "사항"은 「사항 또는 우주자원의 탐사 및 개발에 관한 사업활동 촉진에 관한 법률」(2021년 법률 제83호) 제3조제1항에서 규정하는 "사업활동계획"(이하 '사업활동계획'이라 한다)이며, 「우주활동법」 제24조 중 "관리계획"은 "관리계획 및 사업활동계획"이며, 「우주활동법」 제26조제1항, 제3항 및 제4항과 제31조제1항 중 "이 법률"은 "이 법률 및 우주자원의 탐사 및 개발에 관한 사업활동의 촉진에 관한 법률"이며, 「우주활동법」 제26조제5항 중 "규정"은 「우주자원의 탐사 및 개발에 관한 사업활동의 촉진에 관한 법률」 제3조제2항(제2호와 관련된 부분에 한한다)의 규정"이고, 제60조제5호 중 "사항"은 "사항 또는 사업활동계획"으로 한다. 이 외에 필요한 기술적 해석은 내각부령으로 정한다.

제3항에서는 내각총리대신이 우주자원 활동의 허가를 위해서 사전에 경제산업대신과 협의를 할 것을 규정하고 있으며, 제4항에서는 인공위성의 이용 목적을 변경하기 위해서는 제2항의 규정을 준용하도록 하고 있다. 그리고 제5항은 각 조문에서 의미하는 용어에 대한 설명을 열거하고 있다.

앞서 동법 제3조 제2항은 우주자원의 탐사에 있어서 일본 우주활동법 제22조에서 규정하고 있는 요건들을 충족할 것을 요구하고 있는데, 일본 우주활동법 제22조는 인공위성 관리의 허가 신청에 대한 요건들을 규정하고 있다.

動法第二十三条第一項の許可を受けようとする者について、前二項の規定は当該許可をしようとするときについて、それぞれ準用する。

5　宇宙資源の探査及び開発の許可又は前項に規定する宇宙活動法第二十三条第一項の許可(次条及び第五条において「宇宙資源の探査及び開発の許可等」という。)を受けた者に対する宇宙活動法の規定の適用については、宇宙活動法第二十三条第一項中「事項」とあるのは「事項又は宇宙資源の探査及び開発に関する事業活動の促進に関する法律(令和三年法律第八十三号)第三条第一項に規定する事業活動計画(以下単に「事業活動計画」という。)」と、宇宙活動法第二十四条中「管理計画」とあるのは「管理計画及び事業活動計画」と、宇宙活動法第二十六条第一項、第三項及び第四項並びに第三十一条第一項中「この法律」とあるのは「この法律及び宇宙資源の探査及び開発に関する事業活動の促進に関する法律」と、宇宙活動法第二十六条第五項中「の規定」とあるのは「並びに宇宙資源の探査及び開発に関する事業活動の促進に関する法律第三条第二項(第二号に係る部分に限る。)の規定」と、第六十条第五号中「事項」とあるのは「事項又は事業活動計画」とするほか、必要な技術的読替えは、内閣府令で定める。

일본 우주활동법
(연구자 번역본)

제22조 제1호, 제2호, 제3호[97]
내각총리대신은 제20조제1항의 허가 신청이 다음 각 호의 모두에 적합하다고 인정하는 때가
아니면, 같은 항의 허가를 하여서는 아니 된다.
(1) 인공위성의 이용 목적 및 방법이 기본이념에 입각한 것이며, 우주의 개발 및 이용에 관한
    여러 조약의 정확하고 원활한 실시 및 공공의 안전 확보에 지장을 줄 우려가 없을 것
(2) 인공위성이 그 인공위성을 구성하는 기기 및 부품의 비산을 막는 구조로 강구되어 있을
    것 및 그 밖의 우주공간탐사 등 조약 제9조에서 규정하는 달 및 그 밖의 천체를 포함한
    우주공간의 유해한 오염과 그 평화적인 탐사 및 이용에 있어서 타국의 활동에 대한 잠재
    적으로 유해한 간섭(다음 호 및 제4호 라목에서 "우주공간의 유해한 오염 등"이라 한다)
    의 방지와 공공안전 확보에 지장을 줄 우려가 없는 것으로서 내각부령으로 정하는 기준에
    적합한 것일 것
(3) 관리계획에서 다른 인공위성과의 충돌을 피하기 위한 조치 및 기타 우주공간의 유해한 오
    염 등을 방지하기 위해 필요한 것으로서 내각부령으로 정하는 조치 및 종료조치를 강구하
    도록 되어 있으며, 신청자(개인의 경우에는 사망시 대리인을 포함한다.)가 해당 관리계획
    을 실행할 충분한 능력을 가질 것

동규정은 인공위성의 관리의 안전조치에 대한 내용을 상세하게 규정하고 있
다. 먼저 제1호에서는 공공의 안전확보에 지장을 줄 우려가 없어야 된다고 규정

---

97) 일본 우주활동법 제22조 제1호, 제2호, 제3호:
    内閣総理大臣は´ 第二十条第一項の許可の申請が次の各号のいずれにも適合していると
    認めるときでなければ´ 同項の許可をしてはならない゜
    一 人工衛星の利用の目的及び方法が´ 基本理念に則したものであり´ かつ´ 宇宙の開発
      及び利用に関する諸条約の的確かつ円滑な実施及び公共の安全の確保に支障を及ぼす
      おそれがないものであること゜
    二 人工衛星の構造が´ その人工衛星を構成する機器及び部品の飛散を防ぐ仕組みが講じ
      られていることその他の宇宙空間探査等条約第九条に規定する月その他の天体を含
      む宇宙空間の有害な汚染並びにその平和的な探査及び利用における他国の活動に対
      する潜在的に有害な干渉(次号及び第四号ニにおいて「宇宙空間の有害な汚染等」とい
      う゜)の防止並びに公共の安全の確保に支障を及ぼすおそれがないものとして内閣府
      令で定める基準に適合するものであること゜
    三 管理計画において´ 他の人工衛星との衝突を避けるための措置その他の宇宙空間の有
      害な汚染等を防止するために必要なものとして内閣府令で定める措置及び終了措置
      を講ずることとされており´ かつ´ 申請者(個人にあっては´ 死亡時代理人を含む゜)
      が当該管理計画を実行する十分な能力を有すること゜

하고, 제2호에서는 인공위성을 구성하는 기기 및 부품이 비산을 막는 구조로 되어야 한다고 규정하고 있다. 이는 우주조약에서 규정하고 있는 우주공간의 유해한 오염을 막기 위한 조치 중 하나로, 타국의 활동에 유해한 간섭을 가하지 않기 위함이다. 그리고 이어서 제3호에서는 다른 인공위성과의 충돌을 피하기 위한 능력을 갖출 것을 규정하고 있다.

일본 우주활동법
(연구자 번역본)

제22조 제4호[98]

(4) 종료 조치의 내용이 다음 가에서 라까지 중 하나에 해당하는 것일 것.

　가. 인공위성의 위치, 자세 및 상태를 제어함으로써 해당 인공위성의 고도를 낮춰 공중에서 연소시키는 것(이를 구성하는 기기의 일부를 연소시키지 않고 지표 또는 수면에 낙하시켜 회수하는 것을 포함한다.)으로, 해당 인공위성의 비행경로 및 해당 기기의 일부 착지 또는 착수가 예상되는 지점 주변의 안전을 확보하여 이루어지는 것

　나. 인공위성의 위치, 자세 및 상태를 제어함으로써 해당 인공위성의 고도를 높여 시간의 경과에 따라 고도가 내려가지 않는 지구를 도는 궤도에 투입하는 것으로, 다른 인공위성의 관리에 지장을 미칠 우려가 없는 것

　다. 인공위성의 위치, 자세 및 상태를 제어함으로써 해당 인공위성을 지구 이외의 천체를 도는 궤도에 투입하거나 해당 천체에 낙하시키는 것으로, 해당 천체의 환경을 현저하게 악화시킬 우려가 없는 것

　라. 가목부터 다목까지에 열거하는 조치를 강구할 수 없는 경우, 오작동 및 폭발의 방지와 그 밖에 우주공간에 유해한 오염 등을 방지하기 위하여 필요한 것으로서 내각부령으로 정하는 조치를 강구하고, 인공위성의 위치, 자세 및 상태를 내각총리대신에게 통지한 후 그 제어를 중지할 것.

---

98) 일본 우주활동법 제22조 제4호:
　四　終了措置の内容が次のイからニまでのいずれかに該当するものであること。
　　イ　人工衛星の位置、姿勢及び状態を制御することにより、当該人工衛星の高度を下げて空中で燃焼させること（これを構成する機器の一部を燃焼させることなく地表又は水面に落下させて回収することを含む。）であって、当該人工衛星の飛行経路及び当該機器の一部の着地又は着水が予想される地点の周辺の安全を確保して行われるもの
　　ロ　人工衛星の位置、姿勢及び状態を制御することにより、当該人工衛星の高度を上げて時の経過により高度が下がることのない地球を回る軌道に投入することであって、

제4호에서는 인공위성의 종료조치에 대하여 상세하게 규정하고 있다. 이러한 종료조치는 인공위성의 위치를 제어하여 공중에서 연소 또는 지표나 수면에 낙하시키거나, 다른 인공위성의 관리에 지장을 주지 않는 궤도를 계속 돌게 하거나, 다른 천체에 낙하시키거나 궤도를 계속 돌게 할 것을 요구하고 있다. 만약 이러한 조치를 취할 수 없는 경우에는 내각부령으로 정하는 조치를 강구하도록 하고 있는데, 이러한 조치는 오작동 및 폭발을 방지하고, 다른 인공위성에게 지장을 주지 않는 궤도로 이동하는 것이다.[99] 그리고 일본 우주자원법 제3조 제2항에서는 여기에 더하여 공공 안전 확보에 지장을 주지 않고, 사업활동 계획을 실행하기 위한 충분한 능력을 갖추지 않으면 우주자원의 탐사 및 개발을 승인할 수 없다고 규정하고 있다. 이러한 내용은 우주조약 제6조에서 규정하고 있는 조약 당사국에 의한 인증과 계속적인 감독에 대한 내용과 정합하는 것으로 볼 수 있다.

Ⅳ. 아랍에미리트

2019년 아랍에미리트 연합국(United Arab Emirates, 이하 '아랍에미리트'라 함)은 우주분야에 관한 연방법(Regulation of the Space Sector, 이하 'RSS'라 함)[100]을 제정하였고, 이를 근거로 하여 2023년에 우주자원법(Space Resources Regulation, 이하

　　　他の人工衛星の管理に支障を及ぼすおそれがないもの
　ハ　人工衛星の位置´ 姿勢及び状態を制御することにより´ 当該人工衛星を地球以外の天体を回る軌道に投入し´ 又は当該天体に落下させることであって´ 当該天体の環境を著しく悪化させるおそれがないもの
　ニ　イからハまでに掲げる措置を講ずることができない場合において´ 誤作動及び爆発の防止その他の宇宙空間の有害な汚染等を防止するために必要なものとして内閣府令で定める措置を講じ´ 並びに人工衛星の位置´ 姿勢及び状態を内閣総理大臣に通知した上で´ その制御をやめること°

99) 일본 우주활동법 시행규칙 제24조: 법 제22조제4호라목의 내각부령으로 정하는 조치는 다음에 열거하는 조치로 한다. 1. 인공위성의 관리 종료 후에 오작동 및 폭발을 방지할 것 2. 법 제20조제2항제3호에 열거하는 궤도에서 다른 궤도로 이동할 수 있는 능력을 가진 인공위성은 가급적 다른 인공위성의 관리에 지장을 주지 않는 궤도로 이동할 것(法第二十二条第四号ニの内閣府令で定める措置は´ 次に掲げる措置とする° 一　人工衛星の管理の終了後における誤作動及び爆発を防止すること° 二　法第二十条第二項第三号に掲げる軌道から異なる軌道に移動し得る能力を有する人工衛星にあっては´ なるべく他の人工衛星の管理に支障を及ぼさない軌道に移動すること).

100) Federal Law No. (12) of 2019 on the Regulation of the Space Sector.

'SRR'이라 함)을 제정하였다.

　　먼저 RSS를 살펴보면, 아랍에미리트는 우주분야의 규제 및 개념적 부분을
명확하게 하기 위하여 RSS를 제정하였다고 밝히고 있다.[101] RSS 제1조는 정의규
정인데 여기에서는 우주자원에 대하여 "Any non-living resources present in
outer space, including minerals and water"라고 규정하고 있는데, 번역하여 보
면 광물과 물을 포함한 외기권에 존재하는 모든 비생명체 자원이라고 할 수 있
다. 우주자원에 관한 정의에서 빠지지 않는 것이 광물과 물인데, 특히 물은 우주
에 있는 우주인이 체류하기 위한 가장 중요한 자원 중 하나이면서 수소 분해를
통해 연료를 만들 수도 있기에 중요하게 여겨진다. 이어서 동법 제18조[102]는 우
주자원의 탐사, 개발 및 이용에 대하여 규정하고 있다. 여기에서는 SRR과 같이
세세하게 우주자원의 내용에 대하여 규정하고 있지는 않고, 우주자원의 획득, 구
매, 판매, 무역, 운송, 저장 및 이와 관련된 서비스를 제공하기 위한 조건 및 통
제는 장관 협의회 또는 그 대표자가 발표한 결정에 따른다고만 규정하고 있을
뿐이다. 그러나 이를 기초로 하여 아랍에미리트는 SRR을 제정하여 우주자원의
정의 및 소유, 그리고 우주자원의 임무를 수행하기 위한 규정들을 제정하게 되었
다. 이하에서는 SRR에서 규정하고 있는 우주자원과 우주자원 활동의 승인에 대
하여 살펴보고자 한다.

---

101) Hassan El Tahir, "Star laws: how UAE law is boldly going into the final frontier," AL
　　 TAMIMI&CO, https://www.tamimi.com/law-update-articles/star-laws-how-uae-law-
　　 is-boldly-going-into-the-final-frontier.
102) RSS Article 18: 1- 이 법 제14조의 규정에 따라, 우주자원의 획득, 구매, 판매, 무역, 운
　　 송, 저장 및 이와 관련된 물류 서비스를 제공하기 위한 모든 우주활동을 포함한 우주자원
　　 의 탐사, 개발 및 사용 허가와 관련된 조건 및 통제는 장관 협의회 또는 그 대표자가 발표
　　 한 결정에 따라 결정된다. 2- 본 조 제1항의 허가는 우주기구 장관의 제안에 따라 우주기
　　 구 이사회의 결정으로 허가한다(1- Subject to the provisions of Article (14) of this Law,
　　 the conditions and controls relating to Permits for the exploration, exploitation and
　　 use of Space Resources, including their acquisition, purchase, sale, trade, transpor-
　　 tation, storage and any Space Activities aimed at providing logistical services in this
　　 regard shall be determined by a decision issued by the Council of Ministers or
　　 whomever it delegates. 2- The Permits referred to in clause (1) of this Article shall be
　　 granted by a decision of the Board of Directors upon the proposal of the Director
　　 General).

1. 우주자원

먼저 SRR 제1조는 동법 용어에 관한 정의규정이다.

아랍에미리트 우주자원법
(연구자 번역본)

제1조[103)]

국가: 아랍에미리트 연합국

기관: 아랍에미리트 우주기관

이사회: 우주기관 이사회

이사회 의장: 우주기관 이사회 의장

(연방)법: 우주분야 규제에 관한 2019년 연방법 제12호(RSS)

지정구역: 해수면 평균 수위보다 80km 이상 높은 구역

운영자: 우주활동, 우주-지원 비행활동, 고공활동, 우주자료의 관리 및 배포활동, 그 밖의 법
　　　의 적용을 받는 우주분야와 관련된 활동을 하는 자

승인규정: 우주국에서 시행 중인 우주활동 또는 우주와 관련된 기타 활동과 관련된 승인규정

우주활동: 법 제4조에 규정에 따라 지정구역을 발견, 이용, 활용과 같이 지정구역을 대상으로
　　　　하는 활동

우주자원: 광물과 물을 포함한 외기권에 존재하는 모든 비생명체 자원

우주자원 활동: 우주자원의 추출, 회수, 정제, 가공, 활용, 소유, 구매, 판매, 무역, 운송 또는
　　　　　　보관을 포함한 상업적, 과학적 또는 기타 목적을 위한 우주자원의 탐사, 개발
　　　　　　및 이용과 관련된 활동과, 우주자원의 운송, 보관, 공급과 같은 지정구역에서
　　　　　　수행되는 물류 활동

---

103) SRR Article 1:
　　State : The United Arab Emirates.
　　Agency : The UAE Space Agency.
　　Board of Directors : The Agency's Board of Directors.
　　Chairman of the Board : The Chairman of the Agency's Board of Directors.
　　The Law : Federal Law No. (12) of 2019 on the Regulation of the Space Sector.
　　Identified Area : An area eighty kilometres or more above the average level of the sea
　　　　　　　level.
　　Operator : A Person who carries out Space Activities, Space-Support Flight activities,
　　　　　　High-altitude Activities, Space data management and distribution activities,
　　　　　　or any other activities related to the space sector subject to The Law.
　　Authorization Regulation : Regulation that related to the authorization of Space

이 중 우주자원은 "광물과 물을 포함한 외기권에 존재하는 모든 비생명체 자원"이라고 규정하고 있으며, 우주자원의 활동과 관련하여 크게 세 가지로 구분하여 정의를 내리고 있다. 첫 번째는 우주자원의 탐사 및 개발과 관련된 내용으로, 상업적 혹은 과학적 목적을 구분하지 않고 우주자원을 "추출, 회수, 정제, 가공, 활용, 소유, 구매, 판매, 무역, 운송 또는 보관"을 하는 경우이며, 두 번째는 "우주자원의 탐사, 개발 및 이용"과 관련된 활동이다. 그리고 세 번째는 우주자원의 "운송, 보관, 공급"과 같은 물류 관련 활동이다. 여기에서 주의할 점은 SRR은 우주자원 활동에 대하여 상업적 목적과 과학적 목적을 나누지 않았다는 점이다. 일본의 경우 일본 우주자원법 제2조 제2항을 통해 과학적 탐사는 우주자원의 개발 및 탐사의 영역에 들어가지 않는다고 규정하며, 우주자원법이 상업적 목적에 맞추어져 있음을 밝히고 있다. 그러나 SRR의 경우, 우주자원과 관련된 활동이라면 과학적 목적을 가지고 있어도 동법의 규정을 적용받는다고 하며 우주자원의 관리에 대한 범위를 넓히고 있다.

다음으로 SRR 제6조는 우주자원의 데이터에 대하여 규정을 하고 있다.

아랍에미리트 우주자원법
(연구자 번역본)

제6조[104]
1. 기관은 기관이 승인한 우주자원 활동의 목적, 위치 및 기간에 대한 정보를 전용 국가 데이터베이스에 유지해야 하며, 이러한 정보를 기반으로 국가 차원에서 우선권을 분배할 수 있다.

Activities or other activities related to the space sector, in force in the Agency.
Space Activities : Activities that target the Identified Area, including its discovery, making an impact thereon, using, or utilising it, in accordance with the provisions of Article (4) of the Law.
Space Resources : Any non-living resources present in outer space, including minerals and water.
Space Resources Activities: Activities relating to the exploration, exploitation and use of space resources, whether for commercial, scientific or other purposes, including the extraction, recovery, refining, processing, utilization, ownership, purchase, sale, trade, transport or storage of space resources, as well as logisticsrelated activities conducted in the identified area, such as transporting, storing or supplying space resources.
104) SRR Article 6:

> 2. 기관은 본 결의안 제4조에 따라 운영자가 제공한 정보를 기반으로 우주자원 활동 결과에
> 대한 전용 국가 데이터베이스를 유지해야 한다. 기관은 적용 가능한 국내법에 따라 이러한
> 정보를 공유할 수 있다.

먼저 동조항 제1항에서는 승인을 내린 우주자원 활동의 목적, 위치 및 기간에 대한 정보를 국가 데이터베이스에 유지해야 하며, 이러한 정보를 국가 차원에서 우선분배 할 수 있다고 규정하고 있다. 즉 기관은 수집한 정보를 바탕으로 우주자원의 활동에 대한 우선권을 부여할 수 있는 권한을 가지고 있으며, 이는 보다 실현 가능성 혹은 성공 가능성이 있는 우주자원 운영자에게 우선권을 부여하는 것으로도 해석할 수 있다.

또한 제2항에서는 우주자원 활동 결과에 대한 정보를 국가 데이터베이스에 유지하도록 규정하고 있다. 이러한 정보는 단순히 보관하는 것뿐만이 아니라, 적용 가능한 국내법에 따라 공유할 수 있도록 규정하고 있는데, 이러한 내용은 미국이나 룩셈부르크, 일본의 우주자원 법제에선 찾아볼 수 없는 내용이며, 이는 우주자원에 관한 정보가 우주자원 개발이 본격적으로 시작될 때에 매우 중요한 정보로서 활용될 수 있으므로, 이를 체계적으로 관리할 수 있는 규정을 둔 것으로 볼 수 있다. 아랍에미리트에서는 이러한 우주자원에 관한 정보를 국가 차원에서 관리하여, 우주자원의 탐사 및 개발에 관한 경쟁에서 보다 빠르게 행동하기 위한 초석을 마련하고 있다.

2. 우주자원 활동 수행의 승인

SRR의 규정에 따라 우주자원 관련 활동을 하기 위해서는 반드시 승인을 받도록 하고 있다. 승인에 대한 내용은 SRR 제4조에서 상세하게 규정하고 있다. 제4조는 4개의 항으로 나누어서 우주자원 활동의 승인을 받을 수 있는 조건에 대하여 규정하고 있다.

1. The Agency shall maintain information on the purposes, locations, and duration of Space Resources Activities authorized by the Agency in a dedicated national database and may, based on these data, allocate priority rights at national level.
2. The Agency shall maintain a dedicated national database for the Space Resources Activities results based on the information provided by the Operator under Article (4) of this Resolution. The Agency may share this data in accordance with applicable national laws.

아랍에미리트 우주자원법
(연구자 번역본)

제4조[105]

1. 우주자원 활동을 수행하는 운영자(또는 수행 승인을 신청한 신청자)는 해당 활동을 수행하기 전에 다음 조건들을 갖추어야 한다:

   a. 운영자는 우주자원 활동의 범위 내에서 국가가 국제적인 법적 의무를 이행할 수 있는 능력을 위태롭게 하거나 위태롭게 할 위험을 초래하는 어떠한 활동도 수행해서는 안 된다.

   b. 기관의 요청에 따라 기술 정보 및 위험 평가를 포함한 모든 필요한 정보를 기관에 제공해야 한다.

   c. 운영자가 다음 사항을 방지 또는 완화하기 위해 필요한 모든 조치를 취했음을 입증하는 증거를 제공해야 한다:

      (a) 사람 또는 재산의 안전에 대한 위험;

      (b) 사람 또는 재산에 대한 손해;

      (c) 지구환경에 미치는 악영향;

      (d) 천체를 포함한 지정구역에 유해한 오염;

      (e) 우주 폐기물의 생성;

      (f) 다른 우주자원 활동을 포함한 진행중인 우주활동에 대한 유해한 방해.

2. 승인을 받고 우주자원 활동을 시작한 운영자는 우주자원 활동의 진행 상황에 대해 기관에 정기적으로 최신 정보를 제공해야 하며 우주자원 활동으로 인해 발생하는 비상 상황이나 중대한 위험이 발생할 가능성이 있는 경우 기관의 모든 지시사항을 준수해야 한다.

3. 기관은 승인을 부여하기 전에 필요한 재무 및 기술 평가를 포함한 추가 정보 또는 평가를 요청할 수 있다.

4. 운영자(또는 경우에 따라 신청자)는 책임 보장과 관련된 규정을 포함한 각료회의 및 기관에서 발표한 모든 적용 가능한 규정을 준수해야 한다.

---

105) SRR Article 4:

   1. Operators conducting (or applicants who applied for an Authorization to conduct) Space Resources Activities shall comply with the following conditions prior to the conduct of such Activities:

      a. Operator shall not carry out any activities within the scope of the Space Resources Activities which jeopardize or risk jeopardizing the ability of the State to comply with any international legal obligations.

      b. Provide the Agency with all required information including technical information and risk assessments, as requested by the Agency.

먼저 제1항은 우주자원 활동의 승인 신청자에 대하여 세 가지 조건을 준수할 것을 요구하고 있다. 첫 번째 조건은 국가가 국제법적 의무를 준수하는 것을 위태롭게 해서는 안 된다는 것이다. 우주조약상 민간 기업의 우주활동에 대한 책임도 해당 국가가 지도록 하고 있으므로[106] SRR은 이 규정을 통하여 우주자원 활동을 하는 기업이 국제 우주체계를 위반하지 않을 것을 요구하고 있다. 다음으로 기술 정보 및 위험 평가를 포함한 모든 필수정보를 기관에 제공할 것을 요구하고 있는데 이는 우주자원 사업을 수행하려는 기업이 실제로 우주자원 사업을 수행할 수 있는 능력이 있는지를 판단하기 위한 것으로 볼 수 있다. 그리고 세 번째로 사업 운영자는 다음의 여섯 가지 사항을 방지 및 완화하기 위해 필요한 모든 조치를 취했음을 입증하는 증거를 제공하도록 하고 있는데 이는: ① 사람 또는 재산의 안전에 대한 위험, ② 사람 또는 재산의 손해, ③ 지구환경에 미치는 악영향, ④ 천체를 포함한 지정구역에 유해한 오염, ⑤ 우주 폐기물의 생성, ⑥ 다른 우주자원 활동을 포함한 지속적인 우주활동에 대한 유해한 간섭으로 상세하게 규정하고 있다. 우선 ①②의 경우는 우주자원의 탐사 및 이용에 대한 활동에서 생길 수 있는 위험과 손해를 방지하기 위한 조치를 가질 것을 요구하고 있다. 이러한 위험과 손해를 방지하기 위한 조치로는 위험에 대한 안전성 평가

---

　　c. Provide evidence, proving that the Operator has taken all necessary measures to prevent and/or mitigate the following:
　　　(a) Risks to the safety of persons or property;
　　　(b) Damage to persons or property;
　　　(c) Adverse impacts on the Earth's environment of the;
　　　(d) Harmful contamination in Identified Area, including celestial bodies;
　　　(e) Creation of Space Debris;
　　　(f) Harmful interference with ongoing Space Activities, including other Space Resources Activities.
　2. Upon the receipt of an Authorization and commenced its Space Resources Activities, the Operator shall keep the Agency up-to-date on a regular basis about the progress of the Space Resources Activities and comply with all instructions issued by the Agency in the event of emergencies or the likelihood of material risks arising out of the Space Resources Activities.
　3. The Agency may request any additional information or assessments, including financial and technical assessments necessary prior to granting an Authorization.
　4. The Operator (or applicant as the case may be) shall comply with all applicable regulations issued by the Council of Ministers and the Agency, including those relating to liability coverage.

106) 우주조약 제6조.

및 우주활동에 대한 보험증권의 가입 등이 있다. ③④는 우주조약 제9조에서 규정하고 있는 유해한 오염의 방지에 대한 내용을 규정하고 있다.

우주조약
(외교부 국문본)

제9조[107]
달과 기타 천체를 포함한 외기권의 탐색과 이용에 있어서 본 조약의 당사국은 협조와 상호 원조의 원칙에 따라야 하며, 본 조약의 다른 당사국의 상응한 이익을 충분히 고려하면서 달과 기타 천체를 포함한 외기권에 있어서의 그들의 활동을 수행하여야 한다. 본 조약의 당사국은 유해한 오염을 회피하고 또한 지구대권외적 물질의 도입으로부터 야기되는 지구 주변에 불리한 변화를 가져오는 것을 회피하는 방법으로 달과 천체를 포함한 외기권의 연구를 수행하고, 이들의 탐색을 행하며 필요한 경우에는 이 목적을 위하여 적절한 조치를 채택하여야 한다. 만약, 달과 기타 천체를 포함한 외기권에서 국가 또는 그 국민이 계획한 활동 또는 실험이 달과 기타 천체를 포함한 외기권의 평화적 탐색과 이용에 있어서 다른 당사국의 활동에 잠재적으로 유해한 방해를 가져올 것이라고 믿을 만한 이유를 가지고 있는 본 조약의 당사국은 이러한 활동과 실험을 행하기 전에 적절한 국제적 협의를 가져야 한다. 달과 기타 천체를 포함한 외기권에서 다른 당사국이 계획한 활동 또는 실험이 달과 기타 천체를 포함한 외기권의 평화적 탐색과 이용에 잠재적으로 유해한 방해를 가져올 것이라고 믿을 만한 이유를 가지고 있는 본 조약의 당사국은 동 활동 또는 실험에 관하여 협의를 요청할 수 있다.

---

107) 우주조약 제9조: In the exploration and use of outer space, including the moon and other celestial bodies, States Parties to the Treaty shall be guided by the principle of co-operation and mutual assistance and shall conduct all their activities in outer space, including the moon and other celestial bodies, with due regard to the corresponding interests of all other States Parties to the Treaty. States Parties to the Treaty shall pursue studies of outer space, including the moon and other celestial bodies, and conduct exploration of them so as to avoid their harmful contamination and also adverse changes in the environment of the Earth resulting from the introduction of extraterrestrial matter and, where necessary, shall adopt appropriate measures for this purpose. If a State Party to the Treaty has reason to believe that an activity or experiment planned by it or its nationals in outer space, including the moon and other celestial bodies, would cause potentially harmful interference with activities of other States Parties in the peaceful exploration and use of outer space, including the moon and other celestial bodies, it shall undertake appropriate international consultations before proceeding with any such activity or experiment. A State Party to the Treaty which has reason to believe that an activity or experiment planned by another

이에 따라 우주자원 활동 운영자는 우주자원의 탐사 및 이용으로 인하여 지구환경에 악영향을 미칠 수 있는 것을 방지하고, 외기권에 유해한 오염을 발생시키지 않도록 해야 한다. 또한 ⑤는 위성의 파편과 같이 현재 문제가 되고 있는 지구궤도의 우주 폐기물 발생을 방지하기 위한 것이며, ⑥의 경우는 우주조약의 자유탐사의 원칙에 의거하여 다른 우주활동에 대한 유해한 방해를 하지 않도록 방지해야 한다고 규정하고 있다.

다음으로 제2항에서는 승인을 받고 우주자원 활동을 시작한 운영자가 정기적으로 진행 상황을 보고할 것을 규정하고 있다. 이는 우주조약에서 규정하고 있는 계속적인 감독[108]에 대한 사항이며, 만약 비상 상황이나 중대한 위험이 발생할 가능성이 있는 경우, 기관의 모든 지시사항을 준수해야 한다고 규정하고 있다.

제3항은 승인을 하기 위한 추가 자료에 대하여 규정하고 있는데, 이러한 추가 자료에는 재무관련 자료, 기술관련 자료를 포함한다고 규정하고 있다. 이러한 내용은 룩셈부르크의 LEUSR에도 비슷한 규정으로 있으며,[109] 이는 해당 운영자가 실제로 우주자원 관련 활동을 수행할 능력이 있는지를 평가할 수 있는 요소로 작용하게 된다. 마지막으로 제4항에서는 우주자원 운영자는 책임 적용 범위와 관련하여 각료회의 및 기관에서 발표한 모든 적용 가능한 규정을 준수할 것을 요구하고 있다.

SRR은 앞서 보았던 미국, 룩셈부르크, 일본보다 더 상세하게 우주자원 활동 승인에 대한 규정을 두고 있으며, 이러한 규정은 우주조약에서 요구하고 있는 내용들과 합치되고 있다. 이는 SRR의 규정들이 국제 우주체계의 원칙들을 준수하여 혹시나 발생할 수 있는 국제 우주법 체제와의 충돌을 피하고, 우주자원 활동을 장려하기 위한 것으로 평가할 수 있다.

State Party in outer space, including the moon and other celestial bodies, would cause potentially harmful interference with activities in the peaceful exploration and use of outer space, including the moon and other celestial bodies, may request consultation concerning the activity or experiment.

108) 우주조약 제6조.

109) LEUSR 제7조.

제3절 우주자원의 소유권

우주자원의 채굴에 대한 실현 가능성이 적었을 때에는 우주자원의 소유 및 그 소유권에 대하여 법 해석상의 논쟁만 있었을 뿐이지만, 달 및 소행성 등에 미래형 자원이 존재한다는 분석과 이를 이용하려는 민간 기업들이 생겨나게 되고, 우주자원 채굴을 위한 기술들이 발전됨에 따라서 우주자원의 소유권에 대한 내용을 규율해야 될 필요성이 생겼다.[110] 앞서 살펴보았던 미국, 일본, 아랍에미리트는 모두 우주자원의 정의와 범위에 대하여 규정하고 있고, 룩셈부르크의 경우 우주자원의 정의에 대하여 규정하고 있지는 않지만 위의 국가들과 함께 우주자원 채굴을 위한 승인 등에 대한 내용을 규정하고 있으며 우주자원의 소유권에 대하여도 규정하고 있다. 본 절에서는 이렇게 국내법을 통하여 우주자원의 소유권을 인정하고 있는 국가들의 법률과 그 내용, 범위에 대하여 연구를 진행하고자 한다.

Ⅰ. 미국

법적 정의에 따르면, 소유권이란 소유자가 특정 물건이나 재산을 사용, 소유, 그리고 양도할 수 있는 법적 권리를 의미한다. 그리고 이러한 소유권은 유형의 재산과 무형의 재산에 모두 적용하도록 되어 있다.[111] 사적 주체의 소유 (personal property)는 정부가 아닌 개인이나 법인이 소유하는 재산을 의미하며, 부동산, 건물, 물건, 지적재산 등을 포함한다.[112] 이하에서는 미국 SRCEU에서 규정하고 있는 우주자원의 소유권에 대한 내용과 그 행사 범위에 대하여 살펴보고자 한다.

---

110) 이준, "우주자원 채굴 및 이용의 법적 검토", 항공우주산업기술동향 제17권 제1호, 한국항공우주연구원, 2019년 7월, 13면~14면.

111) Garner, Bryan A, *Garner's dictionary of legal usage* (Oxford University Press, 2011), 649.

112) ibid, 671.

1. 우주자원 소유의 규정

우주자원의 소유에 대하여는 SRCEU 제51303조에서 규정하고 있다. 이 조항에 따르면 우주자원의 상업적 회수에 종사하는 미국 시민은 소행성자원 또는 우주자원을 점유, 소유, 운송, 사용 및 판매할 수 있는 권리가 있다고 규정하고 있다. 즉 이 조항에 근거하여 미국 시민(단체)은 획득한 우주자원에 대하여 법적 권리를 행사할 수 있도록 하고 있다.[113]

동조항에서는 "사적소유권(private property)"이란 단어가 명문으로 나와 있지는 않지만, "소유(own)"라는 단어와 소유권을 가지고 향유할 수 있는 소유, 사용, 양도의 권리를 가진다고 규정하고 있으므로, 실제로 우주자원의 소유권을 인정한다고 해석할 수 있다.

즉 이 조항을 통하여 미국 시민은 회수한 우주자원을 소유할 수 있는데, 이에 대하여는 두 가지 조건을 충족해야 한다. 하나는 미국 시민이어야 하고, 다른 하나는 우주자원을 회수(채굴)해야 한다. 먼저 본 조항에서 미국 시민이란 앞서 보았던 제50902조(1)에서 규정하고 있는 미국 시민, 미국 단체, 미국 단체가 지배하고 있는 외국 단체를 의미한다. 즉 미국의 시민권을 가진 개인, 미국의 주법이나 연방법에 의하여 설립된 법인, 그리고 미국 단체가 실제로 지배지분을 보유하고 있는 외국 법인은 동법에 의하여 회수한 우주자원의 소유권을 주장할 수 있다.

다음으로 우주자원을 회수(채굴)해야 함을 규정하고 있는데, 이는 우주자원 소유권 발생의 중요한 요건이다. 채굴을 통하여 우주자원에 대한 소유권이 발생하게 되고, 이 소유권을 기초로 하여 우주자원을 소유, 운송, 사용 및 판매를 할 수 있게 된다.

2. 소유권의 행사 범위

SRCEU 제51303조는 소유권의 행사 범위를 점유, 소유, 운송, 사용 및 판매로 열거하고 있다. 먼저 소유(own)에 대하여 살펴보면, 소유는 물건을 사용하고 양도할 수 있는 법적 권리를 의미하며, 물건이나 토지와 같은 유형의 것과 지적

---

113) Stephan, "Legal Status of Outer Space and Celestial Bodies," 30.

재산권과 같은 무형의 것을 포함한다. 미국 연방법에 소유권에 대한 정의규정은 없지만, 미국 루이지애나주의 판례를 보면 재산의 완전한 소유권을 구성하는 세 가지 요소는 재산을 소유하고, 사용하고, 처분할 수 있는 권리라고 설명하고 있다.[114]

다음으로 운송(transportation)에 대하여는 미국 연방법 제49편의 제5102조(13)[115]에서 규정하고 있는데, 이에 따르면 운송이란 재산의 이동 및 이동에 따른 선적, 하역 또는 보관을 의미한다고 규정한다. 즉 우주자원의 시각에서 본다면, 우주자원의 운송이란, 우주자원의 이동을 위하여 우주자원을 싣고 내리는 행위, 그리고 해당 우주자원을 보관하는 행위도 운송에 포함하게 된다.

마지막으로 사용(use)은 어떤 것을 실행하거나 사용하는 것을 의미하며, 권리 소유자가 부동산 또는 개인재산의 혜택을 누릴 수 있는 권리로 해석할 수 있다.[116] 예를 들어, 우주자원을 이용하여 에너지원으로 사용한다든지, 아니면 가공하여 새로운 생산품을 만들어 내는 것을 포함하게 된다. 그리고 판매(sell)란 구매자에게 이전하는 것을 의미하며,[117] 여기에는 우주자원을 소유한 자가 우주자원의 소유를 판매하는 것을 의미한다고 볼 수 있다.

여기에서 주의할 점은 우주자원의 양도에 대하여 판매(sell)로 규정한 점이다. 연방법의 재산권에 관한 규정[118]을 보면 부동산 및 개인 재산을 상속(inherit), 구매(purchase), 임대(lease), 판매(sell), 보유(hold) 및 양도(convey)할 수 있다고 규정하고 있으며, 이를 참고할 때에 우주자원은 판매라고만 규정하고 있으므로 양도나 상속이 안된다고 해석할 수 있지만 동조항에서는 열거하는 행위들을 포함하여(including)라고 규정하고 있으므로 위와 같은 행위들을 포함한 소유권의 권리를 향유한다고 해석하는 것이 더 합당하다고 여겨진다.

---

114) COLLIER v.CALIFORNIA CO. et al. Civil Action No. 2146.

115) 49 U.S.C.A. § 5102(13): '수송' 또는 '운송'은 재산의 이동과 그 이동에 부수되는 적재, 하역, 보관을 의미한다('transports' or 'transportation' means the movement of property and loading, unloading, or storage incidental to the movement).

116) Garner, *Garner's dictionary of legal usage*, 918.

117) ibid, 805.

118) 42 U.S.C.A. § 1982: 미국의 모든 시민은 각 주 및 영토에서 백인 시민이 누리는 것과 동일한 권리를 가지며, 부동산 및 개인의 재산을 상속, 구매, 임대, 판매, 보유, 양도할 권리를 가진다(All citizens of the United States shall have the same right, in every State and Territory, as is enjoyed by white citizens thereof to inherit, purchase, lease, sell, hold, and convey real and personal property).

즉 미국은 우주자원의 소유권에 대하여 소유권이 향유할 수 있는 일반적인 권리인 소유, 운송, 사용 및 판매를 할 수 있다고 규정함으로써, 명문적으로 우주자원은 소유권을 가진다고 규정하고 있지는 않지만, 실제로 우주자원의 소유권을 인정하고 있고, 미국 시민은 동규정에 따라서 우주자원을 소유 및 그 권리를 향유할 수 있다.

Ⅱ. 룩셈부르크

룩셈부르크의 우주자원법에서는 소유권에 대한 상세한 내용을 규정하고 있지 않다. 그러므로 룩셈부르크 민법에서 규정하고 있는 소유권의 규정을 통해 우주자원 소유에 대한 내용을 유추해야 한다. 룩셈부르크의 소유권에 대한 내용은 룩셈부르크 민법 제544조에서 규정하고 있다.

> **룩셈부르크 민법**
> **(연구자 번역본)**
>
> 제544조[119]
> 소유권은 법률이나 규정에 의해 금지된 용도로 사용되지 않거나 동등한 권리의 균형을 깨뜨리는 이웃의 정상적인 불편을 넘어서는 장애를 야기하지 않는 한, 물건을 향유하고 처분할 권리이다.

동규정에서는 소유권(propriete)에 대하여, "법률이나 규정에 의해 금지된 용도로 사용되지 않거나 동등한 권리의 균형을 깨뜨리는 이웃의 정상적인 불편을 넘어서는 장애를 야기하지 않는 한, 물건을 향유하고 처분할 권리"라고 규정하고 있다. 즉 법에 저촉되거나 타인에게 장애를 일으키지 않는 범위에서 물건에 대하여 수익, 처분 등을 할 수 있는 권리이다. 이러한 룩셈부르크의 소유권을 바탕으로 본 단락에서는 룩셈부르크에서 규정하고 있는 우주자원의 소유에 대하여 살

---

119) 룩셈부르크 민법 제544조: La propriété est le droit de jouir et de disposer des choses, pourvu qu'on n'en fasse pas un usage prohibé par les lois ou par les règlements ou qu'on ne cause un trouble excédant les inconvénients normaux du voisinage rompant l'équilibre entre des droits équivalents.

펴보고자 한다.

1. 우주자원 소유의 규정

LEUSR 제1조는 우주자원은 소유가 가능하다(space resources are capable of being owned)고 규정하며 우주자원의 소유권을 인정하였지만 그 소유권으로 향유할 수 있는 내용들은 따로 규정하고 있지는 않다.

미국의 SRCEU는 우주자원의 소유에 대하여 미국 시민(citizen)이 소유할 수 있다고 규정하며 그 소유의 주체를 미국 시민으로 한정하였지만, LEUSR은 우주자원 자체가 소유권의 객체가 된다고 규정하고 있다.[120] 여기에서도 미국의 SRCEU와 같이 우주조약의 전유금지의 원칙과 상충할 여지가 있다. 미국의 경우에는 사적 주체로 한정하여 우주조약과의 충돌을 방지하였지만, LEUSR의 경우 우주자원은 소유가 가능하다고 규정하기 때문에 이는 해석상 사적 주체가 우주자원을 소유하는 것뿐만이 아니라 정부주체, 즉 국가도 우주자원을 소유할 수 있다는 것으로 해석할 수 있다. 우주조약 제2조에는 국가의 전유금지의 원칙을 규정하고 있으므로, 만약 동 규정이 우주자원을 포함한다고 해석한다면 LEUSR의 소유권에 관한 규정은 우주조약에서 규정하고 있는 전유금지의 원칙과 정면으로 위배된다.

우주자원법의 입법 당시, 룩셈부르크의 입법자문기관은 해당 조항이 우주조약의 규정과 저촉된다고 하였지만 룩셈부르크 의회는 법안을 수정하지 않고 그대로 통과시켰는데, 이는 우주조약에서 우주자원에 대하여 명확하게 규정하지 않았기 때문에 우주자원의 소유를 금지하지 않는 것[121]이라고 해석하였기 때문이다.

즉 미국의 경우 우주조약에서 규정하고 있는 전유금지의 원칙은 우주자원을 포함하며 국가만으로 한정하고 있으므로 사적 주체는 우주자원을 소유할 수 있다는 해석으로 우주자원의 소유권에 대하여 입법을 하였으며, 룩셈부르크는 우주조약이 우주자원의 전유금지의 원칙을 명확하게 규정하고 있지 않기 때문에

---

120) Mahulena Hofmann, *Space Resources: Regulatory Aspects In Innovation in Outer Space: International and African Legal Perspective* (Nomos Verlagsgesellschaft mbH & Co. KG, 2018), 210.

121) Annette Froehlich and Vincent Seffinga "Alternative Law: Luxembourg's National Space Law," *National Space Legislation: A Comparative and Evaluative Analysis* (2018): 129.

사적 주체뿐만이 아니라 국가도 우주자원을 소유할 수 있다고 해석하여 우주자원법을 입법하였다.

룩셈부르크는 우주자원의 탐사와 이용과 관련하여 유럽에서 중심지의 역할을 하기 위하여 우주자원법을 제정하였으며, 이 중 핵심단계로 우주자원의 소유권에 대한 법적 확실성을 제공한다고 그 입법목적을 밝히고 있다.122)

우주자원에 소유에 대하여 룩셈부르크는 우주자원법의 입법 해설에서 바다와 우주공간을 비교하였다. 이에 따르면 공해는 특정 국가의 영토를 구성할 수 없는 공간인데, 이 안에 있는 조개류와 물고기 등을 채취(전유)할 수 있고, 이와 같은 논리로 우주공간은 전유할 수 없지만 그 안에 있는 우주자원은 전유가 가능하다고 해석하였다. 그러므로 룩셈부르크는 국가와 사적 주체 모두 우주자원의 소유권을 가진다고 규정한 것은 우주조약 제2조에서 규정하고 있는 전유금지의 원칙을 어기지 않는다고 주장하고 있다.

2. 소유권의 행사 범위

LEUSR은 우주자원은 소유가 가능하다고만 규정하고 있을 뿐 그 소유권의 내용이나 범위에 대하여는 규정하고 있지 않다. 그러므로 앞서 살펴보았던 룩셈부르크 민법의 소유권에 관한 규정을 참고하여 그 행사의 범위를 알 수 있다.

룩셈부르크 민법 제544조에서 소유권은 법에 저촉되지 않는 범위에서 사용하고 처분할 수 있는 권리라고 규정하고 있다. 즉 우주자원의 소유권 또한 법에 특별한 규정이 없는 한 해당 자원을 사용하고 처분할 수 있다. 여기에서 사용은 우주자원을 활용하여 어떠한 물건의 제조를 위해 사용하거나, 2차 생산물로 가공하는 것 등을 생각해 볼 수 있다. 처분(disposer)은 소유한 자산을 다른 사람의 자산으로 이전하는 것을 의미하며123) 우주자원의 경우 판매, 교환, 유증, 기부, 상속 등을 할 수 있다.

---

122) Luxembourg Space Agency, "Draft law on the exploration and use of space resources," the government paper, 2017, https://gouvernement.lu/dam−assets/fr/actualites/communiques/2016/11−novembre/11−presentation−spaceresources/Draft−law−space_press.pdf

123) Dictionnaire juridique, "disposer", *Serge Braudo*, https://www.dictionnaire−juridique.com/definition/disposer−disposition.php

Ⅲ. 일본

일본 우주자원법 또한 우주자원 소유에 관한 구체적인 권리에 대하여는 규정하고 있지 않다. 때문에 우주자원 소유의 구체적인 권리는 일본 민법 제206조의 규정을 통해서 유추할 수 있다.

일본 민법
(연구자 번역본)

제206조[124]
소유자는 법령의 제한 내에서 자유롭게 그 소유물의 사용, 수익 및 처분을 할 권리를 가진다.

동규정에 따르면, 소유자는 법령의 제한 내에서 자유롭게 그 소유물의 사용, 수익 및 처분을 할 권리를 가진다고 하며 소유권의 정의를 내리고 있다. 이는 물건을 전면적, 배타적으로 지배할 권리를 의미하며, 소유권의 행사가 방해 받을 때에는 반환, 방해배제, 방해예방 등의 청구를 할 수 있다.[125] 본 단락에서는 이러한 일본 민법상 소유권에 기초하여서 일본 우주자원법에서 규정하고 있는 우주자원의 소유권에 대하여 살펴보고자 한다.

1. 우주자원 소유의 규정

일본의 우주자원법 제5조에서는 우주자원의 소유와 그 조건에 대하여 규정하고 있다.

---

124) 일본 민법 제206조: 所有者は´法令の制限内において´自由にその所有物の使用´収益及び処分をする権利を有する。

125) 精選版日本国語大辞典, "所有権", https://kotobank.jp/word/%E6%89%80%E6%9C%89%E6%A8%A9-80634

> 일본 우주자원법
> (연구자 번역본)
>
> 제5조[126]
> 우주자원의 탐사 및 개발에 관한 사업활동을 하는 자가 우주자원의 탐사 및 개발의 허가 등과
> 관련된 사업활동계획이 정하는 바에 따라 채굴 등을 한 우주자원에 대해서는 해당 채굴 등을
> 한 자가 소유의 의사로 점유함으로써 그 소유권을 취득한다.

이에 따르면 우주자원의 탐사 및 개발에 관한 사업활동을 하는 자가, 그 사업활동계획에 따라 채굴 등을 한 우주자원에 대하여는 채굴 등을 한 자가 소유의 의사로 점유함으로써 그 소유권을 취득한다고 규정하고 있다. 이는 우주자원의 사적 소유를 명문화하여 인정하고 있는 규정으로, 앞서 살펴본 미국과 룩셈부르크의 우주자원의 소유 관련 규정과도 크게 다르지 않다.

미국의 경우 미국 시민 및 단체 등이 우주자원을 소유할 수 있다고 규정하고 있으며, 룩셈부르크는 승인받은 기업, 그리고 일본의 경우 우주자원 관련 사업활동을 하는 자라고 규정하고 있는데, 이는 단순히 민간사업자로 한정되었다고 볼 수는 없고, 우주자원 관련 과학적 탐사와 관련되지 않은 활동을 하는 경우에는 사적 주체뿐만이 아니라 공적 주체도 우주자원을 소유할 수 있다는 것으로 해석할 수 있다. 또한 사업활동계획에 따라 채굴을 한 우주자원에 대하여 소유권을 주장할 수 있다고 규정하고 있는데, 이는 일본의 우주자원법에 의하여 승인받은 범위를 벗어나거나, 혹은 승인을 받지 않고 채취한 우주자원은 소유권을 인정할 수 없다는 것으로도 해석할 수 있다.[127]

그리고 본조의 후반 부분에서는 우주자원의 채굴 등을 한 자가 소유의 의사로 점유함으로써 그 소유권을 취득한다고 규정하고 있는데, 이는 무주물 선점에 관한 일본 민법 제239조 제1항과도 동일한 내용이다.

---

126) 일본 우주자원법 제5조: 宇宙資源の探査及び開発に関する事業活動を行う者が宇宙資源
の探査及び開発の許可等に係る事業活動計画の定めるところに従って採掘等をした宇宙
資源については、当該採掘等をした者が所有の意思をもって占有することによって、そ
の所有権を取得する。
127) 小塚荘一郎, "宇宙探査と宇宙資源開発の法", ジュリスト1571号, 2022年, 54頁.

> 일본 민법
> (연구자 번역본)
>
> 제239조 제1항[128]
> 소유자가 없는 동산은 소유의 의사로 점유함으로써 그 소유권을 취득한다.

일본 민법의 무주물 선점에 관한 조항에 따르면, 소유자가 없는 동산은 소유의 의사에 의하여 전유함으로써 그 소유권을 취득한다고 규정하고 있다. 즉 일본의 우주자원법은 우주조약에서 규정하고 있는 비전유 원칙을 존중함과 동시에 우주자원의 소유권을 취득할 수 있는 요건으로 민법상 무주물에 관한 법리를 가져온 것으로 볼 수 있다. 우주조약 및 국제 조약 준수에 관한 내용은 일본의 우주자원법 제6조에서 찾아볼 수 있다.

> 일본 우주자원법
> (연구자 번역본)
>
> 제6조[129]
> 1. 이 법률의 시행에 있어서는 일본이 체결한 조약 기타 국제합의의 성실한 이행을 방해하지 않도록 유의하여야 한다.
> 2. 이 법률의 어떤 규정도 달 및 그 밖의 천체를 포함한 우주공간의 탐사 및 이용의 자유를 행사하는 다른 나라의 이익을 부당하게 해하는 것은 아니다.

이에 따르면, 이 법을 시행함에 있어서 일본이 체결한 조약 및 기타 국제합의의 성실한 이행을 방해해서는 안 된다고 규정하고 있다. 그리고 이어서 타국의 이익을 부당하게 해하면 안 된다고 규정하고 있는데 이는 우주조약에서 규정하고 있는 전유금지의 원칙과 자유탐사의 원칙을 존중하기 위한 것으로 볼 수 있다.

---

128) 일본 민법 제239조 제1항: 所有者のない動産は´ 所有の意思をもって占有することによって´ その所有権を取得する。
129) 일본 우주자원법 제6조: この法律の施行に当たっては´ 我が国が締結した条約その他の国際約束の誠実な履行を妨げることがないよう留意しなければならない。
2 この法律のいかなる規定も´ 月その他の天体を含む宇宙空間の探査及び利用の自由を行使する他国の利益を不当に害するものではない。

2. 소유권의 행사 범위

일본 우주자원법도 룩셈부르크의 우주자원법과 마찬가지로 우주자원에 대하여 소유권을 취득한다고만 규정하고 있을 뿐 그 소유권의 구체적인 권리나 행사 범위에 대하여는 규정하고 있지 않기 때문에 일본 민법에서 규정하고 있는 소유권의 규정을 참고하여 우주자원 소유의 행사 범위를 유추할 수 있다.

일본 민법 제206조의 규정에 따라, 소유권을 통하여 물건을 자유롭게 사용, 수익, 처분하는 것이 가능하다. 즉 우주자원의 관점에서 보면, 우주자원은 법에 특별한 규정이 없는 한 자유롭게 사용할 수 있으며, 임대하여 수익을 받을 수도 있고, 판매, 담보 등의 처분이 가능하다. 그러나 일본 민법 제1조 제3항[130])에 의하여 소유권의 행사가 사회적 관점으로부터 인정되지 않을 경우에는 권리남용에 해당하게 되며 소유권의 행사가 제한되게 된다.

즉 일본의 소유권에 대한 규정은 법에 저촉되지 않으면서 사회적 관점으로부터 인정을 받아야 한다. 그러므로 소유권의 행사에 관하여 문제가 있을 때에는 먼저 법에 특별한 규정이 있는지를 살펴야 하고, 그 후에는 사회적 관점상 권리남용에 해당하는지에 대한 여부를 고려해봐야 할 것이다.

아직까지 우주자원의 개발이 본격화되지 않은 상황에서 일본은 우주자원의 소유권에 대한 권리를 먼저 확립하였으며, 만약 소유권의 행사에 관하여 문제가 생겼을 때에는 일본 민법의 규정에 따라 법원이 그 위법성을 판단하게 될 것이다.

Ⅳ. 아랍에미리트

아랍에미리트는 앞선 세 나라에 비하여 비교적 상세하게 우주자원의 소유권과 그 행사 범위에 대하여 규정하고 있다. 본 단락에서는 SRR에서 규정하고 있는 우주자원의 소유권과 행사 범위에 대하여 살펴보고자 한다.

---

130) 일본 민법 제1조 제3항: 권리의 남용은 허용하지 않는다(権利の濫用は゛これを許さない).

1. 우주자원 소유의 규정

우주자원의 소유권에 대하여는 SRR 제7조에서 규정하고 있다.

아랍에미리트 우주자원법
(연구자 번역본)

제7조[131]
1. 국가의 국제적 의무에 대한 침해 없이, 우주자원은 우주자원 활동의 수행을 통해 탐사, 개발 또는 사용될 수 있다. 운영자는 국가의 적용 가능한 국내법에 따라 우주자원 활동을 통해 탐사, 개발 또는 사용한 모든 우주자원에 대하여 소유권을 행사할 권리를 가진다.
2. 소유권에는 기관의 결의안과 다른 모든 규정 및 주 내의 적용 가능한 모든 법률과 규정에 따라, 승인 및 추출된 우주자원 활동과 물류를 제공하기 위한 우주활동, 특히 소유, 구매, 판매, 거래, 운송, 저장, 사용 및 처분할 권리를 포함한다.

동조 제1항에서는 먼저 국제의무에 대한 위반 없이, 우주자원은 우주자원 활동의 수행을 통해 탐사 및 개발될 수 있다고 규정하고 있다. 이는 앞서 미국 등 다른 국가들의 우주자원 관련 국내 입법에서도 알 수 있듯이 우주조약에서 규정하고 있는 전유금지의 원칙을 침해하지 않기 위한 내용으로 해석할 수 있다. 이에 따라 만약 SRR의 규정과 국제 우주법이 상충할 경우에는 SRR이 아닌 국제 우주법이 우선적으로 적용되게 된다.

이어서 우주자원 관련 운영자는 관련 규정의 승인을 받아 우주자원 활동을

---

131) SRR Article 7:
　　1. Without prejudice to the international obligations of the state, Space Resources may be of explored, exploited or used through the conduct of Space Resources Activities. An Operator shall be entitled to exercise ownership rights, under the applicable national laws of the State, over any Space Resources which the Operator has explored, exploited or used through its Space Resources Activities, as authorized by the Agency.
　　2. Ownership rights include, in particular, the right of ownership, purchase, sale, trade, transportation, storage, use, or dispose any of Space Resources extracted in the course of authorized Space Resources Activities and any Space Activities intended to provide logistics services in this regard in accordance with this Resolution, the Law, all other regulations issued by the Agency and any other applicable laws and regulations within the State.

통해 탐사, 개발 또는 사용된 우주자원에 대하여 소유권을 행사할 권리가 있다고 규정하고 있다. SRR 또한 우주자원 소유권의 취득 요건으로 승인을 받을 것을 규정하고 있으며, 만약 승인을 받지 않고 우주자원을 취득할 경우 그 소유권의 행사가 제한될 수 있다.

특히 제1항에서는 모든 우주자원(any Space Resources)이라고 규정하고 있는데, SRR 제1조에서는 우주자원에 대하여 광물 및 물을 포함한 외기권에 존재하는 모든 비생명체 자원이라고 하기 때문에 문언적으로 해석할 경우, 다른 국가들보다 그 자원의 범위가 더 넓다고 볼 수 있다.

2. 소유권의 행사 범위

우주자원 소유권의 행사 범위는 SRR 제7조 제2항에서 규정하고 있다. 이에 따르면, 우주자원의 소유권에는 승인받은 모든 우주활동 과정에서 추출된 우주자원의 소유, 구매, 판매, 거래, 운송, 저장, 사용 및 처분할 권리를 포함한다.

특히 우주자원의 소유권 발생 요건에 대하여 미국과 일본은 채굴(recovery)을 규정하고 있고, 룩셈부르크는 소유가 가능하다고만 규정하고 있는 것에 반하여, RSS는 우주자원 소유권의 발생 요건을 추출(extract) 외에 구매(purchase)와 거래(trade)도 규정하고 있는 점이 특징이다. 사실 다른 국가들도 상세한 내용을 규정하고 있지는 않지만, 소유권 및 취득의 법리에 따라 우주자원의 구매로 인한 소유권 취득은 가능하다고 볼 수 있다. 그러나 SRR은 명시적으로 구매와 거래도 우주자원의 소유권 취득의 요소로 규정함으로써 법적 확실성을 마련하였다.

제4절 소결

우주자원의 정의에 대한 국제규범은 없으며, 미국, 룩셈부르크, 일본, 아랍에미리트가 각각의 우주자원과 관련된 법제를 마련하였고, 우주자원이란 물과 광물을 포함한 비생물 자원이라고 정의를 내리고 있다.

또한 우주자원법을 입법한 국가들은 우주자원은 소유가 가능하다고 규정하며 우주자원의 소유권을 인정하고 있다. 미국의 경우 미국 시민을 포함한 단체와 미국 단체가 실제로 지배하는 외국 단체는 우주자원을 소유할 수 있다고 규정하고 있으며, 이를 통해 사적 주체만이 우주자원의 소유가 가능하다고 해석이 가능하다. 반면 룩셈부르크, 일본, 아랍에미리트의 우주자원 소유에 관한 규정은, 우주자원의 승인을 요건으로 하여 우주자원을 소유할 수 있다고 규정하고 있다. 즉 공적 주체와 사적 주체 모두 승인을 받는다면 우주자원을 소유할 수 있다고 해석이 가능하다. 그리고 민법상 무주물 선점의 원칙을 통해서도 우주자원의 소유에 대한 설명이 가능하다.

    그러나 국제 우주법 체제에서 우주공간은 국가 전유의 대상이 되지 않는다고 규정하고 있으므로 우주자원의 소유권에 대한 논란이 있다. 우선 우주조약 제2조에서는 전유금지의 원칙을 규정하고 있는데, 동조항에 따르면 달과 기타 천체를 포함한 외기권은 국가 전유의 대상이 되지 않는다고 하며 국가들이 개별적으로 주권 행사를 하는 것을 금지하고 있다. 그러나 우주자원의 사적소유를 찬성하는 견해를 살펴보면, 우주조약에서 규정하고 있는 전유금지의 원칙은 국가 전유(national appropriation)라고 규정하고 있으므로 사적 전유(personal appropriation)는 가능하다는 주장이 있으며, 또한 국가 전유나 사적 전유와 관계없이 동조항은 우주자원은 전유가 불가능하다고 규정하고 있는 것이 아니기 때문에 국가나 사적 주체나 모두 우주자원의 소유가 가능하다는 주장이 있다. 반대의 견해는 우주조약 전체의 내용을 살펴보면 비정부 단체가 하는 활동도 국가가 책임지도록 하기 때문에 우주조약에서 규정하고 있는 전유금지의 원칙은 당연히 사적 주체도 포함하게 되며, 우주조약 2조의 규정이 국가의 전유금지만을 규정한다고 하더라도, 사적 주체의 우주활동은 국가의 승인 및 감독의 대상이 되기 때문에 결과적으로 국가활동으로 들어간다는 주장이 있다.

    달협정의 경우 그 협정의 범위는 달협정 제1조에 따라 달과 기타 천체를 포함하며, 동 협정 제11조 제3항에서는 달의 표면이나 지하 또는 다른 지역에 위치한 천연자원은 국가나 사적 주체의 재산이 될 수 없다고 명확하게 규정하고 있다. 즉 달협정에 따르면 우주자원은 소유의 대상이 될 수 없게 된다. 그러나 달협정의 경우 조약국이 17개국에 불과하고, 대부분 자력 우주개발국가가 아니며, 미국, 러시아, 일본, 우리나라와 같은 우주발사 자력국은 가입하지 않고 있다. 그러므로 달협정에서 우주자원의 소유를 명시적으로 금지하고 있다고 하더라도 그 실질적인 효과는 미미하다고 볼 수 있다.

국내법을 통해 우주자원의 소유권을 인정하는 것의 가장 큰 문제는 국제사회의 협의 없이 일방적으로 우주자원의 소유권을 인정하는 국내 입법이 국제 우주법 체계상 인정이 될 수 있는지에 대한 여부이다. 각국의 우주자원법은 우주자원에 대하여 법적 확실성을 제공하고 우주자원의 소유권을 인정하기 위하여 제정되었지만, 실제로 우주자원에 대한 국제법적 체계가 없는 상황에서 이러한 법적 확실성을 부여하기에는 다소 문제점들이 존재하고 있다. 그러나 현 국제 우주법 체계에서(달협정을 제외한) 우주자원에 대한 법적 지위 및 소유에 대한 명확한 규정이나 가이드라인이 없는 상황에서 국내입법을 통하여 우주산업의 발전을 장려하는 것도 충분한 고려 대상이라고 여겨지며, 우주자원의 개발과 민간 기업의 우주산업 장려라는 관점에서 보았을 때에는, 우주자원에 관한 법적 안정성을 제공하는 것이 합당하다고 여겨진다.

제4장

우주손해배상의
민사법적 쟁점

제1절 우주손해의 정의와 책임의 주체

우주활동을 하며 손해가 발생했을 경우, 국제법 체계에서는 우주조약과 우주손해책임협약을 통하여 그 손해를 국가가 배상하도록 하고 있는데, 우주손해책임협약은 국제 우주법에 근본적인 기여를 한 협약이다.[1] 사적 주체의 우주활동으로 인하여 발생한 손해의 경우, 각 국가는 자국의 우주손해배상법을 통하여 우주물체 발사자나 운영자가 그 손해에 대한 책임을 지도록 하고 있다. 그러나 우주손해책임협약에서는 국가만이 손해배상의 주체가 될 수 있도록 규정하고 있으므로, 사적 주체의 우주활동으로 다른 국가에 있는 제3자에게 손해를 끼칠 경우 손해배상책임의 주체를 확정하기 어려운 문제점을 가지고 있다. 본 절에서는 먼저 우주손해의 종류에 대하여 살펴보고, 손해배상책임의 주체와 사적 주체의 우주활동으로 인한 손해의 책임에 대하여 살펴보고자 한다.

Ⅰ. 우주손해의 정의와 범위

우주활동으로 인한 손해배상의 책임은, 손해의 발생을 기초로 하게 된다. 즉 손해가 없으면 손해배상의 책임이 발생하지 않게 된다. 우주손해책임협약에 제1조에서는 손해에 대하여 규정하고 있다.

---

1) 박원화, 우주법, 제2판, 명지출판사, 2009년, 43면.

우주손해책임협약
(외교부 국문본)

제1조[2]

이 협약의 목적상

(a) "손해"라 함은 인명의 손실, 인체의 상해 또는 기타 건강의 손상 또는 국가나 개인의 재산, 자연인이나 법인의 재산 또는 정부간 국제기구의 재산의 손실 또는 손해를 말한다.

(b) "발사"라 함은 발사 시도를 포함한다.

(c) "발사국"이라 함은
　(i) 우주물체를 발사하거나 또는 우주물체의 발사를 의뢰하는[3] 국가
　(ii) 우주물체가 발사되는 지역 또는 시설의 소속국을 의미한다.

(d) "우주물체"라 함은 우주물체의 구성 부분 및 우주선 발사기, 발사기의 구성부분을 포함한다.

　　동규정에 의하면, 손해는 인명의 손실, 인체의 상해, 그 밖의 건강의 손상 또는 국가, 개인, 법인, 정부간 국제기구의 재산의 손실이나 손해를 포함하게 된다. 일반적으로 손해의 종류에는 인적 손해와 물적 손해가 있지만 손해의 해석 범위에 따라서 손해배상 산정의 범위도 달라질 수 있다. 우주활동의 손해에서 중요한 쟁점은 직접손해뿐만이 아니라 간접손해의 포함 여부이다. 이러한 간접적 손해는 정신적, 사회적 손해도 포함이 되는지의 여부로 정리할 수 있으며,[4] 이하에서는 우주활동 손해상 인적 손해와 물적 손해를 나누어서 살펴보고자 한다.

---

　2) 우주손해책임협약 제1조: For the purposes of this Convention:
　　(a) The term "damage" means loss of life, personal injury or other impairment of health; or loss of or damage to property of States or of persons, natural or juri-dical, or property of international intergovernmental organizations;
　　(b) The term "launching" includes attempted launching;
　　(c) The term "launching State" means:
　　　(i) A State which launches or procures the launching of a space object;
　　　(ii) A State from whose territory or facility a space object is launched;
　　(d) The term "space object" includes component parts of a space object as well as its launch vehicle and parts thereof.

　3) 외교부 국문본에는 "발사를 야기하는"이라고 번역하고 있다. 그러나 원문의 경우 "procures the launching"이라고 나와 있는데 여기에서 procure는 야기하다보다는 의뢰하다의 의미가 강하기 때문에 본 연구에서는 "발사를 의뢰하는"이라고 번역하기로 한다(앞의 각주 우주조약 제7조의 번역과 동일).

　4) 이규찬, "우주물체로부터 야기된 손해에 대한 국제책임연구", 국제법학회 논총 제43권 제1호, 대한국제법학회, 1998년 6월, 176면.

1. 인적 손해

"인적 손해(personal injury)"란 신체, 정신 또는 감정에 대한 손해를 의미하며, 재산권에 대한 손해와 구별된다. 인적 손해에는 다양한 유형의 손상이 포함될 수 있으며, 이는 대체로 사고나 다른 사건으로 인해 발생한 손실에 대한 법적 구제수단을 제공하는 데에 그 목적이 있다.5) 이러한 인적 손해의 범주 안에서, 사망에 대한 정의는 전문가들 사이에서 일반적으로 합의가 이루어져 있으나, 상해나 건강의 침해에 대한 정의는 여전히 논란의 여지가 있다. 일반적으로 신체적 상해와 질병은 인적 손해에 포함된다는 것에는 이견의 여지가 없다. 예를 들어, 우주발사체에서 떨어진 파편에 의하여 사람이 부상을 입게 되었고, 그로 인하여 패혈증을 겪게 되는 경우를 생각해 볼 수 있다. 세계보건기구의 헌장에 따르면, 건강이라는 것은 완전한 육체적, 정신적 및 사회적 복리의 상태를 뜻하고, 단순히 질병 또는 병약이 존재하지 않는 것이 아니라고6) 정의하고 있다. 이 해석에 의하면 건강의 침해는 육체적 침해뿐만이 아니라 정신적, 사회적 침해를 포함하게 된다. 이러한 관점에서 볼 때에 트라우마와 같은 심리적 불안도 질병으로 인정할 수 있으며,7) 보상을 받게 된 가족이 받게 되는 심리적 불안도 손해배상의 범위에 들어갈 수 있다.

이러한 정신적 손해는 물리적 손해와는 대조되는 유형의 손해로 여겨지며, 이에 대한 구체적인 정의는 법적으로 논란의 여지가 있다. 예를 들어 스트레스로 인한 정신건강의 손해 같은 부분도 우주손해책임협약에서 규정하고 있는 손해의 범위에 들어갈 수 있는지에 대한 여부이다. 직접적인 손해만을 긍정하는 입장은, 동협약에서 손해에 대하여 생명의 손실, 개인의 부상 또는 그 밖의 건강의 손상이라고만 규정하고 있으므로 신체적 건강에 대한 부분만이 보상이 가능하다고 해석해야 한다는 견해이며,8) 간접적인 손해를 포함해야 한다는 입장은, 인권법을 포함한 국제 공법의 현대 원칙에 비추어 해석하면, 건강이란 정신 및 정서적 안녕에

---

5) Garner, *Garner's dictionary of legal usage*, 458.

6) Constitution of the World Health Organization, preamble.

7) 1974년 태평양에서 발생한 프랑스의 핵 실험 사례에서, 해당 실험으로 방출된 방사능 물질에 대해 호주가 프랑스 정부에 제기한 청구는 지역 주민들이 겪은 심리적 스트레스에 기반을 두고 있었다(Australia, New Zealand v. France, 1974. 12. 20.).

8) Alexander R.E, "Measuring Damages under the Convention on International Liability for Damage Caused by Space Objects," *Journal of Space Law* 6, no.1 (1978): 155.

대한 권리를 포함하기 때문에 간접적인 손해도 포함해야 한다는 견해이다.[9]

그러나 우주손해책임협약 제1조에서는 손해의 종류에 대하여 인명의 손실, 인체의 상해, 건강의 손상이라고 명확하게 규정하고 있으므로 직접적인 부상이나 생명의 손실 등에 대하여만 우주손해배상의 범위에 들어가고, 정신적인 손해는 포함되지 않게 된다.

2. 물적 손해

우주활동으로 인한 물적 손해는 크게 두 가지로 나눌 수 있다. 첫 번째는 발사체나 우주물체의 낙하 등으로 인한 직접적인 손실이며, 두 번째는 우주 쓰레기나 다른 우주물체와의 충돌로 인한 간접적인 손실이다. 우주조약에서는 우주활동 중 발생할 수 있는 어떠한 물적 손해에 대해서도 책임을 지도록 규정하고 있다.[10] 우주손해책임협약은 제2조, 제3조, 제4조에서 각각 발사국의 책임, 지구표면 외에서의 손해, 제3자의 손해에 대하여 규정하고 있다.

우주손해책임협약
(외교부 국문본)

제2조[11]
발사국은 자국 우주물체가 지구 표면에 또는 비행 중인[12] 항공기에 끼친 손해에 대하여 보상을 지불할 절대적인 책임을 진다.

제3조[13]
지구 표면 이외의 영역에서 발사국의 우주물체 또는 동 우주물체상의 인체 또는 재산이 타 발

---

9) United Nations Human Rights Council, "Report of the United Nations High Commissioner for Human Rights, Mental Health and Human Rights," Jan 31, 2017, UN Doc A/HRC/34/32.
10) 우주조약 제7조.
11) 우주손해책임협약 제2조: A launching State shall be absolutely liable to pay compensation for damage caused by its space object on the surface of the earth or to aircraft flight.
12) 외교부 국문본에서는 "비행중의"라고 되어 있지만 원문에서는 "to aircraft flight"이라고 되어 있으므로 본 연구에서는 "비행 중인"이라고 번역한다.
13) 우주손해책임협약 제3조: In the event of damage being caused elsewhere than on the

사국의 우주물체에 의하여 손해를 입었을 경우, 후자는 손해가 후자의 과실 또는 후자가 책임
져야 할 사람의 과실로 인한 경우에만 책임을 진다.

이 규정들은 우주활동으로 인하여 발생한 손해에 대하여 국가의 책임을 구
체적으로 규정하고 있다. 먼저 제2조에서는 발사국이 지구 표면이나 비행 중인
항공기에 끼친 손해에 대하여 보상을 지불할 절대적인 책임을 진다고 규정하며
발사국의 무과실책임을 규정하고 있으며, 제3조에서는 지구가 아닌 외기권에서
발생한 손해에 대하여 규정하며, 이 경우 과실이 있는 경우에만 손해배상의 책임
을 지도록 규정하고 있다.

우주손해책임협약
(외교부 국문본)

제4조[14]
1. 지구 표면 이외의 영역에서 1개 발사국의 우주물체 또는 동 우주물체상의 인체 또는 재산
   이 타 발사국의 우주물체에 의하여 손해를 입었을 경우, 그리고 그로 인하여 제3국 또는
   제3국의 자연인이나 법인이 손해를 입었을 경우, 전기 2개의 국가는 공동으로 그리고 개
   별적으로 제3국에 대하여 아래의 한도 내에서 책임을 진다.
   (a) 제3국의 지상에 또는 비행 중인 항공기에 손해가 발생하였을 경우, 제3국에 대한 전
       기 양국의 책임은 절대적이다.
   (b) 지구 표면 이외의 영역에서 제3국의 우주물체 또는 동 우주물체상의 인체 또는 재산
       에 손해가 발생하였을 경우, 제3국에 대한 전기 2개국의 책임은 2개국 중 어느 하나
       의 과실, 혹은 2개국 중 어느 하나가 책임져야 할 사람의 과실에 기인한다.
2. 본조 1항에 언급된 공동 및 개별 책임의 모든 경우, 손해에 대한 보상 부담은 이들의 과실
   정도에 따라 전기 2개국 사이에 분할된다. 만일 이들 국가의 과실 한계가 설정될 수 없을
   경우, 보상 부담은 이들간에 균등히 분할된다. 이러한 분할은 공동으로 그리고 개별적으로
   책임져야 할 발사국들의 하나 또는 전부로부터 이 협약에 의거 당연히 완전한 보상을 받
   으려 하는 제3국의 권리를 침해하지 않는다.

---

surface of the earth to a space object of one launching State or to persons or property
on board such a space object by a space object of another launching State, the latter
shall be liable only if the damage is due to its fault or the fault of persons for whom
it is responsible.
14) 우주손해책임협약 제4조:

제4조에서는 외기권에서 일어난 발사국과 타 발사국의 우주물체의 손해로 인하여 제3국가에 손해가 발생하였을 경우, 지상이나 비행 중인 항공기에 손해가 발생하였을 경우에 두 국가 모두 무과실책임을 지도록 규정하고 있으며, 외기권에서 손해가 발생하였을 경우에는 과실이 있는 국가가 책임을 지도록 규정하고 있다.

직접적인 손해는 우주발사체나 우주물체가 건물이나 사람과 충돌하는 것과 같이 명확하게 손해를 판단할 수 있다. 각 국가들의 우주손해책임과 관련된 법제는 모두 직접적인 우주손해에 대하여 손해배상책임을 가지고 있음을 규정하고 있다. 우주손해책임협약을 살펴보면, 먼저 제2조에서는 우주물체로 인하여 지구 표면이나 비행 중인 항공기에 발생한 손해는 발사국이 절대적인 책임을 진다고 규정하고 있다(무과실책임). 그리고 제3조에서는 지구 표면 이외의 영역(외기권)에서 다른 발사국의 우주물체나 그 안에 있는 사람, 재산 등에 손해가 발생한 경우에는 고의나 과실로 인한 것일 때만 책임을 지도록 하고 있다. 즉 외기권에서 발생한 손해는 우주물체 운영자가 주의의 의무를 다하였음에도 불구하고 발생한 손해에 대하여는 책임을 지지 않으며, 운영을 종료한 우주 폐기물로 인하여 손해가 발생한 경우도 우주손해책임협약을 통하여 손해배상을 받기 어렵다.15)

---

1. In the event of damage being caused elsewhere than on the surface of the earth to a space object of one launching State or to persons or property on board such a space object by a space object of another launching State, and of damage thereby being caused to a third State or to its natural or juridical persons, the first two States shall be jointly and severally liable to the third State, to the extent indicated by the following:
   (a) If the damage has been caused to the third State on the surface of the earth or to aircraft in flight, their liability to the third State shall be absolute;
   (b) If the damage has been caused to a space object of the third State or to persons or property on board that space object elsewhere than on the surface of the earth, their liability to the third State shall be based on the fault of either of the first two States or on the fault of persons for whom either is responsible.
2. In all cases of joint and several liability referred to in paragraph 1 of this article, the burden of compensation for the damage shall be apportioned between the first two States in accordance with the extent to which they were at fault; if the extent of the fault of each of these States cannot be established, the burden of compensation shall be apportioned equally between them. Such apportionment shall be without prejudice to the right of the third State to seek the entire compensation due under this Convention from any or all of the launching States which are jointly and severally liable.

15) 2009년, 우주공간에서 1997년 미국 위성통신회사의 통신위성 이리듐-33과, 1993년 러시

간접적인 손해는 직접적인 손해로 인하여 발생한 제3자의 경제적 손실, 즉 간접적인 피해를 의미한다. 예를 들어 우주물체로 인하여 인적 손해가 발생하였고 그로 인하여 피해자의 고용주가 경제적 손실을 얻게 되는 경우를 생각해 볼 수 있다. 이러한 간접적인 손해는 재산의 가치 감소, 예상할 수 있는 수익의 손실 등이 있다. 그러나 직접적인 손해와는 대조적으로 간접적인 손해의 배상 가능성은 모든 국가관할권에서 인정되지 않고 있다.[16] 즉 우주손해책임협약이나 우주손해배상에 관한 국내법에서는 직접적인 우주손해만을 그 손해배상 청구의 대상으로 보고 있다.

Ⅱ. 책임의 주체

우주활동의 손해배상에서 책임의 주체는 일반적으로 우주물체 발사국이다. 우주물체 발사국으로 하여금 우주손해배상의 책임을 지게 하는 것은 우주손해책임협약의 내용을 협약 당사국들이 입법화한 것으로 볼 수 있다. 이에 이하에서는 우주손해책임협약을 중심으로 우주손해배상책임의 주체를 살펴보고자 한다.

우주손해책임협약에서는 우주물체 발사국이 우주손해에 대한 책임을 지도록 규정하고 있는데, 발사국이란 우주물체를 발사하거나 그 발사를 의뢰하는 국가, 우주물체가 발사되는 지역 또는 그 시설이 소속된 국가이다.[17] 즉 발사국이란 우주물체를 직접 발사하는 국가와 발사 의뢰국, 발사 실시국이 포함되게 된다. 우주조약에서도 발사국이란 외기권에 물체를 발사하거나 그 영토 또는 시설로부터 물체를 발사한 당사국이라고 정의하며, 이러한 발사국이 손해배상책임의 주체라고 규정하고 있다.[18] 우주손해책임협약은 손해배상의 발생 장소에 따라 발사국의 책임을 다르게 규정하고 있다. 예를 들어 우주물체가 지구 표면이

아가 발사한 통신위성 코스모스-2251이 충돌하는 사고가 일어났는데, 이때 러시아는 해당 위성이 이미 1995년 운영을 정지한 퇴역위성이라는 주장을 하여 해당 손해에 대한 책임이 없다고 주장하였다. Michael Listner, "Iridium 33 and Cosmos 2251 three years later: where are we now?", The Space review, 2012년 2월 13일, <https://www.thespacereview.com/article/2023/1>

16) Bruce A Hurwitz, *State Liability for Outer Space Activities in Accordance with the 1972 Convention on International Liability for Damage Caused by Space Objects* (Dordrecht Boston: M. Nijhoff Publishers, 1992), 55.

17) 우주손해책임협약 제1조.

18) 우주조약 제7조.

나 비행 중인 항공기에 피해를 입힐 경우에 그 손해에 대하여 절대적 책임을 지게 된다고 규정하고 있으며,[19] 이러한 책임은 무과실책임으로서 발사국의 고의나 과실과는 상관없이 손해가 발생하였다면 그에 따른 책임을 져야 함을 의미한다.[20] 그러나 동협약은 이러한 우주물체로 인한 손해가 천체(우주공간)에서 발생했을 경우에는 과실이 있는 경우에만 손해배상책임을 지도록 하고 있다.[21] 만약 발사국이 복수[22]일 경우에는 해당 우주물체 발사에 참여한 국가가 공동이나 개별적으로 책임을 지게 된다.[23] 다만 이 경우 복수의 발사국은 협정을 통하여 손해배상에 대한 내용을 분담하든가 한 당사국이 책임을 지도록 할 수 있다.

즉 책임의 주체는 국제법 체계상 우주물체 발사국이 되게 되며, 미국, 일본, 우리나라의 우주손해에 대한 법제를 살펴보게 되면 우주물체 발사자, 혹은 우주물체 운영자가 우주손해로 인한 책임의 주체가 되게 된다.

Ⅲ. 사적 주체의 책임

우주손해책임협약상 책임의 주체는 국가이기 때문에 피해자가 국가이든, 자연인이든 그 책임은 국가가 지게 된다. 동협약 제8조에서는 손해배상의 주체에 대하여 규정하고 있다.

---

19) 우주손해책임협약 제2조.
20) 이강빈, "우주법상 손해배상책임과 분쟁해결제도", 중재연구 20권 제2호, 한국중재학회, 2010년, 186면.
21) 우주손해책임협약 제3조.
22) 복수의 발사국은 여러 국가가 공동으로 우주발사체를 발사하는 경우나, 발사 의뢰국과 발사 실시국이 다른 경우에 해당한다.
23) 우주손해책임협약 제5조 제1항: 2개 또는 그 이상의 국가가 공동으로 우주물체를 발사할 때에는 그들은 발생한 손해에 대하여 공동으로 그리고 개별적으로 책임을 진다(Whenever two or more States jointly launch a space object, they shall be jointly and severally liable for any damage caused).

우주손해책임협약
(외교부 국문본)

제8조[24)]

1. 손해를 입은 국가 또는 자국의 자연인 또는 법인이 손해를 입은 국가는 발사국에 대하여 그러한 손해에 대하여 보상을 청구할 수 있다.
2. 손해를 입은 국민의 국적국이 보상을 청구하지 않는 경우, 타국가는 어느 자연인 또는 법인이 자국의 영역내에서 입은 손해에 대하여 발사국에 보상을 청구할 수 있다.
3. 손해의 국적 또는 손해 발생 지역국이 손해 배상을 청구하지 않거나 또는 청구의사를 통고하지 않을 경우, 제3국은 자국의 영주권자가 입은 손해에 대하여 발사국에 보상을 청구할 수 있다.

동규정에서는 국가가 손해를 입거나 자국의 자연인 또는 법인이 손해를 입은 경우에, 해당 국가는 발사국에 대하여 손해의 보상을 청구할 수 있다고 규정하며, 사적 주체가 손해를 입었다고 하더라도 스스로 손해배상을 청구할 수는 없고, 국가가 피해자를 대위하여 그 손해배상을 청구하도록 하고 있다. 즉 우주손해책임협약의 경우에는 자연인이나 민간기업의 직접적인 손해배상청구는 규정하고 있지 않기 때문에 사적 주체는 손해배상청구의 주체가 될 수 없다. 그러므로 민간 기업의 우주활동에 다수의 발사국이 우주물체를 발사할 경우, 손해배상의 책임 국가를 특정하기가 어려워진다.[25)] 예를 들어, 이후에 살펴볼 미국 기업의 위성 이리듐-33과 러시아의 군사위성 코스모스-2251이 충돌한 사건을 보면, 미국은 자국의 기업을 대위하여 러시아에 손해배상을 청구할 수 있지만 실제로 손

---

24) 우주손해책임협약 제8조:
   1. A State which suffers damage, or whose natural or juridical persons suffer damage, may present to a launching State a claim for compensation for such damage.
   2. If the State of nationality has not presented a claim, another State may, in respect of damage sustained in its territory by any natural or juridical person, present a claim to a launching State.
   3. If neither the State of nationality nor the State in whose territory the damage was sustained has presented a claim or notified its intention of presenting a claim, another State may, in respect of damage sustained by its permanent residents, present a claim to a launching State.
25) Tanja Masson-Zwaan and Hofmann Mahulena, *Introduction to Space Law.* (Kluwer Law International BV, 2019), 27.

해배상을 청구하지 않았는데, 해당 위성의 발사국 특정의 문제가 있었다는 주장
도 있다. 이 관점에서 보면, 코스모스-2251은 러시아가 자국의 우주기지 및 발사
체를 통해 발사하였지만 이리듐-33은 러시아의 발사체에 탑재하여 카자흐스탄
에서 발사되었다. 즉 코스모스-2251의 발사국은 러시아가 되며, 이리듐-33의 발
사국은 미국이나 러시아가 될 수 있다. 만약 러시아가 이 두 개의 인공위성을 발
사한 발사국이 되면 우주손해책임협약에 따른 배상책임을 지지 않게 된다.[26) 결
국 이 사건은 양측 모두 손해배상을 청구하지 않으면서 끝이 나게 된다.[27)

　　사적 주체의 우주활동이 늘어나고 있는 추세에서, 우주손해책임협약에 따라
국가만이 우주활동에 대한 손해배상 주체가 되게 하는 것은 현재 상황에서 개선
이 필요하다고 여겨진다. 현재 우주발사체 및 우주물체 운영에 관한 사적 주체의
책임은 각국의 국내법에 의하여 규율되고 있다. 우주손해책임협약에서 사적 주
체의 우주활동 책임에 대하여 국가가 책임을 져야 한다는 규정이 없지만, 우주조
약 제6조에서는 비정부 단체의 활동도 해당 국가가 책임을 져야 한다고 규정하
고 있다. 즉 사적 주체에 대한 국가책임의 원칙을 제시하고 있으며, 이에 대한
조건으로 국가가 비정부 단체의 우주활동을 승인하고, 계속적으로 감독할 것을
요구하고 있고, 이는 발사 실시국이 아닌 해당 비정부 단체의 등록국이 지도록
하고 있다. 즉 승인과 감독이라는 것은 자국의 비정부 단체에 대하여 등록국이
통제를 할 수 있다는 점에서 국가책임 귀속의 법리를 적용할 수 있다.[28) 그러나

---

26) Alexander P Reinert, "Updating the Liability Regime in Outer Space: Why Spacefaring
Companies Should Be Internationally Liable for Their Space Objects," *William & Mary
Law Review* 62, (2020): 340.

27) 당시 러시아는 코스모스-2251을 폐기하였으며, 국제관례상 폐기된 위성을 궤도비행으로
부터 제거할 책임은 지지 않는다. 미국은 러시아의 부주의를 과실로 입증하려고 했으나
러시아는 코스모스-2251을 폐기하며 해당 위성의 궤도비행을 남겨 놓았고, 미국의 경우
이리듐-33을 우주물체로 등록하지 않았으며, 위성의 충돌을 회피하기 위한 조치를 취하
지 않았다. 논리적으로 예상된 충돌을 회피할 책임은 활동중인 위성에 있으므로, 미국이
이리듐-33의 충돌 회피의 부작위에 대한 과실이 있게 되었다. 결과적으로 미국은 러시아
에 손해배상을 청구하지 않으며 사건이 마무리 되었다. 또한 우주책임협약 제3조에서는
외기권에서 우주물체로 인하여 손해가 발생하였을 때에는 과실이 있는 경우에만 책임을
지도록 하고 있으므로 이 경우를 놓고 보았을 때에도 러시아는 우주책임협약상 손해배상
의 책임을지지 않는다. 다만 상기의 두 경우를 배제하고 손해를 청구하였더라도 러시아가
두 위성 모두에 발사국의 지위를 가질 수도 있기 때문에 본 단락에서는 이러한 관점에서
기술하였다.

28) 정영진, "일반 국제법상 민간기업의 우주활동에 대한 국가책임의 성립요건", 항공우주정
책·법학회지 제33권 제1호, 한국항공우주법학회, 2018년, 132면.

우주조약과 우주손해책임협약 모두 사적 주체로 인하여 발생된 책임을 국가가
지도록 하는 것, 특히 우주손해책임협약에서 발사국이 지도록 하고 있는 것은 민
간기업의 우주활동으로부터 발생한 손해에 대한 책임의 주체를 특정하기 어려운
문제점이 있다.

제2절 우주손해책임 관련 법제

미국, 일본을 비롯한 우주 선진국들은 우주손해에 관한 법률을 마련하여 우
주손해의 책임과 배상, 그리고 손해배상을 위한 보험에 대하여 규정하고 있다.
우리나라 또한 2007년 우주손해배상법을 제정하여 2008년부터 시행하고 있으며,
동법에 따라 우주관련 활동에서 발생하는 손해의 범위 및 책임을 명확하게 규정
하고 있다. 이하에서는 미국, 일본, 우리나라의 우주손해배상 관련 법제에 대하
여 살펴보고자 한다.

Ⅰ. 미국의 우주손해 책임

미국의 우주손해배상관련 법제는 미국 연방법 제51편의 국내 및 상업적 우
주프로그램29)에서 규정하고 있다. 여기에서는 손해배상과 관련하여 한 장으로
규정하는 것이 아니라, 각각의 구분에 맞게 손해배상에 대하여 규정하고 있으며,
일반적인 우주손해배상에 대한 규정과 상호면책(cross waivers of liability)에 대한
규정을 가지고 있다. 여기에서 상호면책이란, 주의의 의무를 다하였을 경우에 생
기는 민사책임에 대해서는 손해배상의 책임을 지지 않는 것으로, 이는 우주관련
산업의 발전을 위하여 등장하였으며, NASA에서 실무적으로 활용되던 상호면책
에 관한 내용이 1988년 상업적 우주발사법(Commercial Space Launch Act)의 개정
을 통하여 법적으로 규율되게 되었다. 이러한 일반적인 손해배상과 상호면책에
대하여 규정하고 있는 손해배상책임에 대한 내용은 아래의 <표 2-1>과 같다.

---

29) U.S. Code, TITLE 51 - NATIONAL AND COMMERCIAL SPACE PROGRAMS.

⟨표 2-1⟩ 연방법 제51편에서 규정하고 있는 우주손해배상

조문	제목	내용	비고
국가의 항공우주 프로그램 NATIONAL AERONAUTICS AND SPACE PROGRAM			
§20115	국제협력 (International cooperation)	미국의 국제협력 프로그램 참여에 대한 내용(상호 책임 청구권을 포기할 수 있는 권한 포함)	상호책임 면제
§20138	보험 및 보상 (Insurance and indemnification)	우주 비행체의 발사, 운영 관련 활동으로 인하여 제3자가 입은 손해의 보상에 관한 내용	손해배상
§20139	실험용 항공우주 비행체의 보험 (Insurance for experimental aerospace vehicles)	실험용 항공우주 비행체 개발자가 손실을 보상하기 위한 보험 가입에 대한 내용과 상호면책에 관한 내용	손해배상 상호 책임 면제 (2010. 12. 31. 종료)
§20148	NASA의 발사 및 재진입에 대한 보상 (Indemnification; NASA launch services and reentry services)	제공자의 책임보험에 대한 내용으로, 우주발사 또는 재진입을 위한 활동에서 제공자는 책임보험에 가입하여야 한다는 내용	
상업적 우주발사 활동 COMMERCIAL SPACE LAUNCH ACTIVITIES			
§50914	책임보험 및 재정책임의 요건 (Liability insurance and financial responsibility requirements)	우주발사자는 최대 손실을 보상하기 위하여 책임보험에 가입하거나 재정적 책임을 입증해야 된다는 내용	손해배상 상호 책임 면제
§50915	책임보험금 및 재정책임 요건을 초과하는 청구권의 지급 (Paying claims exceeding liability insurance and financial responsibility requirements)	우주발사로 인하여 발생한 손해가 책임보험금 및 재정책임의 요건을 초과할 경우에는 정부가 그 지급을 할 수 있다는 내용	손해배상

　　이하에서는 미국의 연방법 제51편에서 규정하고 있는 우주활동에 관한 일반적인 손해배상과 상호책임 면제에 대한 규정을 나누어서 살펴보고자 한다.

1. 우주활동의 손해배상

미국의 우주활동 관련 손해배상에 관한 내용은, 국가 및 민간의 우주활동에 있어서 발생하는 손해에 대한 민사책임을 규정하고 있다. 민간기업이 우주발사체를 발사하기 위해서는 우주발사에 관한 면허를 받아야 하고, 이를 위하여 보험에 가입해야 한다. 그리고 보험의 금액을 넘어서는 손해가 발생하였을 경우, 미국정부에서 그 배상을 보증하고 있다. 기본적으로 손해가 발생하게 되는 경우 그 손해배상의 주체는 운영자(user), 개발자(developer), 면허인(licensee), 양수인(transferee)[30]이 된다. 운영자와 개발자는 우주 비행체와 관련된 손해 발생 시에 그 손해배상의 주체가 되며, 면허인과 양수인은 우주물체 발사자를 말한다.

제20138조와 제20139조는 우주 비행체 활동으로 인한 보험과 손해배상에 관하여 규정하고 있는데, 제20138조는 일반적인 우주 비행체 활동으로 인한 내용을 규정하고 있으며, 제20139조는 실험용 항공우주 비행체의 활동으로 인한 내용을 규정하고 있다.

미국 연방법 제51편
(연구자 번역본)

제20138조(a)[31]
(a) 정의.— 본 규정의 용어는 다음과 같이 정의한다.
　(1) 우주 비행체.— "우주 비행체"란 외기권에 발사, 또는 조립을 목적으로 하는 물체로서 우주왕복선을 비롯한 우주수송 시스템의 구성품과 관련된 장비, 장치, 부품을 포함한다.

---

30) 미국 연방항공청(Federal Aviation Administration)은 우주물체 발사 및 재진입을 수행할 수 있는 승인을 발급할 수 있는데, 이러한 면허(license)은 미국 연방항공청을 통하여 양도(transfer)할 수 있다. 여기에서 면허인을 "licensee"라 하고 그 양수인을 "transferee"라고 한다. 양자는 모두 우주물체 발사 활동을 하기 때문에 이하에서는 '우주물체 발사자'라고 통일한다(§ 450.11 Transfer of a vehicle operator license(a): "Only the FAA may transfer a vehicle operator license" 우주물체 발사 면허권에 대한 자세한 내용은 다음을 참조: <https://www.ecfr.gov/current/title-14/chapter-III/subchapter-C>).
31) 51 U.S.C.A. § 20138(a):
　(a) Definitions.-In this section:
　　(1) Space vehicle.- The term "space vehicle" means an object intended for launch, launched, or assembled in outer space, including the space shuttle

> (2) 제3자.― "제3자"란 운영자에 대해 사망, 상해 또는 재산의 손실 또는 훼손과 관련한 청구를 할 수 있는 자를 의미한다.
> (3) 운영자.― "운영자"란 우주 비행체 전체 또는 일부의 사용에 대해 관리기관과 계약을 체결한 자, 우주 비행체에 실릴 재산을 소유 또는 제공하는 자 또는 우주 비행체에 탑승할 사람을 고용하는 자를 포함한다.

먼저 제20138조(a)에서는 용어의 정의를 내리고 있는데, 이에 따르면 우주 비행체란 우주공간에 발사 또는 조립을 목적으로 하는 물체로서, 우주왕복선(space shuttle)과, 우주수송 시스템(space transportation system)의 구성품(components)을 포함한 관련된 장비(equipment), 장치(devices), 부품(parts)을 의미한다고 규정하고 있다. 즉 완성된 우주 비행체만을 우주 비행체로 보는 것이 아니라 그 조립품과 장비 등도 본 조항의 적용을 받는 우주 비행체라고 규정하며 그 범위를 넓히고 있다. 그리고 이어서 제3자(third party)란 운영자(user)에게 사망, 상해, 재산손실이나 훼손과 관련된 손해에 대하여 청구를 제기할 수 있는 자를 의미한다고 규정하고 있다.

> 미국 연방법 제51편
> (연구자 번역본)
>
> 제20138조(b)[32]
> (b) 승인
> 관리기관은 우주 비행체의 발사, 작동 또는 회수와 관련하여 수행되는 활동으로 인한 제3자의

---

and other components of a space transportation system, together with related equipment, devices, components, and parts.
(2) Third party.― The term "third party" means any person who may institute a claim against a user for death, bodily injury, or loss of or damage to property.
(3) User.― The term "user" includes anyone who enters into an agreement with the Administration for use of all or a portion of a space vehicle, who owns or provides property to be flown on a space vehicle, or who employs a person to be flown on a space vehicle.

32) 51 U.S.C.A. § 20138(b):
(b) Authorization.―
The Administration is authorized on such terms and to the extent it may deem appropriate to provide liability insurance for any user of a space vehicle to com―

사망, 상해 또는 재산의 손실 또는 손해에 대한 청구의 전부 또는 일부를 배상하기 위해 우주 비행체의 모든 운영자에게 책임보험을 제공하는 것이 적절하다고 생각되는 범위 내에서 권한을 부여 받는다. 관리기관이 사용할 수 있는 충당금은 제20113조에 따라 설정된 상환 정책에 따라서 운영자가 할 수 있는 최대 범위까지 상환하여야 한다.

이어서 (b)에서는 우주 비행체의 발사, 작동 또는 회수와 관련하여 수행되는 활동으로 발생된 제3자의 손해를 보상하기 위하여 관리기관이 운영자에게 제3자의 사망, 상해 또는 재산의 손실의 보상을 위하여 책임보험을 제공할 수 있다고 규정하고 있다. 즉 이러한 보험은 관리기관이 우주활동 운영자에게 제공하는 보험으로, 우주활동 운영자의 손해를 방지하기 위한 목적을 가지고 있다. 그리고 이러한 상환의 범위는 운영자가 할 수 있는 최대 범위까지 가능하다.

미국 연방법 제51편
(연구자 번역본)

제20138조(c), (d), (e), (f)[33]
(c) 보증
운영자가 이 조항이 규정하는 내용에 따라, 책임보험의 가용성, 비용 및 조건을 고려하여, 관리기관과 우주 비행체 운영자 간의 모든 합의가 미국의 발사, 운영 또는 재진입과 관련된 활

---

pensate all or a portion of claims by third parties for death, bodily injury, or loss of or damage to property resulting from activities carried on in connection with the launch, operations, or recovery of the space vehicle. Appropriations available to the Administration may be used to acquire such insurance, but such appropriations shall be reimbursed to the maximum extent practicable by the users under reimbursement policies established pursuant to section 20113 of this title.

33) 51 U.S.C.A. § 20138(c),(d),(e),(f):
   (c) Indemnification.-
   Under such regulations in conformity with this section as the Administrator shall pre-scribe taking into account the availability, cost, and terms of liability insurance, any agreement between the Administration and a user of a space vehicle may provide that the United States will indemnify the user against claims (including reasonable ex-penses of litigation or settlement) by third parties for death, bodily injury, or loss of or damage to property resulting from activities carried on in connection with the launch, operations, or recovery of the space vehicle, but only to the extent that such claims are not compensated by liability insurance of the user. Such indemnification

동으로 인해 발생한 사망, 상해, 재산의 손실 또는 손해에 대해 제3자가 제기한 청구(소송 또는 합의의 합리적인 비용을 포함)로부터 운영자에게 보상할 수 있도록 규정하여야 한다. 그러나 이러한 청구는 사용자의 책임보험으로 보상되지 않는 범위 내에서만 보상되며, 운영자의 과실 또는 고의적인 부정행위가 있는 경우에는 청구가 제한될 수 있다.

(d) 보증 계약 조건. — (c)항에 따라 체결된 보증 계약은 다음의 조건을 포함해야 한다.

　(1) 운영자의 사망, 상해 또는 재산의 손실 또는 손상에 대한 모든 청구나 소송에 대하여 미국에 통지해야 한다; 그리고

　(2) 미국이 선택한 해당 소송 또는 청구의 방어를 수행하거나 도와야 한다.

(e) 정당하고 합리적인 금액의 인증.—

관리자 또는 관리자의 지정자가 금액이 정당하고 합리적임을 인증하지 않는 한 (c)항에 따라 지불할 수 없다.

(f) 지급.—

관리자의 승인에 따라, (c)항에 따른 지급은 관리자의 선택에 따라, 다른 목적으로 사용되지 않는 연구 및 개발 자금 또는 해당 지급을 위해 배정된 자금에서 이루어질 수 있다.

(c)에서는 정부의 보증에 대하여 규정하고 있는데, 미국 정부는 우주 비행체의 발사, 운영 또는 재진입과 관련한 활동으로 인한 사망, 부상, 재산의 손실에 대하여 보험에서 보상되지 않는 범위 내에서 보상할 수 있다고 규정하고 있다. 이러한 손해는 운영자의 보험 범위를 넘어서는 손해가 될 수도 있고, 보험에 포함되지 않는 손해가 될 수도 있다. 다만 이러한 정부의 보증은 운영자의 과실(negligence) 또는 고의적인 위법행위(willful misconduct)가 있을 경우에는 제외된

---

may be limited to claims resulting from other than the actual negligence or willful misconduct of the user.

(d) Terms of Indemnification Agreement.–An agreement made under subsection (c) that provides indemnification must also provide for–

　(1) notice to the United States of any claim or suit against the user for the death, bodily injury, or loss of or damage to the property; and

　(2) control of or assistance in the defense by the United States, at its election, of that suit or claim.

(e) Certification of Just and Reasonable Amount.–

No payment may be made under subsection (c) unless the Administrator or the Administrator's designee certifies that the amount is just and reasonable.

(f) Payments.–

Upon the approval by the Administrator, payments under subsection (c) may be made, at the Administrator's election, either from funds available for research and development not otherwise obligated or from funds appropriated for such payments.

다. 이어서 (d),(e),(f)에서는 이러한 보증의 계약 조건, 금액의 인증, 지급에 대하여 규정하고 있다.

제20139조도 제20138조와 같이 보험과 손해배상에 대한 내용에 대하여, 정의, 약관, 보험 등을 규정하고 있다. 다만 제20138조가 우주 비행체에 대한 규정이라면, 제20139는 실험용 항공우주 비행체에 대한 규정이다.[34]

미국 연방법 제51편
(연구자 번역본)

제20139조(a), (b)[35]
(a) 정의 ― 본 규정의 용어는 다음과 같이 정의한다.
  (1) 협력당사자. ―
  "협력당사자"란 이 장의 목적을 수행하기 위하여 과학, 항공 또는 우주의 협력 활동을 수행하기 위하여 관리기관과 협약을 체결한 자를 말한다.
  (2) 개발자. ―
  "개발자"란 (자연인을 제외한) 미국인으로서 ―
      (A) 실험용 항공우주 비행체의 신기술 개발을 목적으로 하는 관리기관과의 계약 당사자;
      (B) 비행체에 탑재되거나 탑재할 물건(property)을 소유하거나 제공한 자; 또는
      (C) 비행체에 탑승할 자연인을 고용한 자
  (3) 실험용 항공우주 비행체. ―
  "실험용 항공우주 비행체"란 재사용 가능한 발사 비행체에 필요한 기술을 실증하기 위한 목적으로 관리기관과 개발자 간의 합의에 따라 개발된 궤도 또는 준궤도 비행을 위해 비행하거나 발사될 예정의 물체를 의미한다.
  (4) 관련 단체. ―
  "관련 단체"란 모든 단계의 계약자 또는 하청업체, 공급업체, 계약 양수자, 연구자, 지원 담당자를 포함한다.
(b) 일반적으로. ―
  관리자는 관리자와 개발자 간의 계약을 이행하는 데 개발되거나 사용되는 실험용 항공우주 비행체의 개발자에게 책임보험 또는 보증을 제공할 수 있다.

---

34) 동규정은 2010년 12월 31일 폐지되었지만 상호 면제에 대한 내용을 살펴보기 위하여 다루도록 한다.
35) 51 U.S.C.A. § 20139(a),(b):
   (a) Definitions.–In this section:

동조 (a)는 각 용어들의 정의에 대하여 규정하고 있는데, 여기에서 실험용 항공우주 비행체란(Experimental Aerospace Vehicle) 재사용 가능한 발사 비행체36)에 필요한 기술 실증을 목적으로 관리기관과 개발자 간의 합의에 따라 개발된 궤도 위 또는 준궤도에서 비행을 목적으로 하는 물체를 의미한다고 규정하고 있다. 즉 NASA 등과 같은 정부기관과 민간 개발업체가 협력하여 우주비행의 실증을 하는 물체는 실험용 항공우주 비행체로서 본 규정법의 적용을 받게 된다. 그리고 (b)에서는 관리자가 책임보험이나 보증을 제공할 수 있다고 규정하고 있다.

---

(1) Cooperating party.-
The term "cooperating party" means any person who enters into an agreement with the Administration for the performance of cooperative scientific, aeronautical, or space activities to carry out the purposes of this chapter.
(2) Developer.-
The term "developer" means a United States person (other than a natural person) who-
(A) is a party to an agreement with the Administration for the purpose of developing new technology for an experimental aerospace vehicle;
(B) owns or provides property to be flown or situated on that vehicle; or
(C) employs a natural person to be flown on that vehicle.
(3) Experimental aerospace vehicle.-
The term "experimental aerospace vehicle" means an object intended to be flown in, or launched into, orbital or suborbital flight for the purpose of demonstrating technologies necessary for a reusable launch vehicle, developed under an agree-ment between the Administration and a developer.
(4) Related entity.-
The term "related entity" includes a contractor or subcontractor at any tier, a supplier, a grantee, and an investigator or detailee.
(b) In General.-
The Administrator may provide liability insurance for, or indemnification to, the de-veloper of an experimental aerospace vehicle developed or used in execution of an agreement between the Administration and the developer.
36) 본 조항에서는 재사용 가능한 발사 비행체(reusable launch vehicle)라고 규정하며, 그 범위를 한정하고 있다.
37) 51 U.S.C.A. § 20139(c):

미국 연방법 제51편
(연구자 번역본)

제20139조(c)[37]

(c) 약관.—

(1) 일반적으로.—

이 장에서 달리 규정하지 않는 한, 관리기관이 (b)항에 따라 개발자에게 제공하는 보험 및 보증은 제51편 제20138조에 따라 관리기관이 우주 비행체 운영자에게 제공하는 보험 및 보증과 동일한 조건과 규정으로 제공된다.

(2) 보험.—

(A) 일반적으로—

개발자는 다음과 같은 방법으로 청구에서 발생할 수 있는 최대 손실을 보상하기 위한 책임보험에 가입하거나 재정적 책임을 입증해야 한다.

(i) 실험용 항공우주 비행체의 개발 또는 사용과 관련하여 수행된 활동으로 인한 사망, 신체 상해 또는 재산상의 손해 또는 손실에 대한 제3자의 청구; 및

(ii) 그러한 활동으로 인한 정부 재산의 손상 또는 손실에 대한 미국 정부의 청구

(B) 최대 필요 금액.—

관리자는 필요한 보험 금액을 결정해야 하며, (C)에 규정된 경우를 제외하고, 그 금액은 제50914(a)(3)조에 따른 발사에 필요한 금액을 초과할 수 없다. 관리자는 결정을 내린 후 10일 이내에 결정 및 해당 금액을 연방 등록부에 게시해야 한다.

(C) 달러 금액 인상.—

관리자는 본 조에 따른 규정을 개발자에게 적용하기 위해 적절한 경우, 본 편 제50914조(a)(3)(A)에 명시된 달러 금액을 인상할 수 있으며, 인상 시행 180일 전까지 연방 등록부에 공고를 게시하여야 한다. 관리자는 이러한 공고의 게시일 이전에 관리기관이 수신한 서신의 전체 기록과 회의의 회의록을 대중이 열람할 수 있도록 해야 한다.

(D) 관리자의 보험 제공 전 안전성 검토.—

관리자는 개발자가 실험용 항공우주 비행체의 개발에서 적절한 안전 절차와 관행이 준수되고 있음을 관리자에게 입증하지 않는 한, (b)에 따른 책임보험 또는 보증을 제공할 수 없다.

(c) Terms and Conditions.—

(1) In general.—

Except as otherwise provided in this section, the insurance and indemnification provided by the Administration under subsection (b) to a developer shall be provided on the same terms and conditions as insurance and indemnification is

> (3) 상호책임 면제가 없을 시 보증의 제한.—
> (b)에도 불구하고, 관리자는 (d)에 설명된 관리자와 개발자 간의 계약이 없는 한 본 규정
> 에 따른 실험용 항공우주 비행체의 개발자에게 보증을 제공할 수 없다.
> (4) 특정 절차의 적용.—
> 관리자가 이 규정에 따라 추가 지급을 요청하는 경우, 본 편의 제 제20138조(c)에 따라
> 이루어질 수 있는 지급인 경우, 그 요청은 본 편 제50915조의 (d) 및 (e)에 설정된 절차
> 에 따라 이루어져야 한다.

provided by the Administration under section 20138 of this title to the user of a
space vehicle.
(2) Insurance. —
　(A) In general. — A developer shall obtain liability insurance or demonstrate
　　financial responsibility in amounts to compensate for the maximum pro-
　　bable loss from claims by —
　　(i) a third party for death, bodily injury, or property damage, or loss re-
　　　　sulting from an activity carried out in connection with the
　　　　development or use of an experimental aerospace vehicle; and
　　(ii) the United States Government for damage or loss to Government
　　　　property resulting from such an activity.
　(B) Maximum required. —
　　The Administrator shall determine the amount of insurance required, but,
　　except as provided in subparagraph (C), that amount shall not be greater
　　than the amount required under section 50914(a)(3) of this title for a
　　launch. The Administrator shall publish notice of the Administrator's
　　determination and the applicable amount or amounts in the Federal
　　Register within 10 days after making the determination.
　(C) Increase in dollar amounts. —
　　The Administrator may increase the dollar amounts set forth in section
　　50914 (a)(3)(A) of this title for the purpose of applying that section under
　　this section to a developer after consultation with the Comptroller General
　　and such experts and consultants as may be appropriate, and after
　　publishing notice of the increase in the Federal Register not less than 180
　　days before the increase goes into effect. The Administrator shall make
　　available for public inspection, not later than the date of publication of
　　such notice, a complete record of any correspondence received by the
　　Administration, and a transcript of any meetings in which the
　　Administration participated, regarding the proposed increase.
　(D) Safety review required before administrator provides insurance. —
　　The Administrator may not provide liability insurance or indemnification
　　under subsection (b) unless the developer establishes to the satisfaction of
　　the Administrator that appropriate safety procedures and practices are
　　being followed in the development of the experimental aerospace vehicle.
(3) No indemnification without cross — waiver. —

(c)는 실험용 항공우주 비행체의 약관에 대한 내용으로, 일반 우주 비행체와 같이 개발자는 보험에 가입하거나 재정적 책임을 입증해야 한다. (3)에서는 상호 책임 면제에 대한 합의가 없을 경우에 보증을 제공할 수 없도록 규정하고 있는데, 본 규정에서 상호책임 면제는 임의규정으로 당사자간의 자유로운 의사로 결정할 수 있지만, 만약 상호책임 면제에 대한 계약이 없다면 관리자로부터 손해에 대한 보증을 받을 수 없게 되기 때문에 상호책임 면제에 대한 규정의 포함을 유도하기 위한 조항으로 해석할 수 있다.

미국 연방법 제51편
(연구자 번역본)

제20139조(d)[38]
(d) 상호 면제.—
　(1) 관리자의 면제권한 부여.—
　관리자는 미국과 그 부서, 기관 및 대행 기관을 대표하여 개발자 또는 협력 당사자와 해당 개발자 또는 협력 당사자의 관련기관과의 상호 청구를 포기할 수 있으며, 각 당사자는 계약 또는 실험용 항공우주 비행체의 사용과 관련된 활동으로 인한 결과로 자신이 책임을 져야 하는 재산의 손실 또는 손상에 대한 책임을 지고, 자신의 직원 또는 대리인이 입은 모든 부상이나 사망으로 인한 손실에 대하여 자신이 책임을 지도록 보장하는 데 동의한다.

Notwithstanding subsection (b), the Administrator may not indemnify a developer of an experimental aerospace vehicle under this section unless there is an agreement between the Administration and the developer described in subsection (d).
(4) Application of certain procedures. —
If the Administrator requests additional appropriations to make payments under this section, like the payments that may be made under section 20138(c) of this title, then the request for those appropriations shall be made in accordance with the procedures established by subsections (d) and (e) of section 50915 of this title.

38) 51 U.S.C.A. § 20139(d):
　(d) Cross－Waivers. －
　(1) Administrator authorized to waive. －
　The Administrator, on behalf of the United States, and its departments, agencies, and instrumentalities, may reciprocally waive claims with a developer or cooperating party and with the related entities of that developer or cooperating party under which each party to the waiver agrees to be responsible, and agrees to ensure that its own related entities are responsible, for damage or loss to its property for which it is responsible, or for losses resulting from any injury or

(2) 제한.—
  (A) 청구.—
    (1)에 따른 상호 면제는 어떤 자연인(미국, 개발자, 협력 당사자 또는 각각의 하청업체의 고용인인 자연인을 포함하나 이에 제한되지 않음) 또는 그 자연인의 상속인, 생존자 또는 부상 또는 사망자의 대리인에 의한 청구를 배제할 수 없다. 단, 청구 포기의 당사자이거나 포기 조건에 동의한 대리인의 경우는 제외한다.

---

death sustained by its own employees or agents, as a result of activities connected to the agreement or use of the experimental aerospace vehicle.
(2) Limitations. —
  (A) Claims. —
    A reciprocal waiver under paragraph (1) may not preclude a claim by any natural person (including, but not limited to, a natural person who is an employee of the United States, the developer, the cooperating party, or their respective subcontractors) or that natural person's estate, survivors, or subrogees for injury or death, except with respect to a subrogee that is a party to the waiver or has otherwise agreed to be bound by the terms of the waiver.
  (B) Liability for negligence. —
    A reciprocal waiver under paragraph (1) may not absolve any party of liability to any natural person (including, but not limited to, a natural person who is an employee of the United States, the developer, the cooperating party, or their respective subcontractors) or such a natural person's estate, survivors, or subrogees for negligence, except with respect to a subrogee that is a party to the waiver or has otherwise agreed to be bound by the terms of the waiver.
  (C) Indemnification for damages. —
    A reciprocal waiver under paragraph (1) may not be used as the basis of a claim by the Administration, or the developer or cooperating party, for indemnification against the other for damages paid to a natural person, or that natural person's estate, survivors, or subrogees, for injury or death sustained by that natural person as a result of activities connected to the agreement or use of the experimental aerospace vehicle.
  (D) Willful misconduct. —
    A reciprocal waiver under paragraph (1) may not relieve the United States, the developer, the cooperating party, or the related entities of the developer or cooperating party, of liability for damage or loss resulting from willful misconduct.
(3) Effect on previous waivers.—
  This subsection applies to any waiver of claims entered into by the Administration without regard to the date on which the Administration entered into the waiver.

(B) 과실에 대한 책임.―

(1)에 따른 상호 면제는 어떠한 자연인(미국의 직원, 개발자, 협력 당사자 또는 그들의 각각의 하도급업체를 포함하되 이에 국한되지 않음)에 대한 과실 책임에서 면제시키지 않는다. 이는 해당 자연인의 상속인, 생존자, 또는 대리인에도 적용된다. 단, 청구 포기의 당사자이거나 포기 조건에 동의한 대리인의 경우는 제외한다.

(C) 손해의 보증.―

(1)에 따른 상호 면제는 관리기관이나 개발자, 협력 당사자가 계약이나 실험용 항공우주 비행체의 사용과 관련된 활동으로 인해 자연인이 입은 부상이나 사망으로 자연인 또는 그 자연인의 상속인, 생존자, 대리인에게 지급된 손해 배상에 대해 서로에 대한 면책 청구의 근거로 사용될 수 없다.

(D) 고의적인 위법행위.―

(1)에 따른 상호 면제는 미국, 개발자, 협력 당사자 또는 개발자 또는 협력 당사자의 관련 주체에게 고의적인 위법행위로 인한 손해 또는 손실에 대한 책임을 면제할 수 없다.

(3) 이전의 면제에 대한 효과.―

이 규정은 관리기관이 포기에 서명한 날짜와 관계없이 관리기관이 서명한 모든 청구권 포기에 적용한다.

(d)는 실험용 항공우주 비행체의 상호 면제에 대한 내용을 규정하고 있다. 관리자는 개발자, 협력 당사자 등 관련기관과의 상호 청구를 포기할 수 있으며, 과실이나 고의적인 위법행위로 인하여 손해가 발생하였을 경우에는 그 적용을 배제하도록 규정하고 있다. 즉 과실이나 고의적인 위법행위는 우주 비행체의 상호 면제의 규정과 마찬가지로 그 적용이 배제되게 된다. 다만 과실의 경우도 상모 면제를 적용할 수 있는데, 청구 포기의 당사자이거나 포기 조건에 동의한 대리인의 경우는 그 적용을 면제할 수 있다.

이어서 관리자가 개발자에게 제공하는 보험에 대한 내용은 우주 비행체에 대한 규정인 제20138조와 동일하게 적용되게 된다.[39] 그리고 개발자는 책임보험에 가입하거나, 최대 손실을 보상하기 위해서 재정적 책임을 입증해야 하고, 그 최대 금액은 제50914조의 규정을 따르도록 하고 있다. 먼저 제50914조(a)에서는 발사 및 재진입을 수행하는 운영자의 일반적인 사항들에 대하여 규정하고 있다.

---

39) 51 U.S.C.A. § 20139(c)(1).

미국 연방법 제51편
(연구자 번역본)

제50914조(a)[40)]

(a) 일반 요구사항. ─

　(1) 본 장에 따라 발사 또는 재진입 면허가 발급되거나 이전될 때, 면허인 또는 양수인은
　　　다음을 보상하기 위해 책임보험에 가입하거나 재정적 책임을 입증해야 한다─

　　(A) 면허에 의해 수행된 활동으로 발생한 사망, 신체 상해 또는 재산상의 손해 또는
　　　　손실에 대한 제3자의 청구; 및

　　(B) 면허에 의해 수행된 활동으로 발생한 정부 재산의 손상 또는 손실에 대해 미국
　　　　정부가 개인을 상대로 한 청구

　(2) 교통부 장관은 항공우주국 장관, 공군 장관 및 기타 적절한 관리기관의 장과 협의하
　　　여 본 조의 (1)(A) 및 (B)항에 따른 요구 금액을 결정한다.

　(3) 한 번의 발사 또는 재진입과 관련된 총청구에 대해 면허인 또는 양수인은 다음을 초
　　　과하는 보험에 가입하거나 다음을 초과하는 재정적 책임을 입증할 필요가 없다:─

　　(A)

　　　(i) 본 조 (1)(A)항에 따라 $500,000,000 또는

　　　(ii) 본 조 (1)(B)항에 따라 $100,000,000 또는

　　(B) 본 조 (A)(i) 또는 (ii)의 금액보다 적을 경우 합리적인 비용으로 세계 시장에
　　　　서 구할 수 있는 최대 책임보험.

　(4) 본 조항에 따른 보험증권 또는 재정적 책임의 입증은 발사 서비스 또는 재진입 서비
　　　스에 대한 잠재적 책임 범위 내에서 정부 비용을 제외하고 다음을 보호해야 한다:

　　(A) 정부

　　(B) 정부의 행정 기관 및 인력, 계약자 및 하청업체

　　(C) 면허인 및 양수인의 계약자, 하청업체 및 고객

　　(D) 고객의 계약자 및 하청업체

　　(E) 우주비행참가자

　(5) (4)의 (E)는 2025년 9월 30일부터 효력을 상실한다.

---

40) 51 U.S.C.A. § 50914(a):
　　(a) General Requirements. ─
　　　(1) When a launch or reentry license is issued or transferred under this chapter,
　　　　 the licensee or transferee shall obtain liability insurance or demonstrate finan-
　　　　 cial responsibility in amounts to compensate for the maximum probable loss
　　　　 from claims by ─

면허인이나 양수인은 우주물체의 발사나 재진입의 활동을 위해서는 책임보험 및 재정적 책임을 입증해야 하는데, 이러한 손해배상의 범위는 면허에 따라 수행된 활동으로 인한 사망, 신체의 상해, 재산상의 손해 또는 손실에 대한 것이며, 이러한 손해는 개인의 손해와 정부의 손해로 나눌 수 있다. 먼저 개인의 손해의 경우 5억 달러의 보상한도를 가지고 있으며, 정부의 손해는 10억 달러의 보상한도를 가지고 있다. 이러한 보상한도가 보험시장의 기준에 미치지 못할 경우에는 구할 수 있는 최대의 책임보험을 들 것을 규정하고 있다. 그리고 (1)에 따른 손실 예상 금액은 교통부 장관이 정하도록 규정하고 있다.

     (A) a third party for death, bodily injury, or property damage or loss resulting from an activity carried out under the license; and

     (B) the United States Government against a person for damage or loss to Government property resulting from an activity carried out under the license.

  (2) The Secretary of Transportation shall determine the amounts required under paragraph (1)(A) and (B) of this subsection, after consulting with the Administrator of the National Aeronautics and Space Administration, the Secretary of the Air Force, and the heads of other appropriate executive agencies.

  (3) For the total claims related to one launch or reentry, a licensee or transferee is not required to obtain insurance or demonstrate financial responsibility of more than—

     (A)

        (i) $500,000,000 under paragraph (1)(A) of this subsection; or

        (ii) $100,000,000 under paragraph (1)(B) of this subsection; or

     (B) the maximum liability insurance available on the world market at reasonable cost if the amount is less than the applicable amount in clause (A)(i) or (ii) of this paragraph.

  (4) An insurance policy or demonstration of financial responsibility under this subsection shall protect the following, to the extent of their potential liability for involvement in launch services or reentry services, at no cost to the Government:

     (A) the Government.

     (B) executive agencies and personnel, contractors, and subcontractors of the Government.

     (C) contractors, subcontractors, and customers of the licensee or transferee.

     (D) contractors and subcontractors of the customer.

     (E) space flight participants.

  (5) Subparagraph (E) of paragraph (4) ceases to be effective September 30, 2025.

미국 연방법 제51편
(연구자 번역본)

제50914조(c)[41]
(c) 최대 예상 손실의 결정.—
교통부 장관은 면허 소유자 또는 양수인이 필요한 모든 정보를 제출한 후 90일 이내에 면허에 따른 활동과 관련된 이 조항의 (a)(1)(A) 및 (B)의 최대 예상 손실을 결정해야 한다. 교통부 장관은 새로 제출한 정보에 따라 결정을 수정해야 한다.

이어서 제50914조(b)에서는 상호책임 면제에 대하여 규정하고 있다.

미국 연방법 제51편
(연구자 번역본)

제50914조(b)[42]
(b) 상호책임 면제.—
  (1)
  (A) 본 장에 따라 발급되거나 양도된 발사 또는 재진입 면허에는 면허 소지자 또는 양수인이 발사 서비스 또는 재진입 서비스에 관련된 해당 당사자들과 상호 청구 포기를 해야 한다는 조항을 포함해야 한다. 이 포기 조항의 각 당사자는 해당 면허에 따라 수행된 활동으로 인해 자신 또는 자신의 직원이 입은 상해, 사망 또는 재산의 손실에 대해 스스로 책임을 지기로 동의한다.

---

41) 51 U.S.C.A. § 50914(c):
  (c) Determination of Maximum Probable Losses. —
  The Secretary of Transportation shall determine the maximum probable losses under subsection (a)(1)(A) and (B) of this section associated with an activity under a license not later than 90 days after a licensee or transferee requires a determination and submits all information the Secretary requires. The Secretary shall amend the determination as warranted by new information.
42) 51 U.S.C.A. § 50914(b):
  (b) Reciprocal Waiver of Claims. —
  (1)
    (A) A launch or reentry license issued or transferred under this chapter shall contain a provision requiring the licensee or transferee to make a reciprocal waiver of claims with applicable parties involved in launch services

(B) 이 항에서 "적용 가능한 당사자"란 다음을 의미한다 ―
　(ⅰ) 면허인 또는 양수인의 계약자, 하청업체, 고객;
　(ⅱ) 고객의 계약자 및 하청업체;
　(ⅲ) 우주비행 참가자
(C) (B)의 (ⅲ)은 2025년 9월 30일부터 효력을 상실한다.
(2) 교통부 장관은 정부, 발사 서비스 또는 재진입 서비스에 관련된 정부의 행정기관, 그리고 발사 서비스 또는 재진입 서비스에 관련된 계약자 및 하청업체를 위해 면허인 또는 양수인, 계약자, 하청업체, 승무원, 우주비행참가자, 면허인 또는 양수인의 고객, 그리고 고객의 계약자 및 하청업체와 상호 청구 면제를 해야 한다. 이 면제에 따라 각 당사자는 해당 면허하에 수행된 활동으로 인해 자신이 입은 재산 피해 또는 손실, 또는 자신의 직원 또는 우주비행참가자가 입은 개인 상해, 사망 또는 재산 피해 또는 손실에 대해 책임을 진

---

or reentry services under which each party to the waiver agrees to be responsible for personal injury to, death of, or property damage or loss sustained by it or its own employees resulting from an activity carried out under the applicable license.
(B) In this paragraph, the term "applicable parties" means—
　(ⅰ) contractors, subcontractors, and customers of the licensee or transferee;
　(ⅱ) contractors and subcontractors of the customers; and
　(ⅲ) space flight participants.
(C) Clause (ⅲ) of subparagraph (B) ceases to be effective September 30, 2025.
(2) The Secretary of Transportation shall make, for the Government, executive agencies of the Government involved in launch services or reentry services, and contractors and subcontractors involved in launch services or reentry services, a reciprocal waiver of claims with the licensee or transferee, contractors, subcontractors, crew, space flight participants, and customers of the licensee or transferee, and contractors and subcontractors of the customers, involved in launch services or reentry services under which each party to the waiver agrees to be responsible for property damage or loss it sustains, or for personal injury to, death of, or property damage or loss sustained by its own employees or by space flight participants, resulting from an activity carried out under the applicable license. The waiver applies only to the extent that claims are more than the amount of insurance or demonstration of financial responsibility required under subsection (a)(1)(B) of this section. After consulting with the Administrator and the Secretary of the Air Force, the Secretary of Transportation may waive, for the Government and a department, agency, and instrumentality of the Government, the right to recover damages for damage or loss to Government property to the extent insurance is not available because of a policy exclusion the Secretary of Transportation decides is usual for the type of insurance involved.

> 다. 이 면제는 청구 금액이 이 조항의 (a)(1)(B)에 따라 요구되는 보험금 또는 재정적 책임의 입증 금액을 초과하는 경우에만 적용된다. 교통부 장관은 항공우주국의 관리자 및 공군 장관과 상의한 후, 정부 및 정부의 부서, 기관, 기구를 위해 정부 재산에 대한 피해를 회복할 권리를 면제할 수 있다. 이는 해당 유형의 보험에 대해 일반적으로 보험 정책에서 배제되어 보험을 사용할 수 없을 때 적용된다.

이러한 상호책임 면제는 우주물체의 발사나 재진입과 관련된 활동에서 해당 당사자들이 손해에 대한 상호 청구를 포기하는 것을 의미한다. 앞서 살펴보았던 실험용 항공우주 비행체의 상호책임 면제에 대한 규정은 당사자들이 자유로운 의사로 적용 여부를 결정할 수 있었지만, 우주물체의 발사 및 재진입과 관련된 상호책임 면제에 대한 규정은 강행규정으로, 면허인은 발사나 재진입과 관련된 해당 당사자들과 계약 시 상호책임 면제에 대한 조항을 포함시켜야(shall) 한다.

이에 해당하는 당사자는 면허인의 계약자, 하청업체, 고객, 고객의 계약자 및 하청업체 그리고 우주비행 참가자를 포함한다. 우주비행 참가자는 우주 비행사나 우주 승무원이 아닌 우주 여행자를 의미하므로, 우주 여행자는 우주 비행(여행)중에 발생한 손해에 대하여 우주여행 운영자에게 손해배상 청구를 포기해야 한다.

이어서 제50915조(a)(1), (2)에서는 우주물체의 발사로 인하여 발생한 손해가 책임보험의 범위를 넘어설 경우에 대하여 규정하고 있다.

> **미국 연방법 제51편**
> **(연구자 번역본)**
>
> **제50915조(a)(1), (2)**[43]
> (a) 일반 요구사항-
>   (1) 본조 (d)에 따라 제출된 보상 계획이 예산법에 의하여 사전에 명시되었거나, 지급을 위하여 추가적인 입법이 제정된 경우에, 교통부 장관은 이 장에 따라 발급되거나 이전

---

43) 51 U.S.C.A. § 50915(a)(1), (2):
  (a) General Requirements. –
    (1) To the extent provided in advance in an appropriation law or to the extent additional legislative authority is enacted providing for paying claims in a

된 면허의 따라 수행된 활동으로 인하여 발생한 사망, 신체 상해, 재산의 손상, 손실로 인하여 (3)(A)에 설명된 사람에 대한 제3자가 제기한 청구(합리적인 소송 또는 합의 비용 포함)에 대해 미국 정부가 지급을 담당한다. 그러나 이 조항에 따라 청구가 지급될 수 있는 것은 한 번의 발사 또는 재진입과 관련된 청구의 총액에 대해서만 지급한다.

(A) 한 번의 발사 또는 재진입과 관련된 청구의 총액이 제50914(a)(1)(A)에 따라 요구되는 보험금 또는 재정적 책임의 입증 금액을 초과하는 경우;

(B) 보험금이나 재정적 책임 금액을 초과하는 금액이 $1,500,000,000(1989년 1월 1일 이후 발생한 인플레이션을 반영한 추가 금액 포함)을 초과하지 않는 경우

(2) 교통부 장관은 면허인 또는 양수인의 고의적인 위법 행위로 인한 사망, 신체 상해, 재산 손해, 손실이 발생한 경우 해당 청구의 일부를 지급할 수 없다. 본 편 제50914조 (a)(1)(A)에 따라 요구되는 보험으로 제3자의 책임 청구를 보장할 수 없는 경우, 보험 정책의 배제가 해당 보험 유형에 일반적이라고 결정하면, 장관은 제50914(a)(1) 조항에 포함된 제한을 고려하지 않고 배제된 청구를 지급할 수 있다.

동규정에 의해 면허에 따라 수행된 활동으로 인하여 배상하여야 하는 금액

---

compensation plan submitted under subsection (d) of this section, the Secretary of Transportation shall provide for the payment by the United States Government of a successful claim (including reasonable litigation or settlement expenses) of a third party against a person described in paragraph (3)(A) resulting from an activity carried out under the license issued or transferred under this chapter for death, bodily injury, or property damage or loss resulting from an activity carried out under the license. However, claims may be paid under this section only to the extent the total amount of successful claims related to one launch or reentry—

(A) is more than the amount of insurance or demonstration of financial responsibility required under section 50914(a)(1)(A) of this title; and

(B) is not more than $1,500,000,000 (plus additional amounts necessary to reflect inflation occurring after January 1, 1989) above that insurance or financial responsibility amount

(2) The Secretary may not provide for paying a part of a claim for which death, bodily injury, or property damage or loss results from willful misconduct by the licensee or transferee. To the extent insurance required under section 50914(a)(1)(A) of this title is not available to cover a successful third party liability claim because of an insurance policy exclusion the Secretary decides is usual for the type of insurance involved, the Secretary may provide for paying the excluded claims without regard to the limitation contained in section 50914 (a)(1).

이 책임보험의 범위를 넘어설 경우, 미국정부가 15억 달러의 범위 내에서 그 손해를 배상할 수 있도록 규정하고 있다. 이러한 위험분담 체계는 다음의 두 가지로 나눌 수 있다.

첫 번째는 우주물체 발사자의 책임으로, 미국 연방항공청으로부터 면허를 받은 우주물체 발사자는 제3자가 입을 수 있는 사망, 부상, 재산의 손실 등을 보상하기 위한 보험에 가입해야 하며, 그 총액은 연방항공청에 의하여 산정되지만[44] 그 최대한도는 5억 달러로 규정되어 있어, 그 이상의 보험이나 재정적 책임을 입증할 필요는 없다.[45]

두 번째는 미국 정부가 보험의 범위 금액을 넘어가는 손해에 대하여 책임을 담보하는 것으로, 우주물체 발사로 인하여 발생한 손해가 우주물체 발사자가 가입한 보험 및 재정책임의 범위를 넘어서는 경우, 미국 정부는 최대 15억 달러의 범위 내에서 초과한 금액에 대한 지불을 할 수 있으며, 이 액수는 인플레이션에 따른 조정을 거칠 수 있다. 다만 우주물체 발사자의 고의적인 위법행위에 의해 발생한 손해에 대하여는 책임을 분담하지 않으며, 해당 금액이 합리적이지 않다고 여겨질 경우 지급을 보류할 수 있다고 규정하고 있다.[46]

2. 손해배상의 상호책임 면제

미국 연방법 제51편 제20115조[47]에서는 미국의 국제협력에 대하여 규정하고 있는데, 본 조항에 따르면, "관리기관은 대통령의 외교 정책 지침에 따라, 대통령이 상원의 자문과 동의를 받아 체결한 협정과 이 장에 의하여 수행된 업무 및 성과의 평화적 적용을 위한 국제 협력 프로그램에 참여할 수 있다"고 규정하고 있다. 그리고 이러한 국제협력 프로그램은 협력 활동으로 발생하는 손해에 대

---

44) U.S. Government Accountability Office, "Commercial Space, Industry Developments and FAA Challenges," January 22, 2016, https://www.gao.gov/products/gao-16-765t.
45) 51 U.S.C.A. § 50914(a)(3)(A).
46) 51 U.S.C.A. § 50915(a)(2).
47) 51 U.S.C.A. § 20115: 관리기관은 대통령의 외교 정책 지침에 따라, 대통령이 상원의 자문과 동의를 받아 체결한 협정과 이 장에 의하여 수행된 업무 및 성과의 평화적 적용을 위한 국제 협력 프로그램에 참여할 수 있다(The Administration, under the foreign policy guidance of the President, may engage in a program of international cooperation in work done pursuant to this chapter, and in the peaceful application of the results thereof, pursuant to agreements made by the President with the advice and consent of the Senate).

하여 상호의 책임청구 포기를 실행할 수 있도록 하고 있다.[48] 이러한 국제협력에서의 상호책임 면제는 국제우주정거장을 건설할 당시에 등장하였으며, 이를 통하여 국제우주정거장에 참여한 국가들은 고의적인 과실이 있는 경우가 아닌이상 상호의 책임에 대하여 청구할 수 없도록 하고 있다. 이러한 상호책임 면제에 대한 내용은 미국 민간기업의 우주활동 관련하여서도 등장하게 되었다.

먼저 앞 단락에서 보았던 실험용 항공우주 비행체에 대한 규정인 제20139조에서는 상호책임 면제(cross-waiver)에 대하여 규정하고 있는데, 미국 관리기관의 관리자는 실험용 항공우주 비행체 개발자나 협력 당사자 및 관련기관과의 청구를 상호 포기할 수 있으며, 이러한 상호 청구 포기는 실험용 항공우주 비행체관련 활동의 결과로 인하여 발생한 참가자 자신의 재산의 손실이나 직원, 대리인등이 입은 사망이나 부상의 손실에 대하여 관련기관이 책임을 지도록 하고 있다. 즉 실험용 항공우주 비행체 관련 활동으로 인하여 손해를 입은 경우, 타 협력 업체의 행위로 인하여 자신이 손해를 입게 된다고 하더라도, 그 손해에 스스로 책임을 지도록 하는 것이다. 이러한 상호책임 면제는 ① 해당 자연인이나 그 자연인의 상속인, 또는 대리인의 상해 또는 사망으로 인한 손해에 대한 청구, ② 과실로 인하여 상해 또는 사망이 발생했을 경우, ③ 고의적인 위법행위로 발생한손해 또는 손실에 대하여는 적용되지 않도록 예외사항을 규정하고 있다.

제50914조는 우주물체 발사 및 재진입에 대한 상호책임 면제(reciprocal waiver)[49]에 대하여 규정하고 있는데, 우주물체 발사자,[50] 우주물체 발사자의 고객 및 그와 관련된 하청업체, 우주비행 참가자들은 상호 면제 조항을 포함(shall contain)해야 한다고 규정하고 있다.[51] 이에 따라 우주물체의 발사 및 재진입과관련된 활동으로 인하여 발생된 당사자의 사망, 상해 및 재산상의 손해에 대하여는 상호 청구할 수 없다. 다만 여기에서 규정하고 있는 우주비행 참가자에 대한

---

48) Pub. L. 85-568, title II, § 205, July 29, 1958, 72 Stat. 432.

49) 'cross waiver'는 당사자들이 서로에 대한 일부 법적 청구권을 포기하기로 하는 것을 의미하며, 주로 하나의 프로젝트에 여러 당사자가 참여하는 경우 사용되고, 'reciprocal waiver'는 특정 권리나 청구권을 포기하는 것을 의미하며, 주로 당사자들이 공평하게 특정 권리를 상호 포기하는 경우 사용된다. 미국 연방법 제51편 제20139조에서는 'cross waiver'라는 용어를 사용하였으며, 제50914조에서는 'reciprocal waiver'라는 용어를 사용하여 양자를 구분하고 있다.

50) 우주물체 발사자란 우주물체 발사 또는 재진입의 면허 소지자를 의미한다.

51) 51 U.S.C.A. § 50914(b)(1)(A).

조항은 2025년 9월 30일부터 효력을 상실한다52)고 규정하고 있으므로 해당 일 이후부터는 동조에 따른 우주비행 참가자에 대한 상호책임 면제는 효력을 상실한다.

Ⅱ. 일본의 우주손해 책임

일본의 우주활동 관련 손해배상에 대한 내용은 일본의 우주활동법이 규정한 인공위성 및 발사체와 관련된 손해배상을 통해 알 수 있다.

일본은 2008년 우주기본법을 제정하며, 우주산업개발에 관한 법적 체계를 마련하였고, 2016년 우주활동법을 제정하며 인공위성 관련 관리체계와 인공위성의 활동에서 발생할 수 있는 손해와 그 배상에 대하여 규정하고 있다. 일본 우주활동법의 손해배상에 대한 주요 구성은 아래의 <표 2-2>와 같다.

〈표 2-2〉 일본 우주활동법상 손해배상관련 규정

제5장 로켓 낙하 등의 손해배상(ロケット落下等損害の賠償)
제1절 로켓 낙하 등의 손해배상책임(ロケット落下等損害賠償責任)
제35조 무과실책임(無過失責任)
제36조 책임의 집중(責任の集中)
제37조 배상에 있어서의 참작(賠償についてのしん酌)
제38조 구상권(求償權)
제2절 로켓 낙하 등의 손해배상책임보험계약(ロケット落下等損害賠償責任保險契約)
제39조 손해의 피해자(損害の被害者)
제3절 로켓 낙하 등의 손해배상보상계약(ロケット落下等損害賠償補償契約)
제40조 로켓 낙하 등의 손해배상보상계약(ロケット落下等損害賠償補償契約)
제41조 로켓 낙하 등의 손해배상보상계약의 기간(ロケット落下等損害賠償補償契約の期間)
제42조 보상금(補償金)
제43조 로켓 낙하 등의 손해배상보상계약의 체결한도(ロケット落下等損害賠償補償契約の締結の限度)
제44조 시효(時效)
제45조 대위(代位)
제46조 보상금의 반환(補償金の返還)
제47조 업무의 관장(業務の管掌)
제48조 업무의 공탁(業務の委託)

---

52) 51 U.S.C.A. § 50914(b)(1)(C).

이하에서는 일본의 우주활동법에서 규정하고 있는 손해의 범위와 손해의 배상을 나누어서 살펴보고자 한다.

1. 손해의 범위

일본의 우주활동법 제2조는 정의규정으로, 동법에서 사용되는 용어의 정의에 대하여 규정하고 있다. 특히 우주손해에 대하여 로켓 낙하 등에 의한 손해와 인공위성의 낙하 등에 의한 손해를 나누어서 규정하고 있다.

> **일본 우주활동법**
> (연구자 번역본)
>
> **제2조, 제1호~제5호**[53]
> 이 법률에서 다음 각 호에 열거하는 용어의 의의는 각각 해당 각 호에서 정하는 바에 따른다.

---

[53] 일본 우주활동법 제2조 제1호~제5호: この法律において´次の各号に掲げる用語の意義は´それぞれ当該各号に定めるところによる°
　一 宇宙の開発及び利用に関する諸条約　月その他の天体を含む宇宙空間の探査及び利用における国家活動を律する原則に関する条約（第二十二条第二号において「宇宙空間探査等条約」という°）´宇宙飛行士の救助及び送還並びに宇宙空間に打ち上げられた物体の返還に関する協定´宇宙物体により引き起こされる損害についての国際的責任に関する条約及び宇宙空間に打ち上げられた物体の登録に関する条約をいう°
　二 人工衛星　地球を回る軌道若しくはその外に投入し´又は地球以外の天体上に配置して使用する人工の物体をいう°
　三 人工衛星等　人工衛星及びその打上げ用ロケットをいう°
　四 打上げ施設　人工衛星の打上げ用ロケットを発射する機能を有する施設をいう°
　五 人工衛星等の打上げ　自ら又は他の者が管理し´及び運営する打上げ施設を用いて´人工衛星の打上げ用ロケットに人工衛星を搭載した上で´これを発射して加速し´一定の速度及び高度に達した時点で当該人工衛星を分離することをいう°

1. 우주의 개발 및 이용에 관한 여러 조약: 달 및 그 밖의 천체를 포함한 우주공간의 탐사 및 이용에 있어서 국가활동을 규율하는 원칙에 관한 조약(제22조제2호에서 "우주공간 탐사 등 조약"이라 한다), 우주비행사의 구조 및 송환과 우주공간에 발사된 물체의 반환에 관한 협정, 우주물체에 의하여 발생하는 손해에 대한 국제적 책임에 관한 조약 및 우주공간으로 발사된 물체의 등록에 관한 조약을 의미한다.
2. 인공위성: 지구 궤도 또는 그 밖에 투입하거나 지구 이외의 천체상에 배치하여 사용하는 인공물체를 의미한다.
3. 인공위성 등: 인공위성 및 발사용 로켓을 의미한다.
4. 발사시설: 인공위성의 발사용 로켓을 발사하는 기능을 가진 시설을 의미한다.
5. 인공위성 등의 발사: 스스로 또는 다른 자가 관리하고 운영하는 발사시설을 이용하여 인공위성 발사용 로켓에 인공위성을 탑재한 후 이를 발사하고 가속하여 일정한 속도 및 고도에 도달한 시점에서 해당 인공위성을 분리하는 것을 의미한다.

먼저 제1호에서 제5호는 각각 우주에 관한 조약, 인공위성, 발사시설, 발사에 대하여 정의를 내리고 있다. 제1호에서는 우주에 관한 조약으로, 우주주약과 우주비행사 구조와 귀환 및 우주물체 반환에 관한 협정(Agreement on the Rescue of Astronauts, the Return of Astronauts and the Return of Objects Launched into Outer Space), 우주손해책임협약 및 우주물체등록협약을 의미한다고 규정하고 있다. 그리고 인공위성에 대하여는 지구 궤도 또는 그 밖에 투입하거나 천체에 배치하는 인공물체를 의미한다고 규정하며, 발사체나 로켓에 대하여는 규정하고 있지 않지만 "인공위성 등"에서 발사용 로켓을 포함한다고 정의를 내리고 있다. 그 외에 발사시설과 인공위성 등의 발사에 대하여 정의를 내리고 있다.

일본 우주활동법
(연구자 번역본)

제2조, 제6호~제7호[54]
6. 인공위성 관리설비: 인공위성에 탑재된 무선설비(전자파를 이용하여 부호를 보내거나 받기 위한 전기적 설비 및 이와 전기통신 회선으로 접속한 컴퓨터를 말한다. 이하 본 호 및 제6

---

54) 일본 우주활동법 제2조 제6호, 제7호:
六 人工衛星管理設備　人工衛星に搭載された無線設備(電磁波を利用して″符号を送り″

조 제2호에서 동일)에서 송신된 해당 인공위성의 위치, 자세 및 상태를 나타내는 신호를 직접 또는 다른 무선설비를 경유하고 전자파를 이용해서 수신하는 방법으로 파악하거나, 해당 인공위성을 향해 신호를 직접 또는 다른 무선설비를 경유해서 송신하고, 반사되는 신호를 직접 또는 다른 무선설비를 경유해서 수신하는 방법, 기타 방법으로 그 위치를 파악하는 동시에, 인공위성의 위치, 자세 및 상태를 제어하기 위한 신호가 해당 인공위성에 탑재된 무선설비에 직접 또는 다른 무선설비에 경유해서 전자파를 이용해서 송신하는 기능을 가진 무선설비를 의미한다.

7. 인공위성의 관리: 인공위성 관리설비를 이용하여 인공위성의 위치, 자세 및 상태를 파악하고 이들을 제어하는 것을 의미한다.

이어서 제6호와 제7호에서는 인공위성 관리설비와 인공위성의 관리에 대하여 정의를 내리고 있다. 먼저 인공위성 관리설비란 인공위성의 위치를 파악하고, 위치 및 자세를 제어하는 설비를 의미한다고 규정하며, 인공위성의 관리란 인공위성 관리설비를 이용하여 인공위성을 제어하는 것을 의미한다고 규정하고 있다. 제8호부터 제11호는 손해에 대한 내용을 규정하고 있다.

일본 우주활동법
(연구자 번역본)

제2조, 제8호~제11호[55]
8. 로켓 낙하 등 손해: 인공위성의 발사용 로켓이 발사된 후의 전부나 일부의 인공위성이 정

又は受けるための電気的設備及びこれと電気通信回線で接続した電子計算機をいう。以下この号及び第六条第二号において同じ。)から送信された当該人工衛星の位置、姿勢及び状態を示す信号を直接若しくは他の無線設備を経由して電磁波を利用して受信する方法により把握し、又は当該人工衛星に向けて信号を直接若しくは他の無線設備を経由して送信し、反射される信号を直接若しくは他の無線設備を経由して受信する方法その他の方法によりその位置を把握するとともに、人工衛星の位置、姿勢及び状態を制御するための信号を当該人工衛星に搭載された無線設備に直接又は他の無線設備を経由して電磁波を利用して送信する機能を有する無線設備をいう。

七　人工衛星の管理　人工衛星管理設備を用いて、人工衛星の位置、姿勢及び状態を把握し、これらを制御することをいう。

55) 일본 우주활동법 제2조 제8호~제11호:
八　ロケット落下等損害　人工衛星の打上げ用ロケットが発射された後の全部若しくは一部の人工衛星が正常に分離されていない状態における人工衛星等又は全部の人工衛

상적으로 분리되어 있지 아니한 상태에서 인공위성 등 또는 모든 인공위성이 정상적으로
분리된 후의 인공위성 발사용 로켓의 낙하, 충돌 또는 폭발에 의하여 지표나 수면 또는 비
행 중인 항공기 및 그 밖의 비행체에서 사람의 생명, 신체 또는 재산에 발생한 손해를 말
한다. 단, 해당 인공위성 등의 발사를 실시하는 자의 종업원 및 그 밖의 해당 인공위성 등
의 발사를 실시하는 자와 업무상 밀접한 관계가 있는 자로서 내각부령으로 정하는 자가 그
업무상 입은 손해는 제외한다.

9. 로켓 낙하 등 손해배상 책임보험 계약: 인공위성 등의 발사를 실시하는 자의 로켓 낙하 등
손해{테러리즘 행위 및 기타 그 발생을 보험계약에 있어서 재산상의 급부 조건으로 한 경
우에 적정한 보험료를 산출하는 것이 곤란한 것으로서 내각부령으로 정하는 사유를 주된
원인으로 하는 인공위성 등의 낙하, 충돌 또는 폭발에 의한 로켓 낙하 등 손해 (제9조제2
항 및 제40조제1항에서 "특정로켓 낙하 등 손해"라 한다.)}의 배상책임이 발생한 경우, 이
를 그 자가 배상함으로써 발생하는 손실을 보험자(「보험업법」(1995년 법률 제105호) 제2
조제4항에서 규정하는 손해보험회사 또는 같은 조 제9항에서 규정하는 외국손해보험회사

星が正常に分離された後の人工衛星の打上げ用ロケットの落下´衝突又は爆発によ
り´地表若しくは水面又は飛行中の航空機その他の飛しょう体において人の生命´
身体又は財産に生じた損害をいう°ただし´当該人工衛星等の打上げを行う者の従
業者その他の当該人工衛星等の打上げを行う者と業務上密接な関係を有する者として
内閣府令で定める者がその業務上受けた損害を除く°

九 ロケット落下等損害賠償責任保険契約 人工衛星等の打上げを行う者のロケット落下
等損害（テロリズムの行為その他その発生を保険契約における財産上の給付の条件
とした場合に適正な保険料を算出することが困難なものとして内閣府令で定める事
由を主たる原因とする人工衛星等の落下´衝突又は爆発によるロケット落下等損害
（第九条第二項及び第四十条第一項において「特定ロケット落下等損害」という°）を
除く°）の賠償の責任が発生した場合において´これをその者が賠償することによ
り生ずる損失を保険者（保険業法（平成七年法律第百五号）第二条第四項に規定する
損害保険会社又は同条第九項に規定する外国損害保険会社等で´責任保険の引受けを
行う者に限る°以下同じ°）が埋めることを約し´保険契約者が保険者に保険料を支
払うことを約する契約をいう°

十 ロケット落下等損害賠償補償契約 人工衛星等の打上げを行う者のロケット落下等損
害の賠償の責任が発生した場合において´ロケット落下等損害賠償責任保険契約その
他のロケット落下等損害を賠償するための措置によっては埋めることができないロ
ケット落下等損害をその者が賠償することにより生ずる損失を政府が補償すること
を約する契約をいう°

十一 人工衛星落下等損害 人工衛星の打上げ用ロケットから正常に分離された人工衛星
の落下又は爆発により´地表若しくは水面又は飛行中の航空機その他の飛しょう体
において人の生命´身体又は財産に生じた損害をいう°ただし´当該人工衛星の管
理を行う者の従業者その他の当該人工衛星の管理を行う者と業務上密接な関係を有す
る者として内閣府令で定める者がその業務上受けた損害を除く°

등으로서 책임보험을 인수하는 자에 한한다. 이하 동일)가 메울 것을 약속하고, 보험계약자
가 보험자에게 보험료를 지불할 것을 약속하는 계약을 의미한다.
10. 로켓 낙하 등 손해배상 보상 계약: 인공위성 등의 발사를 실시하는 자에게 로켓 낙하 등
   손해배상책임이 발생한 경우, 손해배상 책임보험계약 및 그 밖의 손해를 배상하기 위한 조
   치로는 메울 수 없는 로켓 낙하 등의 손해를 그 자가 배상함으로써 발생하는 손실을 정부가
   보상할 것을 약속하는 계약을 말한다.
11. 인공위성의 낙하 등 손해: 인공위성의 발사용 로켓으로부터 정상적으로 분리된 인공위성
   의 낙하 또는 폭발에 의하여 지표나 수면 또는 비행 중인 항공기 및 그 밖의 발사체에서
   사람의 생명, 신체 또는 재산에 발생한 손해를 말한다. 단, 해당 인공위성을 관리하는 자의
   종업원 및 그 밖의 해당 인공위성을 관리하는 자와 업무상 밀접한 관계가 있는 자로서 내
   각부령으로 정하는 자가 그 업무상 입은 손해를 제외한다.

먼저 로켓 낙하 등에 대한 손해는, 인공위성의 발사로 인하여 발생할 수 있
는 손해로서, 인공위성 발사체가 발사된 후 정상적으로 분리되지 않은 로켓 혹은
정상적으로 분리된 로켓의 낙하, 충돌, 또는 폭발에 의하여 지표나 수면 또는 비
행 중인 항공기나 그 외의 비행체에서 발생한 사람의 생명, 신체나 재산상의 손
해를 의미한다고 규정하고 있다. 여기에서 인공위성이란 지구의 궤도를 돌거나
지구 이외의 천체 위에 배치하여 사용하는 인공 물체를 의미한다고 규정하고 있
으며, 인공위성 등은 인공위성 및 발사용 로켓을 의미한다. 즉 인공위성의 분리
여부와는 상관없이 발사용 로켓의 낙하 등으로 인하여 발생한 손해가 본법에서
규정하고 있는 손해배상의 대상이 된다. 그러나 이러한 손해배상의 예외로 동법
제2조 제8호의 후단에서는 "인공위성 등의 발사를 실시하는 자의 종업원 및 그
밖의 해당 인공위성 등의 발사를 실시하는 자와 업무상 밀접한 관계가 있는 자
로서 내각부령으로 정하는 자가 그 업무상 입은 손해는 제외한다"고 규정하고
있다. 즉 일본의 우주활동법에서도 미국과 같이 상호책임 면제에 대한 규정을 가
지고, 우주물체의 발사 과정 중에 발생할 수 있는 손해 중 업무와 관계가 있는
자가 입은 손해에 대하여는 그 청구를 제한하도록 하고 있다. 여기에서 업무상
밀접한 관계를 가지는 사람이란 일본 우주활동법 시행규칙 제2조[56])에서 규정하

---

56) 일본 우주활동법 시행규칙 제2조: 법 제2조제8호의 내각부령으로 정하는 자는 다음에 열
   거하는 자로 한다. (1) 해당 인공위성 등의 발사를 실시하는 자의 종업원 (2) 해당 인공위
   성 등의 발사용으로 제공된 자재, 기타 물품 또는 서비스를 제공한 자 및 그 종업원(法第
   二条第八号の内閣府令で定める者は´次に掲げる者とする゜ 一 当該人工衛星等の打上げを

고 있다. 이에 따르면, 업무상 밀접한 관계를 가지는 사람이란, "해당 인공위성 등의 발사를 실시하는 자의 종업원", 그리고 "해당 인공위성 등의 발사용으로 제공된 자재, 기타 물품 또는 서비스를 제공한 자 및 그 종업원"이라고 규정하고 있는데, 이러한 우주발사체 관계자는 위험을 알고 우주발사에 참여하였기에 손해배상의 대상이 되지 않고, 다만 근로자의 지위로서 보상을 받게 된다.

다음으로 인공위성 낙하 등의 손해란 동법 제2조 제11호항에서 규정하고 있는데, 이에 따르면 인공위성 낙하 등에 대한 손해는, 발사용 로켓으로부터 정상적으로 분리된 인공위성의 낙하 또는 폭발에 의하여 지표나 수면 또는 비행 중의 항공기나 그 외의 비행체에서 사람의 생명, 신체 또는 재산에 발생한 손해를 의미한다고 규정하고 있다. 즉 여기에서 의미하는 손해는 발사체로부터 발생한 손해가 아닌 인공위성 자체가 낙하되어 야기되는 손해를 의미하며, 동 호 후단에도 업무상 밀접한 관계를 가지는 사람의 손해는 제외한다고 규정하고 있고, "해당 인공위성을 관리하는 자의 종업원"이 이에 해당하게 된다.[57]

우주활동법 제2조에서 규정하고 있는 로켓 등으로 인한 손해나 위성 등으로 인한 손해는 모두 지표나 수면, 또는 비행 중인 항공기나 그 외의 비행체에서 발생한 손해를 대상으로 하고 있다. 그러므로 외기권과 같은 우주공간에서 발생한 손해의 경우는 일본의 우주활동법의 규정이 아닌 우주손해책임협약이나 일본 민법상 불법행위의 규정이 적용될 것이다.[58]

2. 손해의 배상

앞서 보았던 바와 같이, 일본의 우주활동 관련 손해배상은 로켓 낙하 등에 의한 손해배상과 인공위성 낙하 등에 대한 손해배상으로 나눌 수 있다. 본 단락에서는 이 양자를 구분하여 살펴보고자 한다.

行う者の従業者二　当該人工衛星等の打上げの用に供された資材その他の物品又は役務の提供をした者及びその従業者).

57) 일본 우주활동법 시행규칙 제4조: 법 제2조제11호의 내각부령으로 정하는 자는 해당 인공위성을 관리하는 자의 종업원으로 한다(法第二条第十一号の内閣府令で定める者は´当該人工衛星の管理を行う者の従業者とする).

58) 小塚荘一郎, 水島淳, 新谷美保子, "鼎談 宇宙2法が開く　宇宙ビジネス法務のフロンティア", NBL 1089号, 2017年, 12頁.

가. 로켓 낙하 등으로 인한 손해배상

로켓 낙하 등에 의한 손해배상에 관련된 내용은 일본의 우주활동법 제5장에서 규정하고 있다. 제5장은 총 4개의 절로 구성되어 있는데, 1절부터 각각, 손해배상의 책임, 손해배상책임의 보험계약, 손해배상 보상 계약, 공탁으로 나누어서 규정하고 있다.

먼저 손해배상의 책임 부분을 살펴보면, 손해배상의 책임은 동법 제35조에서 제38조까지 규정하고 있다.

일본 우주활동법
(연구자 번역본)

제35조[59]
일본 국내에 소재하거나 일본 국적을 가진 선박 또는 항공기에 탑재된 발사시설을 이용하여 인공위성 등의 발사를 실시하는 자는 해당 인공위성 등의 발사에 따라 로켓 낙하 등 손해를 입힌 때에는 그 손해를 배상할 책임을 진다.

제35조는 무과실책임에 대하여 규정하고 있는데, 동조항에 따르면 일본에 소재하거나 일본 국적을 가진 선박 또는 항공기에 탑재된 발사 시설을 이용하여 인공위성 등의 발사를 실시하는 자는 해당 인공위성 등의 발사에 따라 로켓 낙하 등으로 인하여 손해가 발생한 때에는 그 손해를 배상할 책임을 진다고 규정하고 있다. 여기서는 두 가지 유형 모두 손해배상의 책임을 진다고 규정하고 있는데, 하나는 일본 내에서 우주물체를 발사하는 경우로 속지주의에 의하여 영역적 관할권을 가지게 되며, 다른 하나는 일본 국적을 가진 선박 또는 항공기에서 발사하는 경우로 기국주의에 의하여 준영역적 관할권을 가지게 된다.[60] 동조항에 따라 로켓 낙하 등에 대한 손해배상은 무과실책임을 지게 되는데, 일본이 무과실책임주의를 채택한 이유는 로켓으로 인하여 발생되는 손해의 특성상 피해자

---

59) 일본 우주활동법 제35조: 国内に所在し´又は日本国籍を有する船舶若しくは航空機に搭載された打上げ施設を用いて人工衛星等の打上げを行う者は´当該人工衛星等の打上げに伴いロケット落下等損害を与えたときは´その損害を賠償する責任を負う°
60) 宇賀克也, 逐条解説宇宙二法: 人工衛星等の打上げ及び人工衛星の管理に関する法律: 衛星リモートセンシング記録の適正な取扱いの確保に関する法律, 弘文堂, 2019年, 159頁.

가 그 위험을 회피하거나 해당 과실을 증명하기가 굉장히 어렵고, 위험을 통제하는 자가 위험책임을 부담하여야 하며, 우주손해책임협약과 같은 국제 우주법 체계상 발사국의 무과실책임주의[61]를 채택하고 있기 때문이다.[62]

또한 동조항에 따라서 인공위성 등의 발사를 실시하는 사람(人工衛星等の打上げを行う者, 이하 '발사 실시자'라 함)이 손해배상의 책임 주체가 된다. 여기에서 발사를 실시하는 사람은 정부 및 개인이나 법인 등을 모두 포함하게 된다.[63] 즉 발사 실시자만이 손해에 대한 배상책임을 가지고 있는데, 이는 일본 우주활동법 제36조에서 규정하고 있는 책임 집중의 원칙에 입각한 내용이다.

일본 우주활동법
(연구자 번역본)

제36조[64]
1. 전 조의 경우, 같은 조의 규정에 따라 손해를 배상할 책임을 져야 하는 인공위성 등의 발사를 실시하는 자 이외의 자는 그 손해를 배상할 책임을 지지 아니한다.
2. 로켓 낙하 등 손해에 대해서는 「제조물 책임법」(1994년 법률 제85호)의 규정은 적용하지 않는다.
3. 제1항의 규정은 「원자력손해배상에 관한 법률」(1961년 법률 제147호)의 적용을 배제하는 것으로 해석해서는 안 된다.

동조는 발사 실시자 이외의 자는 손해배상의 책임이 없다고 규정하며, 동시에 로켓 낙하 등에 대하여는 제조물 책임법의 규정을 적용하지 않도록 규정하고 있다. 일본이 이러한 책임 집중의 원칙을 적용한 이유는 다음의 세 가지로 나눌 수 있다.

첫 번째는 청구대상을 명확하게 하기 위함이다. 우주물체의 발사는 발사 실

---

61) 우주조약 제7조, 우주손해책임협약 제2조.
62) 小塚 莊一郎, 佐藤雅彦, 宇宙ビジネスのための宇宙法入門, 有斐閣, 2018年, 174頁.
63) 大久保涼, 大島日向, 宇宙ビジネスの法務, 弘文堂, 2021年, 33頁.
64) 일본 우주활동법 제36조: 前条の場合において´ 同条の規定により損害を賠償する責任を負うべき人工衛星等の打上げを行う者以外の者は´ その損害を賠償する責任を負わない° 2 ロケット落下等損害については´ 製造物責任法(平成六年法律第八十五号)の規定は´ 適用しない° 3 第一項の規定は´ 原子力損害の賠償に関する法律(昭和三十六年法律第百四十七号)の適用を排除するものと解してはならない°

시자뿐만이 아니라 관리자, 제조업자, 인공위성 개발자, 위탁자 등 다수의 당사자들이 참여하여 이루어지며, 사고로 인하여 손해가 발생하였을 경우 그 책임의 주체를 특정하기가 어렵기 때문에 손해배상의 책임을 발사 실시자에게 집중시켜 피해자가 청구대상을 명확하게 하여 손해를 배상받게 하기 위함이다.

두 번째는 피해자의 손해를 적극적으로 구제하기 위함이다. 만약 발사 실시자가 가지고 있는 책임보험의 한도가 넘어서는 피해가 발생할 경우, 동법동법 제2조 제10호에서 규정하고 있는 로켓 낙하 등 손해배상 보상계약에 따라 일본 정부가 발사 실시자에게 보상할 수 있으며, 이를 통하여 발사 실시자가 손해배상을 담보할 수 있게 된다. 만약 이러한 배상이 담보되지 않을 경우 피해자는 다수의 책임주체에게 각각의 손해배상 청구를 해야 하기 때문에 적극적인 구제가 어렵게 된다.

세 번째는 우주산업 발전의 진흥을 위한 것으로, 만약 발사체의 기기나 부품 등으로 인하여 발사가 실패하거나 손해가 발생할 경우, 그 책임을 제조업자가 지게 된다면 실제로 우주발사에 참여하려는 기업은 큰 위험을 감수해야 하기 때문에 우주물체 발사자가 우주물체의 모든 개발에 참여해야 하는 상황이 발생할 수 있다. 그러므로 이러한 문제를 방지하고 우주산업 발전의 촉진을 위하여 제조물 책임법의 적용을 배제하는 것뿐만이 아니라 책임집중의 원칙을 규정하고 있는 것으로 볼 수 있다.[65]

또한 우주활동법 제36조 제3항에서는 원자력 손해배상의 적용을 배제하지 않는다고 규정하고 있다. 즉 로켓 낙하 등으로 원자력 사고가 발생했을 경우, 일본의 원자력 손해배상법상 책임 배제의 원칙이 적용되지 않도록 한 것으로, 이는 원자력 손해에 대하여는 일본의 원자력 손해배상법상 처리될 수 있도록 한 것으로 볼 수 있다.[66]

이어서 일본의 우주활동법 제37조에서는 불가항력에 대하여 규정하고 있다.

65) 宇賀克也, 前揭書, 163頁.
66) 宇賀克也, 前揭書, 165頁.

일본 우주활동법
(연구자 번역본)

제37조[67]
전 2조의 규정에도 불구하고, 로켓 낙하 등 손해의 발생에 관하여 천재 및 그 밖의 불가항력
이 경합한 때에 법원은 손해배상의 책임 및 금액을 정함에 있어서 이를 참작할 수 있다.

　　동법 제37조에서는 로켓 낙하 등 손해의 발생에 관하여, "천재 및 그 외의 불가항력이 경합한 때에 법원은 손해배상의 책임 및 금액을 정함에 있어서 이를 참작할 수 있다"고 규정하고 있다. 일본의 우주활동법에서는 불가항력으로 인하여 발생한 손해는 면책사유에 해당한다고 규정한 것이 아니라, 법원이 손해배상의 액수를 산정함에 있어서 참작할 수 있다고 규정하고 있는데, 이는 우주물체를 발사하는 것은 계속적으로 일어나는 일이 아니라 단발성으로 일어나는 것이기 때문에 위험을 감지했을 경우 발사를 취소하여 그 위험을 회피할 수 있기 때문으로 볼 수 있다. 즉 천재지변으로 위험의 회피가 어려운 원자력 사고의 경우 일본은 원자력손해배상법을 통하여 불가항력으로 발생하는 손해에 대하여 면책사유를 구성하고 있지만, 우주물체 발사는 충분히 그 위험을 회피할 수 있는 방법이 있으므로 면책으로 규정하지는 않고, 다만 손해배상액의 산정에서 일본 법원이 참작할 수 있도록 규정하고 있는 것이다. 그렇다면 우주물체 발사자가 천재지변 등으로 인한 위험을 회피할 수 있으므로 불가항력이라 하더라도 그 손해배상액의 사정을 참작할 이유가 없다고 여길 수도 있을 것이다. 그러나 우주물체 발사자가 상당주의의 의무를 모두 기울였음에도 불구하고 불가항력으로 인하여 손해가 발생하였다면, 그 손해를 모두 발사 실시자에게 지우는 것은 손해배상의 주체들 사이의 균형을 해칠 수 있으므로 발사 실시자가 발생한 손해의 불가항력을 입증할 경우 법원은 해당 사실을 참작하여 손해배상액을 산정할 수 있다.
　　다음으로 동법 제38조에서는 구상권에 대하여 규정하고 있다.

---

67) 일본 우주활동법 제37조: 前二条の規定にかかわらず、ロケット落下等損害の発生に関して天災その他の不可抗力が競合したときは、裁判所は、損害賠償の責任及び額を定めるについて、これをしん酌することができる。

일본 우주활동법
(연구자 번역본)

제38조[68]
1. 제35조의 경우, 그 밖에 그 손해 발생의 원인에 대하여 책임을 질 자가 있는 때에는 같은 조의 규정에 의하여 손해를 배상한 자는 그 자에 대하여 구상권을 가진다. 단, 해당 책임을 질 자가 해당 인공위성 등의 발사용으로 제공된 자재 및 그 밖의 물품 또는 역무 제공을 한 자(해당 인공위성 등의 발사용으로 제공된 발사시설을 관리 및 운영하는 자를 제외한다.)인 때에는 해당 손해가 그 자 또는 그자의 종업원의 고의에 의하여 발생한 것인 경우에 한하여, 그 자에 대하여 구상권을 가진다.
2. 전항의 규정은 구상권에 관하여 서면에 의한 특약을 하는 것을 방해하지 아니한다.

동규정에 따르면, 손해의 발생 원인에 대하여 책임을 져야 하는 자가 있는 때에는 손해를 배상한 자가 구상권을 가진다고 규정하고 있다. 다만 책임을 져야 하는 자가 해당 인공위성 등의 발사용으로 제공된 자재 및 그 밖의 물품 또는 역무 제공을 한 자인 경우에는, 그자 또는 그자의 종업원의 고의에 의하여 손해가 발생했을 경우에만 구상권을 가진다고 규정하고 있다. 즉 우주발사체의 부품 등에 대한 구상권은 제외하고 있으며, 고의적인 과실이 있을 경우에만 구상권을 청구할 수 있도록 하고 있는데, 이는 일본 우주활동법 제1조에서 밝히고 있듯이 우주개발을 통해 국민생활의 향상 및 경제사회의 발전을 위하여 우주 발사 산업을 촉진하기 위한 것으로 볼 수 있다.

우주물체를 발사하기 위해서는 손해배상담보조치(損害賠償担保措置)를 해야 하는데, 손해배상담보조치가 이루어지지 않았을 경우에는 우주물체를 발사할 수가 없도록 규정하고 있다. 여기에서 규정하고 있는 손해배상담보조치란 손해배상책임보험계약[69]과 손해배상보상계약[70]으로 나눌 수 있는데, 전자는 민간의 우

---

(68) 일본 우주활동법 제38조: 第三十五条の場合において´他にその損害の発生の原因について責任を負うべき者があるときは´同条の規定により損害を賠償した者は´その者に対して求償権を有する。ただし´当該責任を負うべき者が当該人工衛星等の打上げの用に供された資材その他の物品又は役務の提供をした者(当該人工衛星等の打上げの用に供された打上げ施設を管理し´及び運営する者を除く。)であるときは´当該損害がその者又はその者の従業者の故意により生じたものである場合に限り´その者に対して求償権を有する。2　前項の規定は´求償権に関し書面による特約をすることを妨げない。

(69) 損害賠償責任保険契約.

주보험제도이고, 후자는 정부의 보상제도이다. 여기에서는 로켓 낙하 등의 손해
의 경우에만 해당이 되며, 손해배상담보조치에 의하여 내각부령으로 배상조치액
이 정해지게 된다.

　　일본 우주활동법 제39조에서는 로켓 낙하 등에 대한 손해배상 책임보험에
대하여 규정하고 있다.

일본 우주활동법
(연구자 번역본)

제39조[71]

1. 로켓 낙하 등 손해의 피해자는 그 손해배상청구권에 관하여 로켓 낙하 등 손해배상 책임보
   험 계약의 보험금에 대하여 다른 채권자에 우선하여 변제를 받을 권리를 가진다.
2. 피보험자는 로켓 낙하 등 손해의 피해자에 대한 손해배상액에 대해 자기가 지급한 한도 또는
   해당 피해자의 승낙이 있는 한도에서만 보험자에 대하여 보험금의 지급을 청구할 수 있다.
3. 로켓 낙하 등 손해배상 책임보험 계약의 보험금 청구권은 이를 양도하거나 담보로 제공하
   거나 압류할 수 없다. 단, 로켓 낙하 등 손해 피해자가 그 손해배상청구권에 관하여 압류하
   는 경우에는 그러하지 아니하다.

　　동규정에 따르면 로켓 낙하 등으로 인하여 손해를 받은 자는 손해배상 책임
보험계약에 대하여 우선변제권을 가진다고 규정하고 있다. 그리고 피보험자는
피해자에게 지급한 한도 및 피해자의 승낙이 있는 한도에서 보험금을 청구할 수
있으며, 해당 보험금 청구권은 양도, 담보, 압류가 불가능하지만, 피해자가 손해
배상청구권에 관하여 압류하는 경우에는 예외로 하도록 규정하고 있다. 이렇게
피해자가 우선변제권을 갖게 하고 압류의 예외사항으로 하는 것은 피해자의 구

---

70) 損害賠償補償契約.
71) 일본 우주활동법 제39조: ロケット落下等損害の被害者は，その損害賠償請求権に関し，
　　ロケット落下等損害賠償責任保険契約の保険金について，他の債権者に先立って弁済を
　　受ける権利を有する。2　被保険者は，ロケット落下等損害の被害者に対する損害賠償額
　　について，自己が支払った限度又は当該被害者の承諾があった限度においてのみ，保険
　　者に対して保険金の支払を請求することができる。3　ロケット落下等損害賠償責任保険
　　契約の保険金請求権は，これを譲り渡し，担保に供し，又は差し押さえることができな
　　い。ただし，ロケット落下等損害の被害者がその損害賠償請求権に関し差し押さえる場
　　合は，この限りでない。

제를 담보하기 위한 것으로 해석할 수 있다.

이어서 제40조에서는 로켓 낙하 등 손해배상보상계약에 대하여 규정하고 있다.

일본 우주활동법
(연구자 번역본)

제40조[72)]

1. 정부는 발사 실시자를 상대방으로 하여 발사 실시자의 특정 로켓 낙하 등 손해배상책임이 발생한 경우, 이를 발사 실시자가 배상함으로써 발생하는 손실을 해당 특정 로켓 낙하 등 손해배상으로 충당되는 제9조제2항에서 규정하는 손해배상담보조치(이하 간단히 "손해배상담보조치"라 한다)의 배상조치액에 상당하는 금액을 초과하지 아니하는 범위 내에서 정부가 보상할 것을 약속하는 로켓 낙하 등 손해배상 보상계약을 체결할 수 있다.

2. 전항에 정한 것 외에 정부는 발사 실시자를 상대방으로 하여 발사 실시자의 로켓 낙하 등 손해배상책임이 발생한 경우, 로켓 낙하 등 손해배상 책임보험 계약, 동항의 로켓 낙하 등 손해배상 보상계약, 기타 로켓 낙하 등의 손해를 배상하기 위한 조치로는 메울 수 없는 로켓 낙하 등 손해를 발사 실시자가 배상함으로써 발생하는 손실을 일본의 인공위성 등의 발사와 관계된 산업의 국제경쟁력 강화 관점에서 조치하는 것이 적당한 것으로서 내각부령으로 정하는 금액에서 해당 발사 실시자의 로켓 낙하 등 손해배상 금액(해당 배상조치액에 상당하는 금액 또는 해당 상당조치에 따라 해당 로켓 낙하 등 손해배상에 충당할 수 있는 금액 중 많은 금액)을 공제한 금액을 초과하지 아니하는 범위 내에서 정부가 보상할 것을 약속하는 로켓 낙하 등 손해배상 보상계약을 체결할 수 있다.

3. 전 조의 규정은 로켓 낙하 등 손해배상보상계약에 기초한 보상금에 대하여 준용한다.

---

72) 일본 우주활동법 제40조: 政府は゛打上げ実施者を相手方として゛打上げ実施者の特定ロケット落下等損害の賠償の責任が発生した場合において゛これを打上げ実施者が賠償することにより生ずる損失を当該特定ロケット落下等損害の賠償に充てられる第九条第二項に規定する損害賠償担保措置(以下単に「損害賠償担保措置」という゜)の賠償措置額に相当する金額を超えない範囲内で政府が補償することを約するロケット落下等損害賠償補償契約を締結することができる゜
　2　前項に定めるもののほか゛政府は゛打上げ実施者を相手方として゛打上げ実施者のロケット落下等損害の賠償の責任が発生した場合において゛ロケット落下等損害賠償責任保険契約゛同項のロケット落下等損害賠償補償契約その他のロケット落下等損害を賠償するための措置によっては埋めることができないロケット落下等損害を打上げ実施者が賠償することにより生ずる損失を゛我が国の人工衛星等の打上げに関係する産業の国際競争力の強化の観点から措置することが適当なものとして内閣府令で定める金額から当該打

동규정은 정부의 보상에 대한 규정이다. 이는 발사 실시자로 인하여 손해배상책임이 발생하였을 때에 해당 손해를 정부가 보상해 주는 내용이다. 이를 통하여 민간의 우주기업은 손해배상으로 인하여 발생하는 손실을 정부의 보상으로 인하여 보전받을 수 있게 된다.

동조 제2항에 따르면, 일본은 인공위성 등의 발사와 관계된 산업의 국제경쟁력 강화 관점에서 발사 실시자의 손해배상에 충당되는 배상조치액에 상응하는 금액을 정부가 보상할 수 있도록 하고 있다. 또한 이러한 정부의 보상 조치는 피해자의 구제에서도 적극적으로 사용될 수 있는데, 동법 제39조에서 피해자의 우선변제권을 규정하고 있으므로 피해자는 해당 보상에 대하여 우선적으로 보상을 받을 수 있게 된다. 그리고 보상을 지급받을 수 있는 권리는 일본 우주활동법동법 제44조[73])의 규정에 의하여 3년의 소멸시효를 가지게 된다.

나. 인공위성 낙하 등으로 인한 손해배상

일본 우주활동법 제53조에서는 인공위성 낙하 등으로 인한 손해배상 또한 로켓 등의 낙하 등으로 인한 손해배상처럼 무과실책임을 지게 된다고 규정하고 있다.

上げ実施者のロケット落下等損害の賠償に充てられる損害賠償担保措置の賠償措置額に相当する金額（当該ロケット落下等損害について相当措置が講じられている場合にあっては′当該賠償措置額に相当する金額又は当該相当措置により当該ロケット落下等損害の賠償に充てることができる金額のいずれか多い金額）を控除した金額を超えない範囲内で政府が補償することを約するロケット落下等損害賠償補償契約を締結することができる゜

3 前条の規定は′ロケット落下等損害賠償補償契約に基づく補償金について準用する゜

73) 일본 우주활동법 제44조: 보상금을 지급받을 권리는 이를 행사할 수 있는 때로부터 3년이 경과한 때에는 시효에 의하여 소멸한다(補償金の支払を受ける権利は′これを行使することができる時から三年を経過したときは′時効によって消滅する).

일본 우주활동법
(연구자 번역본)

제53조[74]
국내 등의 인공위성관리설비를 이용하여 인공위성을 관리하는 자는 해당 인공위성의 관리에 수반하여 인공위성 낙하 등의 손해를 입힌 때에 그 손해를 배상할 책임을 진다.

동규정에서는 "인공위성을 관리하는 자는 해당 인공위성의 관리에 수반하여 인공위성 낙하 등의 손해를 입힌 때에 그 손해를 배상할 책임을 진다"고 규정하고 있다. 즉 앞서 보았던 일본 우주활동법 제2조 제11호항의 인공위성 낙하 등으로 인한 손해의 정의를 보았을 때에, 발사용 로켓으로부터 정상적으로 분리된 인공위성의 낙하 또는 폭발에 의하여 지표나 수면 또는 비행 중인 항공기나 그 외의 비행체에서 사람의 생명, 신체 또는 재산에 발생한 손해에 대하여 인공위성 관리자는 무과실책임을 지게 된다. 즉 로켓의 낙하 등으로 인한 손해배상책임의 주체는 발사 실시자이며, 인공위성의 낙하 등으로 인한 손해배상의 책임 주체는 인공위성 관리자이다. 이때에 인공위성 관리자는 사적 주체가 될 수도 있고 국가가 될 수도 있다. 양자 모두 인공위성의 낙하 등으로 인하여 손해가 발생했을 경우 손해배상책임을 지게 된다. 또한 로켓 등의 손해와 마찬가지로 우주공간에서 일어난 손해는 우주활동법상 손해배상의 대상이 아니다. 일본이 인공위성의 손해배상에 대하여도 무과실책임주의를 취하고 있는 이유는 다음의 세 가지로 나눌 수 있다.

첫 번째는 인공위성의 낙하로 인하여 손해가 발생할 경우, 피해자가 그 낙하 시점이나 지점을 예측하여 위험을 회피하는 것은 불가능하며, 인공위성 관리자는 이러한 위험과 손해를 방지해야 하는 의무를 가지고 있으므로, 관리자의 과실 유무와는 상관없이 손해배상책임을 가져야 한다. 즉 관리자가 선량한 관리자의 의무로서 인공위성의 관리를 하였다고 하더라도, 피해자는 그러한 위험을 회피할 수 있는 방법이 없기 때문에 인공위성의 관리자가 무과실책임을 지는 것이

---

74) 일본 우주활동법 제53조: 国内等の人工衛星管理設備を用いて人工衛星の管理を行う者は、当該人工衛星の管理に伴い人工衛星落下等損害を与えたときは、その損害を賠償する責任を負う。

타당하다는 견해이다.

　　두 번째는 인공위성의 낙하로 인하여 손해가 발생하였을 때에, 피해자는 그 피해가 인공위성의 낙하로 인하여 손해가 발생하였음을 증명하기란 매우 어렵다. 인공위성이 지구 궤도나 천체에서 낙하할 때에는 파손되어 낙하하는 경우가 많으며, 이러한 경우, 피해자가 그 피해 사실이 인공위성으로 인한 것임을 증명하기 위해서는 과학적, 기술적 능력을 필요로 하게 된다. 그러므로 인공위성의 낙하가 발생하였고, 그 낙하물로 추정되는 물질이 피해자에게 도달하여 손해가 발생하였으면, 피해자는 그에 대한 입증책임을 지지 않고 인공위성 관리자가 증명책임을 지게 되며, 인공위성의 낙하와 피해 사실이 관계가 없음을 증명하지 못하면 무과실책임을 지게 되어 해당 손해에 대한 손해배상책임을 지게 된다. 이러한 원리는 일본의 원자력 손해와 환경오염 소송 등에서도 적용되는 원리이다.

　　세 번째는 우주조약[75])과 우주손해책임협약[76])의 규정에서도 인공위성 낙하 등의 손해에 대하여는 발사국이 피해국에 그 책임을 지도록 규정하고 있기 때문에, 일본은 이러한 우주 국제체계의 내용을 반영하여 무과실책임에 관한 내용을 국내 입법화한 것으로 볼 수 있다.[77])

　　이어서 우주활동법 제54조도 로켓 낙하 등의 손해와 같이 불가항력에 관한 규정을 가지고 있다.

일본 우주활동법
(연구자 번역본)

제54조[78])
전 조의 규정에도 불구하고, 인공위성낙하 등 손해의 발생에 관하여 천재 및 그 밖의 불가항력이 경합한 때에 법원은 손해배상의 책임 및 금액을 정함에 있어서 이를 참작할 수 있다.

　　동규정에 따르면 인공위성 낙하 등으로 인한 손해도 로켓 낙하 등의 손해와

---

75) 우주조약 제7조.
76) 우주손해책임협약 제2조.
77) 小塚荘一郎, 前揭談 宇宙2法が開く 宇宙ビジネス法務のフロンティア, 175頁.
78) 일본 우주활동법 제54조: 前条の規定にかかわらず、人工衛星落下等損害の発生に関して天災その他の不可抗力が競合したときは、裁判所は、損害賠償の責任及び額を定めるについて、これをしん酌することができる。

마찬가지로 불가항력적으로 인공위성이 낙하하여 손해가 발생하였다 하더라도
인공위성 관리자는 면책되지 않으며 다만 법원이 이를 참작하여 손해배상 액수
를 산정할 수 있도록 하고 있다. 인공위성 관리자는 인공위성의 충돌을 예방하여
야 할 의무가 있으며, 만약 인공위성 관리자가 주의의 의무를 다하였음에도 불구
하고 인공위성이 낙하하여 손해가 발생하였다면, 그 피해자 또한 주의의 의무를
다했다고 하더라도 해당 손해를 회피할 수 있었다고 기대할 수가 없다. 그러므로
피해자 구제를 위해서는 인공위성 관리자가 그 책임을 지도록 하는 것이 합당하
지만, 인공위성 관리자 또한 주의의 의무를 다 하였음에도 불구하고 피해가 발생
하는 불가항력의 경우 그 모든 손해를 인공위성 관리자가 부담하게 하는 것도
부당하게 여겨질 수 있다. 그러므로 양자의 입장을 모두 참작하여 법원에서 그
손해배상액을 산정하게 하고 있는 것이며,[79] 이는 일본의 대기오염방지법(大気汚
染防止法),[80] 수질오염방지법(水質汚濁防止法)[81]에서도 동일한 취지로 규정하고
있는 내용이다.

　인공위성 낙하 등에 의한 손해에 대하여 우주활동법에서는 보험 가입에 대
하여 규정하고 있지 않으며, 정부의 보상제도 또한 규정하지 않고 있다. 그 이유
로, 인공위성의 낙하 등에 의한 손해의 발생 가능성이 매우 낮으며, 국제 우주법
체계에서도 인공위성 낙하 손해에 대한 보험 등의 의무는 확립되어 있지 않기
때문에 우주개발의 측면에서 볼 때에 인공위성의 낙하 등에 대하여도 관리자가
보험을 가입하게 한다면, 이는 과도한 부담으로 우주개발산업의 저해가 될 수 있
기 때문이다.[82] 즉 우주물체 발사로 인하여 발생할 수 있는 손해의 가능성이 더
크기 때문에 우주물체 발사로 인한 손해배상책임의 내용 및 보험, 정부의 보상에

79) 宇賀克也, 前揭書, 192頁.
80) 일본 대기오염 방지법 제25조의3: 제25조 제1항에서 규정하는 손해의 발생에 관하여 천재
　　및 그 밖의 불가항력이 경합한 때에는 재판소는 손해배상의 책임 및 금액을 정함에 있어
　　이를 참작할 수 있다(第二十五条第一項に規定する損害の発生に関して゛天災その他の不
　　可抗力が競合したときは゛裁判所は゛損害賠償の責任及び額を定めるについて゛これを
　　しんしやくすることができる).
81) 일본 수질오염방지법 제20조의2: 제19조 제1항에서 규정하는 손해의 발생에 관하여 천재
　　및 그 밖의 불가항력이 경합한 때에는 법원은 손해배상의 책임 및 금액을 정함에 있어 이
　　를 참작할 수 있다(第十九条第一項に規定する損害の発生に関して゛天災その他の不可抗
　　力が競合したときは゛裁判所は゛損害賠償の責任及び額を定めるについて゛これをしん
　　しやくすることができる).
82) 宇賀克也, 前揭書, 191頁.

대하여는 규정해야 할 필요성이 있지만, 인공위성의 지면 낙하 등으로 인한 손해의 경우 그 가능성도 낮고 확립된 체계도 적기 때문이라고 해석할 수 있다.

Ⅲ. 우리나라의 우주손해 책임

우리나라의 우주손해배상법은 제1조에서 그 목적을 밝히고 있는데, 이에 따르면 동법은 우주손해가 발생했을 때에 손해배상의 범위와 한계 등을 정하여 피해자를 보호하고 우주개발사업의 건전한 발전을 기여하는 것에 그 목적이 있다.[83] 또한 제2조[84]는 정의 조항인데, 우주손해란 "우주물체의 발사 및 운용 등으로 인해 발생한 제3자의 사망·부상 및 건강의 손상과 같은 인적 손해와 재산의 파괴·훼손·망실과 같은 물적 손해를 의미한다"고 규정하고 있다. 여기에서 중요한 점은 피해자의 범위를 제3자로 규정하고 있는 것이다. 즉 우주물체 발사를 위하여 근무하는 종사자 등 사이에 손해가 발생하였을 경우에는 계약관계에 따라 채무불이행이나 민법 제750조에서 규정하고 있는 불법행위로 인한 손해배상이 가능하기 때문에 계약관계가 없는 제3자와 다르게 취급하는 것으로 볼 수 있다.[85]

이어서 우주손해배상법 제3조[86]는 국제협약과의 관계에 대하여 규정하고 있다. 해당 조항은 "정부가 외국정부에 대하여 손해배상을 한 경우에는 우주물체 발사자에 대하여 구상할 수 있다"고 규정하고 있는데, 동법 제5조[87]에서는 우주

---

83) 우주손해배상법 제1조.
84) 우주손해배상법 제2조: 이 법에서 사용하는 용어의 정의는 다음과 같다.
  1. "우주물체"란 「우주개발진흥법」 제2조제3호에 따른 우주물체를 말한다.
  2. "우주물체 발사자"란 「우주개발진흥법」 제8조에 따라 우주물체를 예비등록 또는 등록한 자나 같은 법 제11조에 따라 우주발사체 발사허가를 받은 자를 말한다.
  3. "우주물체 발사"란 「우주개발진흥법」 제11조제1항에 따라 허가를 받은 자가 우주물체를 발사하는 것을 말하며, 발사준비·시험발사 및 성공하지 못한 발사를 포함한다.
  4. "우주손해"란 우주물체의 발사·운용 등으로 인하여 발생된 제3자의 사망·부상 및 건강의 손상과 같은 인적 손해와 재산의 파괴·훼손·망실과 같은 물적 손해를 말한다.
85) 김선이, "우주손해배상법에 관한 약간의 고찰", 항공우주정책·법학회지 제22권 제2호, 한국항공우주법학회, 2007년, 5면~6면.
86) 우주손해배상법 제3조: ① 정부는 「우주물체에 의하여 발생한 손해에 대한 국제책임에 관한 협약」에 따라 정부가 외국정부에 대하여 손해배상을 한 경우에는 우주물체 발사자에 대하여 구상할 수 있다. ② 이 법은 대한민국 국민, 대한민국의 법령에 따라 설립된 법인·단체 또는 대한민국 정부가 입은 우주손해의 배상을 금지하거나 제한하는 국가의 개인·법인·단체 또는 정부에 대하여는 그 적용을 배제 또는 제한할 수 있다.
87) 우주손해배상법 제5조: 우주물체 발사자가 배상하여야 하는 책임한도는 2천억 원으로 한다.

물체 발사자의 배상 한도액을 2천억 원으로 규정하고 있으므로 이러한 구상권의
행사는 2천억 원을 넘길 수 없다. 그리고 제7조[88])에서는 손해배상액이 제5조에
서 규정하고 있는 금액을 초과하는 경우에는 우주물체 발사자에 대하여 필요한
지원을 할 수 있다고 규정하고 있는데, 이는 발생한 우주손해에 대하여 1차적으
로는 우주손해책임협약에 따라 우리나라 정부가 그 손해를 배상하고, 그 후에 우
주물체 발사자에게 2천억 원의 한도 내에서 구상권을 행사하고, 만약 2천억 원이
넘을 경우에는 정부에서 그 손해를 부담하도록 하고 있는 것이다. 이는 원자력 사
고에 관한 규정에서도 동일한 법리를 볼 수 있다. 다만 동법 제7조 제2항은 이러
한 지원은 국회의 의결에 의하여 허용된 범위 내에서 하도록 규정하고 있다. 또한
제3조 제2항은 상호주의의 원칙에 대하여 규정하고 있는데, 이에 따르면 우리나
라의 정부, 국민 등이 입은 우주손해의 배상을 금지하거나 제한하는 국가에는 이
법의 적용을 배제하거나 제한한다고 규정하고 있다. 즉 타 국가가 우리나라의 정
부, 국민 등의 재산상의 손해배상을 금지하거나 제한할 경우, 우리나라 또한 그
국가에 손해배상을 제한하도록 하는 상호주의의 원칙을 제시하고 있다.[89])

　우주손해배상법 제4조[90])는 우주물체 발사자의 무과실책임과 책임의 집중을
규정하고 있다. 제1항에서는 "우주손해가 발생한 경우 해당 우주물체 발사자가
그 손해를 배상해야 할 책임이 있다"고 규정하면서, 그 예외사항으로 "국가 간의
무력충돌, 적대행위, 내란 또는 반란으로 인한 우주손해의 경우에는 고의 또는
과실이 있는 경우에만 그 손해를 배상할 책임이 있다"고 규정하고 있다. 즉 우주

---

88) 우주손해배상법 제7조: ① 정부는 우주손해가 발생한 경우에 피해자의 구조 및 피해의 확
대 방지에 필요한 조치를 시행하여야 한다. ② 정부는 제4조제1항에 따라 우주물체 발사
자가 배상하여야 할 손해배상액이 제6조제2항의 보험금액을 초과하는 경우에 이 법의 목
적을 달성하기 위하여 필요하다고 인정할 때에는 우주물체 발사자에 대하여 필요한 지원
을 할 수 있다. ③ 정부가 제2항의 지원을 할 때에는 국회의 의결에 의하여 허용된 범위
안에서 한다.
89) 김선이, 앞의 논문, 7면.
90) 우주손해배상법 제4조: ① 우주손해가 발생한 경우에는 해당 우주물체 발사자가 그 손해
를 배상할 책임이 있다. 다만, 국가 간의 무력충돌, 적대행위, 내란 또는 반란으로 인한 우
주손해와 우주공간에서 발생한 우주손해의 경우에는 고의 또는 과실이 있는 경우에 한한
다. ② 제3자의 고의 또는 과실로 인하여 생긴 우주손해를 제1항에 따라 배상한 우주물체
발사자는 그에 대하여 구상할 수 있다. 다만, 그 손해가 우주물체 발사 등에 제공될 자재
의 공급이나 역무(노무를 포함한다. 이하 같다)의 제공에 의하여 생긴 때에는 해당 자재
의 공급이나 역무를 제공한 자나 그 종업원의 고의 또는 중대한 과실이 있을 때에 한하여
구상할 수 있다. ③ 우주손해에 대하여는 「제조물책임법」을 적용하지 아니한다.

손해가 발생하였고, 그 손해가 발생한 것 관련 과실의 유무를 떠나서 우주물체 발사자는 그 손해를 배상할 무과실책임을 지게 된다. 즉 민법 제750조에 따른 불법행위 책임을 묻기 위해서는 고의나 과실, 인과관계 등을 입증하여야 하는데 피해자가 우주발사와 관련하여 이러한 사실을 입증하기는 매우 어렵기 때문에 우리나라의 환경법[91] 및 원자력손해배상법[92]에서 규정하고 있는 무과실책임에 대한 원칙을 우주손해배상법에도 적용하고 있는 것이다. 다만 예외사항으로, 우주물체 발사자의 운용 범위 밖에 있는 국가 간의 무력 충돌 등과 같은 경우에는 과실이 있는 부분에만 책임을 지도록 규정하고 있는데 이는 원자력손해배상법에서 규정하고 있는 예외사항과 동일한 내용이다. 또한 제3항에서 우주손해는 제조물 책임법을 적용하지 않도록 하고 있는데, 우주발사체나 우주물체의 부속 등이 제조물책임법상의 제조물에 해당하게 된다면, 그 제조물 공급업자는 일반적인 한도를 넘는 손해배상책임을 지게 될 수 있고, 이는 결과적으로 우주개발사업의 참여를 제한하게 될 수도 있으므로 동법 제1조에서 밝히고 있는 우주개발사업의 발전을 위하여 제조물 책임법의 적용을 배제하는 것으로 볼 수 있다. 그리고 손해배상의 청구시효는 피해자나 그 법정대리인이 손해배상책임을 지는 자를 안 날로부터 1년 이내에 행사하지 않으면 시효로 소멸한다고 규정하고 있으며, 우주손해가 발생한 날로부터 3년이 경과한 경우에는 손해배상청구권을 행사할 수 없다고 규정하고 있다.[93] 이것은 우주손해책임협약 제10조 제1항[94]에서 규정하고 있는 손해에 대한 보상청구는 1년 이내에 발사국에 제시될 수 있다는 규정을 입법화한 것인데, 실제로 타국에 의하여 우주손해가 발생한 경우, 우주손해책임

---

91) 환경정책기본법 제44조 제1항: 환경오염 또는 환경훼손으로 피해가 발생한 경우에는 해당 환경오염 또는 환경훼손의 원인자가 그 피해를 배상하여야 한다.

92) 원자력손해배상법 제3조 제1항: 원자로의 운전등으로 인하여 원자력손해가 생겼을 때에는 해당 원자력사업자가 그 손해를 배상할 책임을 진다. 다만, 그 손해가 국가 간의 무력 충돌, 적대 행위, 내란 또는 반란으로 인하여 발생한 경우에는 배상책임을 지지 아니한다.

93) 우주손해배상법 제8조: ① 이 법에 따른 손해배상청구권은 피해자 또는 그 법정대리인이 그 손해 및 제4조제1항에 따라 손해배상책임을 지는 자를 안 날부터 1년 이내에 행사하지 아니하면 시효로 인하여 소멸한다. ② 이 법에 따른 손해배상청구권은 우주손해가 발생한 날부터 3년이 경과한 경우에는 행사하지 못한다.

94) 우주손해책임협약 제10조 제1항: 손해가 발생한 날 또는 책임이 있는 발사국을 확인한 날로부터 1년 이내에 발사국에 손해배상청구를 제출할 수 있다(A claim for compensation for damage may be presented to a launching State not later than one year following the date of the occurrence of the damage or the identification of the launching State which is liable).

협약에서 그 시효를 1년으로 규정하고 있으므로 만약 우리나라의 피해자가 1년
이 지나서 그 손해를 배상받고자 한다면 우리나라 정부에서는 우주손해책임협약
을 근거로 손해배상을 청구할 수 없게 된다. 그러므로 해당 조약을 근거로 하여
동조항이 입법화된 것으로 볼 수 있다.

마지막으로 동법 제6조에서는 우주발사체의 발사승인을 받고자 하는 자는
책임보험에 가입해야 할 것을 규정하고 있다. 이 때에 가입해야 할 보험금액은
제5조의 따른 손해배상 책임한도(2천억 원)의 범위 내에서 우주항공청장이 고시
한다고[95] 규정하고 있다. 해당 조항에서는 책임보험 가입 의무자를 우주발사체
발사자로 한정하고 있다.

제3절 국제법상 우주활동의 손해배상

우주활동으로 발생한 손해에 대하여는 국제법 체계상 우주조약 및 우주손해
책임협약이 있다. 우주손해책임협약은 우주조약의 내용을 기초로 하여 우주손해
에 대한 효과적인 규칙과 절차를 설정할 필요성에 의하여 제정되었다.[96] 본 단
락에서는 국제법상 우주손해배상에 관한 내용과, 우주 폐기물과의 충돌과 우주
물체의 낙하에 의한 손해, 우주여행 및 분쟁해결기구에 대하여 살펴보고자 한다.

Ⅰ. 국제법상 우주손해배상

우주활동으로 인하여 발생하는 손해와 관련하여서는 우주조약과 우주손해
책임협약이 있다. 1972년에 도입된 우주손해책임협약은 우주활동으로 발생하는
손해와 관련된 배상책임에 대하여 중대한 역할을 하는 국제법적 도구로 자리 잡
고 있다. 이에 따라 각 국가는 우주조약과 우주손해책임협약의 이행과 관련된 내
용을 국내법의 제정을 통하여 적용하고 있으며, 이를 통해 우주활동에 관한 손해

---

95) 우주손해배상법 제6조 제2항, 2024년 개정, 2024년 5월 27일 시행.
96) 이준, "발사국의 국제법상 지위", 항공우주산업기술동향 제7권 제2호, 한국항공우주연구
　　원, 2009년 12월, 6면.

배상의 책임을 명확히 하고, 우주손해와 관련된 피해자들을 보호하기 위한 노력을 기울이고 있다. 본 단락에서는 우주손해와 관련하여 우주조약과 우주손해책임협약의 주요 규정을 검토하고, 이를 바탕으로 우주손해의 정의와 범위 및 요건에 대하여 살펴보고 국제우주정거장의 상호책임 면제 규정에 대하여도 살펴보고자 한다.

1. 우주조약

우주조약은 제6조를 통하여 우주손해의 국제적 책임에 대하여 규정하고 있다. 이에 따르면 정부기관이나 비정부 단체를 막론하고 발생한 손해에 대하여 국제적 책임을 지도록 하고 있다. 여기에서 더 나아가 본 조항에서는 국제기구의 책임에 대하여도 규정하고 있는데, 국제기구의 활동에 대한 책임은 해당 기구에 가입하고 있는 우주조약 당사국들이 공동으로 부담한다고 규정하고 있다. 동조항에 근거하여 국가들은 발생된 손해에 대하여 불법행위의 책임을 지게 된다. 그러나 이러한 국가의 책임은 국가책임의 일반적인 원칙보다 그 범위가 더 넓은데, 우주조약에서는 비정부 단체의 행위에 대하여도 당사국이 책임을 지도록 하고 있기 때문이다. 즉 국가가 비정부 단체의 우주활동에 대하여 승인과 계속적인 감독을 해야 하기 때문에 이를 근거로 하여 우주조약에서는 비정부 단체의 행위도 해당 국가가 책임을 지도록 하고 있다. 우주조약은 사적 주체의 행위도 국가의 활동으로 취급하고 있으며, 이를 통해 조약 가입국들이 사적 주체의 우주활동을 승인하고 계속적으로 감독할 수 있는 입법을 하도록 하고 있다.

또한 우주조약 제7조에서는 외기권에 물체를 발사하거나, 발사 의뢰국이 다른 당사국 또는 자연인이나 법인에게 손해를 가하였을 경우에 그 손해에 대하여 국제적 책임을 진다고 규정하고 있다. 이 조항은 국제우주법 체계상 우주발사체로 인한 책임의 주체는 국가(발사국)라는 것을 규정하고 있으며, 여기에서 의미하는 손해의 장소는 지상, 대기권, 달과 기타 천체를 포함한 외기권에서 발생하는 손해를 의미한다.

정리하면, 우주조약의 책임의 원칙은 ① 우주활동의 주체는 공적 주체와 사적 주체를 모두 포함하여 당사국이 그 책임을 지도록 하고 있으므로, 정부는 우주활동과 관련하여 승인 및 감독제도를 계속적으로 운영하여야 하고, ② 사적 주체가 우주활동을 함에 있어서 정부가 우주조약의 규정을 지키도록 보증하는 책

임을 지기 때문에 사적 주체의 위법행위나 과실과는 상관 없이 당사국이 직접적
으로 책임을 지고, ③ 발사체로 인하여 발생한 손해 또한 국가가 그 책임을 가지
도록 하고 있다.

2. 우주손해책임협약

우주손해책임협약은 우주사고의 발생과 그 손해배상책임에 대하여 규정하
고 있다. 또한 우주활동을 위험한 활동으로 분류하고, 모든 국가가 이를 인식하
고 있음을 전제로 하고 있으며, 본 협약은 이러한 위험한 결과에 대하여 국제적
책임의 원칙을 확립하는 것을 목적으로 하고 있다.[97] 이 협약에서는 손해, 발사,
우주물체와 같은 용어들에 대하여 명확하게 정의를 내리고 있으며, 발사 참가국
간의 관계, 손해에 대한 책임의 종류 및 내용, 손해배상 청구 절차 등과 같은 내
용들을 상세하게 다루고 있다.

다만 동협약에서는 청구의 주체가 국가가 되기 때문에 일반 사적 주체가 직
접적으로 손해배상을 청구할 수는 없다. 그러므로 손해를 입은 사적 주체나 법인
의 국가가 피해국의 지위로 손해배상을 청구하여야 한다. 이러한 문제점이 있지
만, 우주손해책임협약에서는 우주활동으로 인하여 발생하는 손해와 배상절차 등
에 대하여 상세히 다루고 있으며, 이는 각국의 우주손해배상 입법에 영향을 미치
고 있다.

가. 손해의 정의와 책임주체

우주손해책임협약 제1조(a)에서는 손해에 대하여 정의를 내리고 있다. 이에
따르면 손해란, "생명의 손실, 개인의 상해 또는 그 밖의 건강상해 또는 국가의
혹은 개인의, 자연인의 또는 법인의, 또는 정부간 국제 기구의 재산의 손실 또는
손해를 의미한다"고 규정하고 있다. 여기에서 의미하는 개인의 상해는 육체적 상
해뿐만이 아니라 정신적 상해도 의미한다고 보는 견해도 있지만,[98] 동협약에서
는 손해의 종류에 대하여 명확하게 열거하고 있으므로 육체적 상해만이 그 손해
배상의 대상이 된다고 해석하는 것이 옳다. 즉 동협약에서 규정하고 있는 우주손

---

97) Convention on the International Liability for Damage Caused by Space Objects pre-
    amble.
98) Gennady Zhukov, Yuri Kolosov, *International Space Law* (Praeger, 1984) 140.

해란 우주물체나 우주파편으로 인하여 입을 수 있는 직접적·물질적인 손해를 의미한다고 볼 수 있다.

다음으로 우주손해책임협약 제1조(c)에서는 발사국에 대하여 정의를 내리고 있는데, 발사국이란 "① 우주물체를 발사하거나 또는 우주물체의 발사를 의뢰하는 국가, ② 우주물체가 발사되는 영토 또는 시설이 속한 국가를 의미한다"라고 정의하고 있다. 즉 발사국은 우주물체를 직접 발사하는 국가 외에 그 발사를 의뢰한 의뢰국도 포함하게 된다.

이러한 발사국의 책임은 지구 내에서 발생하는 손해와 외기권에서 발생하는 손해에 대하여 나누어서 규정하고 있다. 먼저 동법 제2조에서는 발사국은 지구 표면의 우주물체 또는 항공기 비행으로 인한 피해에 대하여 절대적인 책임(absolutely liable compensation)을 져야 한다고 규정하고 있다. 여기에서 의미하는 절대적인 책임이란 무과실책임을 의미하므로, 발사국의 고의나 과실과는 무관하게 손해에 대한 결과적인 책임을 지도록 하는 것이다.[99]

다음으로 동법 제3조는 외기권에서 발생한 손해에 대하여 규정하고 있는데, 이에 따르면 외기권에서 발사국의 우주물체 또는 우주물체에 탄 사람 또는 인체나 재산이 손해를 입었을 경우, 과실로 인한 경우에만 책임을 진다고 규정하고 있다. 즉 외기권에서 발생한 손해의 경우 앞서 제2조와 같이 무과실책임이 아닌 과실책임주의를 채택하고 있다.

이어서 제4조에서는 발사국의 우주물체가 제3국이나 제3국의 사적 주체에게 손해를 입힌 경우에 발사국은 자신의 과실에 대하여 개별이나 공동 책임을 진다고 규정하고 있는데, 이러한 상황에서 손해는 과실 정도에 따라 분담되며, 이를 입증하기 어려운 경우에는 이들 간에 균등하게 분할되도록 하고 있다.

다음으로 우주손해책임협약은 복수의 발사국이 가지는 책임에 대하여 규정하고 있는데, 동법 제5조의 규정에 따르면 복수의 국가가 공동으로 우주물체를 발사한 경우에 모든 국가는 공동이나 개별적으로 배상책임을 가진다고 규정하고 있다. 이 경우에 발사국은 발사 의뢰국과 공동 참가국으로 간주되게 되는데, 개별 협정을 통하여 배상책임 의무를 조율할 수 있다고 규정하고 있다.

---

99) 이강빈, 앞의 논문, 199면.

나. 우주손해책임협약상 사적 주체의 손해배상책임

우주손해책임협약에서는 사적 주체의 우주활동이나 손해배상에 대하여는 규정하고 있지 않으며, 손해해배상 청구의 주체를 오직 국가로 한정하고 있다. 그러므로 국가가 아닌 자연인이나 법인, 기업 등은 손해배상책임의 주체가 될 수 없다. 다만 동협약 제6조에서는 사적 주체의 책임에 대하여 상정하고 있다.

우주손해책임협약
(외교부 국문본)

제6조[100]
1. 본조 제2항의 규정을 따를 것으로 하여 발사국측의 절대 책임의 면제는 손해를 입히려는 의도하에 행하여진 청구국 또는 청구국이 대표하는 자연인 및 법인측의 작위나 부작위 또는 중대한 부주의로 인하여 전적으로 혹은 부분적으로 손해가 발생하였다고 발사국이 입증하는 한도까지 인정된다.
2. 특히 유엔헌장 및 달과 기타 천체를 포함한 외기권의 탐색과 이용에 있어서의 국가 활동을 규율하는 원칙에 관한 조약을 포함한 국제법과 일치하지 않는 발사국에 의하여 행하여진 활동으로부터 손해가 발생한 경우에는 어떠한 면책도 인정되지 않는다.

동규정에서는 "발사국측의 절대 책임의 면제는 손해를 입히려는 의도하에 행하여진 청구국 또는 청구국이 대표하는 자연인 및 법인측의 작위나 부작위 또는 중대한 부주의로 인하여 전적으로 혹은 부분적으로 손해가 발생하였다고 발사국이 입증하는 한도까지 인정된다"고 규정하며 우주사고에 대한 자연인이나 법인의 책임을 상정하고 있다.

---

100) 우주손해책임협약 제6조:
1. Whenever two or more States jointly launch a space object, they shall be jointly and severally liable for any damage caused.
2. A launching State which has paid compensation for damage shall have the right to present a claim for indemnification to other participants in the joint launching. The participants in a joint launching may conclude agreements regarding the apportioning among themselves of the financial obligation in respect of which they are jointly and severally liable. Such agreements shall be without prejudice to the right of a State sustaining damage to seek the entire compensation due under this Convention from any or all of the launching States which are jointly and severally liable.

그러나 이 또한 청구의 주체는 국가이기 때문에 사적 주체의 책임을 규정한다고는 볼 수 없다. 우주손해책임협약은 발사국의 책임을 중점적으로 규정하고 있으므로, 만약 사적 주체의 우주활동과 복수의 발사국이 공동으로 우주물체를 발사하고 손해가 발생하였을 경우, 손해배상의 책임국을 특정하기가 쉽지 않게 된다.101)

우주조약의 경우 사적 주체의 우주활동에 대한 국가책임의 원칙을 가지고 있다. 우주조약 제6조에 의하면 우주활동에 대한 당사국의 책임에 대하여 규정하고 있는데, 이에 따르면 비정부 단체의 활동 또한 우주활동에 포함되기 때문이다. 즉 당사국은 자국의 비정부 단체의 우주활동에 대한 승인 및 계속적인 감독을 요구하고 있고 이는 비정부 단체의 우주활동이 국가의 우주활동으로 포함될 수 있도록 하는 내용이다. 그리고 이러한 책임은 발사국이 아닌 해당 주체의 등록 국가가 지도록 하고 있다. 즉 우주조약에서 규정하고 있는 승인 및 계속적인 감독은 등록국의 통제로 볼 수 있으므로 국가책임의 귀속법리를 적용하고 있는 것이다.102)

3. 국제우주정거장의 상호책임 면제

국제우주정거장(International Space Station)은 다국적 우주정거장으로 미국, 영국, 프랑스, 일본 등 16개국이 참가하고 있으며, 실제로 운영은 미국의 NASA와 러시아 연방 우주국, 유럽 우주기구, 일본 우주항공 연구개발기구가 하고 있다.

1995년 미국은 ISS 공동건설계획에 따라 관련 국가들과 협력관계를 유지하고자 하였고, 이를 위해 미국과 러시아가 조약103)을 체결하였는데, 해당 조약에서 상호책임 면제에 대한 규정을 두었으며, 이후 미국은 일본과의 ISS 협력 조약을 체결하는 동시에 미국과 일본의 평화적 목적의 우주탐사 및 이용과 협력의 상호책임 면제에 관한 협약(Agreement between the United States and Japan

---

101) Masson, *Introduction to Space Law*, 27.

102) 정영진, 앞의 논문, 132면.

103) The Interim Agreement Between the National Aeronautics and Space Administration of the United States of America and the Russian Space Agency for the Conduct of Activities Leading to Russian Partnership in the Detailed Design, Development, Operation and Utilization of the Permanently Manned Civil Space Station, done June 23, 1994.

Concerning Cross-waiver of Liability for Cooperaation in the Exploration and use of Space Peaceful Purpose, 이하 '미국 일본 면제협약'이라 함)을 체결하였다.

미국 일본 면제협약은 ISS의 개발에 있어서 미국과 일본의 상호책임 면제를 위하여 체결된 협약으로, 협약의 당사자와 관련자는 상호책임 면제가 적용된다고 규정하고 있다. 동협약에서 관련자는 당사자의 계약자, 하위계약자, 이용객, 고객, 하위계약자의 계약자 등 매우 광범위하게 규정하고 있다. 이러한 협약의 적용에 대하여는 제1조에서 규정하고 있다.

미국 일본 면제협약
(연구자 번역본)

제1조[104]
상호책임 면제의 목적을 달성하기 위해서 광범위하게 해석되어야 한다. 본 협약의 목적은 평화적 목적을 위한 우주 탐사 및 이용을 위한 공동 활동에 있어 미국 정부와 일본 정부 간의 협력을 장려하기 위한 상호책임 면제의 틀을 마련하는 것이다. 상호책임 면제는 이러한 목적을 달성하기 위해 광범위하게 해석되어야 한다.

동규정에서는 "상호책임 면제의 목적을 달성하기 위해서 광범위하게 해석되어야 한다"고 규정하고 있다. 이는 앞서 미국의 사례와 같이 상대방의 고의나 과실이 없는 경우에는 서로 책임에 대하여 청구하지 않는 것을 의미하고, 이를 통하여 양 정부 간의 협력을 증진하는 것에 그 목적을 가지고 있다.

손해의 정의와 관련하여 동협약 제2조 제1항(c)에서 규정하고 있다.

---

104) 미국 일본 면제협약 제1조: The purpose of this Agreement is to establish a framework for cross-waiver of liability in the interest of encouraging cooperation between the Government of the United States of America and the Government of Japan in joint activities for the exploration and use of space for peaceful purposes. This cross-waiver of liability shall be broadly construed to achieve this objective.

미국 일본 면제협약
(연구자 번역본)

제2조 제1항(c) [105]
손해란 다음을 의미한다:
  (1) 사람의 신체 상해, 그 밖의 건강의 손상 또는 사망
  (2) 재산의 손실, 손해 또는 사용의 불능
  (3) 수익 또는 이익의 상실, 또는
  (4) 그 밖의 직접, 간접적 또는 결과적 손해

　　동규정에서는 손해의 범위를 매우 넓게 규정하고 있다. 우주손해책임협약 제2조에서는 직접적인 손해만을 손해의 범위에 넣고 있지만, 미국 일본 면제협약 제2조 제1항(c)는 직접적인 손해뿐만이 아니라 수익 또는 이익의 상실 같은 간접손해, 그리고 결과적 손해까지 그 손해배상을 포함하도록 규정하여 이러한 손해는 상호책임 면제로 서로 손해배상을 청구할 수 없도록 하고 있다. 또한 면제의 범위는 "면제가 되는 우주활동 행위(Protected Space Operations, 보장된 우주활동)" [106]이며, 이에 대한 내용은 제3조 제1항(f)에서 규정하고 있다.

미국 일본 면제협약
(연구자 번역본)

제3조 제1항(f) [107]
보장된 우주활동이란 지구, 외기권, 지구와 외기권을 오가는 발사체 활동 및 탑재체 활동을

---

105) 미국 일본 면제협약 제2조 제1항(c): The term "damage" means: (1) bodily injury to, or other impairment of health of, or death of, any person; (2) damage to, loss of, or loss of use of any property; (3) loss of revenue or profits; or (4) other direct, indirect, or consequential damage.
106) 미국 일본 면제협약에서 "protected space operations"는 면제의 범위가 되는 우주활동 행위를 의미한다. 원문은 오역을 피하기 위하여 보장된 우주활동이라 번역 하였지만, 그 실질적인 의미는 면제가 되는 우주활동 행위이므로 본문에서는 "면제가 되는 우주활동 행위"라 하였다.
107) 미국 일본 면제협약 제3조 제1항(f): The term "Protected Space Operations" means all activities pursuant to the joint activities listed in the Annex, including launch vehicle activities and payload activities on Earth, in outer space, or in transit between Earth

포함하여 부속서에 열거된 공동 활동에 따른 모든 활동을 의미한다. 여기에는 다음 각 호를 포함하지만 이에 한정하지는 않는다.

(1) 연구, 설계, 개발, 시험, 제조, 조립, 통합, 운영 또는 발사 또는 이송 차량, 탑재체 또는 기기의 사용과 관련 지원 장비 및 시설 및 서비스;

(2) 지상 지원, 시험, 훈련, 시뮬레이션, 또는 지도 및 제어 장비와 관련된 시설 또는 서비스에 관한 모든 활동. "보장된 우주활동"이라는 용어는 해당 공동활동 이외에 사용할 탑재체의 제품 또는 공정을 추가로 개발하기 위해 우주에서 귀환할 때 수행되는 지구의 활동은 제외한다.

동규정에 따라 지구 및 외기권에서 수행되는 발사체 및 탑재체에 관한 공동 활동 중에 발생한 손해는 상호책임 면제로 보호되며, 이러한 활동은 직접적인 우주활동뿐만이 아니라 연구, 설계, 개발, 시험 등과 같은 부수되는 활동도 포함하게 된다.

종합하면 ISS의 활동은 상호책임 면제에 대한 내용을 근거로 하여 진행하는 모든 활동 중에 발생하는 손해에 대하여 손해배상 청구를 포기하게 되었다. 이는 앞서 보았던 미국 연방법 제51편의 상호책임 면제에 관한 내용과 동일하며, 다만 ISS에서는 그 범위와 내용에 대하여 세부적으로 규정하고 있다.

Ⅱ. 우주 폐기물과의 충돌로 인한 손해

지구 궤도를 돌고 있는 우주 폐기물은 지구의 궤도 접근에 대한 충돌 위험을 증가시키며, 인공위성과 충돌하여 손해를 발생시키기도 한다. 국제우주정거장의 경우 2011년 완공된 이후 2024년 1월까지 우주 폐기물에 부딪히지 않기 위하여 30번을 이동하였다고 한다.[108] 특히 우주물체를 올릴 수 있는 궤도는 한정적

---

and outer space. It includes, but is not limited to: (1) research, design, development, test, manufacture, assembly, integration, operation, or use of launch or transfer vehicles, payloads, or instruments, as well as related support equipment and facilities and services; (2) all activities related to ground support, test, training, simulation, or guidance and control equipment and related facilities or services. The term "Protected Space Operations" excludes activities on Earth which are conducted on return from space to develop further a payload's product or process for use other than for the joint activity in question.

108) Lewis Dartnell, "Space junk and why it's a big problem," *BBC*, January 12, 2024,

이기 때문에 우주 폐기물로 인한 충돌의 위험이 계속적으로 존재하고 있다.[109] 그러나 국제법상 우주 폐기물에 관한 직접적인 권리나 의무에 대한 규정은 없다. 그러므로 우주 폐기물로 인한 손해의 발생, 그리고 외기권 진입의 어려움을 해결하기 위한 책임의 문제가 존재한다.

1. 우주 폐기물 관련 국제법

우주조약, 우주손해책임협약, 달협정 등과 같은 국제우주법 체계에서는 우주 폐기물에 관한 직접적인 규정이 없다. 그러나 세부 조항에 근거하여 우주 폐기물에 관한 의무를 살펴볼 수 있다.

먼저 우주조약에서는 조약 당사국이 유해한 오염을 회피하고 지구에 불리한 변화를 가져오는 것을 회피할 수 있는 방법으로 연구를 수행해야 한다고 규정하며[110] 외기권 환경에 대한 의무를 규정하고, 외기권의 평화로운 탐사와 이용에 있어서 위협을 방지해야 한다는 원칙을 세웠다.[111] 즉 우주조약은 해당 조항을 통하여 당사국에 외기권에 유해한 오염을 회피해야 한다는 의무를 부여하고 있다.

동조항의 전반부에서는 다른 당사국의 이익을 고려하여야 함을 규정하고 있는데, 외기권의 이용은 타 당사국의 이익을 방해하는 행위를 하여서는 안 됨을 의미하고 있다. 한 국가나 사적 주체로 인하여 발생하는 우주 폐기물은 다른 국가나 주체의 우주물체와 충돌하거나 지상에 낙하하여 손해를 입힐 수 있다. 그러므로 이러한 해로운 행위를 발생시키지 않기 위하여 충분한 노력을 기울이도록 우주조약은 규정하고 있고 이를 근거로 하여 우주 폐기물에 대한 방지 의무와 손해배상 의무를 가지게 된다고 해석할 수 있다.

우주손해책임협약에서도 우주물체로 인한 손해에 대하여 규정하고 있다. 다만 동협약 제3조에서는 외기권에서 우주물체로 인하여 손해가 발생하였을 경우 당사자의 과실이 있을 경우에만 그 책임을 지도록 하고 있다. 즉 지구표면이나 공중을 제외한 천체나 우주공간에서 우주 폐기물이 다른 우주물체와 부딪혀서

---

https://www.skyatnightmagazine.com/space-missions/space-junk

109) 이준, "우주교통관리", 한국항공우주학회 학술발표회 초록집, 한국항공우주학회, 2020년 7월, 509면.

110) 우주조약 제9조.

111) Nandasiri Jasentuliyana, *International Space Law and the United Nations* (Kluwer Law International, 1999), 322.

손해가 발생한 경우에는 오직 당사자의 과실이 있는 경우에만 손해배상책임을 지게 되는데, 이는 우주공간에서 일어난 손해로 한정되어 있으므로, 만약 우주 폐기물이 지구로 낙하하여 손해를 입힌 경우에는 해당 손해에 대한 청구가 가능하다.

달협정에서는 우주 폐기물에 관한 명확한 규정은 없지만, 환경의 보호에 관한 제7조의 규정을 통하여 유해한 오염이라는 범위를 통해 우주 폐기물의 발생을 억제할 수 있다.

달협정
(연구자 번역본)

제7조[112]
1. 달을 탐사하고 이용함에 있어 당사국은 해당 환경에 불리한 변화의 도입을 통해, 혹은 환경 외 물질의 도입에 의한 유해한 오염을 통해 또는 다른 방식을 통해 달의 기존 환경의 균형이 깨지는 것을 방지하기 위한 조치를 취해야 한다. 당사국은 또한 외계 물질의 도입 또는 다른 방식을 통해 지구의 환경에 유해한 영향을 미치지 않도록 조치를 취해야 한다.
2. 당사국은 본 조 제1항에 따라 채택한 조치를 국제연합 사무총장에게 통보하여야 하며, 가능한 한 최대 범위 내에서 달에 방사성 물질을 배치하는 모든 경우와 그러한 배치의 목적을 사전에 알려야 한다.
3. 당사국은 다른 당사국과 사무총장에게 특별한 과학적 관심이 있는 달의 지역에 관하여 보고해야 하며, 이는 다른 당사국의 권리를 침해하지 않고, 국제연합의 관련기관과 협의하여 특별 보호 조치에 합의할 해당 지역을 국제 과학 보호 구역으로 지정하는 것을 고려할 수 있도록 하기 위함이다.

---

112) 달협정 제7조:
    1. In exploring and using the moon, States Parties shall take measures to prevent the disruption of the existing balance of its environment, whether by introducing adverse changes in that environment, by its harmful contamination through the introduction of extra-environmental matter or otherwise. States Parties shall also take measures to avoid harmfully affecting the environment of the earth through the introduction of extraterrestrial matter or otherwise.
    2. States Parties shall inform the Secretary-General of the United Nations of the measures being adopted by them in accordance with paragraph 1 of this article and shall also, to the maximum extent feasible, notify him in advance of all placements by them of radio-active materials on the moon and of the purposes of

　　동규정에서는 당사국들이 환경에 불리한 변화와, 유해한 오염을 막기 위한 조치를 취해야 한다고 규정하고 있다. 다만 이에 대한 구체적인 정의는 없는데, 우주 폐기물로 인하여 발생할 수 있는 부정적인 영향은 그 범위가 넓기 때문에 해당 조항에서 규정하고 있는 환경에 불리한 변화와 유해한 오염에 해당된다고 해석할 수 있는 여지가 있다.

　　이와 같이, 우주 국제법 체계에서는 우주 폐기물에 대한 직접적인 규정은 없지만, 이로 인하여 발생될 수 있는 해로운 영향을 방지하여야 할 의무가 존재한다고 할 수 있다. 그러나 이러한 의무가 직접적으로 당사국들을 구속하기에는 어렵기 때문에 확립된 국제법적 체계가 수립되거나, 국내법을 통하여 우주 폐기물과 관련된 문제, 특히 우주 폐기물로 인하여 발생하는 손해에 대한 문제를 해결하여야 할 필요가 있다.

2. 국내법상 우주 폐기물

　　미국과 일본은 국내법 체계에서 우주 폐기물과 관련된 규정을 마련하고 있으며, 우주활동을 할 때에 이러한 규정들을 지켜 우주 폐기물의 발생을 방지하거나 줄일 것을 요구하고 있다. 본 단락에서는 미국과 일본의 국내법 체계에서 규정하고 있는 우주 폐기물에 대한 규정을 살펴보고자 한다.

가. 미국

　　미국은 2010년 오바마 정부 때에 우주관련 법제들을 정비하면서 우주 폐기물에 관한 규정들도 추가하였으며, 동년 미국항공우주국 예산 승인법(2010 National Aeronautics and Space Administration Authorization Act, 이하 '2010 수권법'이라 함) 제1202절에서 우주 폐기물의 예방 및 제거를 위하여 국제적, 국내적으로 협력해야 할 것을 규정하고 예산을 부여하였다.

　　또한 미국 연방법 제51편 제31501조[113)]에서는 "궤도 잔해(orbital debris)와

---

　　　such placements.

3. States Parties shall report to other States Parties and to the Secretary-General concerning areas of the moon having special scientific interest in order that, without prejudice to the rights of other States Parties, consideration may be given to the designation of such areas as international scientific preserves for which special protective arrangements are to be agreed upon in consultation with the competent bodies of the United Nations.

관련된 위험을 줄일 수 있는 기술을 개발하거나 획득하기 위한 조치를 취해야 한다"고 규정하고 있다. 이어서 2020년 미국의 도널드 트럼프(Donald Trump) 정부는 우주 폐기물을 감축하여 지속 가능한 외기권 환경을 만들어야 하며, 우주 폐기물 생성을 제한하고, 위험을 줄이기 위한 기술을 개발할 것을 제안하였으며,[114] 2022년 미국의 조 바이든(Joe Biden) 정부는 국가 궤도잔해 실행 계획(National Orbital Debris Implementation Plan)을 발표하며 우주 폐기물의 감축을 위한 가이드라인을 제시하고 있다.[115]

미국의 우주 폐기물(궤도잔해)과 관련하여 NASA는 1995년 궤도 잔해 제한 지침 및 평가 절차(Guidelines and Assessment Procedures for Limiting Orbital Debris, 이하 'NASA 가이드라인' 이라 함)를 제정하였다. 이 가이드라인은 강행규정은 아니지만 해당 내용을 이행할 수 있도록 노력해야 한다고 규정하고 있으며,[116] 우주 폐기물을 줄이기 위하여 여러 방법들을 제시하고 있다. 또한 우주 폐기물을 지구로 낙하시키는 방법과 범위를 제시하고 있다.

나. 일본

일본은 JAXA를 통하여 우주 폐기물 관련 임무를 수행하고 있으며, 앞서 보았던 일본의 우주활동법을 통하여 인공위성의 관리와 관련된 내용을 다루고 있다. 우주 폐기물과 관련하여 우주활동법 제22조를 참고할 수 있는데, 이에 따르면 인공위성의 관리를 위해서는 승인을 받아야 하며, 그 승인의 조건 중 하나로 우주공간의 유해한 오염과 평화적인 탐사 및 이용에 있어서 타국의 활동에 잠재적으로 유해한 간섭을 줄 우려가 없어야 함을 규정하고 있다. 또한 다른 위성과

---

113) 51 U.S.C.A. § 31501: 기관장은 다른 연방 기관의 장들과 함께 궤도 잔해와 관련된 위험을 줄일 수 있는 기술을 개발하거나 획득하기 위한 조치를 취해야 한다(The Administrator, in conjunction with the heads of other Federal agencies, shall take steps to develop or acquire technologies that will enable the Administration to decrease the risks associated with orbital debris).

114) Office of Space Commerce, "National Space Policy," December 9, 2020, 15.

115) Executive Office of the President of the United States, "National Orbital Debris Implementation Plan," *Orbital Debris Interagency Working Group Subcommittee on Space Weather, Security, and Hazards of the National Science and Technology Council*, July 2022.

116) NASA, "Nasa Safety Standard: Guidelines and Assessment Procedures for Limiting Orbital Debris," August 1, 1995, para. 1.3.

의 충돌을 피하기 위한 조치와 그 계획을 실행할 충분한 능력을 갖추어야 하며, 인공위성의 종료 시에는 인공위성의 고도를 낮추어서 공중에서 연소시키거나, 낙하 예상 지점의 주변 안전을 확보해야 함을 규정하고 있다.

즉 일본의 우주활동법은 인공위성의 활동으로 인하여 발생할 수 있는 우주 폐기물을 막기 위한 조치를 가지고 있어야만 인공위성 관리를 위한 승인을 받을 수 있도록 하고 있으며, 이러한 조치를 실행할 능력이 없는 경우에는 인공위성의 관리를 할 수 없도록 하고 있다. 동법에서는 인공위성의 낙하 등으로 인한 피해 의 손해배상도 규정하고 있으므로, 만약 해당 인공위성이 운영되었고, 폐기의 과 정 중에 지표면에 낙하하여 손해를 입히게 된다면 우주활동법에 따라 손해배상 청구가 가능하다. 그러나 우주활동법상 손해배상의 대상은 로켓이나 인공위성의 낙하로 인하여 지표나 수면, 비행 중인 항공기에 발생한 손해로 한정되어 있으므 로[117] 만약 지구 궤도나 외기권에서 우주 폐기물이 되어 다른 위성에 피해를 입 히게 된다면 동법은 적용되지 않는다.

3. 우주 폐기물과 관련된 법적 책임의 필요성

각국의 우주 폐기물과 관련된 법률 및 정책은 우주 폐기물을 줄이기 위한 노력, 기술 개발 등에 집중되어 있으며, 우주 폐기물로 인하여 발생할 수 있는 손해 및 그 배상에 관하여는 명확하게 규정하고 있지는 않다. 그러므로 우주 폐 기물로 인한 손해의 배상은 우주손해책임협약을 통하여야 하지만, 동협약에서는 발사국이 그 책임을 지도록 하고 있으므로, 실제로 발사국 특정이 어렵고 손해배 상의 주체는 국가만이 될 수 있으므로 만약 자연인이 우주 폐기물로 인하여 손 해를 입게 된다면 그를 구제할 수 있는 방법은 매우 한정적이다.

우주공간에서는 낙하로 인한 손해도 발생할 수 있지만, 우주공간 내에서 민 간 기업의 위성과 우주 폐기물이 충돌했을 때에 법적 문제 또한 해결할 수 있는 방법이 매우 한정적이며, 이후 살펴볼 이리듐-33의 사건에서도 그 회피의 의무 는 운영중인 인공위성 운영자에게 있으며 우주 폐기물로 인하여 손해가 발생하 였음에도 손해배상 청구를 하지 않음을 예로 들 수가 있다.

환경법적으로 보았을 때에 폐기물은 법과 규정에 맞게 처리하여야 하지만,

---

117) 일본 우주활동법 제2조 제8호, 제11호.

우주공간이라는 특성상 이미 발생한 우주 폐기물을 우주 폐기물을 만든 국가가 스스로 처리하게 하는 것은 어려울 것이며, 이미 발생된 폐기물은 국제적 공조를 통해 처리해야 하고, 앞으로 발생할 폐기물을 예방하는 것이 중요할 것이다. 미국의 스페이스X는 2024년 기준으로 약 6천 개의 위성을 궤도에 운영 중이며, 최종적으로 약 4만 2천 개의 위성을 궤도에서 운영할 계획을 가지고 있다.[118] 만약 위성의 충돌로 인하여 우주 폐기물이 지구 궤도에 가득 생긴다면 소위 케슬러 신드롬(Kessler Syndrome)[119]이 현실로 나타나게 될 수 있다.

그러므로 우주 폐기물의 발생을 억제하기 위한 체계가 필요하며, 이 중 하나의 방안으로 우주 폐기물로 인하여 손해가 발생할 경우 그 손해를 배상하게 하는 법적 제제가 필요하다고 여겨진다.

특히 미국은 2023년 우주 쓰레기를 궤도에 놓아둔 민간 기업에 벌금을 부과하였다. 미국의 연방통신위원회(Federal Communications Commission, 이하 'FCC'라 함)는 오래된 위성을 다른 위성으로부터 충분히 멀리 이동시키지 못했다는 이유로 해당 위성을 운영한 민간 기업에 15만 달러의 벌금을 부과하였다.[120] FCC는 해당 위성이 지구 궤도를 도는 다른 위성에 잠재적인 위험을 초래한다고 하며 벌금을 부과하였고, 이를 통하여 미국에서는 FCC가 우주 폐기물과 관련하여 규칙을 시행할 수 있는 집행 권한과 능력을 가지고 있음을 확인하게 되었다. 이를 통해, 미국의 민간 우주기업들은 위성의 충돌을 막기 위한 조치를 취하도록 요구를 받게 됐으며, 이를 시행하지 못할 경우 법적 책임을 지게 된다.

4. 관련 사례(이리듐-33 사건)

우주 폐기물의 충돌과 관련된 사건으로는 미국의 민간위성 이리듐-33과 러시아의 군용위성 코스모스-2251의 충돌 사건이 있다. 이 두 위성은 2009년 충돌하여 완전히 파괴되었다. 이하에서는 이 사건의 내용과 법적 쟁점에 대하여 살펴

---

118) Star Walk, "How to See Starlink Satellite Train 2024," *Astronomical News*, March 25, 2024, https://starwalk.space/en/news/spacex – starlink – satellites – night – sky – visibility – guide.

119) 1978년 도널드 캐슬러 박사가 제안한 용어로, 우주 폐기물이 다른 위성 등에 충돌하면 또 다른 우주 폐기물이 생성되어 결국 궤도 전체가 우주 폐기물로 덮일 수 있다는 주장이다. 만약 이러한 일이 현실로 된다면 인류의 우주진출에 아주 큰 장애요소가 될 것이다.

120) Imran Rahman-Jones, "US issues first ever fine for space junk to Dish Network," *BBC*, October 3, 2023, https://www.bbc.com/news/technology-66993647

보고자 한다.

가. 사실관계

이리듐-33은 미국의 민간회사 이리듐사의 민간 통신위성으로 카자흐스탄에서 러시아의 우주발사체에 탑재되어 발사되었으며, 사고 당시에 정상적으로 운행되고 있었다. 코스모스-2251은 러시아의 군용통신위성으로 충돌 당시 이미 13년 동안 우주공간에 방치되어 있던 우주 폐기물이었으며, 러시아가 독자적으로 발사하여 궤도에 안착하였다.

미국과 러시아는 모두 1972년의 우주손해책임협약 당사국이기 때문에 우주손해와 관련하여 해당 협약의 적용을 받는다. 다만 이리듐-33의 경우 미국, 러시아, 카자흐스탄이 발사국의 지위를 가지게 되며, 해당 위성은 비정부 단체인 이리듐사에서 실제로 운영하였기에, 손해배상을 위해서는 발사국의 지위를 가진 국가가 이리듐사를 대위해서 손해배상 청구를 해야 한다.[121]

나. 발사국 해당 여부

우주손해책임협약에서는 우주물체로 인하여 발생한 손해에 대한 청구권자와 책임자 모두를 국가로 한정하고 있으므로 동협약 제1조에 따라 손해에 대한 책임은 발사국이 부담하게 되며, 손해에 대한 청구권은 피해를 입은 국가가 행사하여야 한다.

이 사건의 당사국(발사국)을 살펴보면, 코스모스-2251의 경우 러시아가 러시아의 영토에서 자국의 발사체를 가지고 자국의 위성을 탑재하여 발사하였고, 해당 위성이 궤도에 안착하였기 때문에 코스모스-2251의 발사국은 러시아가 되며, 해당 위성에 대한 손해배상의 청구는 러시아가 행사하게 된다. 그러나 이리듐-33의 경우는 조금 복잡한데, 해당 위성은 이리듐사의 위성으로, 러시아의 발사체에 탑재되어 카자흐스탄에서 발사되었다.

우주손해책임협약 제1조(c)는 발사국에 대하여 규정하고 있는데, 이에 따르면 발사국이란 ① 우주물체를 발사하는 국가, ② 우주물체의 발사를 의뢰하는 국가, ③ 우주물체가 발사되는 영토의 국가, ④ 우주물체가 발사되는 시설이 속한

---

[121] 사적 주체는 우주손해책임협약상 손해배상 청구의 주체가 될 수 없다. 우주손해책임협약 제2조, 제3조에서는 발사국만을 손해배상의 주체로 규정하고 있다.

국가를 의미한다고 한다. 이에 따라 러시아와 미국 모두 우주손해책임협약상 발사국의 지위를 가질 수 있게 된다. 우주조약 제7조의 규정에 따르면, ① 외기권에 물체를 발사하거나, ② 물체의 발사를 의뢰하거나, ③ 시설로부터 물체를 발사한 당사국은 이러한 물체로 인하여 발생한 손해에 대해 국제적 책임을 진다고 규정하고 있다. 또한 우주조약 제6조는 비정부 단체의 활동은 해당 단체의 당사국이 부담해야 한다고 규정하고 있으므로, 이 사건에서 미국은 발사를 의뢰한 발사국의 지위를 가지게 된다.

다. 우주손해책임협약상 과실

우주손해책임협약상 우주공간에서 발생한 손해는 타 발사국의 우주물체로 인하여 손해를 입었을 경우 과실이 있는 경우에만 책임을 지도록 하고 있다.[122] 이는 타 발사국이 아닌 같은 발사국의 우주물체로 인하여 손해를 입었을 경우에는 우주책임협약상 손해배상 청구의 대상이 되지 않으며, 발사국이 다르다고 하더라도 과실이 없는 경우에는 손해배상 청구의 대상이 되지 않는다.

동협약에서 과실에 대한 정확한 내용은 규정하고 있지 않지만 일반적으로 우리 법에서 과실이란 어떤 사실이나 결과의 발생을 예견할 수 있었음에도 불구하고, 부주의로 그것을 인식하지 못한 경우를 의미하며, 영미법에서도 과실에 대하여 합리적인 사람이 동일한 상황에서 합리적인 사람으로서 실행했어야 할 주의 기준을 실행하지 않는 것이라고 여겨지고 개인의 행위나 행위의 부작위를 과실로 인정한다.[123]

이를 바탕으로 우주손해책임협약의 과실에 대하여 살펴보면, 해당 우주물체를 통제할 수 있어야 과실에 해당하게 된다. 만약 우주물체를 통제할 수 없는 상황이라면 해당 우주물체를 통제할 수 없음을 알리거나, 해당 우주물체로 인하여 피해를 입을 수 있는 가능성을 알려야 과실이 없다고 할 수 있을 것이다. 다음으로는 특정한 행위를 할 수 있어야 한다. 이 사건의 경우 충돌이 예견되었는데 그 위험을 회피하지 않았다면 상대방은 과실이 없다고 할 수 있다. 그러므로 이 사건에서는 상대방의 과실 여부가 쟁점이 되었다.[124]

---

122) 우주손해책임협약 제3조.

123) Garner, *Garner's dictionary of legal usage*, 601.

124) Xinyu, Peng, "Research on the liability regime for damage to the space environment by commercial satellites," *Science of Law Journal* 3, no.1 (2024): 75.

이러한 관점에서 살펴보면, 러시아의 코스모스-2251은 러시아가 해당 위성을 폐기하며 통제 능력을 상실하였다. 그러나 러시아는 해당 위성의 폐기와 그 비행하는 궤도를 남겨놓았고, 이는 통제 능력을 상실하였다 하더라도 발생할 수 있는 위험을 회피할 수 있는 조치를 취하였다고 볼 수 있다. 그리고 이리듐-33의 경우, 해당 위성의 통제 능력을 가지고 있었으며, 이러한 통제 능력은 코스모스-2251과의 충돌 가능성을 예견하고 회피할 수 있는 능력을 포함하고 있었다. 즉 러시아는 코스모스-2251의 통제 능력을 상실하며 그로 인하여 발생할 수 있는 위험을 사전에 고지하였고, 이리듐-33은 이러한 위험을 예견하고 회피할 수 있는 능력이 있음에도 불구하고 그러한 회피조치를 취하지 않았기 때문에 이를 이행하지 않은 부작위에 대하여 미국에 과실이 있다고 판단할 수 있다. 실제로 러시아와 이리듐사 모두 충돌이 있을 수 있다는 가능성을 인지하지 못하였다고 발표하였으며, 양 당사국 모두 충돌 위험의 인식에 대하여 과실을 부정하였다.[125)]

라. 검토

앞서 살펴보았던 바와 같이 우주손해책임협약과 우주조약에 따르면 미국이 이리듐-33의 발사 의뢰국으로서 발사국의 지위를 가지게 되며, 우주조약에서도 발사를 의뢰한 국가에 손해배상 청구권자의 지위를 부여하고 있다. 또한 미국의 민간 회사가 해당 위성을 실제로 운영하였기 때문에 미국은 우주손해책임협약과 우주조약상 발사국의 지위를 가질 수 있게 된다. 즉 미국은 이리듐-33의 발사국 지위를 가질 수 있게 되며, 러시아는 코스모스-2251에 대하여 발사국의 지위를 가지게 된다.

미국과 러시아가 발사국의 지위를 가지기 때문에 이 사건에서 가장 중요한 쟁점은 우주손해책임협약 제3조에 따라 일방의 과실 여부이고 손해배상 청구의 핵심 요소가 된다. 그러나 결과적으로 양측 모두 상대방에 손해배상을 청구하지 않으며 이 사건은 마무리가 되었다.[126)] 러시아의 경우 이미 폐기한 위성이 손해

---

125) Frans G. von der Dunk, "Too Close Encounters of the Third Party Kind: Will the Liability Convention Stand the Test of the Cosmos 2251-Iridium 33 Collision?," *Space Cyber and Telecommunications Law Program Faculty Publications* 28, (2010): 203.

126) Roman Zykov, "LIABILITY FOR DAMAGE CAUSED BY SPACE OBJECTS," *MANSORS*, https://mansors.com/blog/liability-for-damage-caused-by-space-objects

를 입었기 때문에 설사 협약상 손해배상청구를 하더라도 실익이 없다는 것을 알 수 있었지만 미국의 경우 정상적으로 운영하던 위성이 파괴되었기 때문에 충분히 소송을 통하여 다투어 볼 수 있었음에도 손해배상 청구를 하지 않은 것은 다음의 두 가지 이유를 들 수 있다.

첫 번째는 해당 손해에 대한 러시아 측의 과실을 인정하기 어렵기 때문이다. 러시아의 경우, 충돌 13년 전에 이미 코스모스-2251의 운영을 중단하고 폐기하였고, 해당 궤도를 남겨놓아 타 위성이 궤도를 사용할 때에 충돌을 방지할 수 있도록 최소한의 조치를 해 놓았다. 그러므로 러시아에 우주 폐기물의 방치로 인한 과실을 주장하기에는 어려웠다고 여겨진다.

두 번째는 이리듐-33이 충분히 충돌을 피할 수 있었기 때문이다. 이리듐-33은 회피기동을 할 수 있는 능력이 탑재된 위성이었으며, 충분히 주의하였다면 코스모스-2251과의 충돌을 예측하고 피할 수 있었다.127) 그러나 해당 위성은 충분히 충돌을 피할 수 있었음에도 회피조치를 시행하지 않았고 결국 충돌이 발생하였기에 부작위에 의한 과실은 미국에 있는 것으로 볼 수 있다.

이러한 이유로 미국은 러시아에 손해배상청구를 하지 않은 것으로 판단되며, 양측 모두 손해배상을 청구하지 않았기에 국제법적 사례를 남기지는 않았지만, 결과적으로 우주 폐기물의 회피 책임은 운영중인 위성에 있다고 볼 수 있다. 즉 민간 기업의 위성이 우주 폐기물로 인하여 손해가 발생하였을 경우에는 우주손해책임협약상 손해배상을 청구하기 위하여 본인의 과실이 없음을 증명하는 동시에 상대방의 과실을 증명해야 하기 때문에 사적 주체의 법익보호에 대하여 문제가 발생하게 된다.

또한 우주손해책임협약만으로는 발사국의 지위를 특정하기가 어려우며, 우주조약상 발사국의 지위를 확정하더라도, 손해배상 청구의 주체가 국가가 되기 때문에 민간 기업들이 손해를 적극적으로 배상받기에도 어려움이 생기게 된다. 우주물체가 지상으로 낙하하여 피해를 입히는 경우에는 손해배상 청구가 가능하지만,128) 우주공간에서의 손해에 대하여는 아직 확립된 원칙이 없기 때문에 이

---

127) 충돌 전에 미국은 두 위성에 대하여 정확한 추적 데이터를 가지고 있었고, 이를 분석하였더라면 두 위성의 충돌에 대하여 예견할 수 있었다. Brian Weeden, "2009 Iridium-Cosmos Collision Fact Sheet," *Secure World Foundation*, November 10, 2010, https://swfound.org/media/6575/swf_iridium_cosmos_collision_fact_sheet_updated_2012.pdf

128) Biswanath Gupta, KD Raju, "Understanding International Space Law and the Liability

에 대한 개선과 논의가 필요하다고 여겨진다.

Ⅲ. 우주물체의 낙하로 인한 손해

우주물체의 낙하로 인한 손해도 우주조약 및 우주손해책임협약의 내용과 각국의 우주손해배상에 대한 법률을 따르게 된다. 우주 폐기물의 충돌로 인한 손해의 경우, 고의나 과실이 있는 경우에만 그 손해배상의 책임을 지도록 규정하고 있는 것에 비하여, 우주물체의 낙하로 인한 손해의 경우에는 무과실책임을 지도록 규정하고 있다.

1. 국제법상 우주물체의 낙하

우주손해책임협약 제2조에서는 우주물체가 지구표면이나 비행 중인 항공기에 가한 손해에 대하여 절대적 책임을 진다고 규정하고 있다. 동규정은 우주물체의 발사과정과 분리과정, 대기권에서 활동하고 있는 과정 등을 모두 포함하기 때문에 우주물체가 발사되었고, 그 모든 과정 중에 지구표면이나 항공기에 손해를 가하게 되는 경우에는 손해배상책임을 지게 된다. 이러한 무과실책임의 장소는 지구표면으로 한정되어 있다. 동조항에서는 지구표면(surface of the earth)이라고 규정하고 있는데, 여기에서 지구표면이란 육지와 바다, 강, 지하를 포함하는 개념이며, 비행 중인 항공기란 공중에 있는 모든 인공물체를 의미한다고 볼 수 있다.[129)]

우주물체의 낙하의 관점에서 보면, 우주손해책임협약상 우주물체의 발사 과정 중에 일어난 낙하로 인한 손해와, 우주물체의 운영 과정중에 일어난 손해에 대하여 무과실책임을 지게 된다. 그러나 이 경우 손해발생의 장소는 지구표면과 공중에 있는 인공물체를 의미하기 때문에 우주공간에서 발생한 손해에 대하여는 앞서 살펴본 바와 같이 고의나 과실이 있는 경우에만 손해배상의 책임을 지도록 하고 있다.

Mechanism for Commercial Outer Space Activities—Unravelling the Sources," *India Quarterly* 75, no.4 (2019): 564.

129) 조홍제, 신동춘, "우주활동으로 인한 손해배상에 관한 법적 고찰", 항공우주정책·법학회지 제27권 제1호, 한국항공우주법학회, 2012년, 108면.

2. 국내법상 우주물체의 낙하

미국, 우리나라, 일본 등의 우주활동 국가에서는 우주물체로 발생한 손해에 대하여 손해배상책임을 지도록 규정하고 있다. 이 중 일본의 경우 로켓 등의 낙하로 인한 손해배상과 인공위성의 낙하로 인한 손해배상책임을 나누어서 규정하고 있으므로 본 절에서는 일본 우주활동법에서 규정하고 있는 우주물체 낙하의 손해배상에 대하여 살펴보고자 한다.

일본의 우주활동법에서는 로켓 낙하로 인한 손해배상과 인공위성의 낙하로 인한 손해배상을 나누어서 규정하고 있다. 이는 로켓의 경우 우주물체의 발사 과정 중에 낙하로 인하여 손해가 발생하기 때문이며, 인공위성은 우주물체의 발사를 마치고 인공위성이 발사체로부터 분리되어 운영되기 때문에 양자를 나누어서 규정한 것으로 볼 수 있다.

일본의 우주활동법 제35조에서는 인공위성 등의 발사 중 로켓의 낙하로 인하여 손해가 발생한 경우 그 책임을 발사 실시자가 지도록 규정하고 있다. 또한 동법 제2조 제8호에서는 로켓 낙하 등에 의한 손해란 지표나 수면 또는 비행 중인 항공기에 발생한 손해를 의미한다고 규정하고 있으므로 만약 우주공간에서 손해가 발생하게 된다면, 동법이 아닌 우주손해책임협약의 규정에 따라 고의나 과실이 있는 경우에만 손해배상책임을 지게 된다. 여기에서 주의할 점은 손해배상책임의 주체가 발사 실시자로 한정되어 있는 점이다. 인공위성의 낙하로 인한 손해는 동법 제53조에서 규정하고 있는데, 이 경우에 손해배상책임의 주체는 인공위성의 관리자이다. 이처럼 일본의 우주활동법은 우주물체 낙하로 인한 손해에 대하여 로켓과 인공위성을 나누어서 규정하였는데 이는 실질적인 운영 주체를 구분하여 손해배상책임을 지게 하기 위함이다.

3. 관련 사례(코스모스-954 사건)

코스모스-954 사건은 소련의 감시위성 코스모스-954가 캐나다의 영토에 떨어진 사건이다. 캐나다는 자국의 영토가 피해를 입었기 때문에 국제법의 주권침해에 대한 일반원칙, 우주조약과 우주손해책임협약의 내용을 근거로 소련에 손해배상을 청구하였다.

가. 사실관계

1977년 9월 소련이 원자로가 탑재되어 있는 감시위성 코스모스-954를 소련 영토에서 발사하였고, 해당 위성은 궤도에 안착하는 듯 보였으나, 소련의 통제를 벗어나서 1978년 1월 대기권으로 진입하며 연소되었다. 그러나 연소되지 않고 남은 잔해가 캐나다 알버타주, 서스캐처원주 등의 지역에 떨어지게 되었다.

캐나다는 소련 측에 코스모스-954의 잔해가 캐나다의 영토에 떨어진 것을 항의하였는데, 소련은 해당 위성의 원자로는 대기권에 들어오며 완전히 분해되기 때문에 방사능으로 인한 위험은 없으며, 일부 잔해가 북대평양에 있는 알류샨 열도에 떨어질 가능성이 있다고 답변하였다. 이후 캐나다는 자국 영토에 떨어진 코스모스-954의 잔해를 추적하기 위한 미국과의 협력 작전인 아침햇살작전(Operating Morning Light)을 실행하여, 약 60여 곳에 이르는 방사능 오염지역을 찾았으며, 파편을 수거하여 조사 결과 2개의 파편이 방사능에 오염되어 있음을 발견하였다.[130] 이후 캐나다는 소련이 자국의 영공을 침해하여 영토를 오염시켰다며 우주손해책임협약과 국제법의 일반원칙에 근거하여 손해배상을 청구하였다.[131]

나. 캐나다의 손해배상 청구

캐나다는 코스모스-954의 잔해 수색 및 방사능 오염원 제거 작업 등을 위하여 발생한 비용 약 6백만 캐나다 달러를 소련에 청구하였다. 이때에 캐나나가 원용한 법률은 국제법의 일반원칙과 우주조약 제6조, 제7조, 우주손해책임협약 제2조 등을 근거로 하였으며 그 주요 내용은 다음과 같다.

먼저 국제법의 일반원칙은 주권침해에 대한 내용으로, 소련의 코스모스-954가 캐나다의 영토를 침입하였고, 방사능 퇴적물이 캐나다의 영토에 피해를 입혔기 때문에 주권침해를 구성한다고 주장하며, 주권침해로 인한 손해배상의무를 져야 한다고 하였다.[132]

다음으로 우주조약에 관한 내용으로, 먼저 제6조에서는 어느 당사국의 우주

---

130) CANADA: CLAIM AGAINST THE UNION OF SOVIET SOCIALIST REPUBLICS FOR DA-MAGE CAUSED BY SOVIET COSMOS 954, *International Legal Materials* 18, no. 4 (1979): 904.

131) 김한택, 우주법, 와이북스, 2016년, 153면.

132) Martin Dixon, Robert McCorquodale, *Cases & Materials on International Law* (Oxford University Press, 2003), 277.

활동은 정부주체나 비정부 단체를 막론하고 해당 당사국이 국제적 책임을 진다고 규정하고 있으므로 코스모스-954의 발사국 및 운영 주체인 소련이 해당 책임에 대하여 당사국이 된다고 주장하였다.

이어서 우주조약 제7조는 외기권에 물체를 발사하거나 그 물체를 발사하여 궤도에 진입하게 한 본 조약의 당사국은 이러한 물체나 물체의 구성부품으로 다른 당사국 또는 자연인, 법인에게 가한 손해에 대하여 국제적 책임을 진다고 규정하고 있으므로, 동 사건에서는 코스모스-954의 잔해가 우주조약 제7조에서 규정하고 있는 구성 부분에 해당하며, 이로 인하여 캐나다의 영토에 손해를 가하였기 때문에 이에 따른 국제적 책임을 져야 한다고 주장하였다.

마지막으로 우주손해책임협약 제2조에서는 발사국의 우주물체가 지구 표면 또는 비행 중인 항공기에 발생시킨 손해에 대하여 절대적인 책임을 진다고 규정하고 있으므로 캐나다는 소련의 과실에 대한 증명 없이, 해당 위성이 캐나다의 영토에 피해를 주었으므로 그 손해에 대하여 손해배상책임을 져야 한다고 주장하였다.

이 중 손해의 배상에 대하여 가장 구체적으로 규정하고 있는 것은 우주손해책임협약이다. 우주손해책임협약 제9조는 외교적 방법을 통하여 손해배상을 발사국에게 제출하도록 규정하고 있으며, 만약 외교적 관계가 없다면, 다른 국가에게 그 청구의 제출을 요청할 수 있다고 규정하고 있다. 그리고 양 국가가 국제연합의 회원국일 경우에는 국제연합 사무총장을 통하여 청구를 제출할 수 있도록 규정하고 있다.

우주손해책임협약
(연구자 번역본)

제9조[133]
손해배상청구는 외교적 경로를 통하여 발사국에 제출하여야 한다. 관련 발사국과 외교 관계를 유지하고 있지 않는 국가는 다른 국가에 발사국에 그 청구를 제출할 것을 요청하거나 기타의 방법으로 이 협약에 따라 자국의 이익을 대변할 것을 요청할 수 있다. 또한 청구국과 발사국 모두가 국제연합의 회원국일 경우, 청구국은 국제연합 사무총장을 통하여 청구를 제출할 수 있다.

---

133) 우주손해책임협약 제9조: A claim for compensation for damage shall be presented to

동협약에서는 만약 이러한 외교적 방법으로 해결되지 않았을 경우에 청구위원회를 설치할 수 있다고 규정하고 있다.[134]

결과적으로 캐나다와 소련은 3년 동안의 교섭을 통하여 1981년 소련이 캐나다에 손해배상액 300만 캐나다 달러를 지급한다는 배상청구에 관한 의정서를 체결하여 이 사건은 마무리가 되었으며, 이는 우주손해책임협약 제9조에서 규정하고 있는 외교적 방법으로 인하여 해결된 것으로 볼 수 있지만, 실제로 소련은 우주손해책임협약을 거론하지는 않았다.[135]

다. 검토

캐나다는 크게 두 가지를 두고 소련에 손해배상을 청구하였는데, 하나는 국제법의 일반원칙인 주권침해에 대한 내용이며, 다른 하나는 국제우주법 체계를 통하여 불법행위를 구성한다는 내용이다.

먼저 주권침해의 경우 소련은 캐나다의 주권을 침해할 의사를 구성하지 않는다고 판단된다. 소련의 코스모스-954의 낙하는 소련이 의도하여 추락시킨 것이 아니기 때문에 이를 주권의 침해로 보기에는 조금 어렵다고 여겨진다. 그러므로 우주조약 및 우주손해책임협약의 내용을 근거로 캐나다가 소련에 손해배상청구를 한 것이 더 합당하다고 여겨진다. 본 사건에서는 소련의 코스모스-954의 잔해가 캐나다의 영토에 떨어졌고, 피해가 발생하였기에 소련은 우주손해책임협약상 무과실책임을 지고 결과적으로 동협약 제9조에서 규정하고 있는 외교적 방

---

a launching State through diplomatic channels. If a State does not maintain diplomatic relations with the launching State concerned, it may request another State to present its claim to that launching State or otherwise represent its interests under this Convention. It may also present its claim through the Secretary-General of the United Nations, provided the claimant State and the launching State are both Members of the United Nations.

134) 우주손해책임협약 제14조: 청구국이 청구 자료를 제출하였다는 사실을 발사국에게 통고한 일자로부터 1년 이내에 제9조에 규정된 대로 외교적 교섭을 통하여 보상 청구가 해결되지 않을 경우, 관련당사국은 어느 1 당사국의 요청에 따라 청구위원회를 설치한다(If no settlement of a claim is arrived at through diplomatic negotiations as provided for in Article IX, within one year from the date on which the claimant State notifies the launching State that it has submitted the documentation of its claim, the parties concerned shall establish a Claims Commission at the request of either party).

135) Pamela L. Meredith & George S. Robinson, *Space Law : A Case Study for the Practitioner* (Maritinus Nijhoff Publishers, 1992), 68.

법을 통하여 손해배상청구와 손해배상이 이루어졌다고 볼 수 있다. 다만 우주손해책임협약에서는 직접적인 손해만을 우주손해라고 규정하고 있으므로[136] 방사능의 오염으로 인한 간접적인 손해에 대하여는 논란의 여지가 있다고 여겨진다.

Ⅳ. 우주여행으로 인한 손해

2023년 8월 10일, 글로벌 기업인 버진그룹의 민간 우주기업 버진겔러틱(Virgin Galactic)이 민간인들의 우주여행을 성공시키며 우주여행시대의 막을 열었다.[137] 이 외에도 다수의 기업들이 민간인들의 우주여행 상품을 개발하고 있다.[138] 우리 민법에는 전형계약의 유형 중 하나로 여행계약에 대하여 규정하고 있다. 민법 제674조의2에서 여행계약에 대하여 규정하고 있는데, 이에 따르면 여행계약이란, 당사자 한쪽이 상대방에게 여행관련 용역을 결합하여 제공하기로 약정하고 상대방은 그 대금을 지급하기로 약정하여 효력이 생긴다고 규정하고 있다. 즉 우주여행 또한 우리 민법상 여행계약의 하나로 들어가게 되며, 여행계약은 도급계약과 가장 유사한 계약이다.[139]

현재까지 우주여행과 관련하여 명확한 법적 규율은 없으며, 민사법적 영역으로 한정하여 본다면 우주여행의 우주선 탑승 중에 일어나는 손해에 대한 책임, 계약의무, 상업활동 규제 등과 같은 문제와 우주의 성격을 고려할 때에 관할권의 적용, 보험 등과 같은 내용의 법적 구조를 확립해야 한다. 이하에서는 우주여행에 관한 법률과 법적 책임에 대하여 살펴보고자 한다.

1. 우주여행에 관한 법률

우주여행에 관하여 직접적으로 규정하고 있는 국제법은 없으며, 다만 우주

---

136) 우주손해책임협약 제1조(a).
137) Thomas Mackintosh, "Virgin Galactic: First space tourism mission after decades of promises," *BBC*, August 10, 2023, https://www.bbc.com/news/science-environment-66468628
138) 스페이스X(SpaceX)사는 2021년 민간인만 태운 우주선 크루 드래건을 우주정거장보다 높은 575km궤도에 안착시켰으며, 오리온 스캔(Orion Span)사는 호텔형 우주선을 개발하고 있고, 스페이스 어드벤쳐(Space Adventure)사는 러시아와 계약하여 7~8인승 우주여행선을 개발하고 있다.
139) 손종학, 講解 계약법Ⅱ, 충남대학교 문화출판원, 2018년, 452면.

조약상 비정부 단체의 활동에 우주운송이나 우주여행과 같은 내용을 적용할 수 있다. 그러나 앞서 살펴보았던 바와 같이, 국제 우주법 체계에 따르면 사적 주체는 법적으로 청구권을 가져올 수 있는 권한이 없다.[140] 즉 사적 주체가 우주활동을 할 때에 그 모든 책임은 국가가 가지고 있게 되며, 심지어 손해배상 청구권 또한 국가에 있다.[141] 그러므로 국가들은 자국의 입법을 통하여 비정부 단체가 우주활동을 하기 위해서는 승인을 받아야 하며, 계속적으로 감독을 받을 수 있도록 하고 있고, 우주여행과 관련하여도 이러한 승인 절차를 받을 수 있도록 규정하고 있다. 현재까지 우주여행과 관련하여 가장 구체적인 규정을 가지고 있는 나라는 미국이 유일하다. 그러므로 본 단락에서는 미국의 우주여행 관련 규정에 대하여 살펴보고자 한다.

가. 미국의 우주여행 관련 규정

미국의 우주여행 관련 규정은 연방법 제51편에서 규정하고 있다. 먼저 제 20102조(c)[142]를 보면 "미국 의회는 미국의 복지를 위해 관리기관이 가능한 최대한으로 우주의 충분한 상업적 사용을 추구하고 장려해야 한다고 선언한다"고 규정하고 있다. 이러한 정책은 우주 서비스의 발전이 미국의 경제적 복지에 기여한다는 인식을 가지고 있는 것으로 해석할 수 있으며, 미국은 이를 위하여 필요한 범위 내에서만 규제를 실행하도록 규정하여 우주 서비스 활동을 촉진하고 있다.[143] 또한 미국은 상업적 우주 비행에 대하여 안전한 체제를 만들어 공익적으

---

140) José Monserrat Filho, *Corporations and Space Law in International Institute of Space Law, Proceedings of the 48th Colloquium on the Law of Outer Space* (The Hague: Eleven International Publishing, 2005), 259.

141) 우주조약 제7조.

142) 51 U.S.C.A. § 20102(c): 미국 의회는 미국의 복지를 위해 관리기관이 가능한 최대한으로 우주의 충분한 상업적 사용을 추구하고 장려해야 한다고 선언한다(Congress declares that the general welfare of the United States requires that the Administration seek and encourage, to the maximum extent possible, the fullest commercial use of space).

143) 51 U.S.C.A. § 50901(a)(7): 미국은 민간 부문의 발사, 재진입, 관련 서비스를 장려해야 하며, 필요한 범위 내에서만 이러한 발사, 재진입, 서비스를 규제하여 미국의 국제적 의무 준수를 보장하고 공중 보건 및 안전, 재산의 안전, 그리고 미국의 국가 안보 및 외교 정책 이익을 보호해야 한다(the United States should encourage private sector launches, reentries, and associated services and, only to the extent necessary, regulate those launches, reentries, and services to ensure compliance with international obligations of the United States and to protect the public health and safety, safety of property, and national security and foreign policy interests of the United States).

로 활용한다는 입장으로, 우주비행을 관리하는 규제 표준이 기술개발을 억압하면 안 된다고 규정하고 있다.[144)]

　이러한 규정을 근거로 미국의 연방항공청(Federal Aviation Administration, 이하 'FAA'라 함)은 상업우주교통국(Commercial Space Transportation, 이하 'CST'라 함)을 설립하였으며, CST는 상업적 발사, 재진입, 상업 우주운송을 장려 및 촉진하는 임무를 가지고 있다.[145)] 미국에서 우주여행을 서비스하기 위해서는 먼저 FAA와 협의하도록 규정하고 있으며,[146)] CST로부터 안전 승인을 받도록 하고 있다.[147)] 우주여행에 대한 승인이 발급될 때에는 발생할 수 있는 제3자에 대한 손해 및 정부 재산에 대한 손해를 보상하기 위하여 보험에 가입하거나 재정적 책임을 입증하도록 하고 있으며, 제3자에 대한 책임 입증금액은 5억 달러, 정부 재산에 대한 손해는 10억 달러로 규정하고 있다.[148)]

2. 우주여행으로 인한 손해

　우주여행은 우주선 내 부상, 다른 우주물체와의 충돌, 오작동 또는 우주 여

---

144) 51 U.S.C.A. § 50901(a)(15): 유인 우주비행을 규제하는 표준은 산업이 발전함에 따라서 설정하여야 하며, 이러한 규정은 기술개발을 억압하지 않으면서도 대중이 승무원, 정부 소속 우주비행사, 또는 우주비행 참가자에게 더 큰 안전을 기대하게 됨에 따라 승무원, 정부 소속 우주비행사, 또는 우주비행 참가자가 피할 수 있는 위험에 노출되지 않도록 해야 한다(the regulatory standards governing human space flight must evolve as the industry matures so that regulations neither stifle technology development nor expose crew, government astronauts, or space flight participants to avoidable risks as the public comes to expect greater safety for crew, government astronauts, and space flight participants from the industry).

145) Federal Aviation Administration, "About the Office of Commercial Space Transportation," https://www.faa.gov/about/office_org/headquarters_offices/ast

146) 14 Code of Federal Regulations, § 413.5: 예비 신청자는 신청 절차와 FAA의 승인 또는 승인 결정과 관련된 가능한 문제에 대해 논의하기 위해 신청서를 제출하기 전에 FAA와 협의해야 한다. 초기 협의는 신청자가 신청 또는 제안된 승인 또는 승인 활동에 대한 변경이 신청자에게 상당한 지연 또는 비용을 초래할 가능성이 낮을 때 계획 단계에서 가능한 규제 문제를 식별하는 데 도움이 된다(A prospective applicant must consult with the FAA before submitting an application to discuss the application process and possible issues relevant to the FAA's licensing or permitting decision. Early consultation helps an applicant to identify possible regulatory issues at the planning stage when changes to an application or to proposed licensed or permitted activities are less likely to result in significant delay or costs to the applicant).

147) Petra A Vorwig, "Regulation of private launch services in the United States." *National Regulation of Space Activities* (2010): 410.

148) 51 U.S.C.A. § 50914(a)(3)(A).

행자의 과실로 인한 기타 사고가 발생할 수 있으며, 우주여행 참가자의 안전을 위해서는 이러한 사고를 방지할 수 있는 포괄적인 법적 장치가 필요하다.

앞서 살펴보았던 바와 같이, 우주조약과 우주손해책임협약상 정부주체나 비정부 단체를 막론하고, 우주활동에 관한 책임은 국가가 지도록 하고 있다. 즉 국가가 우주여행에서 발생하는 모든 손해에 대하여 책임을 지게 된다. 여기에서 민간인의 우주여행에 대하여 국가가 책임을 져야 하는지에 대한 문제가 발생한다. 우주조약과 우주손해책임협약상 우주활동은 국가가 책임을 지게 되기 때문에 이를 위한 별도의 책임 관련 법체계가 필요하다.

유럽연합의 경우, ESA는 우주여행에 대하여 민간 운영 비행체에 의한 궤도 이하 비행 및 우주 관광 시장에 의해 주도되는 관련 기술의 개발[149]이라고 정의하고 있으며, 유럽 항공안전청(European Aviation Safety Agency, 이하 'EASA'라 함)은 궤도 이하의 비행체를 항공기로 해석하고 있고, 유럽연합의 입법기관에서는 감항성(airworthiness)[150]과 관련하여 EASA의 의견을 받은 후에만 유럽 위원회에 의하여 채택이 될 수 있다고 규정하고 있다.[151] 이러한 규정을 종합해 보았을 때에, 유럽의 궤도 이하 우주여행에 관한 규제기관은 EASA가 된다. 미국은 우주여행에 관하여 연방법 제51편에서 규정하고 있지만 앞에서 살펴본 바와 같이 아직은 정책적인 부분에서 선제적인 입법을 한 것이기 때문에, 이하에서는 미국의 연방법과 항공관련 규정을 함께 연구하고자 한다.

가. 우주여행 운영자의 손해배상책임

항공에 관한 국제 운송과 관련된 특정 규칙의 통일을 위하여 1927년 국제항공운송에 관한 일정한 규칙의 통일을 위한 협약(Convention for the Unification of Certain Rules Relating to International Carriage by Air, 이하 '바르샤바 협약'이라 함)이 체결되었다. 바르샤바 협약은 항공운송에 있어서 통일된 기준을 제시하기 위하여 체결된 협약으로,[152] 항공기의 탑승 또는 승하선 과정에서 사고가 발생한 경

---

149) Gálvez Andrés, Géraldine Naja-Corbin, "Space Tourism: ESA's View on Private Sub-orbital Spaceflights," *ESA Bulletin 135* (August 2008): 18.
150) 감항성이란 항공기나 그 관련 부품이 비행 조건에서 정상적인 성능과 안전성 및 신뢰성의 여부를 의미한다. 즉 항공기가 자체 안전성을 확보하기 위해 갖추어야 할 능력이다.
151) Jean-Bruno Marciacq, "Accommodating Sub-Orbital Flights into the EASA Regulatory System in Space Safety Regulations and Standards," *Butterworth-Heinemann*, (2010): 191.

우 적용 가능한 획일적인 책임 체제를 확립하였다.153)

   구체적으로는 여객기 승객의 상해 또는 사망과 관련된 사고가 발생한 경우, 항공 운영자154)에 대하여 엄격하지만 제한적인 책임이라는 획일적인 체제를 확립하였다.155) 바르샤바 협약 제17조에서 제30조는 항공 운영자의 책임에 대하여 규정하고 있다. 먼저 제17조는 항공 운영자의 책임 범위에 대하여 규정하고 있다.

바르샤바 협약
(외교부 국문본)

제17조156)
항공 운영자157)는 승객의 사망 또는 부상 기타의 신체상해의 경우에 있어서의 손해에 대하여서는 그 손해의 원인이 된 사고가 항공기상에서 발생하거나 또는 승강(乘降)을 위한 작업중에 발생하였을 때에는 책임을 진다.

   동규정에 따라 항공 운영자는 승객의 사망 또는 부상, 기타 신체상해의 원인이 된 사고가 항공기상에서 발생하거나 또는 승강을 위한 작업 중에 발생하였을 경우에 책임을 지도록 하고 있다. 이러한 책임은 제20조와 제21조를 통해 면책되거나 경감될 수 있도록 규정하고 있다.

---

152) 박원화, 정영진, 이구희, 항공우주법 개론, 한국학술정보, 2016년, 36면.
153) 바르샤바 협약 외에 1999년 몬트리올에서 체결된 몬트리올 협약도 있지만, 책임제도에 따른 회수 가능을 제외하고는 각각의 규정이 유사하기 때문에 본 연구에서는 바르샤바 협약만을 다루도록 한다.
154) 영문으로는 carrier(항공사)라고 하지만 본문에서는 우주여행 운영자와 함께 설명하기 위하여 '항공 운영자'라고 한다.
155) Matthew R Pickelman, "Draft Convention for the Unification of Certain Rules for International Carriage by Air: The Warsaw Convention Revisited for the Last Time," *Journal of Air Law and Commerce* 64, (1998): 279.
156) 바르샤바 협약 제17조: The carrier is liable for damage sustained in the event of the death or wounding of a passenger or any other bodily injury suffered by a passenger, if the accident which caused the damage so sustained took place on board the aircraft or in the course of any of the operations of embarking or disembarking.
157) 외교부 국문본에서는 'carrier'를 '운송인'이라고 번역하였지만, 그 의미상 항공사에 가깝기 때문에 본 연구에서는 '항공 운영자'라고 번역한다.

바르샤바 협약
(외교부 국문본)

제20조[158)

(1) 항공 운영자는 항공 운영자 및 그의 사용인이 손해를 방지하기에 필요한 모든 조치를 취하였다는 사실 또는 그 조치를 취할 수 없었다는 사실을 증명한 때에는 책임을 지지 아니한다.
(2) 화물 및 수하물의 운송에 있어서 항공 운영자는 손해가 조종, 항공기의 취급 또는 시행에 관한 과실로부터 발생하였다는 사실 및 항공 운영자 및 그의 사용인이 기타의 모든 점에서 손해를 방지하기 위하여 필요한 모든 조치를 취하였다는 사실을 증명한 때에는 책임을 지지 아니한다.

제21조[159)

피해자의 과실이 손해의 원인이 되었거나 원인의 일부가 되었다는 사실을 항공 운영자가 증명한 때에는 법원은 자국의 법률의 규정에 따라 항공 운영자의 책임을 면제하거나 또는 경감할 수 있다.

동규정에 따르면 피해를 피하기 위해 필요한 모든 조치를 취했거나, 그러한 조치를 취하는 것이 불가능했다는 것을 입증할 수 있는 경우, 피해가 상해자의 과실에 의하여 발생했거나 기여했다는 것을 입증할 수 있는 경우에는 책임의 전부 또는 일부를 면제할 수 있다. 즉 이렇게 규정된 것 외의 승객의 부상 등에 관한 사고는 항공 운영자가 책임을 지도록 하지 않고 있으며 승객에 대한 항공 운영자의 책임의 한도를 규정하고 있다.

이러한 책임의 상한은 우주여행 산업에도 적용할 수 있으며, 우주여행 운영

---

158) 바르샤바 협약 제20조: 1. The carrier is not liable if he proves that he and his agents have taken all necessary measures to avoid the damage or that it was impossible for him or them to take such measures. 2. In the carriage of goods and luggage the carrier is not liable if he proves that the damage was occasioned by negligent pilotage or negligence in the handling of the aircraft or in navigation and that, in all other respects, he and his agents have taken all necessary measures to avoid the damage.
159) 바르샤바 협약 제21조: If the carrier proves that the damage was caused by or contributed to by the negligence of the injured person the Court may, in accordance with the provisions of its own law, exonerate the carrier wholly or partly from his liability.

자는 우주에서의 활동과 관련하여 발생할 수 있는 최대 손실(maximum probable loss)을 보장하기 위하여 보험에 가입할 수 있다. 미국의 경우 제3자에 대한 책임 입증 금액을 5억 달러로 규정하고 있다.[160] 이러한 법적 확실성은 최대 발생 가능한 손실을 설정할 수 있으므로 우주여행 운영자가 재정적 확실성을 담보할 수 있도록 한다.

미국의 우주여행 운영자는 다른 발사 활동과 같이 FAA로부터 면허를 받아 우주여행을 운영하여야 한다. 면허를 위한 요구사항은 공중 및 보건의 안전, 국가 안보 등과 같은 요구사항을 준수하여야 하며, 보험으로 발생한 피해를 배상할 수 있다. 즉 우주여행의 운영 중에 사고가 발생하였을 경우, 우주여행 운영자는 보험을 통하여 손해를 배상하게 된다. 기타 우주물체의 발사, 재진입과 마찬가지로 우주여행 운영자 또한 이와 관련된 법률을 준수하여야 한다.

나. 우주 여행자의 손해배상책임

미국의 연방법 제51편 제50902조(20)에서는 우주비행 참가자(space flight participant)에 대하여 규정하고 있다.

> **미국 연방법 제51편**
> **(연구자 번역본)**
>
> **제50902조(20)**[161]
> 우주비행 참가자란 우주 비행사나 우주 승무원이 아닌 개인으로서 발사 및 재진입 하는 우주 비행체에 탑승한 사람을 의미한다.

동규정에서는 우주비행 참가자를 "우주 비행사나 우주 승무원이 아닌 개인으로 발사 및 재진입하는 우주 비행체에 탑승하는 사람을 의미한다"고 규정하고 있다. 즉 우주비행 참가자는 우주 여행자라고 할 수 있다.[162]

미국 연방규정집 제14편 제460.45조에서는 우주여행 운영자가 우주 여행자

---

160) 51 U.S.C.A. § 50914(a)(3)(A)(ⅰ).
161) 51 U.S.C.A. § 50902(20): 'space flight participant' means an individual, who is not crew or a government astronaut, carried within a launch vehicle or reentry vehicle.
162) 이하에서는 우주비행 참가자를 우주 여행자라고 한다.

에게 고지해야 하는 위험에 대하여 규정하고 있다.

미국 연방규정집 제14편
(연구자 번역본)

제460.45조(a),(b),(c)[163]

(a) 보상을 받거나 우주 여행자와 비행을 합의하기 전에 운영자는 이 조항의 요구 사항을 충족해야 한다. 운영자는 발사 및 재진입의 위험에 대해 각 우주 여행자에게 서면으로 알려야 하며, 여기에는 발사 또는 재진입 비행체의 안전 기록이 포함되어야 한다. 운영자는 이 정보를 전문 교육이나 훈련을 받지 않은 우주 여행자가 쉽게 이해할 수 있는 방식으로 제시해야 하며, 서면으로 공개해야 한다.

   (1) 각 임무에 대해 알려진 모든 위험 및 심각한 부상, 사망, 장애 또는 신체적 및 정신적 기능의 완전 또는 부분적 상실을 초래할 수 있는 위험

   (2) 알려지지 않은 위험의 위험성

   (3) 우주여행 참여로 인하여 사망, 심각한 부상 또는 신체적 또는 정신적 기능의 완전 또는 부분적 상실의 초래

(b) 운영자는 미국 정부가 발사체 및 재진입 비행체에 대하여 승무원 또는 우주 여행자의 탑승 안전을 인증하지 않았음을 각 우주 여행자에게 알려야 한다.

(c) 운영자는 미국 정부 및 민간 부문 비행체를 포함하여 1명 이상을 태운 모든 발사 또는 재진입 차량의 안전 기록을 각 우주 여행자에게 알려야 한다. 이 정보에는 다음이 포함되어야 한다.

   (1) 준궤도 또는 궤도 우주비행에 참여한 총인원 수와 이러한 비행에서 사망하거나 중상을 입은 총인원수; 및

   (2) 탑승한 사람을 태운 채 수행된 발사 및 재진입의 총횟수와 이러한 발사 및 재진입의 실패 횟수

---

163) 14 CFR § 460.45(a),(b),(c):

   (a) Before receiving compensation or making an agreement to fly a space flight participant, an operator must satisfy the requirements of this section. An operator must inform each space flight participant in writing about the risks of the launch and reentry, including the safety record of the launch or reentry vehicle type. An operator must present this information in a manner that can be readily understood by a space flight participant with no specialized education or training, and must disclose in writing—

     (1) For each mission, each known hazard and risk that could result in a serious injury, death, disability, or total or partial loss of physical and mental function;

동규정에 따라 우주여행 운영자는 발사 및 재진입의 위험을 우주 여행자에게 서면으로 알려야 한다. 이러한 위험에는 신체적 부상이나 질병, 사망, 장애를 얻을 수 있는 위험 등을 포함하며, 미국 정부가 발사체에 대하여 안정성을 인증하지 않았다는 것을 고지해야 한다. 그리고 우주비행에서 사망하거나 중상을 입은 횟수 및 실패 횟수도 고지하도록 하고 있다.

미국 연방규정집 제14편
(연구자 번역본)

제460.45조(d),(e),(f)[164]
(d) 운영자는 각 우주 여행자에게 다음과 같이 비행체의 안전 기록을 설명해야 한다.
  (1) 이 장 제450조에 따라 발급된 면허의 경우 운영자의 안전 기록은 제460.17조에 따라 수행된 비행체 검증 중 및 검증 후에 발생한 사건 중 제401.7조의 "사고" 정의의 (1), (4), (5), 또는 (8) 항목에 해당하는 모든 사건 및 다음을 포함해야 한다.
    (i) 비행체의 비행횟수;
    (ii) 이 장 제401.7조의 "사고" 정의의 단락 (1), (4), (5), 또는 (8) 중 하나를 충족하는 사건의 횟수; 및
    (iii) 이러한 사고를 해결하기 위한 시정조치의 여부
  (2) 이 장의 제415조, 제431조 또는 제435조에 따라 발급된 면허의 경우 운영자의 안전 기록은 제460.17조에 따라 수행된 비행체 검증 중 및 검증 후에 발생한 사

---

  (2) That there are hazards that are not known; and
  (3) That participation in space flight may result in death, serious injury, or total or partial loss of physical or mental function.
(b) An operator must inform each space flight participant that the United States Government has not certified the launch vehicle and any reentry vehicle as safe for carrying crew or space flight participants.
(c) An operator must inform each space flight participant of the safety record of all launch or reentry vehicles that have carried one or more persons on board, in-cluding both U.S. government and private sector vehicles. This information must include —
  (1) The total number of people who have been on a suborbital or orbital space flight and the total number of people who have died or been seriously injured on these flights; and
  (2) The total number of launches and reentries conducted with people on board and the number of catastrophic failures of those launches and reentries.

164) 14 CFR § 460.45(d),(e),(f):

건 중 제401.5조에 정의된 발사 및 재진입 사고와 유인 우주비행사고 및 다음을
포함해야 한다.
(i) 비행체의 비행횟수
(ii) 제401.5조에 정의된 사고 및 유인 우주비행사고 횟수
(iii) 이러한 사고 및 유인 우주비행사고를 해결하기 위한 시정조치의 여부
(e) 운영자는 우주 여행자에게 보고된 사고 및 유인 우주비행사고에 대한 추가 정보를 요청
할 수 있음을 알려야 한다.
(f) 비행 전에 운영자는 각 우주 여행자에게 임무의 위험을 더 잘 이해하기 위해 구두로 질
문할 기회를 제공해야 하며, 각 우주 여행자는 발사 또는 재진입에 참여하기 위해 서면
으로 동의해야 한다. 동의서는 다음을 반드시 포함해야 한다.
(1) 동의 대상이 되는 발사 비행체
(2) 우주 여행자가 위험을 이해하고 발사체에 탑승하는 것이 자발적이라는 것
(3) 우주 여행자의 직접 서명 및 날짜

(d) An operator must describe the safety record of its vehicle to each space flight
participant as follows:
(1) For licenses issued under part 450 of this chapter, the operator's safety record
must cover any event that meets any of paragraph (1), (4), (5), or (8) of the
definition of "mishap" in § 401.7 that occurred during and after vehicle ver−
ification performed in accordance with § 460.17, and include:
(i) The number of vehicle flights;
(ii) The number of events that meet any of paragraph (1), (4), (5), or (8) of
the definition of "mishap" in § 401.7 of this chapter; and
(iii) Whether any corrective actions were taken to resolve these mishaps.
(2) For licenses issued under part 415, 431, or 435 of this chapter, the operator's
safety record must cover launch and reentry accidents and human space flight
incidents as defined by § 401.5, that occurred during and after vehicle ver−
ification performed in accordance with § 460.17, and include:
(i) The number of vehicle flights;
(ii) The number of accidents and human space flight incidents as defined by
§ 401.5; and
(iii) Whether any corrective actions were taken to resolve these accidents and
human spaceflight incidents.
(e) An operator must inform a space flight participant that he or she may request
additional information regarding any accidents and human space flight incidents
reported.
(f) Before flight, an operator must provide each space flight participant an oppor−
tunity to ask questions orally to acquire a better understanding of the hazards and
risks of the mission, and each space flight participant must then provide consent
in writing to participate in a launch or reentry. The consent must—

또한 운영자는 우주 여행자에게 비행체의 안전 기록을 설명하도록 하고 있는데, 여기에는 비행체 및 유인 우주비행 사고의 비행횟수, 사고 횟수, 사고해결의 조치 여부를 포함하며, 우주 여행자는 추가 정보를 요청할 수도 있다. 이러한 내용을 기초로 하여 우주 여행자는 우주여행이 고도의 위험을 동반한다는 사실을 고지받고 우주여행의 참가를 선택할 수 있으며, 만약 우주여행의 참가를 수락한다면 이러한 위험 행위에 동참을 수락하는 것으로 볼 수 있다. 만약 우주 여행자의 고의나 과실로 인하여 손해가 발생하였을 경우에는, 바르샤바 협약 제21조에 따라 우주여행 운영자는 책임을 면하거나 경감받을 수 있으며, 해당 손해는 우주 여행자가 불법행위로 책임을 지게 된다.

만약 불가항력적인 사유로 손해가 발생하였을 경우 문제가 될 수 있다. 우주손해책임협약에서는 우주물체 발사국이 손해를 배상할 절대적인 책임을 진다고 규정하고 있으며,165) 미국의 우주관련 연방법 또한 불가항력에 의한 예외 사유를 규정하고 있지 않다. 그러므로 우주여행 중에 불가항력으로 인하여 손해가 발생하였을 경우, 우주여행 운영자가 해당 손해배상책임을 지게 되며, 이 경우 미국 연방법 제51편 제50914조에 따라 보험으로 손해를 배상할 수 있으며, 보험금액을 초과하는 손해에 대해서는 미국 정부가 15억 달러의 범위 내에서 배상을 보증한다.166)

제4절 우주손해의 분쟁해결방법과 분쟁해결기구

국제 우주법 체계상 우주손해책임협약에서만 우주손해 분쟁해결을 위한 기구에 대하여 규정하고 있다. 우주손해책임협약에 의하면 우주물체로 인한 손해가 발생했을 경우, 국가만이 손해배상 청구의 주체 및 청구의 대상이 될 수 있다.

---

(1) Identify the specific launch vehicle the consent covers;
(2) State that the space flight participant understands the risk, and his or her presence on board the launch vehicle is voluntary; and
(3) Be signed and dated by the space flight participant.

165) 우주손해책임협약 제2조.
166) 51 U.S.C.A. § 50915(a)(1)(B).

만약 손해배상의 청구에 있어서 분쟁이 발생할 경우에는 일반 국제법상 통용되는 해결 방식인 외교적인 교섭을 통하여 당사국들 간의 분쟁을 해결하도록 하고 있다.

　우주손해책임협약에서는 외교적 교섭을 통하여 손해배상에 관한 분쟁이 해결되지 않았을 경우에는 청구위원회를 통해 분쟁을 해결할 수 있도록 규정하고 있다. 본 절에서는 이러한 분쟁해결방법과 분쟁해결기구에 대한 연구를 하기 위하여, 먼저 일반 국제법상 분쟁해결의 방법에 대하여 살펴보고, 그 후에 우주손해책임협약에서 규정하고 있는 청구위원회에 대하여 살펴보고자 한다.

Ⅰ. 일반 국제법상 분쟁해결

　국제적 분쟁에 대하여 국제연합헌장(Charter of the United Nations) 제33조에서는 여러 가지 해결 형식을 제시하고 있으며, 분쟁의 당사국이 이러한 형식을 선택하거나 다른 평화적인 수단을 선택하여 분쟁을 해결하도록 규정하고 있다. 즉 분쟁의 해결 방식을 열거하고 있지만 그러한 방식에 한정하여 분쟁을 해결하도록 하고 있지는 않으며, 당사국의 자유로운 의사로 평화적인 수단을 선택하도록 규정하고 있다.

국제연합헌장
(외교부 국문본)

제33조[167]
1. 어떠한 분쟁도 그의 계속이 국제평화와 안전의 유지를 위태롭게 할 우려가 있는 것일 경우, 그 분쟁의 당사자는 우선 교섭·심사·중개·조정·중재재판·사법적 해결·지역적 기관 또는 지역적 약정의 이용 또는 당사자가 선택하는 다른 평화적 수단에 의한 해결을 구한다.
2. 안전보장이사회는 필요하다고 인정하는 경우 당사자에 대하여 그 분쟁을 그러한 수단에 의하여 해결하도록 요청한다.

---

167) 국제연합헌장 제33조:
　　1. The parties to any dispute, the continuance of which is likely to endanger the maintenance of international peace and security, shall, first of all, seek a solution by negotiation, enquiry, mediation, conciliation, arbitration, judicial settlement, re-

본 규정에 의하면 "분쟁의 당사자는 우선 교섭, 심사, 중개, 조정, 중재재판, 사법적 해결, 지역적 기관 또는 지역적 약정의 이용 또는 당사자가 선택하는 다른 평화적 수단에 의한 해결을 구한다"고 규정하고 있다. 즉 분쟁해결의 방식을 한정하고 있지는 않고, 당사국의 자유로운 의사를 존중하고 있다.

실제로 우주분쟁이 발생할 경우 우주손해책임협약에 의하여 국가가 주체가 되어 손해배상을 청구하도록 되어 있으므로, 국가들은 분쟁의 해결을 위하여 국제연합헌장상의 전통적인 분쟁해결 방법이나 우주협약에 따른 분쟁해결 방법을 취할 수 있다. 이러한 방법은 외교를 통한 분쟁해결, 사법적 분쟁해결로 나눌 수 있으며, 이하에서는 이러한 분쟁해결 방식에 대하여 알아보고자 한다.

1. 외교를 통한 분쟁해결

외교를 통한 분쟁해결은 교섭, 심사, 중개, 조정이 해당하게 되며 그 각각의 내용은 다음과 같다.

먼저 교섭은 가장 전통적인 분쟁해결 방법으로, 양 당사국이 혹은 이해관계에 있는 두 개 이상의 당사국이 직접적으로 분쟁의 해결을 위하여 교섭하는 것을 의미한다. 우주손해에 대해서도 교섭의 방식을 통하여 분쟁을 해결할 수 있는데, 앞서 살펴보았던 코스모스-954 사건에서 캐나다는 국제법의 주권침해에 대한 일반원칙을 원용하였는데, 결과적으로 교섭을 통하여[168] 소련이 캐나다에 배상금을 주며 사건이 마무리 되었다.[169]

다음으로 심사는 분쟁 당사자 간의 의견대립이 좁혀지지 않을 경우 사실심사(inquiry)를 통하여 사실을 명확하게 밝히는 것인데, 일반적으로 제3자에게 조사를 실시하게 하기 위하여 특별한 합의를 통해 기관을 설립하고 조사를 실시하게 된다.[170] 이러한 사실심사는 분쟁을 최종적으로 해결한다는 것보다는 분쟁의

---

sort to regional agencies or arrangements, or other peaceful means of their own choice.

2. The Security Council shall, when it deems necessary, call upon the parties to settle their dispute by such means.

168) JAXA, "Protocolon Settlement of Canada's Claim for Damages Caused by Cosmos-954," https://www.jaxa.jp/library/space_law/chapter_3/3-2-2-1_e.html

169) Phillip Sands, *Principles of International Environmental Law* (Cambridge University Press, 2003), 202.

170) 이러한 사실심사는 1899년 헤이그 협약에 의하여 도입된 사실심사위원회(commission of inquiry)를 통한 분쟁해결 방식이다. 김한택, 현대국제법-이론과 사례연구, 지인북스,

원인이 되는 사실관계에 대한 기록을 작성하고 분쟁 당사국들에 해당 기록을 제출하는 것에 의의가 있다. 즉 사실심사 기관은 사실관계에 대한 조사만을 수행하기 때문에 분쟁 당사국들에 유용하게 활용될 수 있다.[171]

중개는 제3자의 개입을 통하여 분쟁 당사국들이 받아들일 수 있는 해결안을 제시하도록 하는 것으로, 중개의 형태는 분쟁 당사국들이 시도하지 않은 다른 형식의 분쟁해결 방법을 제시하거나, 교섭을 계속적으로 이어가도록 권고하는 등 여러 가지 방법을 사용할 수 있다. 달협정에서는 분쟁의 당사국들이 분쟁의 해결을 위한 협의가 되지 않을 경우, 상대 당사국의 동의 없이 국제연합 사무총장에게 분쟁해결을 위한 중개를 요청할 수 있다고 규정하고 있다.[172]

마지막으로 조정은 제3자가 법적 권한을 가지고 개입하는 것이지만, 당사자들이 합의할 수 있는 조건을 강구할 뿐이고, 실질적인 구속력을 가지고 있지는 않다. 국제법 체계에서 조정은 제3자가 분쟁의 내용을 심의하고 분쟁해결을 위한 보고서를 작성하여 제출하도록 되어있다. 즉 조정의 목적은 당사국들에 타협안을 제시하는 것이며, 법적 의무를 회피하는 분쟁해결 방식이다.

2007년, 264면.

171) Lisa C Toohey, "Compensation for Agent Orange Damage in Vietnam," *Willamette Journal of International Law and Dispute Resolution* 13, (2005): 316.

172) 달협정 제15조: 협의가 모든 당사국의 권리와 이익을 적절히 고려한 상호 수용 가능한 해결로 이루어지지 않는 경우, 관련 당사국은 분쟁의 상황과 성격에 적합한 다른 평화적 수단을 선택하여 분쟁을 해결하기 위한 모든 조치를 취해야 한다. 협의의 개시와 관련하여 어려움이 발생하거나 협의가 상호 수용 가능한 해결로 이어지지 않는 경우, 모든 당사국은 다른 관련 당사국의 동의를 구하지 않고 (국제연합)사무총장의 도움을 구하여 분쟁을 해결할 수 있다. 관련된 다른 당사국과 외교 관계가 없는 경우 해당 당사국은 스스로의 선택에 따라 직접 또는 다른 당사국이나 (국제연합)사무총장을 중개자로 하여 이러한 협의에 참여해야 한다(If the consultations do not lead to a mutually acceptable settlement which has due regard for the rights and interests of all States Parties, the parties concerned shall take all measures to settle the dispute by other peaceful means of their choice appropriate to the circumstances and the nature of the dispute. If difficulties arise in connection with the opening of consultations or if consultations do not lead to a mutually acceptable settlement, any State Party may seek the assistance of the Secretary-General, without seeking the consent of any other State Party concerned, in order to resolve the controversy. A State Party which does not maintain diplomatic relations with another State Party concerned shall participate in such consultations, at its choice, either itself or through another State Party or the Secretary-General as intermediary).

2. 사법적 분쟁해결

사법적 분쟁해결은 중재재판과 국제사법재판소(International Court of Justice)를 통한 해결방식으로 나눌 수 있다.

먼저 중재재판을 통한 분쟁해결은 일반적인 사법재판보다 유연성이 있으며, 분쟁 당사국들은 중재합의를 통하여 중재 재판소, 재판관, 절차 등을 자유롭게 선택할 수 있다. 그리고 재판 과정을 비공개로 하여 중재재판절차에 신뢰성을 부여할 수도 있다.[173] 중재재판은 법적 구속력을 가지게 되기 때문에 중재를 통하여 분쟁을 종료하게 된다. 1899년 국제분쟁의 평화적 해결에 관한 헤이그협약에서는 상설중재재판소(Permanent Court of Arbitration, 이하 'PCA'라 함)의 설치에 대하여 규정하였으며, PCA는 조약국들 간 분쟁이 발생했을 경우 중재재판관을 선택할 수 있도록 규정하고 있다. PCA는 2011년에 우주활동관련 분쟁의 중재재판 선택에 관한 규칙(Optional Rules for Arbitration of Disputes Relating to Outer Space Activities)을 제정하여 우주활동 관련 분쟁에 대하여 중재재판을 할 수 있는 법적 기틀을 마련하였다.

다음으로 국제사법재판소는 앞서 보았던 국제연합헌장에 의하여 설립된 기관으로, 국제사법재판소는 국제연합의 주요한 사법기관으로서 기능하고 있다.[174] 국제사법재판소는 상설 국제법원으로 분쟁 당사국들이 합의하여야만 관할권을 행사할 수 있으며, 이렇게 부여된 관할권을 기초로 하여 국제사법재판소는 국제법에 따라 재판하게 된다. 또한 국제사법재판소는 국제법에 대하여 유권해석을 내릴 수 있는 권한을 가지고 있다. 즉 우주관련 분쟁도 분쟁 당사국들이 국제사법재판소에 관할권을 부여한다면 국제사법재판소는 관할권을 가지고 재판권을 행사할 수 있다.

---

[173] Peter Malanczuk, *Akehurst's Modern Introduction to International Law* (Routledge 1997), 293.
[174] 국제연합헌장 국제사법재판소규정 제1조: 국제연합의 주요한 사법기관으로서 국제연합헌장에 의하여 설립되는 국제사법재판소는 재판소 규정의 규정들에 따라 조직되며 임무를 수행한다(The International Court of Justice established by the Charter of the United Nations as the principal judicial organ of the United Nations shall be constituted and shall function in accordance with the provisions of the present Statute).

Ⅱ. 국제 우주법상 분쟁해결

국제 우주법상 분쟁해결은 우주조약과 달협정, 그리고 우주손해책임협약을 통하여 할 수 있다. 이 중에 분쟁해결에 관한 가장 상세한 내용은 우주손해책임협약이 가지고 있다. 이하에서는 각각의 분쟁해결절차에 대하여 살펴보고자 한다.

1. 우주조약상 분쟁해결

우주조약 제3조는 외기권의 탐사와 이용에 관하여 국제연합헌장 등과 같은 국제법에 따라서 국제평화와 안전의 유지, 그리고 국제적 협조와 이해를 증진하기 위하여 수행하여야 한다고 규정하고 있다. 이는 외기권의 탐사와 이용에 의하여 발생된 분쟁은 일반 국제법상의 원칙을 통하여 해결해야 한다고도 해석할 수 있다. 또한 동조약 제9조에서는 당사국들이 유해한 오염과 외기권의 물질 도입을 통하여 발생할 수 있는 불리한 변화를 회피해야 한다고 규정하며, 만약 외기권의 탐사와 이용의 행위를 통하여 다른 당사국의 활동에 유해한 방해를 가져올 것이라는 이유가 있다면, 국제적 협의를 거쳐야 한다고 규정하고 있다.

또한 동조약 제13조에서는 국제기구를 통한 해결에 대하여 규정하고 있다.

> **우주조약**
> **(외교부 국문본)**
>
> 제13조[175]
> 본 조약의 규정은 본 조약의 단일 당사국에 의하여 행해진 활동이나 또는 국제적 정부간 기구의 테두리 내에서 행해진 경우를 포함한 기타 국가와 공동으로 행해진 활동을 막론하고, 달과 기타 천체를 포함한 외기권의 탐색과 이용에 있어서의 본 조약 당사국의 활동에 적용된다. 달과 기타 천체를 포함한 외기권의 탐색과 이용에 있어서 국제적 정부간 기구가 행한 활동에 관련하여 야기되는 모든 실제적 문제는 본 조약의 당사국이 적절한 국제기구나 또는 본 조약의 당사국인 동 국제기구의 1 또는 2 이상의 회원국가와 함께 해결하여야 한다.

---

175) 우주조약 제13조: The provisions of this Treaty shall apply to the activities of States Parties to the Treaty in the exploration and use of outer space, including the moon and other celestial bodies, whether such activities are carried on by a single State

동규정에서는 외기권의 탐색과 이용과 관련된 활동이 발생시키는 실제적 문제는 본 조약의 당사국이 적절한 국제기구를 통하여 해결하도록 규정하고 있다. 그러나 우주조약에서는 이러한 분쟁해결을 위한 구체적인 절차를 규정하고 있지는 않다. 즉 당사국들 사이에 분쟁이 발생하였을 때에 일반 국제법상의 원칙을 통하여 해결하거나, 적절한 국제기구를 통하여 분쟁해결을 모색할 수 있을 뿐이다. 그리고 만약 어느 한 당사국의 독단적인 행동이 타 국가에 분쟁을 발생시킬 수 있는 경우에는 외교적 방법을 통하여 협상을 진행하게 되기 때문에,[176] 우주조약을 근거로 분쟁해결을 모색할 수는 있지만, 실질적인 해결을 위한 절차는 제시되어 있지 않다.

2. 달협정상 분쟁해결

달협정 제8조에서는 당사국 사이에 발생한 분쟁에 대하여, 협의를 사용하여 그 분쟁을 해결하도록 규정하고 있다.

달협정
(연구자 번역본)

제8조[177]
1. 당사국은 이 협정의 규정에 따라 달 표면 또는 표면 밑의 어느 곳에서나 달의 탐사 및 이용 활동을 수행할 수 있다.

Party to the Treaty or jointly with other States, including cases where they are carried on within the framework of international intergovernmental organizations. Any practical questions arising in connection with activities carried on by international intergovernmental organizations in the exploration and use of outer space, including the moon and other celestial bodies, shall be resolved by the States Parties to the Treaty either with the appropriate international organization or with one or more States members of that international organization, which are Parties to this Treaty.

176) 이영진, "우주활동에 있어서 분쟁의 해결과 예방", 항공우주정책 · 법학회지 제25권 제1호, 한국항공우주법학회, 2010년, 166면~167면.

177) 달협정 제8조:
   1. States Parties may pursue their activities in the exploration and use of the moon anywhere on or below its surface, subject to the provisions of this Agreement.
   2. For these purposes States Parties may, in particular: (a) Land their space objects on the moon and launch them from the moon; (b) Place their personnel, space ve-

2. 이러한 목적을 위해 당사국은 특히 다음을 수행할 수 있다.
  (a) 달에 우주물체를 착륙시키거나 달에서 발사
  (b) 인력, 우주선, 장비, 시설, 기지 및 설비를 달 표면 또는 표면 밑의 어느 곳에나 배치. 인력, 우주선, 장비, 시설, 기지 및 설비는 달 표면 위 또는 밑으로 이동하거나 자유롭게 이동할 수 있다.
3. 이 조항의 제1항 및 제2항에 따른 당사국의 활동은 달에서의 다른 당사국의 활동을 방해해서는 안 된다. 이러한 방해가 발생한 경우 관련 당사국은 이 협정의 제15조제2항 및 제3항에 따라 협의를 진행해야 한다.

동규정에 따르면, 다른 당사국의 활동을 방해해선 안 되며, 만약 다른 당사국의 활동에 대하여 방해가 발생할 경우, 협의(consultation)를 수행하도록 규정하고 있다. 즉 분쟁해결의 방식으로 협의를 규정하고 있으며, 이러한 협의에 대한 내용은 동 협정 제15조에서 상세하게 규정하고 있다.

달협정
(연구자 번역본)

제15조[178)

1. 각 당사국은 달의 탐사 및 이용에 있어 다른 당사국의 활동이 본 협정의 조항에 저촉되지 않는지 확인할 수 있다. 이를 위해 달에 있는 모든 우주 비행체, 장비, 시설, 정거장 및 설치물은 다른 당사국에 개방되어야 한다. 이러한 당사국은 적절한 협의를 실시하고 안전을 보장하며 방문할 시설의 정상적인 운영을 방해하지 않도록 최대한의 예방 조치를 취할 수 있도록 방문에 대한 합리적인 사전 통지를 해야 한다. 이 조항에 따라 모든 당사국은 국제연합의 체제와 헌장에 따라 다른 당사국의 전부 또는 일부 지원을 받거나 적절한 국제 절차를 통해 행동할 수 있다.

hicles, equipment, facilities, stations and installations anywhere on or below the surface of the moon. Personnel, space vehicles, equipment, facilities, stations and installations may move or be moved freely over or below the surface of the moon. 3. Activities of States Parties in accordance with paragraphs 1 and 2 of this article shall not interfere with the activities of other States Parties on the moon. Where such interference may occur, the States Parties concerned shall undertake consultations in accordance with article 15, paragraphs 2 and 3, of this Agreement.
178) 달협정 제15조:
  1. Each State Party may assure itself that the activities of other States Parties in the exploration and use of the moon are compatible with the provisions of this

2. 한 당사국이 이 협정에 따라 부과된 의무를 이행하지 않거나 다른 당사국이 전자의 협정상의 권리를 침해하고 있다고 믿을 만한 이유가 있는 경우, 해당 국가 당사자와 협의를 요청할 수 있다. 이러한 요청을 받은 당사국은 지체 없이 이러한 협의에 참여해야 한다. 협의에 참여하고자 하는 다른 당사국도 협의에 참여할 권리가 있다. 협의에 참여하는 각 당사국은 모든 분쟁에 대해 상호 수용 가능한 해결책을 모색해야 하며 모든 당사국의 권리와 이익을 염두에 두어야 한다. 국제연합 사무총장은 협의의 결과를 통보받고 수신한 정보를 관련된 모든 당사국에 전달해야 한다.

3. 협의가 모든 당사국의 권리와 이익을 고려하여 상호 수용 가능한 해결로 이어지지 않을 경우, 당사국은 분쟁의 상황과 성격에 적합한 다른 평화적 수단을 선택하여 분쟁을 해결하기 위한 모든 조치를 취해야 한다. 협의의 개시와 관련하여 어려움이 발생하거나 협의가 상호

Agreement. To this end, all space vehicles, equipment, facilities, stations and installations on the moon shall be open to other States Parties. Such States Parties shall give reasonable advance notice of a projected visit, in order that appropriate consultations may be held and that maximum precautions may be taken to assure safety and to avoid interference with normal operations in the facility to be visited. In pursuance of this article, any State Party may act on its own behalf or with the full or partial assistance of any other State Party or through appropriate international procedures within the framework of the United Nations and in accordance with the Charter.

2. A State Party which has reason to believe that another State Party is not fulfilling the obligations incumbent upon it pursuant to this Agreement or that another State Party is interfering with the rights which the former State has under this Agreement may request consultations with that State Party. A State Party receiving such a request shall enter into such consultations without delay. Any other State Party which requests to do so shall be entitled to take part in the consultations. Each State Party participating in such consultations shall seek a mutually acceptable resolution of any controversy and shall bear in mind the rights and interests of all States Parties. The Secretary-General of the United Nations shall be informed of the results of the consultations and shall transmit the information received to all States Parties concerned.

3. If the consultations do not lead to a mutually acceptable settlement which has due regard for the rights and interests of all States Parties, the parties concerned shall take all measures to settle the dispute by other peaceful means of their choice appropriate to the circumstances and the nature of the dispute. If difficulties arise in connection with the opening of consultations or if consultations do not lead to a mutually acceptable settlement, any State Party may seek the assistance of the Secretary-General, without seeking the consent of any other State Party concerned, in order to resolve the controversy. A State Party which does not maintain diplomatic relations with another State Party concerned shall participate in such consultations, at its choice, either itself or through another State Party or the Secretary-General as intermediary.

> 수용 가능한 해결로 이어지지 않을 경우, 모든 당사국은 분쟁을 해결하기 위해 다른 당사국의 동의를 구하지 않고 사무총장의 도움을 구할 수 있다. 관련 당사국과 외교 관계가 없는 당사국은 스스로 또는 다른 당사국이나 국제연합 사무총장을 중개자로 하여 이러한 협의에 참여해야 한다.

동규정에 따르면 당사국의 협의가 서로 수용 가능한 해결로 이어지지 않는 경우, 다른 평화적인 수단으로 분쟁을 해결하기 위한 조치를 취할 수 있다고 규정하며, 만약 협의 개시와 관련하여 어려움이 있는 경우 다른 당사국의 동의 없이 국제연합 사무총장에게 중개를 요청할 수 있다고 규정하고 있다. 즉 협의를 우선적으로 분쟁해결의 방식으로 채택하며, 협의가 이루어지기 어려울 경우 국제연합 사무총장의 중개를 받을 수 있고, 만약 이를 통해서도 협의가 이루어지지 않는다면 그때 다른 평화적인 수단을 통하여 분쟁을 해결할 수 있도록 하고 있는데, 이러한 내용은 강제적인 규제를 포함하지 않는 것으로 볼 수 있다. 즉 달협정은 분쟁의 해결에 대하여 외교를 통한 분쟁해결을 규정하고 있으며, 국제연합 사무총장이 협의의 개시를 위한 중개를 할 수 있다고 규정하고 있지만 상대국이 이를 수락할 의무에 대하여는 규정하고 있지 않다.

3. 우주손해책임협약상 분쟁해결

우주손해책임협약에서는 분쟁이 발생할 경우 당사국들이 외교적 경로를 통하여 해결하거나 청구위원회를 통하여 분쟁을 해결하도록 규정하고 있으므로, 동협약상 국가만이 손해배상을 청구하거나 청구의 대상이 될 수 있다.

이러한 규정은 국제기구 또한 예외가 아닌데, 동협약 제22조 제3항[179]에 의

---

179) 우주손해책임협약 제22조 제3항: 어느 정부 간 국제기구가 이 협약의 규정에 의거 손해에 대한 책임을 지게 될 경우, 그 기구와 이 협약의 당사국인 동 기구의 회원국인 국가는 아래의 경우 공동으로 그리고 개별적으로 책임을 진다. (a) 그러한 손해에 대한 보상 청구가 기구에 맨 처음 제기된 경우 (b) 기구가 6개월 이내에, 그러한 손해에 대한 보상으로서 동의 또는 결정된 금액을 지불하지 않았을 때 한해서 청구국이 이 협약의 당사국인 회원국에 대하여 전기 금액의 지불 책임을 요구할 경우(If an international intergovernmental organization is liable for damage by virtue of the provisions of this Convention, that organization and those of its members which are States Parties to this Convention shall be jointly and severally liable; provided, however, that: (a) any claim for compensation in respect of such damage shall be first presented to the organization; (b) only where the organization has not paid, within a period of six months, any sum

하면, 국제기구가 손해를 입게 된 경우, 그에 따른 보상 청구는 협약의 당사국인 기구의 회원국에 의하여 제기되도록 규정하고 있다.

　　우주손해책임협약 제9조에서는 손해에 대한 보상청구는 외교적 경로를 통하여 발사국에 제출하여야 한다고 규정하며, 만약 발사국과 외교적인 관계가 없을 경우, 제3국에 대하여 발사국에 청구하도록 요청하거나, 다른 기타의 방법으로 요구하여야 한다고 규정하고 있다. 그리고 청구국과 발사국이 국제연합의 회원국일 경우 국제연합 사무총장을 통하여 청구할 수 있다고 규정하고 있다. 이러한 손해배상의 청구에 대하여 외교적 경로(diplomatic channels)를 통하여 청구하도록 한 것은 분쟁해결에 대하여 일반적인 국제법적 해결방식을 도입한 것으로 볼 수 있다.

　　우주손해책임협약은 청구위원회에 대하여도 규정하고 있는데 먼저 청구위원회의 설치에 관하여는 동협약 제14조에서 규정하고 있다.

우주손해책임협약
(외교부 국문본)

제14조[180)]
청구국이 청구 자료를 제출하였다는 사실을 발사국에게 통고한 일자로부터 1년 이내에 제9조에 규정된 대로 외교적 교섭을 통하여 보상 청구가 해결되지 않을 경우, 관련당사국은 어느 1 당사국의 요청에 따라 청구위원회를 설치한다.

　　동규정에 따라 청구국이 발사국에 통지한 배상청구가 1년 이내에 동협약 제9조의 규정에 따라 외교적 교섭을 통하여 해결되지 않았을 경우, 한쪽의 요청으로 청구위원회(claims commission)를 설치할 수 있다.

---

　　　agreed or determined to be due as compensation for such damage, may the claimant State invoke the liability of the members which are States Parties to this Convention for the payment of that sum).

180) 우주손해책임협약 제14조: If no settlement of a claim is arrived at through diplomatic negotiations as provided for in Article IX, within one year from the date on which the claimant State notifies the launching State that it has submitted the documentation of its claim, the parties concerned shall establish a Claims Commission at the request of either party.

이렇게 설치할 수 있는 청구위원회의 구성에 대하여는 동협약 제15조에서 규정하고 있다.

우주손해책임협약
(외교부 국문본)

제15조[181]
1. 청구위원회는 3인으로 구성된다. 청구국과 발사국이 각각 1명씩 임명하며, 의장이 되는 제3의 인은 양당사국에 의하여 공동으로 선정된다. 각 당사국은 청구위원회 설치요구 2개월 이내에 각기 위원을 임명하여야 한다.
2. 위원회 설치요구 4개월 이내에 의장 선정에 관하여 합의에 이르지 못할 경우, 어느 1당사국은 국제연합 사무총장에게 2개월의 추천 기간 내에 의장을 임명하도록 요청할 수 있다.

동규정에 따라 청구위원회는 3인 위원으로 구성되고, 청구국과 발사국에서 각각 1명씩 임명하며, 의장은 청구국과 발사국이 합의하여 공동으로 1인을 선정해야 한다. 그리고 청구위원회의 요청이 들어온 후 2개월 이내에 각기 위원을 임명하여야 한다.

만약 위원회의 설치 요구 후 4개월 이내에 의장 선정에 합의하지 못했을 경우, 제2항의 규정에 따라 일방 당사국은 국제연합 사무총장에게 의장의 임명을 요청할 수 있다.

일방 당사국이 기간 내에 위원을 임명하지 않을 경우와, 위원회의 결정과 판정에 대한 내용은 제16조에서 규정하고 있다.

---

181) 우주손해책임협약 제15조:
  1. The Claims Commission shall be composed of three members: one appointed by the claimant State, one appointed by the launching State and the third member, the Chairman, to be chosen by both parties jointly. Each party shall make its appointment within two months of the request for the establishment of the Claims Commission.
  2. If no agreement is reached on the choice of the Chairman within four months of the request for the establishment of the Commission, either party may request the Secretary-General of the United Nations to appoint the Chairman within a further period of two months.

우주손해책임협약
(외교부 국문본)

제16조[182)]

1. 일방 당사국이 규정된 기간 내에 위원을 임명하지 않을 경우, 의장은 타방 당사국의 요구에 따라 단일 위원 청구위원회를 구성한다.
2. 어떠한 이유로든지 위원회에 발생한 결원은 최초 임명시 채택된 절차에 따라 충원된다.
3. 위원회는 그 자신의 절차를 결정한다.
4. 위원회는 위원회가 개최될 장소 및 기타 모든 행정적인 사항을 결정한다.
5. 단일 위원 위원회의 결정과 판정의 경우를 제외하고, 위원회의 모든 결정과 판정은 다수결에 의한다.

　　동규정에 따라, 만약 일방 당사국이 규정된 기간 내에 위원을 임명하지 않을 경우, 단일위원 청구회를 구성할 수도 있다. 그러나 이 경우 결정의 실효성을 상대방이 인정하기에는 어려울 것이다. 그리고 단일위원인 경우를 제외하고, 청구위원회의 모든 결정과 판정은 다수결에 의하도록 규정하고 있다.

　　이러한 청구위원회 결정에 관한 효력은 동협약 제19조에서 규정하고 있다.

---

182) 우주손해책임협약 제16조:

1. If one of the parties does not make its appointment within the stipulated period, the Chairman shall, at the request of the other party, constitute a single-member Claims Commission.
2. Any vacancy which may arise in the Commission for whatever reason shall be filled by the same procedure adopted for the original appointment.
3. The Commission shall determine its own procedure.
4. The Commission shall determine the place or places where it shall sit and all other administrative mattters.
5. Except in the case of decisions and awards by a single-member Commission, all decisions and awards of the Commission shall be by majority vote.

우주손해책임협약
(외교부 국문본)

제19조[183]

1. 청구위원회는 제12조의 규정에 따라 행동한다.
2. 위원회의 결정은 당사국이 동의한 경우 최종적이며 기속력이 있다. 당사국이 동의하지 않는 경우, 위원회는 최종적이며 권고적인 판정을 내리되 당사국은 이를 성실히 고려하여야 한다. 위원회는 그 결정 또는 판정에 대하여 이유를 설명하여야 한다.
3. 위원회가 결정 기관의 연장이 필요하다고 판단하지 않을 경우, 위원회는 가능한 신속히 그리고 위원회 설치 일자로부터 1년 이내에 결정 또는 판정을 내려야 한다.
4. 위원회는 그의 결정 또는 판정을 공포한다. 위원회는 결정 또는 판정의 인증등본을 각 당사국과 국제연합 사무총장에게 송부하여야 한다.

동규정에 따라청구위원회 결정의 효력은 당사국이 동의를 하여야 그 구속력이 인정될 수 있으므로, 만약 이러한 동의가 없다면 청구위원회의 결정은 권고적효력만을 가지게 된다. 그리고 이러한 결정은 각 당사국과 국제연합 사무총장에게 송부하여야 한다.

우주손해책임협약은 이처럼 우주분쟁을 해결하기 위한 위원의 구성과 역할, 그리고 그 결정의 효력에 대하여 상세하게 규정하고 있다. 다만 제9조에서 알 수 있듯이 먼저 외교적 교섭을 통하여 분쟁을 해결하도록 하고 있고, 외교적 교섭을 통하여 해결하지 못하였을 경우에 청구위원회를 설치하도록 규정하고 있다. 앞서 보았던 코스모스-954 사건의 경우를 보아도, 캐나다는 소련에 우주손해책임

---

183) 우주손해책임협약 제19조:
   1. The Claims Commission shall act in accordance with the provisions of Article XII.
   2. The decision of the Commission shall be final and binding if the parties have so agreed; otherwise the Commission shall render a final and recommendatory award, which the parties shall consider in good faith. The Commission shall state the reasons for its decision or award.
   3. The Commission shall give its decision or award as promptly as possible and no later than one year from the date of its establishment, unless an extension of this period is found necessary by the Commission.
   4. The Commission shall make its decision or award public. It shall deliver a certified copy of its decision or award to each of the parties and to the Secretary-General of the United Nations.

협약을 인용하여 손해배상을 청구하였지만, 최종적인 손해배상은 외교적 교섭을 통하여 해결되었다.

Ⅲ. 우주손해 분쟁해결기구 도입의 검토

앞서 보았던 사례와 같이, 사적 주체가 우주활동 중에 손해를 받게 될 경우 발사국 또는 국적국이 배상청구를 해야 하는데, 이러한 점은 실효성에서 매우 큰 문제가 있다. 우주손해책임협약이나 우주조약의 손해배상의 체계는 국가가 주축으로 되어 있으므로 사적 주체의 법적 지위는 불안정한 상태에 있다고 볼 수 있다.

또한 우주손해책임협약에서 시효기간을 1년[184]으로 하고 있는 부분도 문제의 여지가 있다. 그러므로 국가와 국가 간, 국가와 비정부 단체 간, 비정부 단체와 비정부 단체 간의 우주분쟁, 특히 우주물체 관련 손해를 처리하는 분쟁해결기구를 도입하는 방안을 검토해 볼 수 있다. 즉 비정부 단체와 발사국 간의 상호 손해배상 청구가 가능하도록 하는 것이며, 이는 국제투자분쟁해결센터(International Centre for Settlement of Investment Dispute)를 참고하여, 국제우주분쟁해결센터(International Centre for Settlement of Space Dispute)를 생각해 볼 수 있을 것이다. 즉 사적 주체가 국가를 상대로 중재를 신청하여 해당 결정을 각국의 법원에서 이행하도록 하는 것이며, 이는 이행에 대한 강제성을 확보할 수 있게 된다.

제5절 소결

우주활동 중에 손해가 발생했을 경우에는 국제 우주법 체계로는 우주손해책임협약에 따라 그 손해를 배상하게 되며, 국내법적으로는 각국의 우주손해배상에 관한 법률에 따라 손해를 배상하게 된다. 우주활동의 손해는 인적 손해와 물적 손해로 나눌 수 있는데, 인적 손해는 신체적 상해, 부상, 사망 등이 포함되며

---

184) 우주손해책임협약 제10조 제1항.

물적 손해는 우주물체의 낙하 등으로 인한 손해와 우주물체의 충돌로 인한 손해로 나눌 수 있다.

우주손해책임협약은 우주물체의 낙하로 인한 손해의 경우, 발사국이 무과실책임을 지도록 규정하고 있으며, 외기권에서 발생한 손해는 과실이 있는 경우에만 손해배상책임을 지도록 규정하고 있다.

우주활동으로 인한 손해배상에서 손해배상책임의 주체는 국제법적으로는 우주물체 발사국, 국내법적으로는 우주물체 발사자나 운영자 등이 된다. 우주손해책임협약은 오직 국가만이 피해의 대상 및 청구의 대상이 되도록 하고 있으므로 만약 어느 국가의 자연인이 우주물체의 낙하로 인하여 손해를 입게 된다면, 해당 국가가 피해자를 대위하여 우주물체 발사국에 손해배상을 청구해야 한다. 이러한 국가책임의 원칙은 우주조약에서도 규정하고 있으며, 동조약 제6조에서는 비정부 단체의 활동도 국가가 책임을 지도록 하고 있다. 즉 자연인이 발사국을 상대로 손해배상을 청구할 수 없기 때문에, 현재 사적 주체의 우주활동이 늘어나고 있는 상황에서 이에 대한 개선이 필요하다고 여겨진다.

미국의 우주손해배상은 일반적인 우주손해배상과 상호책임 면제의 규정으로 나눌 수 있다. 일반적인 우주손해배상의 경우, 민간 기업이 우주발사체를 발사하기 위하여 보험에 가입하도록 하고 있으며, 손해배상의 책임 주체는 우주 비행체 활동의 경우 우주 비행체의 운영자 및 개발자, 우주발사체 활동의 경우에는 우주물체 발사자가 된다. 만약 발생하게 된 손해가 보험의 책임 범위를 넘어설 경우에는 미국 정부가 보험에 보장되지 않는 범위 내에서 보상할 수 있으며, 다만 과실이나 고의적인 위법행위가 있을 경우에는 제외하도록 하고 있다.

다음으로 상호책임 면제는 주의의 의무를 다하였을 경우에 일어난 손해에 대하여 서로 손해배상을 청구하지 않는 것을 의미하는데, 이러한 상호책임 면제는 현재 우주발사체의 활동에서 적용되고 있으며, 이는 강행규정이므로 우주발사체에 참여하는 모든 기관은 이러한 상호책임 면제에 대한 규정에 동의해야 한다. 이러한 상호책임 면제의 책임은 상호 간의 손해배상 청구를 포기하는 것으로, 다만 자연인의 상해 또는 사망, 과실로 인한 손해의 발생, 고의적인 위법행위가 있다면 상호면책의 적용이 배제되도록 규정하고 있다.

일본의 경우 손해배상책임의 주체를 우주물체 발사자와 우주물체 운영자로 나누어서 규정하고 있다. 우주물체 발사자는 우주발사 활동 중에 낙하로 인하여 손해가 발생하였을 경우 무과실책임을 지도록 규정하고 있으며, 우주물체 운영자는 위성 등과 같은 우주물체의 운영 중에 낙하로 인하여 손해가 발생하였을 경우 무과실책임을 지도록 규정하고 있다. 또한 불가항력으로 인한 규정을 두고 있는데, 불가항력으로 인하여 발생한 우주손해는 면책사유에 해당한다고 규정하는 것이 아니라, 법원이 손해배상의 액수를 산정 할 때에 참작할 수 있다고 규정하고 있다.

　우리나라의 경우, 우주물체 발사자만이 손해배상책임의 주체가 되도록 하고 있다. 즉 인공위성의 낙하나, 기타 다른 사고에서도 그 손해배상의 주체는 우주물체 발사자이며, 이는 우주손해책임협약에서 규정하고 있는 손해배상책임의 주체와도 동일한 규정이다. 우주물체 발사자의 책임 한도액은 2천억 원으로 규정하고 있으며, 만약 손해가 이 금액을 초과하는 경우에는 정부가 발사자에게 필요한 지원을 할 수 있다고 규정하고 있다. 또한 우주물체 발사자는 무과실책임을 지게 되며, 만약 국가 간의 무력충돌, 적대행위, 내란 또는 반란으로 인한 우주손해의 경우에는 우주물체 발사자의 고의 또는 과실이 있는 경우에만 손해배상의 책임을 진다고 규정하고 있다.

　우주손해에 대한 분쟁이 발생하였을 경우에는 국내적으로 국내법원을 통하여 해결할 수 있으며, 국제적으로는 우주손해책임협약과 달협정에 근거하여 분쟁을 해결할 수 있다. 다만 달협정의 경우 주요 우주국가들은 참여하고 있지 않기 때문에 그 실효성은 다소 없다고 여겨진다. 우주손해책임협약에서는 우주손해배상에 관한 분쟁이 발생하였을 경우에 외교적 경로를 통해 해결하거나 청구위원회를 통하여 분쟁을 해결하도록 규정하고 있다. 외교적 경로는 청구위원회를 조직하기 전에 시도하여야 하며, 외교적 경로로 분쟁이 해결되지 않았을 경우에만 청구위원회를 조직할 수 있다. 청구위원회는 일방 당사국의 청구로 인하여 설치될 수 있으며, 그 결정의 효력은 양 당사국이 합의를 하여야 발생하기 때문에, 만약 이러한 합의가 없다면 권고적 효력만을 가지게 된다.

　때문에 특정 국가의 사적 주체가 우주활동을 하며 다른 국가의 사적 주체에게 우주손해를 입혔을 경우에, 해당 국가들의 정부가 각각 가해자, 피해자를 대위하여 손해배상에 관한 협의를 하여야 한다. 즉 우주손해책임협약상 손해 청구 및 배상의 주체는 국가만이 될 수 있으므로 사적 주체의 법적 지위는 불안정한 상태에 놓이게 된다. 그러므로 국가와 국가 간, 국가와 비정부 단체 간, 비정부 단체와 비정부 단체 간의 우주손해를 처리하는 분쟁해결기구의 도입을 검토해 보아야 한다. 또한 우주손해 책임의 주체에 관한 내용도 검토해 보아야 한다. 미국의 경우 우주 비행체 운영자 및 개발자와 우주물체 발사자가 책임의 주체가 되며, 일본은 우주물체 운영자와 우주물체 발사자가, 우리나라는 우주물체 발사자만이 손해배상책임의 주체가 된다. 민간 기업들이 우주물체 발사 활동을 추진하고 있는 상황에서 각 국가들의 민간 우주기업은 스페이스X의 팔콘9과 같은 우주발사체에 인공위성을 탑재하여 발사하고 있다. 즉 스페이스X가 우주물체를 발사하였다고 하더라도 해당 인공위성의 실질적인 운영 주체는 인공위성의 탑재를 의뢰한 사적 주체가 된다. 실제로 우주손해에 관하여는 구상권을 행사할 수 있으므로 만약 우주손해가 발생한다 하더라도 우주물체 발사 기업이 우주물체 운영으로 인한 손해를 배상하는 경우는 일어나지 않는다. 그러나 법적으로 그 책임의 주체는 여전히 우주물체 발사자이기 때문에 정비가 필요하다고 여겨진다. 이러한 이유로 다음 장에서는 우주 대상 민사규범 제정의 필요성과 그 내용에 대하여 심도 있는 연구를 진행하고자 한다.

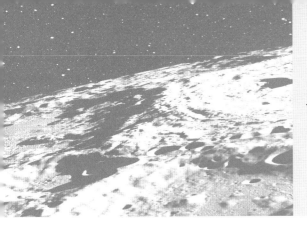

제5장
우주 대상 민사규범 제정의 필요성 및 그 내용

제1절 현행 우주관련 규범의 한계와 필요성

현행 우주관련 규범들은 몇 가지 문제점들을 가지고 있다. 우선 우주자원의 소유와 관련하여 국제 우주법 체계에서 전유를 금지하고 있으므로 사적 주체 및 국가의 우주자원 소유에 대한 문제가 있으며, 미국을 비롯한 우주자원법제를 마련한 나라들은 우주자원의 소유를 인정하고 있으므로 이로 인하여 국내법과 국제법의 충돌이 발생할 수 있다. 또한 손해배상의 책임 주체와 관련하여도 주요 국가의 우주손해배상법은 우주물체 발사자나 운영자 등이 우주손해의 책임을 지도록 규정하고 있지만, 우주손해책임협약에서는 발사국만이 손해배상책임을 지도록 하고 있으므로 민간 기업의 우주활동 시 발생하는 손해배상책임 주체에 대한 문제도 존재하고 있다. 이에 따라 본 절에서는 이러한 우주관련 규범의 한계에 대하여 살펴보고 우주의 상업적 활용을 위한 민사규범의 필요성에 대하여 살펴보고자 한다.

I. 전유금지원칙의 한계

우주조약은 우주공간의 국가 전유(national appropriation)를 금지하고 있다. 우주조약 제2조는 외기권은 주권의 주장에 의하여 이용과 전유 또는 기타 수단에 의한 국가 전유의 대상이 되질 않는다고 규정하고 있다. 앞에서 열거하고 있는 주권의 주장(claim of sovereignty), 이용(use)과 전유(occupation)의 의미를 살펴보았을 때에, 동조항에서 규정하고 있는 전유란 영토의 취득을 금지하는 것이란 해석에는 논란이 없다. 그러나 이러한 전유금지가 우주자원의 사적소유도 금지한다는 것을 포함한다는 견해와 포함하지 않는다는 견해가 대립하고 있다.

1. 우주자원 소유의 대립

국가의 주권과 관할권을 중심으로 보면, 우주자원의 사적소유 금지를 찬성하는 견해는 국가의 주권 및 관할권 없이 사적소유권은 인정될 수 없다고 본다.[1] 이에 대한 근거로 영미법계에서 소유권은 주권으로부터 비롯되기 때문에 주권이 없다면 사적소유권도 인정할 수 없다는 일원론적 논리를 주장한다.[2] 즉 우주공간의 영토취득이 금지되기 때문에 당연히 국가의 관할권도 성립되지 않으며, 이는 소유에 관한 국내법을 적용할 수 없다는 것을 의미하게 된다고 한다. 그러므로 국내법을 통해 우주자원의 소유권을 부여하는 것이 우주조약의 조항들을 위반하게 된다. 이에 대한 근거로 우주조약 제2조에서는 우주는 국가 전유의 대상이 되지 않는다고 규정하고 있는데, 이 규정은 단순히 국가만을 대상으로 하는 것이 아니라 사적 주체도 포함한다고 주장한다.[3] 예를 들어, 특정 국가의 민간기업이 우주자원을 채굴하여 사용, 운송 및 판매하는 경우, 이러한 재산권의 행사를 위해서 국가에서 규정하고 있는 행정 절차를 이용해야 하는데, 이러한 행정 절차의 주체는 국가가 되고, 또한 우주자원의 이용으로 인하여 발생하는 이익은 세금이나 기타 다른 형식으로 국가가 수혜를 받게 되기 때문에 결과적으로 민간기업이 우주자원을 취득하여 사용한다 하더라도 그 이익의 향유는 국가가 함께 누리게 되며, 이 때문에 우주조약 제2조를 위반한다고 주장한다.[4] 또한 민간기

---

1) Henry R. Hertzfeld, "Bringing Space Law into the Commercial World: Property Rights Without Sovereignty," 81.

2) Alan Wasser, and Jobes Douglas, "Space Settlements, Property Rights, and International Law: Could a Lunar Settlement Claim the Lunar Real Estate It Needs to Survive," *Journal of Air Law and Commerce* 73 (2008): 48; Richard A Epstein, "International News Service v. Associated Press: Custom and Law as Sources of Property Rights in News," *Virginia Law Review* 78 (1992): 88.

3) Fabio Tronchetti, "IV-Space Resource Exploration and Utilization of the US Commercial Space Launch Competitiveness Act: A Legal and Political Assessment," *Air and Space Law* 41, no.2 (2016): 151.

4) Timothy Justin Trapp, "Taking up Space by Any Other Means: Coming to Terms with

업이 우주자원을 소유할 수 있는 국제법적 체계가 없기 때문에 이 소유에 대한 근거가 존재하지 않으며, 우주조약 제2조의 전유금지에 대한 원칙은 국가만이 아닌 사적 주체에도 영향을 미친다고 주장한다.[5] 여기에서 더 나아가 달협정에서는 달과 그 천연자원에 대하여 국가뿐만이 아니라 사적 주체도 소유를 할 수 없다고 규정하고 있으므로[6] 국제 우주조약들 간의 일관성을 확보하기 위해서는 우주조약상 전유금지의 원칙은 국가뿐만이 아니라 사적 주체도 포함해서 해석해야 한다고 주장한다.

이와 다르지만 역시 사적소유를 반대하는 견해는 우주조약 제2조에서 규정하고 있는 전유의 금지가 주권의 개념보다 더 넓은 범위를 포함한다고 여긴다.[7] 즉 주권에 의한 전유는 사적소유와는 관계가 없으며, 사적소유를 인정하기 위해서는 입법 당시의 합의를 바탕으로 해석을 해야함을 주장한다. 실제로 COPUOS에서 벨기에의 대표는 동조항은 사적인 권리의 형성을 금지하고 있는 것이라고 해석해야 한다고 하며, 벨기에를 포함한 많은 국가들이 이러한 해석의 입장을 택한다고 의견을 내었다.[8] 즉 똑같이 사적소유를 반대하지만 주권 및 관할권이 없기에 사적소유도 인정할 수 없는 것이 아니라, 주권의 전유도 금지되지만 동시에 사적소유도 금지된다는 견해이다. 즉 이는 문언적 해석이 아닌 입법론적 해석이며, 실제 법의 적용에 있어서 입법자의 의사는 중요한 해석 기준이 되고 있으므로,[9] 이러한 견해의 주장을 뒷받침할 수 있다.

다음으로 우주자원의 사적소유를 찬성하는 견해는 앞서 3장에서 살펴보았던 바와 같이, 우주공간에서 주권의 주장은 당연히 금지되지만, 우주조약 제1조에서 우주공간의 탐사와 이용의 자유를 규정하고 있으므로 우주공간은 국제공역

Nonappropriation Article of the Outer Space Treaty," *University of Illinois Law Review* (2013): 1704.

5) Fabio Tronchetti, "The Space Resource Exploration and Utilization Act: A Move Forward or a Step Back?," *Space Policy* 34 (2015), https://www.sciencedirect.com/science/article/pii/S0265964615300102

6) 달협정 제11조 제3항.

7) Marco Marcoff, *Traité de Droit International public de l'espace* (Editions universitaires, Fribourg, Suisse 1973), 644-645.

8) United Nations, Doc.A/Ac.105/C.2/SR.71, https://digitallibrary.un.org/record/822439?v=pdf

9) 손종학, 최윤석, 김권일, 쉽게 읽는 입법과 법해석-만드는 법, 푸는 법, 제2전정판, 박영사, 2023년, 9면.

(res extra commercium)의 지위를 가지게 되고,[10) 이에 따라 우주자원의 사적소유가 가능하다고 주장한다.[11) 만약에 우주공간이 국제공역의 지위를 가지고 있다면, 우주자원을 채굴하여 소유권을 주장할 수 있으며, 국가는 이러한 소유권을 인정하는 국내법을 제정할 수 있다.[12)

　　이와는 조금 다른 학설도 우주자원의 사적소유권을 인정하고 있는데, 이에 대한 근거로 우주조약 제2조는 개인이 아닌 국가의 전유금지만을 규정하고 있고, 우주조약에서 우주자원 및 그 소유를 금지하는 내용이 없기 때문에 사적 소유는 충분히 가능하다고 보아야 하며,[13) 동조의 내용은 영토적 전유를 금지한 것이기 때문에 이는 지역의 전유를 금지한 것이지 자원의 전유를 금지한 것이 아니라고 주장한다. 즉 이러한 주장에 근거하면 사적 주체의 우주활동 자체도 우주조약에서 상정하고 있으며, 사적 주체가 우주공간에서 우주자원을 탐사 및 채굴하는 행위는 국가주권의 행사로 볼 수 없고, 채굴하지 않은 자원에 대하여는 소유권을 인정하지 않기 때문에 우주조약상 전유금지의 원칙에 위배되지 않는다고 주장한다.

　　또한 대륙법계에서는 주권과 관할권이 없어도 소유권은 인정될 수 있다는 점이 이러한 주장을 뒷받침한다. 로마법 체계상 주권(imperium)과 소유권(dominium)은 구분되었기 때문에 국가의 주권과 사적 주체의 소유권도 구분이 되어 우주공간에서 주권 없이 사적 주체가 우주자원을 소유할 수가 있다. 이에 대한 근거로 공해에서의 채굴 활동을 예시로 들 수 있다.

　　달협정의 경우 명시적으로 우주자원의 소유를 금지하고 있지만 17개의 국가만이 조약 당사국이며, 우리나라, 미국, 영국, 일본 등의 우주 강국들은 달협정의 당사국이 아니기 때문에 우주자원의 소유를 금지한다 하더라도 실제로 그 효력을 주장하기에는 어렵다.

　　이와 같이 우주조약은 우주자원에 관한 명확한 규정이 없으며, 다만 우주조약 제2조를 근거로 사적 주체가 우주자원을 소유할 수 없다는 견해가 있지만, 이 또한 우주가 국제공역의 지위를 갖는다는 견해 및 우주자원 소유를 금지하는 명문의 규정이 없다는 견해로 인하여 실제로 우주자원의 사적소유의 가능 여부를

---

10) Cepelka, "The Application of General International Law in Outer Space," 37.
11) 예를 들어 우주를 누구나 자유롭게 접근 및 사용 수익이 가능하기만 점유할 수 없는 공해와 같이 여기는 것이다. 김한택, 우주법론, 아진, 2020년, 72면.
12) ibid, 38.
13) Alan, and Douglas, "Space Settlements," 47.

판단하기에는 어렵다. 이러한 상황에서 미국, 룩셈부르크, 일본, 아랍에미리트가 우주자원의 소유권을 인정한 법률을 제정하며 우주자원의 소유에 대한 문제가 떠오르기 시작하였다. 즉 국제법 체계에서 규정하고 있는 전유금지의 원칙은 국가의 영유권 주장에 적용할 수 있지만 사적 주체의 우주자원에 관한 소유권 주장에 적용하기에는 한계가 있다.

2. 우주자원의 사적소유권 인정

주요국의 우주개발 및 우주자원 등과 같은 법률을 살펴보면, 그 입법취지는 국내법적 근거를 통하여 자국의 우주산업을 지원하도록 하고 있다. 이러한 맥락에서 보았을 때에, 우주산업의 발전을 위하여는 우주자원의 사적소유를 인정할 필요성이 있다.

국내법을 통한 우주자원의 사적소유권을 인정하는 견해는, 이러한 국내법들의 우주자원 소유권에 대한 조항이 우주조약의 규정을 위반하지 않는다고 주장한다.[14] 국제연합 해양법협약의 경우를 보면 상업적 가치보다 인류의 공동 발전을 중점으로 두었다가 결국 그 노선을 바꾸었으며, 우주자원의 소유권을 막는 것은 인류의 공동 발전이라는 틀에서 생각하게 되면 결과적으로 우주산업 발전에 커다란 장벽으로서 기능하게 될 수 있다. 우주자원의 개발과 이용에 따른 수익은 민간 기업들의 경쟁을 촉진시켜 인류 공동의 번영이라는 결과를 낼 수 있다고 여겨진다. 미국과 룩셈브루크 등의 국가에서 우주자원의 사적소유를 인정하는 법률을 입법하여 명문화한 것은 발전하는 우주시대에서 우주자원 개발 기업을 유인하고 해당 분야에서 선도적 지위를 갖기 위한 것으로 판단할 수 있다. 우주자원의 사적소유는 특정 기업, 특정 국가가 독식할 가능성이 있고, 이는 결과적으로 인류의 공동유산인 우주를 활용하여 특정 집단만이 이익을 향유한다고 비판할 수도 있지만, 전체적인 이익과 손실을 종합적으로 보았을 때에 우주자원으로 얻게 되는 이익의 총합이 그 손실보다 더 크다고 예측할 수 있다. 인류가 지

---

14) Henry R. Hertzfeld, Matthew Schaefer, James C. Bennett, and Mark J. Sundahl, "A Letter as a Citizen Expert Opinion on the Space Resource Exploration and Utilization Act to Majority Leader McCarthy, Chairman Smith, Ranking Member Johnson, Chairman Palazzo, and Ranking Member Edwards," May 21, 2015. *Congressional Record, Proceedings and Debates of the 114th Congress, 1st Session*, vol.161, no.79, https://www.govinfo.gov/content/pkg/CREC-2015-05-21/html/CREC-2015-05-21-pt1-PgH3511-4.htm

구에서 채굴할 수 있는 자원은 한정적이기 때문이다.

우주자원과 관련된 법안은 심해저에 관한 해양법협약의 상황과 유사한 측면이 있다. 미국은 1980년에 심해저광물자원법(Deep Seabed Mineral Resources Act)[15]을 제정하였고, 1981년에는 심해저 탐사 및 개발과 관련한 심해저광업규칙을 제정하였다. 이어서 같은 해에 영국, 러시아, 프랑스 등도 이와 유사한 내용을 담은 법률을 제정하였다. 1982년의 해양법협약은 심해저에 관하여 인류의 공동유산 지위를 부여하여 특정 승인하에서만 심해저 자원을 회수 및 판매할 수 있었으며, 미국과 영국 등의 나라는 해양법협약을 비준하고 있지 않다가 1994년 인류의 공동유산 개념을 약화시킨 이행협정이 제정되어서야 해양법협약에 참여하였다. 이러한 역사를 볼 때에, 미국의 우주자원에 관한 입법은 자국의 이익을 실현하기 위한 정책적 수단으로 볼 수 있다. 우주자원에 관한 국제법적 체계가 잡히기 전에 국내 입법을 통해 보다 선도적인 지위를 가져가려는 것으로 볼 수 있는데, 이 때문에 아직 우주자원의 탐사 및 이용에 관하여 세세하게 규정하기보다는 광범위하게 규정하여 여러 해석의 여지를 둔 것으로 볼 수 있다.

3. 검토

앞서 보았던 국가들의 우주자원 관련 법제는 우주자원의 사적소유를 인정하고 있는데 이러한 규정이 우주조약 제2조의 전유금지의 원칙에 위배 되는지의 여부가 가장 큰 쟁점이다. 그러나 현재 상황에서는 명확한 결론이 나질 않으며, 우주자원의 사적소유가 국제 우주규범을 위반하는 것인지에 대한 찬성과 반대 의견들만이 나오고 있는 상황이다. 이는 달협정을 제외한 국제 우주규범에 사적 주체의 우주자원 소유에 대한 명확한 규정이 없기 때문이며, 미국의 경우 자국법을 통하여 사적 주체에게 우주자원의 소유권을 부여하였고, 룩셈부르크 또한 이러한 미국의 행보를 따라가며 우주자원에 관하여 유럽 내에서의 중심지 역할을 감당하기 위하여 우주자원이 소유가 가능하다는 우주자원법을 제정하였다. 그러나 룩셈부르크는 자력으로 우주발사체를 발사할 수 없는 국가이고,[16] 실제로 우

---

15) 미국의 심해저광물자원법은 심해저 광물의 탐사 및 상업적 회수를 장려하고 규제하기 위하여 제정된 법률로, 심해저에 대한 미국의 치외법권을 부인하지만 심해저 광물자원을 탐사하고 회수하는 미국 시민의 보호를 규정하고 있으며, 이를 위하여 승인을 받을 것을 규정하고 있다. U.S. Congress, S.493 – Deep Seabed Mineral Resources Act, <https://www.congress.gov/bill/96th-congress/senate-bill/493?s=1&r=100>

주자원의 탐사나 거래가 룩셈부르크의 영토에서 일어나지 않을 확률이 크기 때문에 법적 확실성을 담보하기에 어렵다고 여겨진다. 그렇다면 미국의 SRCEU가 사적 주체의 우주자원 소유 가능성에 대한 다음의 쟁점들을 가지고 있게 된다.

첫 번째로 우주자원의 소유 외에도 우주조약의 규정과 상충할 가능성이 있다. 우주조약 제1조에서는 달과 기타 천체를 포함한 우주공간은 평등의 원칙에 의하여 모든 국가가 자유롭게 탐사하고 이용할 수 있다고 하며 우주공간 자유의 원칙을 규정하고 있다. 그러나 SRCEU 제51032조는 정부의 장벽(government barriers)을 최소화하여 우주자원의 상업적 탐사와 회수를 안정적으로 진행하게 해야 한다고 규정하고 있으며, 더 나아가 동조 (a)(3)에서는 미국 시민의 우주자원에 대한 상업적 탐사 및 상업적 회수에 유해한 방해로부터 자유를 침해받지 않을 권리를 증진해야 한다고 규정하고 있는데, 이는 우주자원의 탐사 및 회수에 대하여 다른 국가의 사적 주체와 분쟁이 일어날 경우 미국 정부가 개입할 수 있는 근거 조항으로 활용될 수 있다.

두 번째로, 회수된 우주자원의 재산권 행사에 대한 문제점이 있다. 사적 주체가 우주공간에서 우주자원을 회수하고 소속된 국가로 가져와 우주자원을 이용 및 판매할 경우에 해당 국가는 국내법을 통하여 재산권을 행사할 수 있도록 하는데, 우주자원의 등록 및 재산권의 행사를 위한 행정적 조치가 국가의 전유로 여겨질 수 있는 부분이 있으며, 만약 해당 우주자원이 제3의 국가로 수출될 경우, 미국의 SRCEU의 역외 관할권을 인정할 수 있는지에 대한 문제가 생길뿐더러, 만약 제3국이 달협정 가입국이라고 하면 달협정에서는 우주자원의 사적소유를 금지하고 있으므로 협정 위반의 문제가 발생할 여지가 있다. 즉 우주자원의 소유를 일방적으로 규정한 미국의 국내법으로 인하여 달협정 가입 국가들과의 거래나 국제협력에 문제가 발생할 수 있다. 또한 우주조약 제12조는 외기권의 시설이나 장비 등은 다른 당사국에게 개방하도록 되어 있는데, 우주자원을 회수하기 위한 시설도 우주조약에서 규정하고 있는 개방에 해당하는지의 여부도 중요한 쟁점이 된다.

세 번째로, 우주자원의 탐사와 이용 및 소유에 대하여만 규정을 하고 있으므로 다른 이해관계자와의 문제가 발생할 경우 이를 해결할 법적 근거가 부족하

---

16) 우주로켓 자력 발사국에 룩셈부르크는 속해있지 않다.

다. 예를 들어 하나의 소행성에서 다자의 사적 주체가 우주자원을 회수하려 할 경우에 선착순으로 우주자원을 회수하게 할 것인지 아니면 해당 지역에 대한 승인을 먼저 받은 자를 우선으로 채굴을 하게 할 것인지에 대한 문제가 있으며, 승인 기준 또한 명확하게 규정해야 할 필요가 있다. 만약 이러한 문제가 한 국가의 사적 주체 사이에 일어나는 것이 아니라, 서로 다른 국가의 기업들 사이에서 일어난다면 이로 일어나는 분쟁에 대한 해결기구가 필요하며, 만약 이를 해결할 수 있는 방법이 없다면 우주자원에 대한 활동은 국제적 분쟁을 일으키고, 국제우주질서를 해치게 된다. 또한 실제로 우주자원을 개발할 수 있는 기업은 한정되어 있고, 대부분 우주발사체를 개발할 수 있는 우주 선진 국가들이기 때문에 개발도상국은 상대적으로 이익을 보기에 어렵고, 만약 우주자원의 개발로 인하여 기존 원자재의 가격이 떨어질 경우 그 피해는 생산국에서 지게 된다. 즉 개발도상국의 경우 우주자원의 개발로 인한 이익을 기대하기가 어렵고, 오히려 원자재값 하락으로 인한 피해를 받을 수 있으므로 이에 대한 조정과 고려가 필요하다.

Ⅱ. 손해배상 주체 특정의 한계

우주활동 중에 일어난 손해에 대해서는 우주조약, 우주손해책임협약, 각국의 우주손해배상에 관한 법률에 따라서 손해배상을 청구 및 지불하고, 경우에 따라서 국가가 그 손해배상을 보증하기도 한다. 우주활동으로 인하여 손해가 발생했을 경우 그 손해배상 청구의 주체를 특정해야 하는데 우주조약 및 우주손해책임협약은 그 주체를 국가로 한정하고 있으며, 각국의 국내법적 체계에서는 발사실시자, 운영자, 개발자 등이 손해배상의 책임을 지도록 하고 있다. 이러한 손해배상의 주체들은 무과실책임을 지고 있는데 이는 청구대상을 명확하게 하고, 피해자의 손해를 적극적으로 구제하기 위함이다. 그러나 앞서 보았던 이리듐-33 사건과 같이 손해배상청구의 주체 특정에 어려움이 생기는 경우도 있다. 본 단락에서는 국제 우주법 체계상 손해배상 주체 특정의 한계와 주요 국가의 국내 우주손해배상법상 주체 특정의 한계에 대하여 살펴보고자 한다.

1. 국제 우주법 체계의 한계

국제적 우주손해배상은 우주손해책임협약의 규정을 따르게 된다. 우주손해책임협약에서는 손해배상의 청구 및 대상 주체 모두를 국가로 한정하고 있다. 동 협약에 따르면 우주물체의 발사 과정 중에 손해가 발생하였을 경우, 그 책임은 발사국이 무과실책임을 지도록 하고 있다. 발사국이란 우주물체를 발사하거나, 발사를 의뢰하거나, 우주물체가 발사되는 지역 또는 그 시설이 소속된 국가를 의미한다.[17]

만약 여러 국가가 함께 발사를 실시하는 경우, 그리고 그러한 발사 과정 중에 손해가 타 국가에 발생하였을 경우 발사에 참여한 국가들은 연대책임을 지도록 하고 있다.[18] 이러한 책임은 협의를 통하여 손해배상에 대한 내용을 분담하거나 한 당사국이 책임을 지도록 할 수 있다. 그러나 실제로 코스모스-2252 사건에서 알 수 있듯이 우주물체를 발사한 국가가 자국의 발사체에 타국의 위성체를 함께 발사한 경우, 그리고 손해가 발생하였을 경우에 발사국 특정에 대한 문제가 발생하게 된다.

예를 들어, 우리나라의 인공위성을 미국 네바다주에서 미국의 발사체에 탑재하여 발사 중에 해당 발사체가 멕시코에 추락하여 손해가 발생한 경우, 멕시코는 손해배상을 미국이나 우리나라에 청구할 수 있게 되기 때문에 만약 미국과 우리나라의 손해분담에 대한 협의가 없다면, 발사국 특정이라는 추가적인 문제가 발생하게 된다. 더군다나 만약 분담이 협의되지 않았고, 손해의 발생 액수가 발사자의 보험한도 범위를 넘게 된다면 미국이나 한국정부가 그 넘는 손해에 대하여 책임을 가지기 때문에 이에 대한 문제의 발생 가능성도 존재하고 있다. 만약 민간기업이 주축이 되어서 다수의 발사국에서 우주물체를 발사할 경우에는 손해배상의 책임 국가를 특정하기가 더욱 어려워진다.[19]

우주손해책임협약상 국가만이 책임의 주체가 된다. 그리고 그 손해의 청구도 국가만이 할 수 있으므로, 우주물체로 인한 피해자가 자연인이라 하더라도 자연인 스스로 타 국가에 손해배상을 청구할 수 없으며, 해당 자연인이 소속된 국가가 피해자를 대위하여 손해배상을 청구하여야 한다. 동협약에 사적 주체의 우주활동 책임에 관한 규정이 없기 때문에, 만약 민간 기업 주도의 우주발사로 인하여 손해가 발생하였을 경우에도 발사국이 그 책임을 지게 된다. 물론 발사국의

---

17) 우주손해책임협약 제1조(c).
18) 우주손해책임협약 제5조 제1항.
19) Tanja, and Hofmann, *Introduction to Space Law*, 27.

국내법에 따라 해당 민간기업이 손해배상의 책임을 지게 되지만, 법적 안정성의 측면에서 바라보았을 때에 국가를 한정하여 우주활동의 손해배상 주체가 되게 하는 것은 개선이 필요하다. 더군다나 우주조약 제6조에서는 비정부 단체의 활동도 해당 국가가 책임을 진다고 규정하고 있으므로, 이전의 국가 주도의 상황에서 보면 크게 문제 될 것이 없었지만, 현재 점차 민간 주도의 우주활동이 증가하는 측면에서 보면, 민간기업의 우주활동으로 발생한 손해에 대하여 책임의 주체를 특정하기 어렵다는 한계를 가지고 있다.

2. 개별 국내법의 한계

우주물체 발사 등의 활동으로 인하여 손해가 발생하였을 경우, 우리나라, 미국, 일본 등의 국가들은 우주활동 손해배상을 위한 국내법적 체계를 가지고 있다. 앞서 살펴보았던 국제법적 체계와 마찬가지로 무과실책임의 원칙을 가지고 있으며, 손해배상의 주체 또한 우주물체 발사자나 운영자 등으로 한정하여 피해자가 손해배상 청구의 주체를 명확하게 할 수 있도록 하고 있다.

미국의 경우, 우주활동으로 인하여 손해가 발생하였을 때 그 손해배상의 주체는 운영자, 개발자, 면허인, 양수인으로 나눌 수 있다. 운영자와 개발자는 우주 비행체와 관련된 손해가 발생하였을 경우의 손해배상의 주체가 되며, 면허인과 양수인은 우주물체 발사와 관련하여 손해배상의 주체가 된다. 여기서 주의할 점은 우주 비행체를 운행할 때와 우주 비행체를 발사하는 경우에도 운영자와 개발자가 손해배상의 주체가 된다는 점이다. 특히 미국 정부는 우주 비행체와 관련된 활동으로 인하여 손해가 발생하였을 때에 보험의 범위를 벗어나는 경우 정부가 그 보상을 책임지지만, 만약 운영자의 과실이나 고의적인 위법행위가 있을 경우에는 제외한다고 규정하고 있다.

우주물체 발사자의 경우, 우주발사 활동으로 인하여 손해가 발생한 경우, 해당 발사자가 그 손해배상 청구의 대상이 된다. 2023년 4월 미국의 민간기업인 스페이스X의 스타십 로켓이 발사 후 멕시코만 상공에서 폭발하여 파편이 흩어지는 사건이 발생하였으며, 사람의 부상이나 재산에 대한 피해는 확인되지 않았지만 미국의 환경단체가 환경피해를 초래하였다는 이유로 소송을 제기하였다. 다만 손해배상 소송이 아닌 환경소송(environmental lawsuit)으로, 그리고 발사주체인 스페이스X가 아닌 해당 발사를 승인한 미국 연방 항공국을 상대방으로 소송을 제기하였다. 해당 환경단체는 미국 연방 항공국의 승인과 조치가 환경피해를 막는 데 충분하지 않다고 주장하며 스페이스X의 발사 승인을 취소해야 한다고 주장하였고, 스페이스X는 연방 항공국의 공동 피고로 합류하였다.[20] 이 사건은 직접적인 피해가 발생하진 않았지만, 해당 발사와 특정의 관계하에 발생하였다고 생각되는 간접손해의 경우 손해배상 주체 특정의 어려움을 보여주는 사건이라고 할 수 있다.

　　일본은 우주물체를 발사하는 자와 인공위성을 운영하는 자를 나누어 우주손해배상의 청구대상이 될 수 있도록 규정하고 있다. 우주물체를 발사할 때에 로켓 등의 낙하로 인하여 손해가 발생할 경우에는 해당 우주물체 발사자가 손해를 배상할 책임을 지도록 하고 있으며,[21] 우주공간이나 로켓에서 분리된 인공위성이 지면으로 낙하하여 발생한 손해에 대하여는 인공위성 관리자가 해당 손해를 배상하도록 규정하고 있다.[22] 일본의 경우 손해배상 청구의 대상을 발사 실시자와 인공위성 관리자로 나누어서 규정하며 우주활동 손해배상 주체 특정의 한계를 보완하였지만, 다수의 우주물체 발사자 혹은 다수의 인공위성 관리자가 있을 경우, 손해배상 청구대상 선정의 문제가 있다.

　　우리나라는 우주손해배상법에서 우주물체 발사자에게 무과실책임을 부담하도록 하고 있다.[23] 그리고 만약 제3자의 고의나 과실로 우주손해가 발생한 경우, 우주물체 발사자가 구상권을 행사할 수 있도록 규정하고 있다.[24] 즉 손해배상 청구의 대상을 오직 우주물체 발사자로만 한정하고 있기 때문에 책임 집중의 원칙으로 보게 된다면 손해를 받은 당사자가 좀 더 용이하게 손해를 구제받을 수 있지만, 인공위성 등의 낙하로 인하여 손해가 발생할 경우에도 우주물체 발사자가 손해를 부담하게 하는 것은 한계가 있다고 여겨진다.

　　이와 같이, 각국의 우주손해관련 법제들은 책임 집중의 원칙을 선택하여 우주물체 발사자가 손해배상에 대한 책임을 지도록 하고 있으며, 몇몇 예외 사유들을 규정하며 구상권을 행사할 수 있도록 규정하고 있다. 우리나라의 경우 우주물

20) Michael Sheetz, Lora Kolodny, "SpaceX set to join FAA to fight environmental lawsuit that could delay Starship work", CNBC, May 22, 2023, https://www.cnbc.com/2023/05/22/spacex-joining-faa-to-fight-environmental-lawsuit-over-starship.html
21) 일본 우주활동법 제35조.
22) 일본 우주활동법 제53조.
23) 우주손해배상법 제4조 제1항.
24) 우주손해배상법 제4조 제2항.

체 발사 및 운용으로 인한 손해배상의 주체는 우주물체 발사자로 한정하고 있으며, 일본의 경우는 우주물체 발사자와 우주물체 운영자를 구분하고 있지만, 이 또한 다수 기업이나 국가가 참가하여 우주물체를 발사 및 운용하여 발생한 손해에 대하여는 손해배상 주체를 특정하기 어렵다는 문제를 가지고 있다.

Ⅲ. 상업적 활용을 위한 민사규범의 필요성

국내적으로 우주의 상업적 활용을 위해서는 민간 기업의 활동을 보호하기 위한 법제, 특히 민사적 규범이 필요하다. 앞서 보았듯이 우주자원의 소유, 우주활동의 손해배상과 관련된 여러 쟁점들이 있으며, 이러한 쟁점들을 해결하기 위한 민사적 규범을 통하여 우주산업의 발전과 법적 안정성을 유지할 수 있다. 본 단락에서는 우주자원, 우주손해배상, 상호책임 면제와 관련된 민사규범의 필요성에 대하여 살펴보고자 한다.

1. 우주자원관련 민사규범의 필요성

우주자원의 소유권 관련 문제는 우주자원의 소유에 관한 국내적 입법에서 비롯되었다기보다는 우주조약이 제정되며 국가 전유금지의 원칙을 세운 뒤, 이어서 달협정이 국가 및 사인의 사적소유를 명문으로 금지하면서 제기되었다고 볼 수 있다.[25] 이것은 우주공간의 법적 지위에 대한 문제로도 귀결된다. 우주공간의 법적 지위에 관한 이론은 크게 두 가지로 나눌 수 있다. 하나는 특정 국가나 주체에 귀속하지 않고 거래의 대상이 될 수 없는 공유물(공역)로 보는 것이고, 다른 하나는 선점에 의하여 소유권을 취득할 수 있는 무주물(무주지)로 보는 것이다. 우주조약, 달협정, 해양법협약, 남극조약(Antarctic Treaty)은 모두 공유물의 이론에 의하여 해당 지역에 영토적 주권을 행사할 수 없도록 하고 있다. 그러나 해양법협약이나 남극조약과는 다르게, 우주조약을 비롯한 국제법은 우주공간이

---

25) Nancy L. Griffin, "Americans and the Moon Treaty," *Journal of Air Law and Commerce* 46, (1981): 729; "The Common Heritage of Mankind: An Assessment," *Case Western Reserve Journal of International Law* 14, (1982): 509; "Private Sector Activities in Outer Space," *International Lawyer* 19, (1985): 159; Grier C. Raclin, "From Ice to Ether: The Adoption of a Regime to Govern Resource Exploitation in Outer Space," *Northwestern Journal of International Law & Business* 7, (1986): 727.

공역이라는 근거를 제시하지 못하고 있으며, 다만 우주조약에서는 우주공간의 주권 배제만을 명시하고 있다. 이러한 점에서 보았을 때에 우주공간은 공유물로 볼 수 있으며, 주권 행사가 불가능한 무주물로도 볼 수 있다. 우주공간의 주권행사는 명확하게 금지되고 있기 때문에 그 안에 있는 우주자원의 소유에 대한 문제가 발생하게 된다.

　　로마법에서는 소유권의 취득방식을 원시취득과 승계취득으로 나누었다. 원시취득은 목적물의 소유권을 직접 취득하는 것을 의미하며, 승계취득은 소유자와의 법률관계를 기초로 소유권을 취득하는 것을 의미한다.[26] 로마법상 물건은 거래의 대상이 될 수 없는 물건(비융통물, res extra commercium)과 거래의 대상이 될 수 있는 물건(융통물, res in commercio)으로 나누었는데,[27] 비융통물(非融通物)은 신물(res sacrae),[28] 종교물(res religiosae)[29]과 같은 신법상의 물건(res divini iuris)과 공통물(res communes omnium),[30] 공유물(res publicae)[31]과 같은 인법상의 물건(res humani iuris)으로 나눌 수 있었다. 그리고 융통물(融通物)은 소유권 이전에 절차가 필요한 수중물(res mancipi)과 단순한 인도로 소유권 이전이 가능한 비수중물(res nec mancipi)로 나눌 수 있었다.[32] 융통물을 원시취득하는 유형으로, 무주물의 선점(occupatio)과 매장물의 발견(thesaurus)이 있다. 무주물의 선점은 소유의 의사로 무주물을 취득함을 의미하며, 매장물의 발견은 소유자가 기억할 수 없이 오랜 옛날에 숨겨 놓은 금전이나 귀중품을 우연히 발견한 것을 의미한다.[33]

　　또한 로마에서는 점유와 소유권을 분명히 구별하였는데,[34] 이를 전제로 점유(possessio)를 통해 소유권을 취득할 수도 있었다. 점유의 성립을 위해서는 소

---

26) 현승종, 조규창, 로마法, 박영사, 1999년, 537면.

27) Lynda L. Butler, "The Commons Concept: An Historical Concept with Modern Relevance," *William & Mary Law Review* 23, (1982): 847.

28) 신물(神物)은 신전, 제단, 제기와 같은 물건을 의미한다.

29) 종교물(宗敎物)은 대표적으로 묘지가 있다.

30) 공통물(共通物)은 공기, 해양, 하천 등을 의미한다.

31) 공유물(公有物)은 도로, 수로, 시장, 공동목욕탕 등을 의미한다.

32) 수중물(手中物)은 토지, 소, 말, 나귀 등과 통행권, 가축 통과권 등이 있으며, 소유권을 이전하기 위해서는 장악행위(掌握行爲, mancipatio)와 법정양도(法廷讓渡, in iure cessio)가 있어야 했다. 비수중물은(非手中物)은 수중물을 제외한 모든 물건을 의미하며, 단순한 인도(引渡, traditio)로 소유권을 이전할 수 있었다. 현승종, 앞의 책, 486면.

33) 현승종, 앞의 책, 539면~541면.

34) 최윤석, "점유의 법적 성질-로마법과 독일법이 우리 점유법에 주는 시사점을 중심으로-", 법사학연구 제67호, 한국법사학회, 2023년 5월, 12면.

유의 의사로 목적물을 지배하거나, 언제든지 지배할 수 있는 상태를 가질 것을 요구하였으며, 점유가 성립이 되면, 점유 취득시효의 완성을 통해 소유권을 취득하는 원시취득도 있었지만, 취득원인(iusta causa)이 필요한 승계취득도 존재하였다(매매나 증여를 원인으로 한 소유권의 취득).35)

우주공간이 공유물인지, 아니면 무주물인지는 명확한 법적 정의가 없지만, 공유물의 지위를 가지는 공해의 경우 해양법협약에 따라 채취된 광물은 소유권의 행사가 가능하고,36) 남극도 똑같이 공유물의 지위를 가지지만 상업적 광물의 채취는 금지되고 있다.37) 만약 우주공간을 공유물로 보면 우주자원의 소유를 위해서는 해양법협약과 같이 우주자원의 소유를 위한 규정이 필요하고, 무주물로 보면 선점에 의하여 소유가 가능하다.

우주조약은 우주자원에 대하여 명확하게 규정을 내리고 있지 않고, 달협정은 오히려 우주자원의 소유를 주장할 수 없도록 해서 많은 국가들의 외면을 받게 되었다.38) 그러나 우주조약의 경우, 우주자원에 대하여 명확하게 규정하고 있지 않기 때문에 해석에 대한 문제가 있으며, 특히 우주조약 몇몇 가입국들이 국내법을 통하여 우주자원의 사적소유를 인정하게 되며 우주조약과의 충돌에 대한 쟁점들이 발생하고 있다. 이러한 이유로 우주조약을 개정해야 한다는 견해도 있다.39)

우주산업 발전의 관점에서 보았을 때에는 우주자원의 사적소유를 허용하는 것이 합당해 보인다. 만약 우주자원의 사적소유를 인정하지 않는다면 민간 기업들의 우주개발에 대한 동기는 줄어들 수밖에 없으며, 이는 우주자원으로 인하여 발전할 수 있는 가능성을 저해하기 때문이다.40) 그리고 지구의 자원은 한정적이

---

35) 매매, 증여, 가자(嫁資)설정, 물권유증, 채무이행, 포기된 물건의 획득 등이 있다. 최병조, 로마법강의, 박영사, 1999년, 409면.

36) 해양법협약 제3부속서 제1조: 광물에 대한 소유권은 이 협약에 따라 채취하였을 때 이전된다(Title to minerals shall pass upon recovery in accordance with this Convention).

37) 환경보호에 관한 남극조약의정서 제7조: 과학적 연구를 제외하고는 광물자원과 관련된 어떠한 활동도 금지된다(Any activity relating to mineral resources, other than scientific research, shall be prohibited).

38) 우주조약의 경우 114개의 국가가 가입되어 있으며, 달협정은 17개 국가만이 가입되어 있다.

39) Matthew Feinman, "Mining the Final Frontier: Keeping Earth's Asteroid Mining Ventures from Becoming the Next Gold Rush," *Pittsburgh Journal of Technology Law & Policy* 14, (2014): 220; Kevin MacWhorter, "Sustainable Mining: Incentivizing Asteroid Mining in the Name of Environmentalism," *William & Mary Environmental Law and Policy Review* 40, (2016): 671.

기 때문에, 인류 전체를 놓고 보았을 때에 우주자원의 유입으로 인하여 전체적인 자원의 총량이 늘어나는 것도 고려할 수 있다.

다음으로 우주자원의 소유권을 인정할 경우에 그 침해의 대응에 대한 논의가 필요하다. 일본의 민법과 우주자원법을 기초로 연구하여 보면, 우선 일본 민법 제180조는 점유권은 자기를 위한 의사로 물건을 소지함으로 취득한다고 규정하고 있으며, 제239조 제1항은 소유자가 없는 동산은 소유의 의사로 점유함으로써 그 소유권을 취득한다고 규정하고 있다. 즉 사실적 지배와 소유의 의사(자주점유)가 소유권을 발생시키는데 중요한 작용을 하게 된다. 이어서 일본의 우주자원법 제5조는 우주자원의 소유권을 취득하기 위해서는 승인된 범위 내에서 채굴 등을 한 자가 소유의 의사를 가지고 우주자원을 점유하여 소유권을 취득한다고 규정하고 있는데, 이는 일본 민법에서 규정하고 있는 무주물의 귀속에 두 가지 조건을 더하고 있는 것으로 볼 수 있다. 첫 번째는 승인된 범위이고 두 번째는 우주자원의 채굴 등을 하여야 한다는 것이다. 즉 우주자원 소유권의 취득은 일본 민법에 기초하여 취득하는 것이 아닌 일본의 우주자원법을 근거로 하여 취득하게 된다. 만약 소유물인 동산이 제3자에게 점유가 되어 소유권을 침해받게 된다면 반환청구권이나 손해배상청구권을 행사할 수 있다. 즉 소유권자가 소유한 우주자원을 제3자가 침해한 경우 일본 민법상 반환청구권이나 손해배상청구권을 행사할 수 있는지에 대한 여부가 중요하다. 이는 단순히 일본의 우주자원법뿐만이 아니라, 앞에서 살펴본 각국의 우주자원법에도 해당이 되는데 만약 우주공간에서 침해를 받게 된다면 국제적 분쟁이 될 수 있고, 실제로 미국의 연방법 제51편에서는 우주자원의 탐사 및 회수의 유해한 방해를 배제할 것을 규정하고 있으므로[41] 이러한 내용을 고려하여야 한다.

2. 우주손해관련 민사규범의 필요성

민법상 손해배상청구권이란 고의 또는 과실에 의한 위법행위로 타인의 권익을 침해하여 손해가 발생하였을 경우, 가해자가 피해자에게 손해를 배상하여야 하는 채무의 발생을 의미한다.[42] 우주활동으로 인하여 손해가 발생하였을 경우

---

40) Jeremy L. Zell, "Putting A Mine on the Moon: Creating an International Authority to Regulate Mining Rights in Outer Space," *Minnesota Journal of International Law* 15 (2006): 490-91.

41) 51 U.S.C.A. § 51302(a)(3).

에도 이러한 민법적 원리가 적용되어 배상채무가 발생하는데, 다만 우주손해배
상법의 경우 피해자 구제에 더하여 우주개발 산업 발전의 기여를 그 목적으로
하고 있다.[43]

이는 우주산업의 특수성에 기인한 것으로, 일반적으로 우주발사체를 제조할
때에 여러 제조업자들이 협업하게 된다. 그런데 만약 특정한 기기나 부품 등으로
인하여 손해가 발생하게 되는 경우, 그 책임을 어떠한 제조업자나 몇몇 제조업자
들이 지게 될 경우 매우 큰 손해를 부담하게 된다. 그러므로 우주손해에 대하여
는 제조물 책임법을 적용하지 않고[44] 책임집중의 원칙을 규정하고 있다.[45]

그러나 이러한 우주손해배상과 관련된 규범들은 책임집중의 원칙이나 손해
배상 주체에 대한 내용만을 다루고 있을 뿐이므로, 다수의 우주발사 참가자나 발
사 및 운영 주체를 나누어서 규정하는 것이 필요하다. 우주손해배상은 피해자의
구제와 우주산업의 발전이라는 두 개의 주제에서 적절하게 균형을 맞추어야 하
므로, 이를 규율할 수 있는 민사적 규범이 필요하다.

3. 상호책임 면제 관련 민사규범의 필요성

우주로 발사체를 발사하는 것 등과 같은 우주활동은 많은 자금과 위험성을
동반하고 있다. 발사체로 인한 위험부담은 우주활동 및 발전을 위축시키게 되므
로, 앞서 보았던 국제우주정거장이나 미국의 사례 등과 같이 이러한 문제를 해결
하기 위하여 상호책임 면제라는 법리가 형성되었다. 즉 우주관련 산업의 발전과
촉진을 위하여 상호책임 면제가 등장하였는데, 먼저 NASA가 1970년대에 실무적
으로 상호책임 면제를 적용하고 있었으며, 그 후에 상호책임 면제의 의무를 법적
으로 규정하게 되었다. 또한 국제우주정거장 협력에서도 미국, 러시아, 일본 등
은 상호책임 면제를 합의하였는데, 이에 따라 각 당사자는 서로에게 모든 민사적
청구를 포기하는 것에 동의하였다. 즉 면제가 되는 손해는 계약상 예외 조항을
두든지, 모두 면제가 되게 하였지만, 예외사항으로 고의나 과실이 있는 경우에만
손해배상의 책임을 지도록 하였다.[46]

---

42) 홍성찬, 법학원론, 박영사, 2019년, 541면.
43) 우주손해배상법 제1조.
44) 우주손해배상법 제4조 제3항.
45) 宇賀克也, 前揭書, 163頁~165頁.
46) United States and Japan. "Agreement Concerning Cross-Waiver of Liability for Coo-

이러한 상호책임 면제는 민간 기업의 우주활동 관련 기술발전을 장려하는 것에 그 목적이 있다.[47] 만약 우주발사체에서 어떠한 결함이 있어서 그 피해가 참여한 모든 참여자들에게 돌아간다면, 그 결함을 발생시킨 당사자는 그 피해액에 상당하는 손해배상을 감당해야 한다. 이럴 경우 개발자들의 참여는 위축되게 될 것이고, 결과적으로 우주발사체를 만들기 위해서는 모든 개발을 한 기관에서 해야 하는 일이 발생하게 된다. 그러나 상호책임 면제가 인정되게 되면, 개발에 참여하는 당사자가 자신의 의무를 상당주의의무로서 이행한다면 손해가 발생하더라도 면제가 되기 때문에 우주발사의 특수성을 고려할 때에 가장 중요한 제도라도 볼 수 있다.[48] 그러나 우리나라의 경우 상호책임 면제에 관한 법제화가 되지 않았으며, 이에 대한 법적 근거마련이 필요하다고 여겨진다.

미국, 중국, 일본 등의 국가가 우주관련 선진적인 발전을 하고 있으며, 우리나라 또한 우주 강국을 이루기 위하여 민간기업에 우주활동을 적극적으로 장려하고 있다. 그러나 우리나라의 우주손해배상법에서는 책임의 한도만을 규정하고 있을 뿐 우주발사체 등과 같은 개발에 있어서는 상호책임 면제에 관한 법리를 도입하지 않고 있다. 우주 선진국인 미국의 경우를 보아도 우주발사 사고가 일어나고 있는데, 우리나라도 우주산업 발전을 위해서는 위험을 분산시킬 수 있는 상호책임 면제의 제도가 필요하다고 여겨진다. 해상법이나 원자력법 같은 경우에도 책임의 제한이나 면책을 통해서 발전되어 왔으며, 우리나라도 우주발사체에 민간기업을 참여시키기 위해서는 이러한 사항들을 고려해야 할 것이다.

상호책임 면제는 민간기업의 참여를 장려하기 위한 것으로, 상호책임 면제를 도입하면 다양한 기업들의 참여를 유도하여 상호협력을 증진시킬 수 있다. 그리고 결과적으로 민간기업의 우주산업 참여를 촉진하게 된다. 이를 위하여 법제도적 측면에서 개선이 필요하다.

peration in the Exploration and Use of Outer Space for Peaceful Purposes," Article 3, sec. 2(3). Washington, D.C., April 24, 1995.

47) 나종갑, "우주발사활동으로 인한 민사책임의 상호면책 조항에 대한 고찰", 법학연구 제33권 제1호, 연세대학교 법학연구원, 2023년 3월, 256면.
48) 나종갑, "우주활동에 있어서 상호책임면제법리의 성립에 관한 연구-미국의 상업적 우주발사법을 중심으로", 비교사법 제16권 3호, 한국사법학회, 2009년 9월, 436면~437면.

제2절 국내 우주법제의 문제점

우리나라의 우주개발과 관련하여 실효적이고 체계적인 법은 우주개발진흥
법이다.[49] 그리고 우주손해배상과 관련하여 우주손해배상법을 통하여 규정하고
있다. 즉, 우주개발 및 우주에 관한 기본 원칙들은 우주개발진흥법을 통하여, 우
주손해에 대하여는 우주손해배상법을 통하여 규정하고 있다. 우리나라의 우주법
제는 우주 선진국인 미국이나 일본과 비교하여 볼 때 그 내용과 적용 범위를 다
소 개선해야 된다고 여겨진다. 본 절에서는 우리나라의 우주법제의 문제점 및 사
적 주체의 우주활동을 지원하기 위한 방안에 대하여 살펴보고, 우주법제의 개선
방안 및 우주분쟁위원회의 설립에 대한 내용을 다루고자 한다.

Ⅰ. 현행 국내 우주법제의 문제점

우리나라는 우주개발과 관련하여 우주개발진흥법을 통하여 우주개발 계획
의 수립, 우주물체 등록 등과 같은 내용에 대하여 세세하게 규정하고 있다. 그러
나 우주손해배상법 같은 경우에는 우주손해배상에 관한 세세한 내용보다는 기본
적인 원칙에 대하여만 규정하고 있으므로, 실제로 우주손해배상을 규율하기 위
해서는 민법의 규정에 따라야 한다. 그러나 우주손해의 경우 우주물체의 발사 활
동으로 인한 손해와 운영으로 인한 손해로 나눌 수 있으며, 무과실책임을 규정하
고 있으므로 민법상의 과실책임주의 규정을 준용하기에는 한계가 있다.

일본의 우주활동법의 경우, 우주물체 발사 및 인공위성을 나누어서 그 손해
배상에 대하여 규정하고 있으며. 이러한 규정은 무과실책임, 책임집중의 원칙,
법원의 참작, 구상권, 시효, 공탁 등 손해배상에 필요한 내용들을 약 20개의 조문
을 통하여 세세하게 규정하고 있다. 그러나 우리나라의 우주손해배상법의 경우,
무과실책임, 손해배상 보험 등에 대한 규정만을 가지고 있으며 이 중 손해배상과
직접적으로 관련된 내용은 3개의 조항만을 가지고 있다. 즉 우주활동으로 인하
여 발생하는 손해를 배상할 수 있는 다양하고 세세한 규정들이 필요하다.

---

49) 김권일, 안형준, "우리나라 우주산업 법제 체계성 분석", 한국항공우주학회 학술발표회 초
   록집, 한국항공우주학회, 2023년 11월, 1423면.

우리나라 우주손해배상법은 우주물체 발사자로 하여금 우주손해를 배상할 책임을 지우고 있다.[50] 여기에서 우주손해란, 우주물체의 발사·운용 등으로 인하여 발생한 손해를 의미하는데, 이는 우주물체를 발사하기 위한 로켓과 궤도 및 외기권의 인공위성을 포함하는 개념으로 해석할 수 있다. 또한 우리나라 우주손해배상법 제2조의 규정에 따라 우주손해를 직접적인 손해로 한정하고 있는데, 일본의 경우 우주손해의 범위가 우리나라보다 더 넓게 규정하고 있다. 우리나라의 경우, 우주손해는 우주물체로 인해 발생한 인적 손해 및 물적 손해라고 정의를 내리고 있다. 그러나 일본의 경우, 로켓의 낙하 등으로 인한 손해와 인공위성의 낙하 등으로 인한 손해를 나누어서 규정하고 있으며, 이 양자를 구분하여 손해배상책임의 주체, 책임집중의 원칙 등을 규정하고 있다. 또한 손해의 형태도 우리나라의 경우 인명의 사망, 부상 등과 재산의 파괴 등의 손실로 규정하고 있지만, 일본의 경우에는 손해의 결과가 아닌 손해의 발생 방법으로 낙하 충돌 또는 폭발이라고 규정하여 이로 인하여 발생하는 모든 손해를 포함하도록 규정하고 있다. 즉 손해의 범위를 더 넓혀서 피해자가 구제받을 수 있는 조건을 확장시켰다.

만약 우리나라의 인공위성으로 인하여 우주손해가 발생하였을 경우, 그 책임은 우주손해배상법 제2조 및 제4조를 통하여 우주물체 발사자가 지게 되고, 이러한 규정은 우주손해책임협약[51]에서 발사국에 우주손해의 책임을 지고 있도록 하고 있는 것과 같은 내용이라고 할 수 있다. 그런데, 만약 우주물체의 발사 주체와 인공위성 등 우주물체의 운용주체 및 소유자가 다르다면 우주물체 발사자는 추후 해당 우주물체의 운용에 대한 책임까지 져야하는 문제가 존재하게 된다. 물론 실제로 이러한 일이 발생했을 경우, 우리 민법상 관리자인 인공위성의 운용자가 손해의 책임을 부담하게 되는 것이 합당하지만 우주조약 제2조의 규정으로 인하여 법적 혼동이 발생할 여지가 충분하다. 우주손해책임협약에서는 발사국이 우주손해에 대한 책임을 지도록 하고 있으며, 일본의 경우 위성의 낙하 등으로 인한 손해는 해당 관리자가 무과실책임을 진다고 규정하고 있다. 이를 참고하여 우리나라도 우주물체 발사자와 우주물체 관리자를 나누어서 손해배상의 책임을 규정해야 된다고 여겨진다. 이와 같은 내용은 손해배상책임의 주체를 나누고, 다

---

50) 우주손해배상법 제4조 제1항.
51) 우주손해책임협약 제2조.

수의 참가자가 참여할 경우 그 책임의 범위를 협의하는 규정을 도입할 수 있을 것이다.

Ⅱ. 우주자원법 제정의 필요성

현재 우리나라는 우주자원에 관한 법제가 마련되어 있지 않기 때문에 우주 자원의 법적 지위나 소유권 등을 규율할 법률이 필요하다. 민간 우주산업의 선두 주자인 미국의 경우 2015년에 우주자원에 관한 법제를 마련하였으며, 이어서 룩 셈부르크, 일본, 아랍에미리트 모두 우주자원법을 입법하였다. 우리나라도 우주 개발진흥법의 우주개발진흥 기본계획에서 우주자원의 개발 및 확보, 활용에 관 한 사항에 대하여 계획을 수립하여야 한다[52]고 규정하고 있으며, 현재 가속화되 고 있는 우주자원개발의 현황을 볼 때에도, 단순히 우리가 직접 자원을 채취하는 것뿐만이 아니라, 우주자원의 수입, 개발, 표준화 등과 같이 우주자원을 활용할 수 있는 법제를 마련하여야 할 필요성이 있다.

앞서 보았던 바와 같이 우주조약에서는 외기권의 전유를 금지하고 있으며, 달협정에서는 우주자원의 소유를 금지하고 있다. 국내법상 우주자원의 소유권에 대하여는 미국의 SRCEU 및 룩셈부르크, 일본, 아랍에미리트의 우주자원법에 각 각 규정하고 있다. 그러나 문제는 이러한 우주자원의 소유권에 대한 규정들이 우 주조약과 충돌을 불러일으킬 가능성이 있다는 것이다. 이 때문에, 미국과 아랍에 미리트의 우주자원 관련 법률에서는 국제의무와 충돌 없이 소유권을 가진다고 규정하고 있는데, 이는 우주조약에서 규정하고 있는 전유금지의 원칙과 충돌할 수 있는 가능성을 염두에 둔 것으로 볼 수 있다. 그러나 우주자원을 전유금지 대 상으로 해석하는 것은 법적으로 무리가 있으며, 우주자원에 대하여 명확한 국제 우주법이 제정되지 않는 한, 우주의 자유로운 이용 원칙에 따라 우주자원에 대하 여 사용, 수익, 처분 등이 가능하다고 해석할 수도 있다.[53]

지금까지 우주공간에서의 물질을 채취하는 것은 과학적인 목적을 위하여 이 루어졌기 때문에 전유금지의 원칙과 관련하여 큰 문제가 발생하지 않았다.[54] 그

---

52) 우주개발진흥법 2024. 5. 27. 시행, 제5조 제2항 제12호.
53) 이준, "달탐사 활동의 국제법적 고찰", 한국항공우주학회 학술발표회 초록집, 한국항공우 주학회, 2019년 11월, 332면.
54) 김영주, 앞의 논문, 451면.

러나 기업들이 우주자원을 상업적 목적으로 채취하게 된다면 그 규모는 과학적인 목적으로 채취한 것보다 매우 커질 것이며 결과적으로 우주자원을 확보하기 위한 경쟁 및 국제적 분쟁을 초래하게 될 것이라는 주장이 있다.[55]

미국의 경우, SRCEU 제51302조의 (a)(3)에서 우주자원에 대한 미국 시민들의 상업적 탐사 및 회수에 대한 권리를 위하여 유해한 방해로부터 보호해야 한다고 규정하고 있다. 이는 우주자원의 탐사 및 회수를 위한 비용과 기대이익이 매우 높기 때문에 우주자원 채굴 기업간의 충돌이 발생할 수 있으므로[56] 이를 국가 차원에서 보호하기 위한 조치로 해석할 수 있다. 그러나 이 규정 또한 우주조약 제1조에서 규정하고 있는 우주의 자유로운 탐사와 이용 및 접근에 대한 규정과 충돌할 여지가 존재하고 있다. 만약 우주공간에서 미국 기업이 우주자원의 탐사 및 회수를 진행할 때에 타국 기업의 접근이나 이동으로 인하여 방해를 받을 경우, 혹은 타국 기업이 우주자원을 회수할 때에 미국 기업과 충돌하는 경우, 미국 정부는 해당 조항에 따라 이를 보호하기 위하여 해당 구역에 대한 접근 금지나 보호를 설정할 수 있고, 그러면 우주조약 제1조를 침해할 가능성이 있다.[57]

또한 미국, 룩셈부르크, 일본의 우주자원법은 현재 우주자원과 관련된 환경적 조치에 대하여 규정하고 있지 않은데, 우주자원의 탐사 및 회수로 인하여 발생할 수 있는 환경적 문제에 대한 조치가 필요할 것으로 여겨진다. 예를 들어 우주조약 제9조에서는 외계 물질의 반입으로 발생할 수 있는 유해한 오염이나 지구의 환경을 부정적으로 바꿀 수 있는 경우를 회피하여야 하고, 이를 막기 위해 적절히 조치해야 한다고 규정하고 있는데, 이익을 위하며 무분별하게 우주자원을 채취하여 지구로 가져온다면, 지구환경에 유해한 오염을 초래할 수 있으므로,[58] 이에 대한 방지적 조치가 반드시 필요하다.

미국의 CSLCA 제403절[59]에서는 이 법의 제정에 의하여 미국은 어떠한 천

---

55) Fabio, "Title Ⅳ-Space Resource Exploration," 151-152.
56) Carol R. Buxton, "Property in Outer Space: The Common Heritage of Mankind Principle vs. the 'First in Time, First in Right' Rule of Property Law," *Journal of Air Law and Commerce* 69, (2004): 700.
57) Lewis D. Solomon, *The Privatization of Space Exploration: Business, Technology, Law and Policy* (Routledge, 2017), 109.
58) J. H. Huebert, Walter Block, "Space Environmentalism, Property Rights, and the Law," *University of Memphis Law Review* 37, (2006): 281.
59) CSLCA Sec 403 DISCLAIMER OF EXTRATERRITORIAL SOVEREIGNTY: 이 법의 제정을 통해 미국이 어떠한 천체의 주권, 주권적 혹은 배타적 권리 또는 관할권 또는 소유권을

체에 대해 주권, 배타적 권리 또는 관할권 또는 소유권을 주장하지 않는다고 규정하고 있고, 아랍에미리트의 우주자원법 제7조에서는 국가의 국제의무에 대하여 침해하지 않는다고 규정하고 있으며, 일본 또한 일본의 우주자원법 제6조를 통해 일본이 체결한 국제조약의 성실한 이행을 방해하지 않도록 유의하여야 한다고 규정하고 있으며, 룩셈부르크 또한 룩셈부르크의 우주자원법 제2조를 통해 룩셈부르크의 국제의무에 따라서만 우주자원을 탐사하거나 사용할 수 있다고 규정하고 있다. 즉 이처럼 국제의무의 준수에 대한 규정들을 갖추고 있으므로 우주조약과의 충돌 가능성을 낮추었다고 볼 수 있다. 또한 우주조약 제6조에서는 조약 당사국이 우주공간의 정부 및 비정부 기관의 우주활동에 관하여 승인과 계속적인 감독(authorization and continuing supervision)을 필요로 한다고 규정하고 있는데, 미국, 룩셈부르크, 아랍에미리트는 감독에 관한 규정을 가지고 있고, 일본의 경우 감독에 관한 규정을 가지고 있지는 않지만, 해당 법률들 모두 국제의무를 따를 것을 규정하고 있으므로 우주조약의 규정에 반하지 않고, 오히려 그 이행을 위한 국내법이라고 해석할 수 있다.

미국, 룩셈부르크, 아랍에미리트, 일본은 우주자원과 관련하여 국내 입법을 함으로써 우주자원에 대한 자국민 혹은 자국에 설립된 기업에 대하여 그 소유권을 인정하고 있다. UNOOSA의 작업반에서는 2024년 3월 룩셈부르크에서 우주자원 활동에 관하여 전문가 회의를 개최하였다. 여기에서 우주자원 활동의 범위와 환경적·경제적 측면의 우주자원 활동, 그리고 우주자원 활동의 과학연구 및 기술개발에 관한 국제협력에 대한 논의가 이루어졌고, 국제규범의 작성을 위한 논의를 시작하였다.[60) 미국, 룩셈부르크, 아랍에미리트, 일본의 우주자원 관련 국내 입법은 우주의 상업적 이용에 대한 기초적인 요건들을 제도적·구조적으로 갖추게 하였다. 우리나라 또한 우주개발진흥법을 통하여 우주물체를 효율적으로 이용 및 관리하도록 하여 우주산업과 우주개발의 기반을 갖출 수 있는 법적 근거를 마련하였다. 우주개발진흥법은 우주개발을 체계적으로 진흥하고, 우주물체

주장하지 않는다는 것이 의회의 뜻이다(It is the sense of Congress that by the enact-ment of this Act, the United States does not thereby assert sovereignty or sovereign or exclusive rights or jurisdiction over, or the ownership of, any celestial body).

60) Working Group on Legal Aspects of Space Resource Activities Intersessional Meeting, Expert Meeting 2024(Luxembourg), https://www.unoosa.org/oosa/en/ourwork/copuos/lsc/space-resources/index.html

를 효율적으로 이용·관리하며 국가의 안전보장 및 국민경제의 건전한 발전을 목적으로 하고 있으며, 우주개발이란 인공우주물체의 설계 등에 관한 연구활동 및 기술개발 활동과 우주공간의 이용·탐사 및 이를 촉진하기 위한 활동이라고 정의하고 있다. 즉 우주개발이란 인공위성과 같은 인공우주물체의 개발활동과 우주공간의 탐사 두 가지로 나누어서 이 둘이 우주개발에 포함된다고 정의하고 있는데, 후자는 우주자원과 관련된 활동을 포함한다고 볼 수 있지만, 이를 근거로 하여 우주자원을 탐사 및 채취하기에는 그 법적 근거가 부족하다고 볼 수 있다.

또한 우주개발진흥법 제2조는 우주자원에 대하여 정의를 내리고 있지는 않지만 제3항에서 우주물체에 대하여 정의를 내리고 있는데, 이 중 (나)목에서 자연우주물체란 우주공간에서 자연적으로 만들어진 물체라고 정의하고 있고, 이를 우주자원으로 해석할 수 있다. 우주개발진흥법 제5조는 우주개발진흥 기본계획의 수립에 대하여 규정하고 있다. 2005년 시행된 동조에서는 정부가 우주개발의 진흥과 우주물체의 이용 등을 위하여 5년마다 우주개발에 관한 중장기 정책 목표 및 기본방향을 정하는 우주개발진흥 기본계획을 수립하여야 한다고 규정하고 있는데, 제2항 제12목에서는 우주개발 진흥과 우주물체의 이용·관리에 대하여 대통령령으로 정하는 사항이라고 규정되어 있었지만, 2024년 1월 26일 개정되어 2024년 5월 27일부터 시행되는 우주개발진흥법에서는 이 조항을 우주자원의 개발 및 확보·활용에 관한 사항으로 개정하였다. 이는 민간 기업의 우주진출이 날로 발전하고 있고, 실제적으로 우주자원을 활용하는 것도 머지 않았기 때문에[61] 우주개발진흥법을 통하여 우주자원의 중요성을 인식하고 이를 위한 법제를 마련해야 한다는 필요성이 반영된 것으로 보인다.

Ⅲ. 우주손해배상법의 개정의 필요성

우리나라의 우주손해배상법은 9개의 조항만을 가지고 있으며, 직접적인 손해만을 우주손해의 범위로 한정하고 있고,[62] 불가항력으로 인한 면책의 경우를

---

61) Andrew Jones, "A US private company has made a historic landing on the Moon. Its mission is paving the way for a new generation of lunar astronauts," *BBC*, February 23, 2024, https://www.bbc.com/future/article/20240222−how−odysseus−will−help−future− moon−missions

62) 우주손해배상법 제2조 제4호.

국가 간의 무력충돌, 적대행위, 내란 또는 반란으로 인한 손해로 한정하고 있다. 본 단락에서는 우리나라의 우주손해배상법개정의 필요성에 대하여 연구를 진행하고자 한다.

1. 간접손해배상의 도입

국제 우주법 체계상 우주손해의 책임이 일반적으로 직접적인 손해만을 규정하고 있고, 간접손해나 지연손해에 대하여는 규정하고 있지 않다는 문제점을 가지고 있다.[63] 간접손해란 우주물체와의 직접적인 접촉 이외의 경로로 발생하는 손해를 의미하며, 지연손해란 우주사고가 발생한 후 일정한 기간이 지난 후에 발생하는 손해를 의미한다. 예를 들면 우주물체가 지면으로 추락했을 경우 발생하는 오염(방사능 등)으로 인하여 생기는 손해를 생각해 볼 수 있다. 그러므로 우주손해를 단순히 직접적인 손해만으로 규정하는 것은 우주사고로 발생할 수 있는 환경오염 등을 우주손해의 범위로 포함할 수 없다는 문제점을 가지고 있다.[64] 일반적으로 환경오염은 무과실책임을 원칙으로 하며[65] 손해를 받은 자가 해당 손해에 대하여 원인과 결과 사이의 개연성을 증명하기가 쉽지 않기 때문에 그 책임 없음은 가해자가 증명해야 한다.

우리나라의 우주손해배상법 제2조 제4호는 우주손해에 대하여 인적 손해와 물적 손해를 규정하고 있는데, 이러한 배상의 범위는 직접적인 손해만을 규정하고 있다. 즉 우리나라의 우주손해배상법은 직접손해만을 우주손해배상법의 대상으로 하는 특색을 가지고 있으므로,[66] 간접손해 또한 우주손해배상법을 통하여 구제받을 수 있도록 하는 것이 필요하다.

---

63) C. Christol, "International Liability for Damage Caused by Space Objects," *American Journal of International Law* 74, no.2 (1980): 352; W. F. Foster, "The Convention on International Liability for Damage Caused by Space Objects," *Canadian Yearbook of International Law/Annuaire Canadien de Droit International* 10, (1973): 173.

64) Phoebe Okowa, *State Responsibility for Transboundary Air Pollution in International Law* (Oxford University Press, 2000), 112.

65) 환경정책기본법 제44조 제1항: 환경오염 또는 환경훼손으로 피해가 발생한 경우에는 해당 환경오염 또는 환경훼손의 원인자가 그 피해를 배상하여야 한다.

66) 이강빈, "우주활동에 의하여 발생한 손해배상책임에 관한 연구-관련 사례를 중심으로", 항공우주정책·법학회지 제26권 제1호, 한국항공우주법학회, 2011년, 187면.

2. 불가항력의 한계

일본의 우주활동법은 불가항력으로 인하여 우주손해가 발생했을 경우에는 법원에서 손해배상액을 산정할 때에 해당 내용을 참작할 것을 규정하고 있다. 그러나 우리나라 우주손해배상법에서는 우주손해가 발생한 경우 해당 우주물체 발사자가 그 손해를 배상할 책임이 있다고 규정하며, 다만 국가 간의 무력충돌, 적대행위, 내란 또는 반란으로 인하여 우주손해가 발생했을 경우와 우주공간에서 발생한 우주손해는 고의 또는 과실이 있는 경우에만 우주물체 발사자가 손해를 배상할 책임이 있다고 규정하고 있다.[67] 즉 이러한 행위로 우주손해가 발생한 경우 우주물체 발사자는 책임을 면할 수 있으며, 이 경우의 책임 주체에 대하여는 규정하고 있지 않다. 다만 우주손해배상법 제4조 제2항에서는 제3자의 고의 또는 과실로 인하여 생긴 우주손해를 우주물체 발사자가 배상하였을 경우, 구상권을 행사할 수 있다고 규정하고 있다. 일본의 경우 불가항력적인 요소가 있더라도 손해배상책임을 져야 한다고 규정하며 다만 법원에서 참작하여 손해배상액을 산정할 수 있다고 규정할 뿐이다.[68] 그러나 우리나라의 우주손해배상법의 경우에는 이러한 불가항력적인 요소의 범위를 일본보다 좁혀서 규정하고 있다. 일본의 우주활동법의 경우, '천재 및 그 외의 불가항력'이라고 규정하고 있으며, 불가항력에 정확한 정의에 대하여는 규정하고 있지 않다.

불가항력에 대한 민사책임은 일본민법 제415조와 제416조의 규정을 통해 볼 수 있는데, 제415조는 불가항력을 채무불이행의 책임에서 벗어날 수 있는 하나의 사유로 간주하기 때문에 불가항력으로 인하여 채무를 이행할 수 없게 된 경우, 채무불이행의 책임에서 면제될 수 있다. 이 경우 채무자는 해당 사건의 발생을 예방하거나 그 결과를 피하는 것이 합리적으로 불가능했음을 입증하여야 하며, 제416조는 계약 당사자가 계약을 체결한 시점에서 예측할 수 없었던 불가항력적 사유로 인해 계약의 목적을 달성할 수 없게 된 경우 계약을 해제할 수 있도록 규정하고 있다. 즉 일본의 경우 불가항력에 대한 구체적인 내용들에 대하여는 규정하고 있지 않고, 불가항력에 대한 구체적인 적용과 해석은 개별 사건의 상황, 내용, 그리고 법원에 판단에 맡겨지고 있다. 즉 일본의 우주활동법 또한 우

---

67) 우주손해배상법 제4조 제1항.
68) 일본 우주활동법 제37조, 제54조.

주물체로 인하여 발생하는 손해에 대하여 불가항력의 발생 가능성을 인정하고 있지만, 그로 인하여 발생되는 손해를 면책시키는 것이 아니라 법원에서 사안을 판단하여 그 정도에 따라 손해배상의 산정액을 정할 수 있도록 하고 있다.

    우리나라 또한 민법에서 불가항력이라는 용어를 사용하고 있지만, 그 요건과 효과에 대하여는 뚜렷하게 규정하고 있지 않고 다만 판례를 통하여 예견가능성과 회피가능성을 불가항력의 기준으로 하고 있다.[69] 이러한 상황을 참고하면, 우주손해배상법에서 규정하고 있는 불가항력의 요소인 국가 간의 무력충돌, 적대행위, 내란 또는 반란이라는 것은 다소 그 범위가 협소해 보인다. 일본이 이렇게 불가항력의 범위를 넓히고 면책되지 않게 하는 동시에 법원이 그 불가항력을 참작할 수 있도록 한 것은 피해자의 구제와 우주활동 관계자의 보호를 위하여 제정한 것으로 보인다. 그러므로 우리나라 우주손해배상법 제1조에서 규정하고 있는 피해자를 보호하고 우주개발 사업의 건전한 발전을 위해서는 일본의 법제를 참고하여 몇 가지 상황만을 불가항력의 요소로 규정하여 면책을 시키기보다는, 그 판단을 법원이 맡도록 하여 상황에 따라 유연하게 대처해야 할 필요성이 있다고 여겨진다.

제3절 우주활동 관련 민사규범의 시사점

    우주활동과 관련한 민사규범 체계는 크게 우주자원의 소유와 우주활동의 손해배상으로 나눌 수 있다. 우주자원의 소유권이 전제가 되어야 그 소유권을 바탕으로 상업적 활동을 할 수 있으며, 우주활동 손해배상의 경우, 손해배상의 주체, 범위, 면책 등의 규정을 통하여 우주활동 참가자와 피해자 모두에게 법적 안정성을 제공할 수 있다. 본 단락에서는 먼저 우주자원의 소유권과 관련하여 앞서 살펴본 미국, 룩셈부르크, 일본, 아랍에미리트의 우주자원법을 참고로 하여 우리나라 우주자원법에 대한 입법제안을 하고, 그 후에 미국과 일본을 바탕으로한 우주손해배상법의 입법 및 개정 제안을 하고자 한다. 본 단락에서는 입법 및 개정 제

---

69) 조인영, "불가항력(Force majeure)의 의미와 효과-COVID-19 사태와 계약관계에 있어서의 불가항력 사유에 관한 고찰-", 법조 제69권 제4호, 법조협회, 2020년, 166면.

안을 모범안70)의 형식으로 제안하여, 법(안)의 전체 내용에 대하여 설명을 진행하는 동시에 우리나라 우주자원법의 제정 및 우주손해배상법의 개정 제안을 하고자 한다. 그리고 우주관련 분쟁의 해결을 위한 우주분쟁해결 위원회의 설립에 대하여도 다루고자 한다.

Ⅰ. 우주자원의 민사규범

우주자원법을 가지고 있는 국가들의 우주자원 관련 규정을 보면, 각각의 장점과 단점이 존재하고 있다. 미국의 경우, 소행성자원과 우주자원을 나누어서 규정하고 있지만,71) 우주자원의 소유권에 대하여는 확실하게 소유권을 가진다고 규정하고 있지는 않고, 다만 소유권의 권리들을 열거하며 미국 시민, 법인 등은 그러한 권리를 향유한다고만 규정하고 있다.72) 룩셈부르크는 우주자원은 소유가 가능하다고 규정하고,73) 우주자원의 활동을 하기 위한 승인의 내용들 및 위반자의 벌칙에 대하여 상세하게 규정하고 있고,74) 일본은 우주자원을 소유의 의사로 점유하여 소유권을 취득한다고 규정하며,75) 우주자원에 대한 정의를 내리고 있다. 마지막으로 아랍에미리트는 우주자원의 소유권에 대한 내용을 상세하게 규정하고 있다.

이러한 장점들과 단점들을 참고하여 우주자원법(안)의 제1장 총칙 부분을 만들어 보면 다음의 <표 3-1>과 같다.

---

70) 실제 법률의 제·개정에서는 다른 법률의 용어 등을 인용하는 것이 원칙이나, 본 연구에서는 의미를 명확하게 표현하기 위하여 인용 등을 자제하고 모범 및 표준내용을 제시하고자 한다.
71) 51 U.S.C.A. § 51301.
72) 51 U.S.C.A. § 51303.
73) 룩셈부르크 우주자원법 제1조.
74) 룩셈부르트 우주자원법 제7조~18조.
75) 일본 우주자원법 제5조.

〈표 3-1〉 우주자원법(안) 총칙

조항	내용
	제1장 총칙
제1조 입법목적	이 법은 우주자원의 탐사 및 개발을 위하여 우주자원의 소유권 취득 및 기타 필요한 사항을 정하며, 우주자원 개발의 진흥을 촉진하는 것을 그 목적으로 한다.
제2조 정의	이 법에서 사용하는 용어의 정의는 다음과 같다. 1. "우주자원"이란 외기권 및 기타 천체에 있는 물과 광물을 포함한 천연 자원을 의미한다. 2. "우주자원 활동"이란 우주자원을 채굴, 운송, 보관, 가공, 판매하는 행위를 의미한다. 3. "우주자원 사업자"란 관리기관으로부터 허가를 받아 우주자원 활동을 수행하는 자연인, 법인 등을 의미한다. 4. "관리기관"이란 본 법에 의하여 우주자원 활동의 허가, 감독 등을 수행하는 기관을 의미한다. 5. "우주자원 환경 평가"란 우주자원 활동이 발생시킬 수 있는 유해한 결과에 대하여 평가를 진행하는 것을 의미한다.
제3조 적용대상	이 법은 대한민국 국민, 대한민국의 법령에 따라 설립된 법인·단체 또는 대한민국에 그 본점을 설치하거나 영업할 것을 주된 목적으로 하는 외국 법인·단체에 적용한다.
제4조 관리기관의 권한	관리기관은 다음 각 호의 권한을 가진다. 1. 우주자원 활동의 허가 2. 우주자원 활동에 대한 감독 3. 우주자원 활동에 관한 환경평가 4. 우주자원 활동 허가의 취소 5. 그 밖의 우주자원과 관련된 활동의 감독
제5조 우주자원의 소유권	① 다음 각 호의 요건을 충족한 자는 소유의 의사로 점유함으로써 우주 자원의 소유권을 취득한다. 1. 관리기관의 허가를 받은 자 2. 우주자원 사업자로 등록된 자 3. 허가의 범위 안에서 이루어진 채굴 4. 그 밖의 대통령령으로 정하는 사항 ② 우주자원의 소유권은 법에서 특별히 정하지 않는 한 법률의 범위 내에서 소유물을 사용, 수익, 처분할 권리가 있다.
제6조 국제협약과의 관계	① 이 법의 적용은 국가의 국제적 의무의 이행을 방해하지 않아야 한다. ② 이 법의 이행은 타국의 달 및 그 밖의 천체를 포함한 우주공간의 탐사 및 이용의 자유를 침해하지 않는다.

먼저 우주자원법(안)의 총칙 부분 제1조에서는 이 법의 입법목적을 우주자원개발의 진흥을 촉진하는 것으로 밝히며 이어서 제2조에서 각 용어에 대한 정

의를 내리고 있다. 우주자원에 대한 정의는 달 및 기타 천체에 있는 물과 광물을 포함한 천연자원이라고 규정하고 있다. 이는 일본의 우주자원법에서 규정하고 있는 우주자원의 정의와 흡사한데, 여기에서는 달이 아닌 외기권으로 규정하여 추후 달협정에서 규정하고 있는 우주자원의 전유금지의 원칙[76]과 상충할 수 있는 부분을 방지하였다. 그리고 우주자원 활동, 우주자원 사업자, 관리기관에 대한 정의규정을 넣었으며, 특히 제2조 제5호에서는 우주자원 환경평가에 대한 내용을 마련하였다. 우주자원 환경평가는 우주자원의 활동으로 인하여 발생할 수 있는 유해한 환경오염에 대한 평가를 의미한다. 만약 우주자원의 채취나 가공 등으로 인하여 우주공간이나 지표면에 유해한 오염이 발생할 수 있게 된다면 관리기관이 우주자원 환경평가를 근거로 하여 우주자원 활동을 중지시킬 수 있는 근거를 마련하였다.

제3조는 적용대상에 대하여 규정하고 있는데, 대한민국의 국민, 법인, 단체 및 대한민국에 본점을 설치하거나 영업할 것을 주된 목적으로 하는 외국법인과 단체는 본 법(안)의 규정을 적용받게 된다.

제4조에서는 관리기관의 권한에 대하여 규정하고 있는데, 이러한 권한들을 통하여 우주자원 사업자를 계속적으로 감독할 수 있으며, 이는 우주조약에서 규정하고 있는 비정부 단체의 활동에 대한 계속적인 감독[77]에 부합하는 내용이다.

이어서 제5조에서는 우주자원의 소유권에 대하여 규정하고 있는데, 우주자원의 소유권 취득에 대한 요건에 대하여 열거하고 있다. 미국과 아랍에미리트의 우주자원 소유권에 대한 규정은 국제적 의무를 침해하지 않으며 우주자원 소유 혹은 소유에 대한 권리들을 가진다고 규정하고,[78] 룩셈부르크와 일본의 경우는 우주자원은 소유가 가능하다고 규정하거나 소유권을 취득한다고만 규정하고 있다. 미국과 아랍에미리트의 경우는 우주조약의 전유금지의 원칙에 우주자원이 들어간다는 것을 인정하지만, 이는 국가를 대상으로 하였기 때문에 사적 주체는 우주자원을 소유할 수 있다는 견해를 참고한 것으로 여겨진다. 그러므로 미국의 경우 제51303조에서 "미국 시민(United States citizen)"은 우주자원을 소유할 수 있다고 규정하고 있으며, 아랍에미리트는 제7조에 시민이나 사적 주체라는 단어

---

76) 달협정 제11조 제3항.
77) 우주조약 제6조.
78) 51 U.S.C.A. § 51303조.

를 사용하지는 않았지만, 국제적 의무를 침해하지 않는다고 하며 소유권에 대하여 규정하고 있으므로 역시 사적 주체의 소유권을 인정한다고 해석할 수 있다. 반면, 룩셈부르크와 일본은 우주자원은 소유가 가능하다고만 규정하며 우주자원의 소유권을 국가와 사적 주체 모두에게 부여하고 있다.

<표 3-1>의 우주자원법(안)의 우주자원 소유권에 대한 규정에서는 룩셈부르크와 일본의 소유권에 대한 규정을 참고하였다. 그러나 제4호에서 그 밖의 대통령령으로 정하는 사항이라는 규정을 추가하여 상황에 따라 우주자원의 소유권의 주체를 사적 주체로 한정할지, 아니면 국가도 소유권을 취득할 수 있게 할지를 정할 수 있게 하였다. 제5조에서는 이러한 소유권의 취득 요건으로 먼저 관리기관의 허가와 감독을 받을 것을 규정하고 있는데, 이는 우주조약 제6조에서 비정부 단체의 활동은 당사국의 인증과 계속적인 감독을 받을 것을 규정하고 있기 때문이다.

그리고 관리기관의 허가의 범위 안에서만 채굴행위가 이루어져야 하며, 그 밖의 대통령령으로 정한 사항을 따라 우주자원의 소유권을 취득할 수 있도록 하였다. 이는 무분별한 우주자원의 개발 및 채굴을 막기 위한 것으로, 이를 통해 다른 국가의 우주활동에 관한 이익과 평화를 해치지 않을 수 있다. 제2항에서는 법령에서 따로 정하지 않는 이상 우주자원의 소유권은 법률의 범위 내에서 사용, 수익, 처분할 권리가 있다고 규정하였는데, 이는 우주자원의 소유권 침해에 대응하기 위한 내용으로, 제3자가 우주자원의 소유권을 침해한 경우, 반환청구권이나 손해배상 청구권을 행사할 수 있도록 하기 위하여 규정하였다.

또한 제6조에서는 국제협약과의 관계에 대하여 규정하고 있다. 이 법의 적용은 국제적 의무 및 다른 국가의 외기권의 탐사와 이용의 자유를 침해해서는 안 된다고 규정하고 있다.

다음의 내용은 우주자원 사업자의 의무에 대한 내용이다.

〈표 3-2〉 우주자원법(안) 우주자원 사업자의 의무

조항	내용
	제2장 우주자원 사업자의 의무
제7조 위험평가 수행의 의무	우주자원 사업자는 우주자원 사업을 수행하기 전에 우주자원 활동 범위 내에서 발생할 수 있는 위험평가를 실시하고 그 결과를 관리기관에 보고하여야 한다.
제8조 환경보전의 의무	우주자원 사업자는 우주자원 활동에 있어서 외기권 및 지구의 환경을 보호해야 할 의무를 가지고 있으며, 만약 우주자원 활동으로 인하여 유해한 환경오염을 발생시킬 위험이 있다면 즉시 활동을 중지하고 조치를 취하여야 한다.
제9조 통지의 의무	우주자원 사업자는 다음 각 호의 사항을 즉시 관리기관에 알려야 한다. 1. 제8조의 유해한 환경오염 발생의 사항이나 지구환경에 잠재적으로 유해한 사항 2. 사람이나 재산에 발생할 수 있는 모든 손해 또는 위험 3. 우주자원 활동의 중대한 변경 사항 4. 우주자원 활동의 종료
제10조 기타 의무	우주자원 사업자는 국제조약 및 국내법령에 따라서 우주자원 활동을 수행하여야 하며, 제3자에게 끼칠 수 있는 손해에 대한 보험을 들어야 한다. 우주자원 활동으로 인하여 발생한 손해는 우주자원 사업자가 그 손해를 배상할 책임이 있다.

제7조는 우주자원 사업자가 스스로 위험평가를 실시하고 그 결과를 관리기관에 보고하도록 규정하고 있다. 이는 우주자원 활동 중에 위험을 초래하거나 국제법적 준수 의무를 어기는 것을 방지하기 위한 것으로, 관리기관은 우주자원 사업자가 제출한 위험평가를 기초로 하여 해당 우주자원활동의 위험성을 평가하고 우주자원 활동의 허가를 위한 조건 중에 하나로 활용할 수 있다.

이와 비슷한 위험평가로 아랍에미리트의 우주자원법에서는 우주활동을 시작하기 전에 준수해야 할 조건들을 나열하고 있는데,[79] ① 사람이나 재산의 안전을 위협하는 위험, ② 인명이나 재산에 피해를 줄 수 있는 위험, ③ 지구환경에 미치는 유해한 영향, ④ 천체를 포함한 우주공간에서의 유해한 오염, ⑤ 우주폐기물의 생산, ⑥ 다른 우주자원의 활동을 포함하여 진행 중인 우주활동에 대한 유해한 방해에 대하여 위험평가를 진행하고 이를 예방할 조치를 가지고 있음을 제출해야 한다고 규정하고 있다. 이러한 아랍에미리트의 우주자원법을 참고하여 제7조를 구성하였으며, 우주자원 사업자의 위험평가를 통하여서 관리기관은 해

---

[79] SRR 제4조 제1항.

당 임무수행의 적절성과 위험성을 평가할 수 있다.

　　다음으로 제8조 환경보전의 의무는 우주조약 제9조에서 규정하고 있는 유해한 오염의 방지와, 지구 주변에 불리한 변화를 가져오는 것을 회피하고 적절한 조치를 취해야 하는 의무를 규정한 것으로, 우주자원 활동으로 인하여 발생할 수 있는 우주공간 및 지구의 오염을 방지하여야 하며, 만약 오염이 발생한다면 즉시 조치를 취하여야 함을 규정하고 있다. 이어서 제9조는 이러한 환경오염의 발생이나 기타 다른 손해발생의 가능성이 있는 경우에는 관리기관에 즉시 통지하도록 규정하여, 발생할 수 있는 오염 및 손해를 방지하고, 이에 따른 조치를 취할 수 있도록 규정하고 있다. 이러한 통지의 의무는 아랍에미리트 우주자원법[80])에서도 규정하고 있는 내용이다.

　　그리고 제10조는 국제조약 및 법령을 준수할 의무를 규정하고 있으며, 발생할 수 있는 손해에 대한 보험을 갖출 것을 규정하고 있다. 그리고 우주자원 활동으로 인한 손해는 사업자가 무과실책임을 지도록 규정하고 있는데, 이는 우주자원 활동은 고도의 기술을 필요로 하기 때문에 피해자가 위험을 회피하거나 해당 과실을 증명하기가 어렵기 때문이다. 즉 위험을 통제하는 우주자원 사업자가 해당 위험책임을 부담하여야 하고, 국제 우주법[81]) 및 각국의 우주손해배상 관련 법제에서도 무과실책임주의를 채택하고 있으므로 합당하다고 여겨진다. 이렇게 우주자원 활동에서 발생한 손해에 대하여 무과실책임을 규정하게 된다면 다음의 세 가지 이점을 가질 수 있다.

　　첫 번째는 청구의 대상을 명확하게 할 수 있다. 우주자원 활동은 우주자원의 채굴, 운송, 보관, 가공 등과 같은 내용을 포함하기 때문에 다수의 당사자들이 참여하여 우주자원 관련 임무를 수행하게 된다. 그러므로 사고로 인하여 손해가 발생하였을 경우에 그 손해배상의 책임을 다수의 참가자가 지게 된다면, 피해자는 손해배상의 청구 대상을 특정하기가 어려운 문제점이 발생할 수 있다. 이를 방지하기 위하여 우주자원 사업자에게 책임을 집중시켜 손해배상의 청구 대상을 명확하게 할 수 있다.

---

80) SRR 제8조 제1항(d): 1. 운영자는 다음 사항을 즉시 기관에 통보해야 한다: (d) 지구의 환경에 대해 유해하거나 잠재적으로 유해한 영향(1. The Operator shall notify the Agency immediately about the following: (d) Any harmful or potentially harmful impacts on the earth's environment).

81) 우주조약 제7조, 우주손해책임협약 제2조.

　두 번째는 피해자를 적극적으로 구제할 수 있다. 동조항은 우주자원 사업자가 무과실책임을 지게 하는 동시에 우주자원 사업자가 손해배상을 위한 보험에 들 것을 규정하고 있다. 즉 우주자원 사업자가 손해배상의 책임을 가짐과 동시에 보험을 통하여 손해의 배상을 담보할 수 있으므로 피해자는 첫 번째와 같이 청구대상을 명확하게 할 수 있을 뿐만 아니라, 보험을 통하여 피해를 보상받을 수 있다.

　세 번째는 우주자원 활동을 촉진할 수 있다. 우주자원 활동도 우주발사체, 채굴장비 등과 같은 고도의 기술을 요하는 장비들을 필요로 하며, 만약 우주자원 활동에 참여하는 기업이 손해배상에 대한 위험(risk)을 짊어지게 된다면 우주자원 사업자가 모든 개발과 활동에 참여해야 하는 상황이 발생할 수 있다. 그러므로 손해배상책임을 우주자원 사업자에게 집중시켜 우주자원 활동의 진흥을 촉진할 수 있다.

　다음은 우주자원 활동의 허가 및 감독의 권한을 가진 관리기관에 대한 내용이다. 여기에서는 관리기관의 권한, 우주자원 활동의 허가와 허가의 취소, 감독, 허가의 양도, 일괄허가에 대한 내용을 규정하고 있으며, 우주자원법(안)의 제3장으로 구성되어 있다.

〈표 3-3〉 우주자원법(안) 관리기관의 권한

조항	내용
	제3장 관리기관의 권한
제11조 관리기관의 권한	관리기관은 우주자원 활동의 허가, 취소, 감독에 대한 권한을 가진다.
제12조 우주자원 활동의 허가	우주자원 활동의 허가를 받으려는 자는 다음 각 호의 사항을 관리기관에 제출하여 허가를 받아야 한다. 1. 우주자원 사업활동의 내용 2. 사업활동의 기간 3. 우주자원 사업활동의 방법 4. 위험평가의 결과
제13조 허가의 취소	관리기관은 다음 각 호의 어느 하나에 해당하는 경우 허가한 우주자원 활동을 취소할 수 있다. 1. 허가사항의 조건이 변경되는 경우 2. 사업자가 임무수행을 중단하는 경우 3. 허가 당시 제출한 서류에 허위사실이 있는 경우 4. 기타 부정한 방법으로 허가를 받은 경우

제14조 감독	관리기관은 허가한 우주자원 활동에 대하여 계속적으로 감독을 시행하 여야 한다.
제15조 허가의 양도	우주자원 활동의 허가는 양도할 수 없다.
제16조 일괄허가	① 관리기관은 우주자원의 활동을 위하여 동일한 발사 장소에서 동일 한 발사체를 이용할 경우 관련된 발사에 대하여 일괄 허가할 수 있다. ② 제1항의 일괄 허가는 발급일로부터 5년간 유효하다.

우주자원법(안)에서 관리기관의 권한은 크게 우주자원 활동의 허가, 취소, 감독의 권한으로 나눌 수 있다. 먼저 활동의 허가를 위해서는 우주자원 사업자가 사업활동의 내용을 제출하도록 하고 있는데, 본 법에서 우주자원의 활동은 우주자원을 채굴, 운송, 보관, 가동, 판매하는 행위를 의미하기 때문에 우주자원 사업자는 본인이 수행하길 원하는 사업에 대하여 허가를 신청할 수 있다. 그리고 제4호에서 위험평가의 결과를 제출하도록 하고 있는데 이는 동법 제7조에서 규정하고 있는 우주자원 사업자의 의무에 따른 규정이다.

또한 관리기관은 허가한 우주자원 활동을 취소할 수 있는 권한도 가지고 있다. 이 권한은 우주자원 사업자가 허가를 받은 후 그 조건이 변경되거나, 우주자원 활동을 중단하거나, 제출한 서류에 허위사실이 있거나 기타 부정한 방법으로 허가를 받은 경우에 취소할 수 있다. 그리고 제14조의 감독에 관한 규정은 우주조약 제6조에서 규정하고 있는 비정부 단체의 우주활동에 대한 당사국의 계속적인 감독에 관한 규정을 준수하기 위한 것이다. 이 규정을 통하여 비정부 단체의 우주활동을 허가할 수 있으며, 사고나 손해가 발생했을 경우에 우주조약이나 우주손해책임협약에 따라 정부주체가 그 손해를 보상할 책임을 지게 된다.

제15조는 허가의 양도에 대하여 규정하고 있다. 일본과 아랍에미리트의 우주자원법은 허가의 양도에 대하여 규정하고 있지 않으며, 룩셈부르크의 우주자원법은 양도가 불가능하다고 규정하고 있고,[82] 미국의 경우 우주자원의 승인 및 계속적인 감독을 받을 것을 규정하고 있지만[83] 해당 승인의 양도에 관하여는 규정하고 있지 않다. 그러나 우주물체 발사 및 재진입과 관련된 우주활동의 면허를 양도할 수 있도록 규정하고 있으므로[84] 우주자원 활동이 포함된 임무의 승인도

---

82) 룩셈부르크 우주자원법 제5조: 승인은 일신전속적이며 양도할 수 없다(The authorisation is personal and non-assignable).
83) 51 U.S.C.A. § 51302(a)(3).

양도될 수 있다고 해석이 가능하다.

본 법(안)에서는 우주자원 활동의 승인은 양도할 수 없도록 규정하고 있는데 그 이유는 우주자원 활동의 엄격한 관리를 위해서이다. 우주자원 활동은 우주발사, 채굴, 운송, 보관, 가공과 같은 행위들을 포함하는데, 특히 우주발사와 채굴과 관련하여 많은 위험이 따른다. 우주물체의 발사는 실패 확률을 가지고 있으며,[85] 이 때문에 우주발사 및 우주자원의 활동과 관련하여 엄격한 관리를 필요로 하게 된다. 그러므로 만약 사적 주체 사이에서 양도 및 양수를 하게 허가할 경우 관리기관이 이를 승인하여 양도가 가능하다고 하더라도 승인 절차보다는 간소하게 될 것이며 이를 방지하기 위해서는 면허권을 양도할 수 없도록 하는 것이 합리적이기 때문이다.

다음으로 법(안) 제16조에서는 일괄허가에 대하여 규정하고 있으며, 우주자원 사업자가 동일한 발사 장소와 동일한 발사체를 사용하여 우주자원 활동을 수행할 경우, 해당 허가는 3년 동안 유효 하도록 규정하고 있다. 이는 미국의 우주발사체 승인제도의 규정을 참고한 것으로, 미국의 경우 발사 면허인이 하나의 발사 장소에서 동일한 발사를 수행할 경우 각각의 승인 없이 5년의 기간 동안 동일한 발사를 할 수 있도록 규정하며[86] 민간 우주사업자의 우주활동을 지원하고 있다.

다음은 제4장으로, 우주자원의 관리에 관한 내용이다.

---

84) 14 Code of Federal Regulations, §450.11(a): 운영 면허의 양도는 연방항공국만이 가능하다(Only the FAA may transfer a vehicle operator license).
85) Stephen Dowling, "What are the odds of a successful space launch?", *BBC*, May 20, 2023, https://www.bbc.com/future/article/20230518-what-are-the-odds-of-a-successful-space-launch
86) 14 Code of Federal Regulations § 415.3(b): 발사 운영자 면허는 면허인이 특정 등급의 탑재체를 운송하는 동일한 계열의 발사체를 발사 매개변수 범위 내에서 하나의 발사 장소에서 발사할 수 있도록 승인한다. 발사 운영자 면허는 발급일로부터 5년 동안 유효하다(Launch operator license. A launch operator license authorizes a licensee to conduct launches from one launch site, within a range of launch parameters, of launch vehicles from the same family of vehicles transporting specified classes of payloads. A launch operator license remains in effect for five years from the date of issuance).

〈표 3-4〉 우주자원법(안) 우주자원의 관리

조항	내용
	제4장 우주자원의 관리
제17조 우주자원의 등록	외기권, 천체 등에서 채굴한 우주자원은 관리기관에 등록 및 안전성 검사를 받아야 한다.
제18조 국외반출의 금지	우주자원은 다음 각 호의 경우를 제외하고 국외로 반출할 수 없다. 1. 지구에서 채굴할 수 있는 것과 동일한 물질 2. 학술연구의 목적으로 승인을 받은 것 3. 관리기관의 허가를 받은 경우
제19조 우주자원의 회수	우주자원이 유해한 오염을 일으킬 가능성이 있는 경우, 관리기관은 소유자의 의사와 관계없이 해당 우주자원을 회수할 수 있다.

우주자원법(안)의 마지막 부분인 제4장은 총 3개의 조문으로 구성하였으며, 각각 우주자원의 등록, 국외반출의 금지, 우주자원의 회수에 대한 규정을 가지고 있다.

먼저 우주자원의 등록은 미국, 룩셈부르크, 일본, 아랍에미리트의 우주자원법에서는 규정하고 있지 않는 내용이다. 제17조는 우주에서 채굴한 우주자원으로 발생할 수 있는 유해한 오염을 방지하기 위한 것으로, 우주에서 채굴하여 지표면으로 가져온 우주자원은 먼저 안전성 검사를 받도록 규정하고 있다.

앞서 제2장에서 살펴본 바와 같이 달 표면에는 헬륨-3라는 우주자원이 있는데 이는 핵융합 발전의 원료로 쓰일 수 있으며, 방사선도 거의 없다고 알려져 있다.[87] 그러나 달에는 원자력 발전소에서 핵연료로 쓰이는 우라늄 또한 매장되어 있으며,[88] 우주에는 아직 개발되지 않거나 연구가 충분히 이루어지지 않은 희귀자원들이 있으므로 이에 대한 안전성 검사는 필수적이다.

다음으로 우주자원의 국외반출 금지에 대한 규정을 두었다. 이러한 규정을 둔 이유는 첫 번째로 제17조와 같이 유해한 오염원을 국외로 방출하는 것을 막기 위함이고, 두 번째로 새로운 자원의 발견으로 인한 이익을 보호하기 위해서이다. 우리나라 우주개발진흥법에서도 운석의 국외반출을 금지한다고 규정하며, 다

---

87) Florian Vidal, "Helium-3 from the lunar surface for nuclear fusion?," *Polytechnique insights*, May 17, 2022, https://www.polytechnique-insights.com/en/braincamps/space/extraterrestrial-mining/helium-3-from-the-lunar-surface-for-nuclear-fusion

88) Clara Moskowitz, "Uranium Found on the Moon," *Space dot com*, Junuary 30, 2009, https://www.space.com/6904-uranium-moon.html

만 과학기술정보통신부장관이 인정하는 학술연구 목적의 국외반출의 경우에는 그러지 아니한다고 규정하고 있다.[89] 이러한 제한은 다음의 예외사항을 가지고 있는데, 먼저는 해당 자원이 지구에서 채굴할 수 있는 물질과 동일한 물질인 경우이다. 이 경우 우주자원 사업자는 해당 우주자원을 국내 혹은 국외에 판매할 수 있다. 다음으로 학술연구의 목적으로 승인을 받은 경우이며, 이는 우리나라 우주개발진흥법을 참고하였다. 그리고 관리기관의 승인을 받은 경우인데, 위의 두 사항에 해당하지 않는데도 국외반출의 필요가 있는 경우에, 관리기관의 승인을 받아 해당 우주자원을 국외로 반출할 수 있다.

마지막으로 제19조는 우주자원의 회수에 대하여 규정하고 있다. 이 규정에 따르면 유해한 오염을 일으킬 가능성이 있는 우주자원은 소유자의 의사와 관계없이 관리기관이 회수할 수 있도록 규정하고 있다. 이는 공권력에 의하여 기본권을 제한되는 것으로, 기본권의 효력이나 그 적용 범위를 축소하거나 한정하는 것을 의미한다.[90]

헌법이 보장하는 국민의 기본권을 제한하는 원칙적인 방법은 공공의 이익을 보호하기 위해서 법률로써 기본권을 제한하는 것이기 때문에,[91] 헌법과 법률에 규정된 절차에 따라서 가능하다.[92] 때문에 이러한 제한은 해당 우주자원이 유해한 오염을 일으킬 가능성이 있어 국가의 안전과 국민들의 생명에 위해를 가하는 것을 막기 위하여 행해지는 조치로 해석할 수 있다. 우리나라 헌법에서는 공공복리를 위하여 필요한 경우 국민의 권리를 법률로써 제한할 수 있다고 규정하고 있으며,[93] 이 경우에 국가는 정당한 보상을 지급하여야 한다.[94]

우주자원법(안)은 미국, 룩셈부르크, 일본, 아랍에미리트의 우주자원법을 비

---

89) 우주개발진흥법 제8조3: ① 국내에서 발견된 운석은 국외로 반출할 수 없다. 다만, 우주항공청장이 인정하는 학술연구 목적의 국외반출의 경우에는 그러지 아니하다. ② 제1항 단서에 따른 국외반출 절차 등에 필요한 사항은 대통령령으로 정한다.
90) 권영성, 헌법학원론, 법문사, 2010년, 346면.
91) 허영, 헌법이론과 헌법, 신8판, 박영사, 2017년, 472면.
92) 이준일, 헌법학강의, 제7판, 홍문사, 2019년, 350면.
93) 헌법 제37조: ① 국민의 자유와 권리는 헌법에 열거되지 아니한 이유로 경시되지 아니한다. ② 국민의 모든 자유와 권리는 국가안전보장·질서유지 또는 공공복리를 위하여 필요한 경우에 한하여 법률로써 제한할 수 있으며, 제한하는 경우에도 자유와 권리의 본질적인 내용을 침해할 수 없다.
94) 헌법 제23조 제3항: 공공필요에 의한 재산권의 수용·사용 또는 제한 및 그에 대한 보상은 법률로써 하되, 정당한 보상을 지급하여야 한다.

교 및 분석하여 작성하였고, 필요하다고 여겨지는 부분들을 추가적으로 삽입하였다. 특히 우주자원의 소유권 취득을 위한 내용들을 정리하였는데, 그중 관리기관의 허가를 받아 허가된 범위에서 취득한 우주자원만을 소유할 수 있게 한 것은 무분별한 우주자원의 채취로 인한 지구환경에 유해한 오염을 막기 위한 것이다. 그리고 우주조약에서 규정하고 있는 오염 방지에 대한 규정을 마련하였으며, 우주자원 사업자의 의무와 우주자원 관리기관의 권한, 그리고 우주자원의 관리에 대한 내용들을 규정하였다.

우주자원법(안) 및 관련 내용들을 고려하였을 때에 우리나라의 우주자원법은 다음의 세 가지를 반드시 고려하여 제정되어야 할 것이다.

먼저 우주자원에 대한 정의와 소유권에 대한 규정을 고려하여야 한다. 이러한 내용은 우주자원법(안)의 내용을 참고할 수 있다. 동법(안) 제2조에서는 우주자원과 우주활동, 우주자원 사업자, 관리기관, 우주자원의 환경평가에 대한 정의를 내리고 있으며, 우주자원을 외기권 및 기타 천체에 있는 물과 광물을 포함한 천연자원이라고 규정하며 미국 등의 나라와 같은 정의규정을 내리고 있다.

다음으로 소유권과 관련하여 우주자원 소유권의 요건을 규정하여야 한다. 우주자원법(안) 제5조에서는 우주자원의 소유권을 취득할 수 있는 요건으로 관리기관의 승인을 받아야 하고, 우주자원 사업자로 등록하여야 하며, 승인의 범위 안에서 이루어진 채굴에 대하여만 우주자원의 소유권을 인정할 수 있도록 하였다. 이는 우주조약에서 규정하고 있는 국가의 계속적인 감독에 대한 내용을 적용하는 규정이다. 또한 법(안) 제5조 제2항의 내용과 같이 우주자원의 소유권에 대하여 수익을 처분할 권리에 대하여도 규정하여야 할 것이다.

그리고 국제의무 준수에 관한 규정을 마련해야 하는데, 우주자원의 소유에 관하여는 논란의 여지가 있는 만큼, 미국과 일본 등의 나라처럼 우주자원법에서 국제의무 준수에 대한 규정을 마련하여 이후 발생할 수 있는 국제협약과의 충돌을 방지하여야 할 것이다. 우주자원법(안) 제6조에서는 동법의 적용이 국제적 의무의 이행을 방해하지 않아야 한다고 규정하며, 본 법의 이행은 우주공간의 탐사 및 이용의 자유를 침해하지 않는다고 규정하고 있다. 우리나라 우주자원법의 도입에서도 이러한 규정을 마련하여 국제 우주법 체계의 이행에 대하여 담보하여야 할 것이다.

마지막으로 환경보호에 관한 규정이다. 환경보호에 대한 규정은 우주조약의 규정에도 있지만, 우주자원 활동의 지속적인 발전을 위해서도 반드시 필요하다고 여겨지는 내용이다. 유럽 우주법에서도 지속 가능한 우주산업 발전을 위하여 우주환경의 보전에 대한 내용을 마련하고 있으며, 우주자원법(안) 제8조에서도 환경 보전의 의무를 규정하고 있다.

우리나라도 우주자원법 도입에 있어서 이러한 환경 보전의 의무를 마련하여, 지속 가능한 우주산업의 발전과 국내에 유해한 오염의 발생을 막을 수 있는 법적 근거를 마련해야 할 것이다.

Ⅱ. 우주손해배상의 민사규범

앞서 제4장에서는 미국, 일본, 우리나라의 우주손해배상에 관한 내용을 살펴보았다. 미국의 경우, 우주손해발생에 대한 보험으로 운영자가 5억 달러(한화 약 6,730억 원), 정부가 15억 달러(한화 약 2조 190억 원)의 한도에서 손해를 배상할 수 있도록 규정하고 있고, 일본은 인공위성의 낙하로 인한 손해와, 로켓 낙하 등으로 인한 손해를 나누어 규정하며, 해당 금액은 인공위성의 발사용 로켓의 설계, 발사 시설의 장소 등의 사정을 감안하여 일본의 총리 대신이 재무대신과 협의하여 정하도록 규정하고 있다.[95]

우리나라의 경우 우주물체로 인한 손해를 우주물체의 발사, 운용 등으로 인한 손해라고 규정하며, 발사체와 인공위성을 함께 규정하고 있고,[96] 발사자의 책임한도는 2천억 원으로 하고 책임보험의 한도액은 2024년 5월 27일부터 우주항공청장이 고시하여 정하도록 규정하고 있다.[97] 이하에서는 모범안으로 우주손해배상법(안)을 제시하고 그 각각의 내용을 살펴본 뒤, 우리나라 우주손해배상법의

---

95) 일본 우주활동법 시행규칙 제9조의2: ① 법 제9조제2항의 내각부령으로 정하는 금액은 인공위성 발사용 로켓의 설계, 발사시설의 장소 및 그 밖의 사정을 감안하여 내각총리대신이 재무대신과 협의하여 정한다. ② 내각총리대신은 전항의 규정에 따라 금액을 정한 때에는 이를 고시한다(法第九条第二項の内閣府令で定める金額は´人工衛星の打上げ用ロケットの設計´打上げ施設の場所その他の事情を勘案して´内閣総理大臣が財務大臣と協議して定めるものとする。2 内閣総理大臣は´前項の規定により金額を定めたときは´これを告示する).
96) 우주손해배상법 제2조 제4호.
97) 우주손해배상법 제6조 제2항: 제1항에 따라 가입하여야 하는 보험금액은 제5조에 따른 손해배상책임 한도액의 범위 안에서 우주물체의 특성, 기술의 난이도, 발사장 주변 여건 및 국내외 보험시장 등을 고려하여 우주항공청장이 정하여 고시한다.

개정 방향에 대하여 시사점을 제공하고자 한다.

〈표 3-5〉 우주손해배상법(안) 총칙

조항	내용
	제1장 총칙
제1조 목적	이 법은 우주손해가 발생한 경우의 손해배상 범위와 책임한계 등을 정하여 피해자를 보호하고 우주개발 사업의 건전한 발전에 기여하는 것을 목적으로 한다.
제2조 정의	이 법에서 사용하는 용어의 정의는 다음과 같다. 1. "우주물체"란 다음 각 목의 것을 말한다. 　　가. "인공우주물체"란 우주공간에서 사용하는 것을 목적으로 설계·제작된 물체(우주발사체, 인공위성, 우주선 및 그 구성품을 포함한다)를 말한다. 　　나. "자연우주물체"란 우주공간에서 자연적으로 만들어진 물체(운석을 포함한다)를 말한다. 　　다. "운석"이란 지구 밖에서 유래한 암석이 지구 중력에 이끌려 낙하한 것을 말한다. 2. "우주물체 발사자"란 우주물체를 예비등록 또는 등록한 자나 우주발사체 발사허가를 받은 자를 말한다. 3. "우주물체 운영자"란 인공위성 등 우주물체를 운영하는 자를 말한다. 4. "우주물체 발사"란 관련 법률에 따라 허가를 받은 자가 우주물체를 발사하는 것을 말하며, 발사준비·시험발사 및 성공하지 못한 발사를 포함한다. 5. "우주발사체"란 자체 추진기관에 의하여 인공위성이나 우주선 등을 우주공간에 진입시키는 인공우주물체(미사일 등 무기체계에 해당하지 아니하는 것으로서 대통령령으로 정하는 성능을 갖춘 준궤도발사체를 포함한다)를 말한다. 6. "우주손해"란 다음 각 목의 활동으로 인하여 발생한 제3자의 사망·부상 및 건강의 손상과 같은 인적 손해와 재산의 파괴·훼손·망실과 같은 물적 손해를 의미한다. 　　가. 우주물체의 발사·운용 　　나. 우주자원 활동 7. "우주활동 참가자"란 우주물체의 연구·개발·제작·생산 등의 활동에 참여하는 자와 우주물체에 탑승하는 우주 비행사, 우주 승무원을 의미한다. 8. "우주비행 참가자"란 우주활동 참가자가 아닌 개인으로서 발사 및 재진입하는 우주 비행체에 탑승한 자를 의미한다.
제3조 국제협약과의 관계 등	① 국가 간의 우주손해가 발생한 경우, 「우주물체에 의하여 발생한 손해에 대한 국제책임에 관한 협약」에 따른다. ② 자국의 국민이 피해자인 경우 정부가 피해자를 대위하여 외국 정부

	에 손해배상청구를 하며, 가해자인 경우 외국 정부에 손해배상을 하고 가해자에게 구상할 수 있다. ③ 제1항과 제2항의 적용은 자국이 입은 우주손해의 배상을 금지나 제한하는 국가 및 그 개인·법인·단체 또는 정부에 대하여 그 적용을 배제하거나 제한할 수 있다.
제4조 무과실책임 및 책임의 집중 등	① 우주손해는 다음 각 호에 따라 손해배상의 책임을 진다. 　1. 우주물체의 발사 중에 발생한 손해는 우주물체 발사자 　2. 우주물체의 운영 중에 발생한 손해는 우주물체 운영자 　3. 우주자원의 활동 중에 발생한 손해는 우주자원 사업자 ② 제3자의 고의 또는 과실로 인하여 손해가 발생하여 손해를 배상한 제1항 각 호의 자는 구상권을 행사할 수 있다. ③ 우주손해와 관련하여 제조물 책임법을 적용하지 않는다. ④ 다수의 우주활동 참가자가 우주활동에 참여할 경우 각 참가자의 책임의 범위에 대하여 협의할 수 있다. 다만 제3자에게 일어난 손해는 우주물체 발사자나 운영자가 무과실책임을 지며, 협의의 내용에 따라 책임의 분배를 요구할 수 있다.

　　우주손해배상법(안)의 제1조는 이 법의 입법목적에 대하여 밝히고 있다. 이 법(안)은 우리나라의 현행 우주손해배상법과 동일한 내용이며, 우주손해가 발생했을 경우 피해자를 구제하는 것을 그 첫 번째 목적으로 하고 있으며, 손해배상의 범위와 한계를 규정하여 우주개발산업의 발전을 촉진하도록 하고 있다. 그리고 이어서 제2조에서는 이 법에서 사용하는 용어에 대하여 정의를 내리고 있다.

　　먼저 우주물체에 대한 정의를 내렸는데, 이 정의는 우리나라 우주개발진흥법에서 규정[98]하고 있는 정의와 동일한 내용이다. 우주발사체[99]에 대한 내용도 동일하며, 이는 우리나라 우주개발진흥법에서 우주물체와 우주발사체에 대하여 세세하게 규정하고 있으므로 이에 대한 규정을 참고하였다.

　　다음은 우주물체 발사자와 우주물체 운영자에 대한 내용이다. 우주물체 발사자의 경우 우리나라 우주손해배상법 제2조 제2호와 동일한 내용이며, 우주물체 운영자는 연구자가 기입한 내용으로서 일본 우주활동법의 내용을 참고하

---

98) 우주개발진흥법 제2조 제3호: "우주물체"란 다음 각 목의 것을 말한다. 가. "인공우주물체"란 우주공간에서 사용하는 것을 목적으로 설계·제작된 물체(우주발사체, 인공위성, 우주선 및 그 구성품을 포함한다)를 말한다. 나. "자연우주물체"란 우주공간에서 자연적으로 만들어진 물체(운석을 포함한다)를 말한다. 다. "운석"이란 지구 밖에서 유래한 암석이 지구 중력에 이끌려 낙하한 것을 말한다.

99) 우주개발진흥법 제2조 제3호의2: "우주발사체"란 자체 추진기관에 의하여 인공위성이나 우주선 등을 우주공간에 진입시키는 인공우주물체(미사일 등 무기체계에 해당하지 아니하는 것으로서 대통령령으로 정하는 성능을 갖춘 준궤도발사체를 포함한다)를 말한다.

여100) 본 법(안)에서 우주물체 발사자와 우주물체 운영자의 적용되는 범위를 다르게 하여 양자의 손해배상책임을 명확하게 하였다. 우주손해의 경우, 인적 손해와 물적 손해라고 하여 그 범위를 다소 넓혀 간접손해가 들어갈 수 있는 여지를 주었으며, 실제로 우주손해가 발생하였을 때에 법원의 판단으로서 간접손해의 포함 여부를 결정할 수 있도록 하였다. 그리고 우주자원의 활동으로 인하여 발생하는 손해를 포함하게 하였다. 제7호와 제8호는 우주활동 참가자와 우주비행 참가자를 나누어서 규정하였는데, 전자는 우주물체의 발사나 운용에 참여하는 자이며, 후자는 우주 여행자를 의미한다. 이는 우주여행 산업이 발전함에 따라 우주 승무원과 우주 여행자를 구분하기 위함이다. 이러한 우주손해배상법(안)과 우리나라의 우주손해배상법의 정의규정을 비교하면 다음의 <표 3-6>과 같다.

〈표 3-6〉 정의규정 비교

우리나라 우주손해배상법	우주손해배상법(안)
제2조(정의) 이 법에서 사용하는 용어의 정의는 다음과 같다. 1. "우주물체"란 「우주개발진흥법」 제2조제3호에 따른 우주물체를 말한다.	제2조(정의) 이 법에서 사용하는 용어의 정의는 다음과 같다. 1. "우주물체"란 다음 각 목의 것을 말한다. 　가. "인공우주물체"란 우주공간에서 사용하는 것을 목적으로 설계·제작된 물체(우주발사체, 인공위성, 우주선 및 그 구성품을 포함한다)를 말한다. 　나. "자연우주물체"란 우주공간에서 자연적으로 만들어진 물체(운석을 포함한다)를 말한다. 　다. "운석"이란 지구 밖에서 유래한 암석이 지구 중력에 이끌려 낙하한 것을 말한다.
2. "우주물체 발사자"란 「우주개발진흥법」 제8조에 따라 우주물체를 예비등록 또는 등록한 자나 같은 법 제11조에 따라 우주발사체 발사허가를 받은 자를 말한다. 3. "우주물체 발사"란 「우주개발진흥법」 제11조제1항에 따라 허가를 받은 자가 우주물체를 발사하는 것을 말하며, 발사준비·시험발사 및 성공하지 못한 발사를 포함한다.	2. "우주물체 발사자"란 우주물체를 예비등록 또는 등록한 자나 우주발사체 발사허가를 받은 자를 말한다. 3. "우주물체 운영자"란 인공위성 등 우주물체를 운영하는 자를 말한다.

---

100) 일본 우주활동법 제2조 제10호, 제11호.

4. "우주손해"란 우주물체의 발사·운용 등으로 인하여 발생된 제3자의 사망·부상 및 건강의 손상과 같은 인적 손해와 재산의 파괴·훼손·망실과 같은 물적 손해를 말한다.

4. "우주물체 발사"란 관련 법률에 따라 허가를 받은 자가 우주물체를 발사하는 것을 말하며, 발사준비·시험발사 및 성공하지 못한 발사를 포함한다.

5. "우주발사체"란 자체 추진기관에 의하여 인공위성이나 우주선 등을 우주공간에 진입시키는 인공우주물체(미사일 등 무기체계에 해당하지 아니하는 것으로서 대통령령으로 정하는 성능을 갖춘 준궤도발사체를 포함한다)를 말한다.
6. "우주손해"란 다음 각 목의 활동으로 인하여 발생한 제3자의 인적 손해와 물적 손해를 의미한다.
　가. 우주물체의 발사·운용
　나. 우주자원 활동
7. "우주활동 참가자"란 우주물체의 연구·개발·제작·생산 등의 활동에 참여하는 자와 우주물체에 탑승하는 우주 비행사, 우주 승무원을 의미한다.
8. "우주비행 참가자"란 우주활동 참가자가 아닌 개인으로서 발사 및 재진입하는 우주 비행체에 탑승한 자를 의미한다.

　　다음으로 국제협약과의 관계에 대하여 규정하고 있는데, 우선 국가 간의 우주손해가 발생하였을 경우에는 우주손해책임협약을 따르도록 규정하며, 여기에서 더 나아가 자국민이 피해자일 경우 피해자를 대위하여 국가가 손해배상 청구를 하도록 하며, 자국민이 가해자일 경우에는 국가가 외국 정부에 손해배상을 하고 가해자에게 구상권을 청구할 수 있도록 하고 있다. 우리나라 우주손해배상법의 경우에는 외국정부에 손해배상을 한 경우 우주물체 발사자에게 구상할 수 있다고만 규정하고 있지만, 그 반대의 경우도 생길 수 있으므로 이에 대한 규정이 필요하다. 그러므로 본 법(안)에서는 국가의 대위에 관한 내용도 추가하였다. 이는 우주손해책임협약이 국가만을 손해배상의 주체가 될 수 있도록 규정하고 있기 때문이다.[101]

---

101) 우주손해책임협약 제8조.

〈표 3-7〉 국제협약 적용 비교

우리나라 우주손해배상법	우주손해배상법(안)
제3조(국제협약과의 관계 등) ① 정부는 「우주물체에 의하여 발생한 손해에 대한 국제책임에 관한 협약」에 따라 정부가 외국정부에 대하여 손해배상을 한 경우에는 우주물체 발사자에 대하여 구상할 수 있다. ② 이 법은 대한민국 국민, 대한민국의 법령에 따라 설립된 법인·단체 또는 대한민국 정부가 입은 우주손해의 배상을 금지하거나 제한하는 국가의 개인·법인·단체 또는 정부에 대하여는 그 적용을 배제 또는 제한할 수 있다.	제3조(국제협약과의 관계 등) ① 국가 간의 우주손해가 발생한 경우, 「우주물체에 의하여 발생한 손해에 대한 국제책임에 관한 협약」에 따른다. ② 자국의 국민이 피해자인 경우 정부가 피해자를 대위하여 외국 정부에 손해배상 청구를 하며, 가해자인 경우 외국 정부에 손해배상을 하고 가해자에게 구상할 수 있다. ③ 제1항과 제2항의 적용은 자국이 입은 우주손해의 배상을 금지나 제한하는 국가 및 그 개인·법인·단체 또는 정부에 대하여 그 적용을 배제하거나 제한할 수 있다.

우주손해배상법(안) 제4조는 무과실책임과 책임의 집중에 대하여 규정하고 있다. 먼저 모든 종류의 우주손해는 무과실책임을 규정하며, 우주발사에 관한 활동은 우주물체 발사자, 우주물체 운영에 관한 활동은 우주물체 운영자, 그리고 우주자원에 관한 활동은 우주자원 사업자가 무과실책임을 각각 지도록 규정하고 있는데 이는 우리나라 우주손해배상법에서 우주물체 발사자로 그 책임자를 한정하고 있는 것과는 다른 내용이다.

앞서 살펴보았듯이 우주손해책임협약 및 각 국가는 우주손해에 대하여 무과실책임의 원칙을 수용하고 있으며, 이는 우주손해에 대한 과실을 피해자가 입증하기 곤란한 상황을 구제하기 위한 것이고, 우주활동 자체가 높은 위험성을 가지고 있기 때문이다. 즉 위험성이 높은 우주활동을 수행할 때에는 주의의 의무를 부과하여 사고를 방지하여야 한다. 또한 피해자의 어떠한 행위가 손해의 발생에 적용될 가능성이 매우 적기 때문에, 이를 고려하더라도 우주손해에 관하여 무과실책임을 적용하는 것이 합당하다고 여겨진다. 다만 우주손해를 배상한 자가 제3자의 고의 또는 과실을 증명할 수 있는 경우에는 본 법(안) 제4조 제2항에 따라 구상권을 행사할 수 있도록 하였다. 또한 제4항에서는 다수의 우주활동 참가자가 함께할 경우 각각 책임의 범위에 대하여 협의하도록 하고 있으며, 우주손해가 발생하였을 경우, 그 손해배상의 책임은 우주물체 발사자나 운영자가 지도록 하고 있고, 그 후에 해당 협의의 범위에 따라서 손해배상의 책임을 분담하도록 규정하고 있다.

다음으로 본 법(안)은 우주손해에 제조물 책임법을 적용하지 않도록 규정하고 있다. 이는 우주발사체의 경우 우주발사체뿐만이 아니라 그 안에는 인공위성 등의 우주물체가 탑재되므로, 만약 어떠한 부품으로 인하여 우주발사 임무가 수행되지 못하였을 경우 그 손해를 부품 제조자가 부담하게 된다면 일상적으로 발생할 수 있는 손해보다 더 커지기 때문이다. 즉 우주활동에는 많은 기술과 기업들이 참여하기 때문에, 제조물 책임법을 적용하면 참가하는 기업들의 위험이 커져 우주산업이 위축될 우려가 있기 때문이며,[102] 이는 일본 및 우리나라의 우주손해배상에 관한 법제에서도 동일하게 규정하고 있는 내용이다.[103] 무과실책임에 대한 내용의 비교는 다음의 <표 3-8>과 같다.

〈표 3-8〉 무과실책임 규정 비교

우리나라 우주손해배상법	우주손해배상법(안)
제4조(무과실책임 및 책임의 집중 등) ① 우주손해가 발생한 경우에는 해당 우주물체 발사자가 그 손해를 배상할 책임이 있다. 다만, 국가간의 무력충돌, 적대행위, 내란 또는 반란으로 인한 우주손해와 우주공간에서 발생한 우주손해의 경우에는 고의 또는 과실이 있는 경우에 한한다.	제4조(무과실책임 및 책임의 집중 등) ① 우주손해는 다음 각 호에 따라 손해배상의 책임을 진다. 1. 우주물체의 발사 중에 발생한 손해는 우주물체 발사자 2. 우주물체의 운영 중에 발생한 손해는 우주물체 운영자 3. 우주자원의 활동 중에 발생한 손해는 우주자원 사업자
② 제3자의 고의 또는 과실로 인하여 생긴 우주손해를 제1항에 따라 배상한 우주물체 발사자는 그에 대하여 구상할 수 있다. 다만, 그 손해가 우주물체 발사 등에 제공될 자재의 공급이나 역무(노무를 포함한다. 이하 같다)의 제공에 의하여 생긴 때에는 해당 자재의 공급이나 역무를 제공한 자나 그 종업원의 고의 또는 중대한 과실이 있	② 제3자의 고의 또는 과실로 인하여 손해가 발생하여 손해를 배상한 제1항 각 호의 자는 구상권을 행사할 수 있다.

102) 김선이, 앞의 논문, 9면.
103) 일본 우주활동법 제36조 제2항, 우주손해배상법 제4조 제3항.

을 때에 한하여 구상할 수 있다. ③ 우주손해에 대하여는 「제조물책임법」을 적용하지 아니한다.	③ 우주손해와 관련하여 제조물 책임법을 적용하지 않는다. ④ 다수의 우주활동 참가자가 우주활동에 참여할 경우 각 참가자의 책임의 범위에 대하여 협의할 수 있다. 다만 제3자에게 일어난 손해는 우주물체 발사자나 운영자가 무과실책임을 지며, 협의의 내용에 따라 책임의 분배를 요구할 수 있다.

다음은 제2장 손해배상책임에 대한 내용으로, 손해배상의 범위와 한도액, 책임보험 및 정부 조치에 대한 내용을 규정한다.

〈표 3-9〉 우주손해배상법(안) 손해배상책임

조항	내용
	제2장 손해배상책임
제5조 손해배상의 범위	① 우주손해 배상의 범위는 우주물체의 낙하, 충돌, 폭발로 인하여 지표·수면·비행 중인 비행체에 있는 사람의 생명, 신체 또는 재산에 야기한 우주손해를 포함한다. ② 우주공간에서 발생한 손해는 고의 또는 과실이 있는 경우에만 그 손해에 대한 책임을 진다.
제6조 손해배상책임 한도액	우주물체 발사자, 우주물체 운영자, 우주자원 사업자들의 각 손해배상의 책임 한도액은 그 활동의 범위에 따라 대통령령으로 정한다.
제7조 손해배상 책임보험의 가입	① 우주물체의 발사 및 운영, 우주자원 사업활동을 하려는 자는 손해배상을 목적으로 하는 책임보험에 가입하여야 한다. ② 제1항에 따라 가입하여야 하는 보험금액은 각 활동의 내용과 규모, 우주물체의 중량 및 추력 등을 고려하여 대통령령으로 정한다.
제8조 정부의 조치	① 정부는 우주손해가 발생한 경우에 피해자의 구조 및 피해의 확대 방지에 필요한 조치를 시행하여야 한다. ② 우주활동으로 인해 손해를 배상하는 자가 배상하여야 할 손해액이 제7조 제2항의 보험금액을 초과할 경우에는 국회의 의결을 통해 허용된 범위 안에서 정부가 손해배상을 지원할 수 있다.

먼저 제5조에서는 우주손해배상의 범위에 대하여 규정하였는데, 이는 우리나라 우주손해배상법에는 없는 내용이다. 본 법(안)에서는 직접적인 손해를 포함하여 간접적인 손해도 포함할 수 있도록 하였다.

본 조항에서 사람의 생명, 신체 또는 재산에 "야기한" 우주손해라고 규정하고 있는 것은 간접손해를 포함하기 위한 것으로, 우주손해로 인하여 발생할 수 있는 피해의 범위를 늘렸다. 또한 제2항에서는 우주공간에서 발생한 손해에 대하여 고의 또는 과실이 있는 경우에만 손해배상의 책임을 지도록 규정하고 있는데, 이는 우주손해책임협약에서 규정[104]하고 있는 내용과 동일하게 하여 국제우주법 체제와 상충하지 않도록 한 것이다.

다음으로 제6조 및 제7조 제2항에서는 손해배상의 한도액과 보험의 한도액을 각각의 활동을 고려하여 대통령령으로 정하도록 규정하고 있다. 이는 일본의 우주활동법[105] 및 우리나라의 우주손해배상법[106]을 참고한 것으로, 우주활동의 책임 제한액을 일률적으로 적용하게 되면, 중량이 낮은 추진체와 높은 추진체 모두 같은 액수를 적용하기 때문에, 비교적 규모가 작은 민간 우주기업이 감당하기에는 금액이 크다.[107] 때문에 각각의 활동에 맞추어 책임 제한액을 대통령령으로 정하는 것이 앞서 언급하였던 우주활동 참가자의 재정적 위험을 낮추고, 우주

---

104) 우주손해책임협약 제3조.

105) 일본 우주활동법 제9조: 1. 발사 실시자는 손해배상 담보 조치를 취하지 않은 경우, 제4조 제1항의 허가를 받은 인공위성 등의 발사를 실시해서는 안 된다. 2. 전항에서 규정한 '손해배상 담보 조치'란, 로켓 낙하 등의 손해배상 책임보험 계약 및 로켓 낙하 등 손해배상 보상 계약(특정 로켓 낙하 등 손해에 한정된다)의 체결이나 공탁을 의미하며, 이러한 조치는 로켓의 설계, 발사시설의 위치 등의 사정을 고려하여 로켓 낙하 등의 피해자 보호를 위한 측면에서 적절한 것으로 내각부령으로 정해진 금액(제40조 제1항 및 제2항에서 '배상 조치 금액'이라 한다)을 로켓 낙하 등 손해의 배상에 사용할 수 있도록 내각총리대신의 승인을 받은 것이거나, 이에 해당하는 조치로서 내각총리대신의 승인을 받은 것을 말한다(동조 제2항에서 '상당 조치'라 한다)(打上げ実施者は゛損害賠償担保措置を講じていなければ゛第四条第一項の許可を受けた人工衛星等の打上げを行ってはならない゜2 前項に規定する「損害賠償担保措置」とは゛ロケット落下等損害賠償責任保険契約及びロケット落下等損害賠償補償契約(特定ロケット落下等損害に係るものに限る゜)の締結若しくは供託であって゛その措置により゛人工衛星の打上げ用ロケットの設計゛打上げ施設の場所その他の事情を勘案し゛ロケット落下等損害の被害者の保護を図る観点から適切なものとして内閣府令で定める金額(第四十条第一項及び第二項において「賠償措置額」という゜)をロケット落下等損害の賠償に充てることができるものとして内閣総理大臣の承認を受けたもの又はこれらに相当する措置であって内閣総理大臣の承認を受けたもの(同条第二項において「相当措置」という゜)をいう).

106) 우주손해배상법 제6조: ① 「우주개발진흥법」 제11조에 따라 우주발사체의 발사승인을 받고자 하는 자는 손해배상을 목적으로 하는 책임보험에 가입하여야 한다. ② 제1항에 따라 가입하여야 하는 보험금액은 제5조에 따른 손해배상책임 한도액의 범위 안에서 우주물체의 특성, 기술의 난이도, 발사장 주변 여건 및 국내외 보험시장 등을 고려하여 우주항공청장이 정하여 고시한다.

107) 양재석, "터지면 2000억 우주산업 손해배상 형평성 제고해야", 머니투데이, 2023년 3월 26일, <https://news.mt.co.kr/mtview.php?no=2023032415130518383>

개발사업의 보호와 피해자의 구제라는 두 가지 체계의 균형을 유지하도록 할 수
있다.

〈표 3-10〉 손해배상 규정 비교

우리나라 우주손해배상법	우주손해배상법(안)
제5조(손해배상책임 한도액) 우주물체 발사자가 배상하여야 하는 책임 한도는 2천억 원으로 한다.	제6조(손해배상책임 한도액) 우주물체 발사자, 우주물체 운영자, 우주자원 사업자들의 각 손해배상의 책임 한도액은 그 활동의 범위에 따라 대통령령으로 정한다.
제6조(손해배상 책임보험의 가입) ① 「우주개발진흥법」 제11조에 따라 우주발사체의 발사허가를 받고자 하는 자는 손해배상을 목적으로 하는 책임보험에 가입하여야 한다. ② 제1항에 따라 가입하여야 하는 보험금액은 제5조에 따른 손해배상책임 한도액의 범위 안에서 우주물체의 특성, 기술의 난이도, 발사장 주변 여건 및 국내외 보험시장 등을 고려하여 우주항공청장이 정하여 고시한다.	제7조(손해배상 책임보험의 가입) ① 우주물체의 발사 및 운영, 우주자원 사업활동을 하려는 자는 손해배상을 목적으로 하는 책임보험에 가입하여야 한다. ② 제1항에 따라 가입하여야 하는 보험금액은 각 활동의 내용과 규모, 우주물체의 중량 및 추력 등을 고려하여 대통령령으로 정한다.

제8조는 정부의 조치에 대한 내용이다. 우주손해가 발생했을 경우, 정부는
구호 및 구조를 위한 조치를 취하도록 규정하고 있다. 이는 앞서 보았던 코스모
스-954 사건과 같이, 캐나다 정부와 미국 정부가 캐나다의 영토에 떨어진 위성
의 잔해 및 방사성 물질을 회수 및 처리하는 것을 예시로 들 수 있다. 또한 제2
항에서는 우주손해의 액수가 보험의 범위를 넘어설 경우 정부는 국회의 의결을
받아 허용된 범위 내에서 이를 배상할 수 있도록 하고 있는데, 이는 원자력손해
배상과 같이 사업자가 손해의 모든 책임을 감당하지 못할 경우 정부가 이를 배
상하여 피해자의 구제 및 피해복구를 하기 위한 것이기도 하며, 해당 보험의 액
수를 정부가 정하였기 때문에 그 초과액에 대하여 정부가 지원하는 것도 합당하
기 때문이라고도 볼 수 있다. 다만 각국의 상황에 따라 그 넘어서는 손해배상액
을 전부 배상할 수도, 혹은 일정 부분만 배상할 수도 있으므로 이 부분에 있어서
는 각국의 정책에 따라 결정될 수 있다고 여겨진다.

〈표 3-11〉 정부의 조치 규정 비교

우리나라 우주손해배상법	우주손해배상법(안)
제7조(정부의 조치) ① 정부는 우주손해가 발생한 경우에 피해자의 구조 및 피해의 확대 방지에 필요한 조치를 시행하여야 한다. ② 정부는 제4조 제1항에 따라 우주물체 발사자가 배상하여야 할 손해배상액이 제6조제2항의 보험금액을 초과하는 경우에 이 법의 목적을 달성하기 위하여 필요하다고 인정할 때에는 우주물체 발사자에 대하여 필요한 지원을 할 수 있다. ③ 정부가 제2항의 지원을 할 때에는 국회의 의결에 의하여 허용된 범위 안에서 한다.	제8조(정부의 조치) ① 정부는 우주손해가 발생한 경우에 피해자의 구조 및 피해의 확대 방지에 필요한 조치를 시행하여야 한다. ② 우주활동으로 인해 손해를 배상하는 자가 배상하여야 할 손해액이 제7조 제2항의 보험금액을 초과할 경우에는 국회의 의결을 통해 허용된 범위 안에서 정부가 손해배상을 지원할 수 있다.

다음으로 제3장은 손해배상 청구자의 권리와 제한에 대한 내용이다.

〈표 3-12〉 우주손해배상법(안) 청구자의 권리

조항	내용
	제3장 청구자의 권리와 제한
제9조 권리행사의 기간	① 이 법에 따른 손해배상청구권은 피해자 또는 그 법정대리인이 그 손해 및 제4조 제1항에 따라 손해배상책임을 지는 자를 안 날부터 1년 이내에 행사하지 아니하면 시효로 인하여 소멸한다. ② 이 법에 따른 손해배상청구권은 우주손해가 발생한 날부터 3년이 경과한 경우에는 행사하지 못한다.
제10조 우선변제권	우주손해 피해자는 그 손해배상 청구권에 관하여 다른 채권자보다 우선하여 변제를 받을 권리를 가진다.
제11조 불가항력	① 우주손해가 국가간의 무력충돌, 적대행위 또는 반란으로 인하여 발생한 경우, 우주물체 발사자, 운영자, 우주자원 사업자는 해당 손해에 고의 또는 과실이 있는 경우에만 손해배상책임을 진다. ② 우주손해가 천재지변과 같은 불가항력으로 인한 경우에는 법원이 그 상황을 참작하여 손해배상액을 산정한다.

먼저 권리행사의 기간에 대하여는 제9조에서 규정하고 있는데, 이는 우리나라 우주손해배상법 제8조의 내용과 동일하다. 동조 제1항은 손해배상을 행사할 수 있는 때로부터 1년의 소멸시효를 규정하고 있다. 1년의 소멸시효에 대한 규정은 우주손해책임협약 제10조에서도 규정하고 있으며, 손해의 발생을 알지 못했거나 책임져야 할 발사국을 확인할 수 없는 경우, 그 사실을 알게 된 이후 1년

이내에 손해배상을 청구할 수 있도록 규정하고 있다. 본 법(안) 또한 이러한 규정을 참고하여서 제1항에 손해배상 청구권을 행사할 수 있는 때부터 1년의 소멸시효 기간을 정하고 있으며, 다만 제2항을 통하여 우주손해가 발생할 때로부터 3년 내에 행사하지 않으면 손해배상청구권을 행사하지 못하도록 규정하여 국제 우주법상 손해배상 청구권의 원칙에 부합하도록 하였다.

제10조는 우선변제권에 대한 내용으로, 우리나라 우주손해배상법에서는 규정하고 있지 않는 내용이며, 우주손해 피해자가 그 다른 어떤 채권보다 먼저 그 피해를 보상받을 수 있도록 규정하고 있다. 이는 본 법(안)의 목적에서도 밝히듯이 피해자를 보호하기 위함이다.

마지막으로 제11조에는 불가항력에 대하여 규정하고 있다. 우리나라 우주손해배상법에서는 "국가 간의 무력충돌, 적대행위, 내란 또는 반란으로 인한 우주손해와 우주공간에서 발생한 우주손해의 경우에는 고의 또는 과실이 있는 경우"에만 손해배상의 책임을 지도록 하고 있는데, 본 법(안)에서는 불가항력을 두 가지로 나누어서 규정하였다. 첫 번째는 국가 간의 무력충돌, 적대행위 또는 반란으로 인하여 발생한 우주손해이고, 두 번째는 천재지변과 같은 자연재해로 인하여 발생한 우주손해이다.

먼저 국가 간의 무력충돌, 적대행위 또는 반란으로 인하여 발생한 우주손해는 손해배상의 주체에게 고의나 과실이 있는 경우에만 그 손해에 대하여 책임이 있다고 규정하고 있다. 이는 위와 같은 사항이 우주물체 발사자나 운영자 혹은 우주자원 사업자가 예측하고 사고를 방지하기가 매우 어렵기 때문이며, 다만 사고를 방지할 수 있었거나, 일어난 후에 피해를 줄일 수 있는 방법이 있었음에도 불구하고 이를 수행하지 않았다면 그 부분에 대하여 손해배상책임을 져야 할 것이다.

다음으로 천재지변과 같은 불가항력으로 발생한 우주손해의 경우, 전자와 같이 고의나 과실이 있을 경우에는 손해배상의 책임을 지는 것이 아니라, 고의나 과실 여부와 관계 없이 손해배상책임을 지도록 규정하고 있다. 이는 우주활동 자체가 높은 위험성을 가지고 있고, 그에 따라 각종 천재지변 등 불가항력 사유에 따른 피해를 방지하기 위한 조치를 마련해야 하기 때문에, 단순히 천재지변과 같은 불가항력을 사유로 하여 우주손해 책임을 면제하는 것은 합당하지 않으며, 그렇다고 천재지변과 관계없이 모든 우주손해를 책임지게 하는 것도 합당하게 여겨지지 않기 때문이다. 천재지변의 종류는 다양하게 있으며, 특정 천재지변은 예측이 가능하기도 하고, 그와 반대로 예측이 안 되는 경우도 있으므로, 이에 대한 사항을 법원이 판단하여 그 손해배상의 액수를 산정할 때에 이를 참작하도록 하는 것이 피해자의 구제와 손해배상 주체라는 두 가지 주제를 모두 납득시킬 수 있을 것이다. 이에 대한 내용의 비교는 다음의 <표 3-13>과 같다.

〈표 3-13〉 불가항력 규정 비교

우리나라 우주손해배상법	우주손해배상법(안)
제4조(무과실책임 및 책임의 집중 등) ① 우주손해가 발생한 경우에는 해당 우주물체 발사자가 그 손해를 배상할 책임이 있다. 다만, 국가간의 무력충돌, 적대행위, 내란 또는 반란으로 인한 우주손해와 우주공간에서 발생한 우주손해의 경우에는 고의 또는 과실이 있는 경우에 한한다.	제11조(불가항력) ① 우주손해가 국가간의 무력충돌, 적대행위 또는 반란으로 인하여 발생한 경우, 우주물체 발사자, 운영자, 우주자원 사업자는 해당 손해에 고의 또는 과실이 있는 경우에만 손해배상책임을 진다. ② 우주손해가 천재지변과 같은 불가항력으로 인한 경우에는 법원이 그 상황을 참작하여 손해배상액을 산정한다.

제4장은 상호책임 면제에 대한 내용이다. 우리나라 우주손해배상법에서는 상호책임 면제에 대하여 규정하고 있지는 않으며, 다만 앞서 보았듯이 제조물책임법을 적용하지 않는다고 규정하고 있다.

상호책임 면제는 제조물책임의 제한과 비슷해 보이지만 몇 가지 다른 점이 있다. 먼저 제조물책임은 제품의 결함으로 발생한 손해를 배상하는 손해배상책임의 일종으로, 손해발생 시 제조자의 과실 여부와는 상관없이 책임을 져야 하는 무과실책임을 규정하고 있다.[108] 즉 피해자를 구제하기 위해 입증책임을 완화하여 피해자를 보호하고 안전한 제품을 유통하여 국민생활의 안정 및 경제의 건전한 발전을 목적으로 하고 있다.[109] 반면 상호책임 면제 조항은 민간의 상업적 우주활동을 촉진하기 위하여 도입된 제도이며, 만약 과실이 있는 경우에는 손해배상책임을 지도록 하고 있으므로, 오직 과실이 없는 상태에서만 손해배상 청구를

---

108) 제조물책임법 제3조 제1항: 제조업자는 제조물의 결함으로 생명·신체 또는 재산에 손해(그 제조물에 대하여만 발생한 손해는 제외한다)를 입은 자에게 그 손해를 배상하여야 한다.
109) 제조물책임법 제1조: 이 법은 제조물의 결함으로 발생한 손해에 대한 제조업자 등의 손해배상책임을 규정함으로써 피해자 보호를 도모하고 국민생활의 안전 향상과 국민경제의 건전한 발전에 이바지함을 목적으로 한다.

하지 않도록 한다. 즉 우주발사체와 관련된 활동은 높은 위험을 수반하고, 많은 사업체가 하나의 발사체, 우주 비행체 등에 함께 참여하기 때문에, 발생한 손해에 대하여 각자의 범위 안에서만 손해를 부담하게 하는 것이다.

미국의 우주발사에 대한 상호면책(Reciprocal waiver)[110]은 우주발사 및 재진입의 활동에서 발생하는 당사자가 입는 손해, 부상, 사망에 대한 손실에 대한 청구를 상호 포기하도록 규정하고 있다. 이 조항은 강행규정으로, 본문의 시작에 발사, 재진입 승인서에 이러한 규정을 포함(shall contain)하도록 하고 있다. 이러한 우주발사의 상호면책 당사자는 우주발사 면허인, 계약자, 하도급자 및 고객, 고객의 계약자나 하청업체, 우주비행 참가자를 포함한다. 즉 우주발사 참가자는 자신의 재산손실, 직원, 종업원 등이 입는 상해, 사망에 대하여 스스로 책임을 져야 한다. 그러나 이 경우에도 고의나 과실이 있는 경우에는 상호책임 면제의 적용을 제외하도록 하고 있다.

상호책임 면제제도는 우주상업 개발에 민간이 참여할 수 있도록 장려할 수 있으며, 만약에 상호책임 면제제도가 없다면 민간 기업은 손해배상의 위험 때문에 우주산업에 참여하지 않을 가능성이 크다.[111] 때문에 상호책임 면제에 관한 조항을 우주손해배상법에 넣을 수 있으며, 본 연구에서는 다음의 <표 3-14>와 같이 상호책임 면제에 관한 조항을 제안하고자 한다.

〈표 3-14〉 우주손해배상법(안) 상호책임 면제

조항	내용
제4장 상호책임 면제	
제12조 상호책임 면제	우주활동 참가자는 우주물체 관련 활동에서 상호간의 동의 하에, 발생한 손해에 대하여 서로 민사적으로 청구하지 않는 상호책임 면제를 적용할 수 있다.
제13조 상호책임 면제의 제한	상호책임 면제는 다음 각 호의 상황에서 적용할 수 없다. 1. 제3자에 대한 재산의 손실, 부상, 사망과 같은 피해 2. 우주활동 참가자의 부상, 사망과 같은 피해 3. 우주활동 참가자의 고의나 과실로 인하여 손해가 발생하였을 경우
제14조 제한의 예외사항	상호책임 면제의 제한은 우주활동 참가자가 재산 및 부상, 사망과 같은 피해에 대하여 상호책임 면제의 적용을 동의하는 경우에는 적용하지 않는다.

---

110) 51 U.S.C.A. § 50914(b)(1).

111) 나종갑, 앞의 우주발사활동으로 인한 민사책임의 상호면책 조항에 대한 고찰, 283면.

우주손해배상법(안)의 상호책임 면제에 관한 조항은 제12조에 따라 임의규정으로 작용하게 되며, 당사자의 자유로운 의사로써 상호책임 면제의 적용을 선택할 수 있다. 그리고 제13조에서는 상호책임 면제의 제한사항에 대하여 규정하고 있다.

먼저 제3자에게 일어난 손해에 대하여 상호책임 면제를 적용할 수 없도록 하여 제3자의 피해구제를 우선시하도록 하였다. 이는 본 법(안)의 목적에서도 밝히고 있는 피해자 보호에 대한 원칙과도 부합하는 내용이다. 그리고 우주활동 참가자의 경우, 재산상의 피해는 상호책임 면제의 적용에 따라 손해배상을 청구할 수 없으며, 다만 인명 피해의 경우에는 상호책임 면제를 적용할 수 없도록 하여, 손해배상을 받을 수 있도록 하였다. 이는 인명 피해가 발생하였을 경우, 그 책임을 공동으로 지게 될 수 있으므로 안전과 관련된 사항을 중시하도록 하기 위함이다. 그리고 만약 우주활동 참가자의 고의나 과실이 있는 경우에는 상호책임 면제를 적용할 수 없도록 규정하였다.

다음으로 제14조에서는 제한의 예외사항을 규정하였다. 만약 우주활동 참가자가 재산 및 인명의 피해에 대하여 상호면책의 적용에 동의한다면, 제13조 제2호의 규정에도 불구하고 면제를 적용할 수 있도록 하였는데, 이는 우주활동 참가자가 우주활동의 위험성을 인식하는 상태에서 사전에 동의하는 것으로, 우주비행, 우주여행 등과 관련된 사항에서 적용할 수 있도록 하였다.

상호책임 면제에 대한 규정은 민간 우주활동 참여자를 장려하기 위한 것으로, 가장 큰 목적은 손해배상의 위험을 줄이는 것이다. 그러므로 각 민간 참여자는 자신들이 참여하는 범위 내에서 손해배상의 액수를 예상할 수 있으며, 보험을 가입할 때에도 보다 적은 금액으로 보험을 들 수 있게 된다. 즉 상호책임 면제 제도의 도입은 민간 우주산업의 장려 및 피해자의 보호라는 두 가지 목적을 모두 달성할 수 있다고 여겨진다.

Ⅲ. 우주분쟁해결 위원회의 설립

우주손해책임협약에서는 발생한 우주손해에 대하여 국가만이 손해배상의 주체가 될 수 있도록 규정하고 있다. 그러므로 다른 국가의 자연인이 우주손해를 입게 된 경우, 그 국가의 정부가 해당 자연인을 대위하여 손해배상을 청구해야 한다.

우주손해책임협약에서는 만약 손해배상에 대한 합의가 이루어지지 않을 경우 청구위원회를 설립하여 손해배상에 관한 사항을 협의 및 결정할 수 있도록 규정하고 있다. 이러한 청구위원회의 효력은 당사국이 구속력에 대한 합의를 하여야 구속력이 생기기 때문에 만약 이러한 합의가 없다면 권고적인 효력만을 가지게 된다. 만약 우리나라에서 우주활동을 수행하였는데, 이로 인하여 손해가 발생하였고, 그 합의가 이루어지지 않는다면 법원을 통하여 해당 분쟁을 해결할 수 있다. 그러나 우주활동으로 인하여 발생하는 손해를 우주분쟁에 관한 전문 기관이 다루게 된다면 일반 법원이 사건을 다루는 것보다 전문적인 인력을 구성하여 해결할 수 있을 것이다.

각국의 정부는 우주와 관련된 전담 조직들을 가지고 있으며, 우리나라 또한 국가우주위원회가 구성되어 우주개발과 정책에 관한 업무를 수행하고 있다. 특히 우리나라의 우주항공청은 2024년 5월에 설립되었으며, 그 설립 목적은 우주위험으로부터 국민을 보호하기 위한 정책 및 사업 등을 효과적으로 추진하기 위함이다.[112] 그러나 우주항공청의 설치 및 운영에 관한 특별법에는 윤리 위원회나 징계 위원회에 관한 사항만 있을 뿐, 우주분쟁이나 우주손해배상을 위한 위원회에 대한 규정은 따로 마련하고 있지 않다.

우주손해는 그 특성상 보다 전문적인 지식들을 요구하게 된다. 예를 들어 우리나라의 원자력 손해배상법 제15조에서는 원자력 손해에 관한 분쟁을 조정하기 위하여 원자력손해배상심의회를 둘 수 있다고 규정하고 있으며, 분쟁의 조정, 원자력손해의 조사 및 평가를 그 업무로 한다고 규정하고 있다.[113] 때문에 우리나라 우주손해배상법이나 우주항공청의 설치에 관한 특별법에서 우주분쟁해결 위원회에 대한 규정을 마련하는 것이 필요하다고 여겨진다. 그리고 이러한 우주분쟁해결 위원회의 업무는 다음의 세 가지로 나눌 수 있다.

첫 번째는 우주분쟁의 조정 업무이다. 우주분쟁의 조정은 우주활동과 손해

112) 우주항공청의 설치 및 운영에 관한 특별법 제1조: 이 법은 우주항공기술의 개발을 통하여 혁신 기술을 확보하고 우주항공산업을 진흥하며 우주위험으로부터 국민을 보호하기 위한 정책 및 사업 등을 효과적으로 추진하기 위하여 우주항공청을 설치하고, 그 조직 및 운영 등에 필요한 사항을 규정하는 것을 목적으로 한다.
113) 원자력 손해배상법 제15조 제2항: 심의회는 다음 각 호의 업무를 처리한다. 1. 분쟁의 조정, 2. 제1호의 업무를 하기 위하여 필요한 원자력손해의 조사 및 평가.

가 국내에서 모두 일어났을 경우, 그리고 손해배상에 대한 당사자들의 합의가 이루어지지 않을 경우에 수행할 수 있으며, 우주활동 참가자의 고의나 과실, 피해의 정도를 고려하여 결정할 수 있다. 다만 우주손해의 경우 1년의 소멸시효를 가지고 있으므로 조정 개시 전에 당사자들이 협상을 하는 경우도 상정을 해야 할 것이다. 이 경우 협상을 소멸시효의 정지 사유로 볼 것인지에 대한 논의도 필요하며, 이 기간을 명확하게 하기 위하여 협상의 개시와 종료를 서면으로 하도록 하거나, 법률을 통하여 그 방식을 규정하는 방안을 고려할 수 있다.[114]

두 번째는 우주손해의 조사 및 평가에 대한 업무이다. 이를 위하여 우주활동 관련 전문가들을 해당 위원회의 위원으로 구성하여야 하며, 손해의 발생 범위 및 평가를 통하여 우주분쟁을 조정할 수 있고, 만약 당사자가 불복할 경우, 이러한 조사와 평가를 법원에 제출하여 보다 합리적으로 소송을 진행할 수 있게 된다.

세 번째는 국제적인 우주손해가 일어났을 때에 피해자 혹은 가해자를 대위하는 업무이다. 우주손해책임협약에서는 국가만이 손해배상의 주체가 될 수 있다. 그러므로 민간사업자가 우주활동을 하다가 타국의 정부 혹은 자연인에게 손해를 발생시켰을 때에는 해당 민간 주체는 손해의 당사자가 될 수 없으므로 국가가 대위하여 당사자의 지위를 가지게 되고, 우주분쟁해결 위원회를 구성하여 우주손해분쟁의 당사자가 될 수 있도록 할 수 있다.

우주손해의 경우 그 피해의 속성이나 범위를 봤을 때에 우주분쟁해결 위원회를 설립하여 전문적으로 해결을 할 수 있도록 하는 것이 합리적이라고 여겨진다. 만약 해당 위원회를 통해 분쟁이 해결되지 않았을 경우에는 법원을 통하여 해결을 할 수 있고, 이때에 우주분쟁해결 위원회의 조사 및 평가자료를 법원에 제출하여 보다 용이하게 분쟁을 해결할 수 있을 것이다.

---

114) 김동현, "협상으로 인한 소멸시효의 정지-독일민법 제203조의 해석론과 우리 법에의 도입 필요성-", 법조 제68권 제2호, 법조협회, 2019년, 392면.

제4절 소결

우주조약과 우주손해책임협약은 사적 주체의 우주자원 소유 및 우주손해배상에 관하여 명확한 내용을 제시하고 있지 않다. 그러므로 우주자원 및 우주손해배상에 대한 민사규범을 통해 우주자원의 소유 및 우주손해배상에 대한 내용을 규정하여, 상업적 우주활동에 대한 법적 안정성을 제공하는 것이 필요하다.

본 장에서는 앞에서 살펴본 우주자원법 및 우주손해배상법을 연구하여 모범으로서 우주자원법(안)과 우주손해배상법(안)을 제시하였고, 이를 바탕으로 국내 입법의 개선 방향, 특히 우리나라의 우주자원법 입법과 우주손해배상법 개정을 중심으로 시사점을 제공하였다.

먼저 우주자원법(안)에서는 우주자원에 대한 정의를 내리고, 그 안에서 달이라고 명확하게 규정하지 않고, 외기권이라고 규정하여 그 범위를 다소 넓게 잡았는데, 이는 추후 달협정에서 규정하고 있는 우주자원의 전유금지와 상충할 수 있는 부분을 방지하기 위함이다. 또한 우주자원의 채취나 가공으로 인하여 발생할 수 있는 우주공간 및 지표면의 유해한 오염을 방지하기 위하여 관리기관이 환경평가를 근거로 하여 우주자원 활동을 중지시킬 수 있는 법적 근거를 마련하였다.

우주자원 소유권의 취득과 관련하여 우주자원은 단순히 소유가 가능하다고 규정하는 것이 아니라, 소유권을 취득하기 위한 요건들을 마련하였는데, 이는 관리기관이 우주자원의 채굴과 관련된 활동에 있어서 승인과 계속적인 감독을 수행할 수 있으며 우주자원의 무분별한 개발 및 채굴을 막기 위한 것으로, 이러한 규제를 통하여 우주조약에서 규정하고 있는 평화로운 우주활동을 진행할 수 있다. 그리고 우주자원의 소유권에 대하여 법률의 범위 안에서 사용하고 수익을 처분할 수 있는 권리가 있다고 규정하였는데, 이는 우주자원의 소유권에 대한 침해에 대응하기 위한 내용으로, 만약 제3자가 우주자원의 소유권을 침해 하였을 경우, 반환청구권이나 손해배상 청구권을 행사할 수 있도록 하였다.

그리고 우주자원과 관련하여 관리기관의 권한을 규정하였다. 먼저 우주자원의 활동을 위한 승인에 대한 권한으로 우주자원 사업자는 관리기관의 승인이 없이는 우주자원 관련 활동을 할 수 없으며, 만약 승인된 항목의 조건이 변경되거나 임무수행을 중단하는 등의 경우에는 승인을 취소할 수 있도록 규정하였다. 그리고 동일한 장소에서 동일한 발사체를 사용하여 우주자원 활동을 수행하는 경우에는 5년 동안 일괄 승인을 받을 수 있도록 규정하였는데, 이는 미국의 우주발사 면허에 관한 내용을 참조한 것으로, 민간 우주기업이 매번 우주발사 승인을 받아야 하는 부담을 완화하여 우주개발 산업을 장려하기 위한 것이다.

또한 관리기관은 채굴된 우주자원의 안전성 검사를 시행하여야 하며, 우주자원의 국외 반출을 관리하고, 만약 특정한 우주자원이 유해한 오염을 일으킬 가능성이 있는 경우 소유자의 의사와 관계없이 해당 우주자원을 회수할 수 있도록 규정하고 있다. 이는 우주자원의 채굴로 인한 경제적 이익을 보호함과 동시에 유해한 오염을 방지하기 위한 규정이다.

우주손해배상법(안)에서는 우주손해 배상의 범위에 간접손해를 넣을 수 있도록 하였고, 우주손해배상의 주체를 각각 우주물체 발사자, 우주물체 운영자, 우주자원 사업자로 나누어 각각의 활동에 대한 손해배상의 책임을 지도록 하였다. 특히 다수의 주체가 우주활동에 참여하는 경우, 그 해당 손해의 책임을 나누어 협의할 수 있도록 하는 규정을 마련하였고, 대신 피해자의 구제를 위하여 우주물체 발사자, 운영자, 사업자 등이 일차적 책임으로 우주손해에 대하여 배상하고, 그 후에 협의에 따라 손해책임을 분담하도록 하는 방안을 제시하였다. 또한 책임보험의 액수를 우주활동의 규모, 우주물체의 중량 및 추력 등을 고려하여 정하도록 하였으며, 불가항력의 경우 우주활동 참가자가 예측하기 어려운 국가 간의 무력충돌, 적대행위 등과 같은 경우에는 과실이 있는 경우에만 손해배상책임을 지도록 규정하고, 천재지변과 같은 경우에는 법원이 그 손해배상의 액수를 해당 상황을 참고하여 정하도록 규정하였다. 이러한 규정을 통하여 우주활동 참가자의 이익과 피해자의 구제 사이에서 균형을 잡을 수 있는 방향을 제시하였다.

그리고 우리나라 우주자원법의 입법 제안과 우주손해배상법의 개정 제안을 하였다. 먼저 우주자원법의 입법 제안은 아직까지 우주자원에 대한 법제가 마련되어 있지 않은 우리나라의 우주자원법 제정에 대하여 방향을 제시하였으며, 우주손해배상법은 간접손해의 도입과 불가항력에 대한 내용, 그리고 책임 금액 및 보험금액의 산정에 대하여 시사점을 제공하였다. 마지막으로 우주항공청 내에 우주분쟁해결 위원회의 설립을 제안하였으며, 그 임무로 우주분쟁의 조정, 우주손해의 조사 및 평가, 그리고 국제적인 우주손해의 발생에서 피해자 및 가해자를 대위하는 업무를 포함해야 한다고 제안하였다.

제 6 장
결 론

　본 연구는 우주개발과 민사법적 쟁점이라는 주제로 세계 우주개발의 현황, 주요국 우주자원 및 우주손해배상에 관한 민사법적 쟁점, 우주 대상 민사규범 제정의 필요성 및 그 내용에 대하여 연구를 진행하였다.

　먼저 세계 우주개발의 현황에 관한 연구를 통하여 기존 국가 주도의 우주관련 산업이 민간 주도로 옮겨지는 상황을 파악하였으며, 미국, 유럽연합, 일본 및 우리나라의 우주개발관련 법제에 대하여 분석을 진행하였다. 미국은 상업적 우주발사경쟁력법을 통하여 민간 주도의 우주관련 사업을 장려하고, 이를 위하여 민간 우주기업의 책임보험 조건 완화와 같은 규정을 마련하였으며, 미국 기업이 우주자원 채굴 활동을 할 수 있는 법적 근거를 마련하여 놓고 있다.

　유럽연합은 회원국 전체의 우주관련 법제를 규율할 수 있는 유럽 우주법을 제정중에 있으며, 현재는 ESA와 같은 정부간 기구가 우주개발활동을 수행하고 있고, 유럽연합의 이사회와 ESA의 결의안을 통하여 우주개발의 내용을 규정하고 있다. 유럽 우주법은 우주활동의 안전, 우주피해의 복원, 지속가능성의 세 가지 주제로 구성될 예정이며, 이를 통하여 유럽연합 회원국들이 통일적인 법제 마련과 우주시장의 발전을 꾀하고 있다.

　한편 세계에서 3번째로 많은 우주개발 예산을 투입하고 있는 일본은 우주기본법을 통하여 우주개발과 이용에 관한 사항들을 체계적으로 규정하고 있으며, 우주개발과 관련된 정책을 추진하고, 우주개발 기관과 우주관련 법적 체제의 검토를 진행하고 있다. 특히 일본의 우주기본법은 우주의 평화적 이용, 우주개발을 통한 생활의 발전, 우주산업의 진흥, 국제협력, 우주환경 보호라는 다섯 가지 이념을 제시하며 우주산업의 발전을 추진하고 있다. 또한 우주활동법을 통하여 우주손해배상에 관하여 상세히 규정하고 있고, 우주자원법을 통하여 우주자원의 소유와 그 조건들을 규정하고 있다.

이에 비하여 우리나라의 경우, 우주개발 진흥법을 통하여 우주개발과 관련된 기본적인 내용을 규정하고, 인공위성, 우주발사체, 우주물체의 등록과 같은 내용들을 규정하고 있지만, 일본과 같이 세세한 내용들을 규정하고 있지 않고 있다. 또한 우리나라의 우주손해배상법은 우주손해에 대하여 기본적인 내용만을 규정하고 있으며, 우주자원법은 아직 제정되어 있지 않다. 그러므로 안정적인 우주개발을 지원하기 위해서는 우주손해배상법의 개정과 우주자원법의 제정을 고려해야 한다.

다음으로 주요국 우주자원 개발의 민사법적 쟁점에 대하여 연구를 진행하였다. 달협정은 우주자원에 대하여 전유금지의 원칙을 명확하게 규정하고 있지만, 실제로 얼마 되지 않는 협정 당사국들마저 자체적으로 우주활동을 할 수 없는 국가들이기 때문에 그 실효성이 매우 낮으며, 우주조약의 경우 우주자원에 대한 언급 없이 국가 전유금지의 원칙만을 규정하고 있으므로 우주자원의 사적소유에 대한 논쟁이 있다. 그러나 미국을 비롯한 룩셈부르크, 일본, 아랍에미리트는 우주자원법의 제정을 통하여 우주자원의 소유권을 인정하고 있다.

특히 미국의 경우에는 사적 주체인 법인을 포함한 미국 시민이 우주자원을 소유할 수 있다고 규정하여 우주조약에서 규정하고 있는 전유금지의 원칙을 우회하는 입법을 하였지만, 룩셈부르크는 우주자원은 소유가 가능하다고 규정하면서 국가 및 사적 주체 모두 우주자원의 소유권을 가질 수 있도록 하였다. 일본과 아랍에미리트는 우주자원을 소유하기 위한 조건을 열거하면서 해당 조건을 충족할 경우 우주자원을 소유할 수 있다고 규정하고 있다. 그리고 이 규정을 충족할 경우에는 사적 주체뿐만이 아니라 정부기관도 우주자원의 소유가 가능하다.

그러나 우주공간에 대한 명확한 법적 지위가 확정되지 않았기 때문에 우주자원의 소유를 민법상 무주물 원칙으로 소유권을 인정할 수 있을지에 대한 여부가 문제 된다. 예를 들어, 해양법협약의 경우 공해는 공유물 이론에 의하여 특정 국가의 영토로 구성될 수 없지만, 해양법협약 제137조의 규정을 통해 심해저로부터 채취된 광물의 권리를 주장할 수 있는 법적 요건을 마련하고 있다. 이를 비추어 볼 때, 우주조약에서도 우주공간은 공유물로서 국가의 전유금지 대상이 되고 있지만, 채굴한 우주자원의 소유권을 주장할 수 있는 여지가 있으며, 설사 이러한 여지가 없다고 하더라도 국제법적으로 우주자원에 대한 명확한 규정이 없기 때문에 우주자원의 소유권을 주장하는 위 각국의 국내법이 수용될 여지가 있다. 그러나 국내법을 통하여 우주자원의 소유권을 확정한다 하더라도 국제 우주법 체계와의 충돌을 피하기 위한 방안을 고려해야 한다.

이어서 살펴본 우주손해배상의 민사법적 쟁점에 대해서는 우주손해의 정의와 책임의 주체, 국내 및 국제법상 우주활동의 손해배상에 대하여 연구를 진행하였다. 우주손해는 주로 우주발사체나 인공위성이 지표면으로 낙하하여 발생하는 손해와 우주공간에서의 충돌로 인한 손해로 나눌 수 있다.

전자는 우주물체 발사국에게 무과실책임을 부과하고 있으며, 후자는 과실이 있는 경우에만 손해배상책임을 지도록 하고 있다. 하지만 손해의 청구 및 배상주체를 국가로 한정하고 있다.

다음으로 우주 대상 민사규범 제정의 필요성 및 그 내용에 대하여 연구를 진행하였다. 먼저 현행 우주관련 규범의 한계와 필요성 부분에서는 우주조약과 우주자원의 소유에 대하여 규정하고 있는 국내법과의 충돌 가능성을 살펴보았다. 이어서 우주조약의 전유금지원칙이 우주자원도 포함하는 것인지에 대한 두 가지 상반된 견해를 살펴봄으로써 전유금지원칙의 한계성을 고찰하였다. 손해배상과 관련하여서는 우주손해책임협약 및 국내 우주손해배상법이 지닌 손해배상책임 한계에 대한 문제점을 연구하였다. 그리고 이를 바탕으로 우주의 상업적 활용을 위한 민사규범 필요성을 제시하였다.

이에 대한 시사점으로 우주활동 관련 민사규범의 모범안인 우주자원법(안)과 우주손해배상법(안) 및 상호면책에 대한 규정을 제시하고, 각각 규정의 내용과 그 적용 범위에 대하여 연구를 진행하였다. 특히 우주손해배상법(안)에서는 우리나라의 현행 우주손해배상법과 비교를 통하여 개선방향을 제시하였다. 이러한 모범 법(안)들의 내용에는 앞서 분석 및 연구하였던 우주자원법과 우주손해배상법의 문제점들을 보완하기 위한 법 규정들을 마련하였고, 특히 우주자원에 대한 소유권의 침해 대응과 다수의 주체가 참가하는 우주발사활동의 손해배상에 대한 내용을 중점적으로 다루었다.

　　우주자원의 소유는 우주조약상 전유금지의 원칙과 상충할 가능성이 있지만, 우주조약의 해석에 관한 논의와, 해양법협약의 규정을 통하여 우주자원의 소유를 인정할 수 있는 여지가 충분히 있다는 것을 알 수 있다. 특히 민법상 무주물 선점의 이론으로 우주공간의 법적 지위와 무관하게 우주자원의 소유를 인정할 수 있으므로 우주자원에 관한 국내법을 제정하여 우주자원의 소유를 인정하고 그 조건에 대하여 규정하는 것이 바람직하다.

　　또한 우주손해배상법의 경우 개정을 통하여 우주손해 책임의 주체를 우주물체 발사자와 우주물체 운영자로 나누어야 한다. 특히 우주물체의 소유자와 운영자가 나누어지는 경우가 발생하는바, 우주물체 운영자의 책임에 대한 규정이 반드시 필요하다. 그리고 우주활동에 따라 발생할 수 있는 손해와 그 배상에 관하여 상세하게 규정하여 민간기업이 우주활동의 참여로 인하여 발생할 수 있는 위험을 명확하게 평가할 수 있도록 해야 한다.

　　우주활동에 참여하는 민간 우주기업들이 점차 증가하고 있고, 이들의 활동은 우주발사체 개발, 우주자원의 채굴, 인공위성의 개발 및 운영, 우주수송, 우주여행 등과 같은 많은 영역을 다루고 있다. 그러나 우주개발에 따른 우주자원, 우주손해배상과 같은 영역에서는 국내법과 국제 우주법 체계와의 충돌, 손해배상책임 주체의 확정과 같은 문제들이 발생할 수 있는바, 본 연구는 이러한 문제를 방지 및 해결하기 위한 모범법(안)을 제시하며 시사점을 제공하였다. 이러한 연구가 우리나라 우주자원법의 제정과 우주손해배상법의 개정 과정에서 중요한 참고 자료로서 활용되기를 기대한다.

참고문헌

〈국내문헌〉

1. 단행본

곽윤직, 물권법, 신정판, 박영사, 1996.

_____, 민법총칙, 신정판, 박영사, 1996.

곽윤직(편집대표), 민법주해[Ⅱ]-총칙(2), 박영사, 1992.

_____, 민법주해[Ⅴ]-물권(2), 박영사, 1992.

권영성, 헌법학원론, 법문사, 2010.

김대순, 국제법론, 제21판, 삼영사, 2022.

김용담(편집대표), 주석민법[물권(1)], 한국사법행정학회, 2011.

_____, 주석민법[총칙(2)], 한국사법행정학회, 2010.

김종복, 신우주법, 한국학술정보, 2011.

김준호, 민법강의, 제30판, 법문사, 2024.

김한택, 우주법, 와이북스, 2016.

_____, 우주법론, 아진, 2020.

_____, 현대국제법-이론과 사례연구, 지인북스, 2007.

박원화, 우주법, 제2판, 명지출판사, 2009.

박원화/정영진, 우주법, 제3판, 한국학술정보, 2012.

박원화/정영진/이구희, 항공우주법 개론, 한국학술정보, 2016.

손종학, 민법총칙, 충남대학교출판부, 2010.

_____, 講解 계약법Ⅱ, 충남대학교 문화출판원, 2018.

손종학/최윤석/김권일, 쉽게 읽는 입법과 법해석-만드는 법, 푸는 법, 제2전정판, 박영
  사, 2023.

이은영, 민법총칙, 제4판, 박영사, 2005.

이준일, 헌법학강의, 제7판, 홍문사, 2019.

지원림, 민법강의, 제19판, 홍문사, 2022.

최병조, 로마법강의, 박영사, 1999.

허 영, 헌법이론과 헌법, 신8판, 박영사, 2017.

현승종/조규창, 로마法, 박영사, 1999.

홍성찬, 법학원론, 박영사, 2019.

2. 학술지

김권일/안형준, "우리나라 우주산업 법제 체계성 분석", 한국항공우주학회 학술발표회
　　　초록집, 한국항공우주학회, 2023.

김동현, "협상으로 인한 소멸시효의 정지-독일민법 제203조의 해석론과 우리 법에의 도
　　　입 필요성-", 법조 제68권 제2호, 법조협회, 2019.

김선이, "우주손해배상법에 관한 약간의 고찰", 항공우주정책 · 법학회지 제22권 제2호,
　　　한국항공우주법학회, 2007.

김영주, "우주 자원의 상업적 이용에 관한 법적 문제-미국의 2015년 '우주 자원의 탐사
　　　및 이용에 관한 법률'의 구조와 쟁점-", 한국항공우주정책 · 법학회지 제32권 제1
　　　호, 한국항공우주법학회, 2017.

나종갑, "우주활동에 있어서 상호책임면제법리의 성립에 관한 연구-미국의 상업적 우주
　　　발사법을 중심으로-", 비교사법 제16권 3호, 한국사법학회, 2009.

_____, "우주발사활동으로 인한 민사책임의 상호면책 조항에 대한 고찰", 법학연구 제
　　　33권 제1호, 연세대학교 법학연구원, 2023.

이강빈, "우주법상 손해배상책임과 분쟁해결제도", 중재연구 20권 제2호, 한국중재학회,
　　　2010.

_____, "우주활동에 의하여 발생한 손해배상책임에 관한 연구-관련 사례를 중심으로",
　　　항공우주정책 · 법학회지 제26권 제1호, 한국항공우주법학회, 2011.

이규찬, "우주물체로부터 야기된 손해에 대한 국제책임연구", 국제법학회 논총 제43권
　　　제1호, 대한국제법학회, 1998.

이영진, "우주활동에 있어서 분쟁의 해결과 예방", 항공우주정책 · 법학회지 제25권 제1
　　　호, 한국항공우주법학회, 2010.

이　준, "달 현지자원활용의 법적 검토", 한국항공우주학회 학술발표회 초록집, 한국항
　　　공우주학회, 2022.

_____, "달탐사 활동의 국제법적 고찰", 한국항공우주학회 학술발표회 초록집, 한국항
　　　공우주학회, 2019.

_____, "발사국의 국제법상 지위", 항공우주산업기술동향 제7권 제2호, 한국항공우주
　　　연구원, 2009.

_____, "우주교통관리", 한국항공우주학회 학술발표회 초록집, 한국항공우주학회,
　　　2020.

_____, "우주자원 채굴 및 이용의 법적 검토", 항공우주산업기술동향 제17권 제1호, 한
　　　국항공우주연구원, 2019.

정서영/이　준, "미국의 아르테미스 추진 현황 및 시사점", 한국항공우주학회 학술발표
　　　회 초록집, 한국항공우주학회, 2022.

정영진, "일반 국제법상 민간기업의 우주활동에 대한 국가책임의 성립요건", 항공우주

정책·법학회지 제33권 제1호, 한국항공우주법학회, 2018.

조인영, "불가항력(Force majeure)의 의미와 효과 -COVID-19 사태와 계약관계에 있어서의 불가항력 사유에 관한 고찰-", 법조 제69권 제4호, 법조협회, 2020.

조홍제/신동춘, "우주활동으로 인한 손해배상에 관한 법적 고찰", 항공우주정책·법학회지 제27권 제1호, 한국항공우주법학회, 2012.

최윤석, "전유의 법적 성질 -로마법과 독일법이 우리 전유법에 주는 시사점을 중심으로-", 법사학연구 제67호, 한국법사학회, 2023.

3. 연구보고서 및 정부자료

과학기술정보통신부, "2023 우주산업실태조사", 거대공공연구정책과, 2023.

정영진, "우주자원 탐사 국제규범 논의 동향", 한국항공우주연구원, e-정책정보센터, 2018.

4. 온라인 보도자료

강경주, "우주 강국 일본 또 해냈다…日 신형 H3로켓 발사 성공", 한국경제, 2024년 2월 17일, <https://www,hankyung,com/article/202402170355i>

박시수, "일본, JAXA 통해 우주기업 지원한다…내년 100억엔 추진", Space Radar, 2023년 9월 6일, <https://www,spaceradar,co,kr/news/articleView,html?idxno=2210>

_____, "한국, 2024년 우주 기술 R&D에 8,362억 원 투입", Space Radar, 2024년 1월 29일, <https://www,spaceradar,co,kr/news/articleView,html?idxno=2991>

양재석, "터지면 2000억 우주산업 손해배상 형평성 제고해야", 머니투데이, 2023년 3월 26일, <https://news,mt,co,kr/mtview,php?no=2023032415130518383>

이상헌, "2027년까지 우주개발 예산 1조5000억 이상 확대", 동아일보, 2024년 3월 14일, <https://www.donga,com/news/Politics/article/all/20240313/123961047/1>

〈외국문헌〉

1. 단행본

Bryan A, Garner. *Garner's dictionary of legal usage*. Oxford University Press, 2011.

Dixon, Martin, and Robert McCorquodale. *Cases & Materials on International Law*. Oxford University Press, 2003.

Frans, Von der Dunk. *European Space Law*. Edward Elgar Publishing, 2015.

Hobe, Stephan, and Kuan-Wei Chen. *Legal Status of Outer Space and Celestial Bodies*. Routledge Handbook of Space Law, 2016.

Hofmann, Mahulena. *Space Resources: Regulatory Aspects In Innovation in Outer Space: International and African Legal Perspective*. Nomos Verlagsgesellschaft mbH & Co. KG, 2018.

Hurwitz, Bruce A. *State Liability for Outer Space Activities in Accordance with the 1972 Convention on International Liability for Damage Caused by Space Objects*. Dordrecht Boston: M. Nijhoff Publishers, 1992.

Jasentuliyana, Nandasiri. *International Space Law and the United Nations*. Kluwer Law International, 1999.

Lee Ricky. *Law and regulation of commercial mining of minerals in outer space*. Springer Science & Business Media, 2012.

Malanczuk, Peter. *Akehurst's Modern Introduction to International Law*. Routledge, 1997.

Marcoff, Marco. *Traite de Droit International public de l'espace*. Editions universitaires, Fribourg, Suisse 1973.

Masson-Zwaan, Tanja, and Mahulena Hofmann. *Introduction to Space Law*. Kluwer Law International BV, 2019.

Meredith, Pamela Louise, and George S. Robinson. *Space Law: A Case Study for the Practitioner: Implementing a Telecommunications Satellite Business Concept*. Maritinus Nijhoff Publishers, 1992.

Monserrat, José Filho. *Corporations and Space Law in International Institute of Space Law, Proceedings of the 48th Colloquium on the Law of Outer Space*. The Hague: Eleven International Publishing, 2005.

Okowa, Phoebe. *State Responsibility for Transboundary Air Pollution in International Law*. Oxford University Press, 2000.

Pelton, Joseph N. *The New Gold Rush: The Riches of Space Beckon*. Springer, 2016.

Pop, Virgiliu. *Who owns the moon?: extraterrestrial aspects of land and mineral resources ownership*. Springer Science & Business Media, 2008.

Sands, Phillip. *Principles of International Environmental Law*. Cambridge University Press, 2003.

Solomon, Lewis D. *The Privatization of Space Exploration: Business, Technology, Law and Policy*. Routledge, 2017.

Tronchetti, Fabio. *Legal aspects of space resource utilization*. Edward Elgar Publishing, 2015.

Zhukov, Gennady. and Kolosov Yuri. *International Space Law*. Praeger, 1984.

大久保涼, 大島日向, 宇宙ビジネスの法務, 弘文堂, 2021.

小塚 荘一郎, 佐藤雅彦, 宇宙ビジネスのための宇宙法入門, 有斐閣, 2018.

宇賀克也, 逐条解説宇宙二法: 人工衛星等の打上げ及び人工衛星の管理に関する法律: 衛星

リモートセンシング記録の適正な取扱いの確保に関する法律, 弘文堂, 2019.

2. 학술지

Alexander, R.E. "Measuring Damages under the Convention on International Liability for Damage Caused by Space Objects." *Journal of Space Law 6*, no.1 (1978): 151–160.

Andres, Galvez, and Naja-Corbin, Geraldine. "Space Tourism: ESA's View on Private Suborbital Spaceflights." *ESA Bulletin 135* (August 2008): 18–25.

Austin C, Murnane. "The Prospector's Guide to the Galaxy." *Fordham International Law Journal 37*, (2013): 236–276.

Butler, Lynda L. "The Commons Concept: An Historical Concept with Modern Relevance." *William & Mary Law Review 23*, (1982): 835–935.

Buxton, Carol R. "Property in Outer Space: The Common Heritage of Mankind Principle vs. the 'First in Time, First in Right' Rule of Property Law." *Journal of Air Law and Commerce 69*, (2004): 689–707.

Cepelka, Cestmir, and Jamie H.C. Gilmour. "The Application of General International Law in Outer Space." *Journal of Air Law and Commerce 36*, no.1 (1970): 30–49.

Christol, Carl Q. "International Liability for Damage Caused by Space Objects." *American Journal of International Law 74*, no.2 (1980): 346–371.

Cook, Kevin V. "The Discovery of Lunar Water: An Opportunity to Develop A Workable Moon Treaty." *Georgetown International Environmental Law Review 11*, (1999): 647–660.

Diederiks-Verschoor, I. H. "Implications of Commercial Activities in Outer Space, Especially for the Developing Countries." *Journal of Space Law 17*, (1989): 115–128.

Dula, Art. "Private Sector Activities in Outer Space." *International Lawyer 19*, (1985): 159–187.

Epstein, Richard A. "International News Service v. Associated Press: Custom and Law as Sources of Property Rights in News." *Virginia Law Review 78*, (1992): 85–128.

Feinman, Matthew. "Mining the Final Frontier: Keeping Earth's Asteroid Mining Ventures from Becoming the Next Gold Rush." *Pittsburgh Journal of Technology Law & Policy 14*, (2014): 202–235.

Foster, W. F. "The Convention on International Liability for Damage Caused by Space

Objects." *Canadian Yearbook of International Law/Annuaire Canadien de Droit International 10*, (1973): 137–185.

Froehlich, Annette, and Vincent Seffinga. "Alternative Law: Luxembourg's National Space Law." *National Space Legislation: A Comparative and Evaluative Analysis*, (2018): 125–136.

Gilson, Blake. "Defending Your Client's Property Rights in Space: A Practical Guide for the Lunar Litigator." *Fordham Law Review 80*, (2011): 1369–1405.

Griffin, Nancy L. "Americans and the Moon Treaty." *Journal of Air Law and Commerce 46*, (1981): 729–763.

Gupta, Biswanath, and Raju KD. "Understanding International Space Law and the Liability Mechanism for Commercial Outer Space Activities—Unravelling the Sources." *India Quarterly 75*, no.4 (2019): 555–578.

Heim, Barbara Ellen. "Exploring the Last Frontiers for Mineral Resources: A Comparison of International Law Regarding the Deep Seabed, Outer Space, and Antarctica." *Vanderbilt Journal of Transnational Law 23*, (1990): 820–848.

Hertzfeld, Henry R, and Frans G. Von der Dunk. "Bringing Space Law into the Commercial World: Property Rights Without Sovereignty." *Chicago Journal of International Law 6*, (2005): 81–99.

Huebert, Jacob H., and Walter Block. "Space Environmentalism, Property Rights, and the Law." *University of Memphis Law Review 37*, (2006): 281–309.

Husby, Eric. "Sovereignty and property rights in outer space." *Journal of International Law & Prca 3*, (1994): 359–370.

Jacobsen, Kyle A. "From Interstate to Interstellar Commerce: Incorporating the Private Sector into International Aerospace Law." *Temple Law Review 87*, (2014): 147–177.

Joyner, Christopher C. "Legal Implications of the Concept of the Common Heritage of Mankind." *International and Comparative Law Quarterly 35*, (1986): 190–199.

Linter, Andrew. "Extraterrestrial Extraction: The International Implications of the Space Resource Exploration and Utilization Act of 2015." *Fletcher Forum of World Affairs 40*, (2016): 139–157.

MacWhorter, Kevin. "Sustainable Mining: Incentivizing Asteroid Mining in the Name of Environmentalism." *William & Mary Environmental Law and Policy Review 40*, (2016): 645–676.

Marciacq Jean-Bruno. "Accommodating Sub-Orbital Flights into the EASA Regulatory System in Space Safety Regulations and Standards." *Butterworth—Heinemann,*

(2010): 187-212.

O'Donnell, Ryan Hugh. "Staking A Claim in the Twenty-First Century: Real Property Rights on Extra-Terrestrial Bodies." *University of Dayton Law Review 32*, (2007): 461-486.

Peng Xinyu. "Research on the liability regime for damage to the space environment by commercial satellites." *Science of Law Journal 3*, no.1 (2024): 73-79.

Pickelman, Matthew R. "Draft Convention for the Unification of Certain Rules for International Carriage by Air: The Warsaw Convention Revisited for the Last Time." *Journal of Air Law and Commerce 64*, (1998): 274-306.

Raclin, Grier C. "From Ice to Ether: The Adoption of a Regime to Govern Resource Exploitation in Outer Space." *Northwestern Journal of International Law & Business 7*, (1986): 727-761.

Reinert, Alexander P. "Updating the Liability Regime in Outer Space: Why Spacefaring Companies Should Be Internationally Liable for Their Space Objects." *William & Mary Law Review 62*, (2020): 326-354.

Toohey, Lisa C. "Compensation for Agent Orange Damage in Vietnam." *Willamette Journal of International Law and Dispute Resolution 13*, (2005): 287-318.

Trapp, Timothy Justin. "Taking up Space by Any Other Means: Coming to Terms with Nonappropriation Article of the Outer Space Treaty." *University of Illinois Law Review* (2013): 1681-1714.

Tronchetti, Fabio. "IV-Space Resource Exploration and Utilization of the US Commercial Space Launch Competitiveness Act: A Legal and Political Assessment." *Air and Space Law 41*, no.2 (2016): 143-156.

Tronchetti, Fabio. "The Non-Appropriation Principle as a Structural Norm of International Law: A New Way of Interpreting Article Ⅱ of the Outer Space Treaty." *Air and Space Law 33*, no.3 (2008): 277-305.

Von der Dunk, Frans G. "Too Close Encounters of the Third Party Kind: Will the Liability Convention Stand the Test of the Cosmos 2251-Iridium 33 Collision?." *Space Cyber and Telecommunications Law Program Faculty Publications 28*, (2010): 199-209.

Vorwig, Petra A. "Regulation of private launch services in the United States." *National Regulation of Space Activities* (2010): 405-419.

Wasser, Alan, and Douglas Jobes. "Space Settlements, Property Rights, and International Law: Could a Lunar Settlement Claim the Lunar Real Estate It Needs to Survive." *Journal of Air Law and Commerce 73*, (2008): 38-78.

White, Mary Victoria. "The Common Heritage of Mankind: An Assessment." *Case Western Reserve Journal of International Law 14*, (1982): 509-542.

Zell, Jeremy L. "Putting A Mine on the Moon: Creating an International Authority to Regulate Mining Rights in Outer Space." *Minnesota Journal of International Law 15* (2006): 489-519.

小塚荘一郎, "宇宙探査と宇宙資源開発の法", ジュリスト1571号, 2022.

小塚荘一郎/水島淳/新谷美保子, "鼎談 宇宙2法が開く 宇宙ビジネス法務のフロンティア", NBL 1089号, 2017.

水島淳, "国内外の動向から見る宇宙資源開発に関する法的論点", 空法, 日本空法学会 第60号, 2019.

佐藤雅彦, 税所大輔, "宇宙探査と宇宙資源開発の法", 法学教室 497号, 2022.

秦嗣权, "日本《宇宙基本法》探析", 阴山学刊: 社会科学版第28卷, 第5号, 2015.

青木節子, "宇宙基本法", ジュリスト 1363号, 2008.

3. 온라인 보고서, 논문

Canada, "Claim Against the Union of Soviet Socialist Republics for Damage Caused by Soviet Cosmos 954." 1979.

DePagter, Morgan M. "How Property Rights in Space Could be Dictated by the Countries Willing to Make the First Move." *Chicago Journal of International Law*, https://cjil.uchicago.edu/online-archive/who-dares-wins-how-property-rights-space-could-be-dictated-countries-willing-make

Dictionnaire juridique, "disposer", *Serge Braudo*, https://www.dictionnaire-juridique.com/definition/disposer-disposition.php

Earth Online. "About Earth CARE." https://earth.esa.int/eogateway/missions/earthcare

Executive Office of the President of the United States. "National Orbital Debris Implementation Plan." *Orbital Debris Interagency Working Group Subcommittee on Space Weather, Security, and Hazards of the National Science and Technology Council.* July 2022.

Federal Aviation Administration. "About the Office of Commercial Space Transportation." https://www.faa.gov/about/office_org/headquarters_offices/ast

Georgetown Law, "Space Law: The Law of Outer Space," Georgetown Law Library, https://guides.ll.georgetown.edu/c.php?g=1037047&p=7762102

H.R. 5063, 113th Cong. (2013-2014), https://www.congress.gov/bill/113th-congress/house-bill/5063

Hertzfeld, Henry R., Matthew Schaefer, James C. Bennett, and Mark J. Sundahl. "A Letter as a Citizen Expert Opinion on the Space Resource Exploration and Utilization Act to Majority Leader McCarthy, Chairman Smith, Ranking Member Johnson, Chairman Palazzo, and Ranking Member Edwards." May 21, 2015. *Congressional Record, Proceedings and Debates of the 114th Congress, 1st Session*, vol.161, no.79, https://www.govinfo.gov/content/pkg/CREC-2015-05-21/html/CREC-2015-05-21-pt1-PgH3511-4.htm

Listner Michael. "Iridium 33 and Cosmos 2251 three years later: where are we now?." *The Space review*, https://www.thespacereview.com/article/2023/1

Luxembourg Space Agency, "Draft law on the exploration and use of space resources," the government paper, 2017, https://gouvernement.lu/dam-assets/fr/actualites/communiques/2016/11-novembre/11-presentation-spaceresources/Draft-law-space_press.pdf

NASA. "Nasa Safety Standard: Guidelines and Assessment Procedures for Limiting Orbital Debris." August 1, 1995, https://ntrs.nasa.gov/citations/19960020946

Office of Space Commerce. "National Space Policy." December 9, 2020, https://www.space.commerce.gov/policy/national-space-policy/

Roman Zykov, "LIABILITY FOR DAMAGE CAUSED BY SPACE OBJECTS", *MANSORS*, https://mansors.com/blog/liability-for-damage-caused-by-space-objects

Tahir, Hassan El. "Star laws: how UAE law is boldly going into the final frontier." *AL TAMIMI&CO*, https://www.tamimi.com/law-update-articles/star-laws-how-uae-law-is-boldly-going-into-the-final-frontier

The European Space Agency. "Hera, Examining the first test of asteroid deflection, performing the first survey of a binary asteroid system." https://www.esa.int/Space_Safety/Hera

The White House. "FACT SHEET: U.S. Novel Space Activities Authorization and Supervision Framework," Dec 20, 2023, https://www.whitehouse.gov/briefing-room/statements-releases/2023/12/20/fact-sheet-u-s-novel-space-activities-authorization-and-supervision-framework

_____. "National Space Policy of the United States of America," June 28, 2010, https://history2.nasa.gov/national_space_policy_6-28-10.pdf

_____. "United States Novel Space Activities Authorization and Supervision Framework." December, 2023, https://www.whitehouse.gov/wp-content/uploads/2023/12/Novel-Space-Activities-Framework-2023.pdf

Tronchetti, Fabio. "The Space Resource Exploration and Utilization Act: A Move

Forward or a Step Back?" *Space Policy 34* (2015), https://www.sciencedirect.com/science/article/pii/S0265964615300102

U.S. Government Accountability Office. "Commercial Space, Industry Developments and FAA Challenges." Jun 22, 2016, https://www.gao.gov/products/gao-16-765t

United Nations Human Rights Council. "Report of the United Nations High Commissioner for Human Rights, Mental Health and Human Rights." Jan 31, 2017, UN Doc A/HRC/34/32

United Nations. Doc.A/Ac.105/C.2/SR.71, https://digitallibrary.un.org/record/822439?v=pdf

UNOOSA, "Working Group on Legal Aspects of Space Resource Activities." *United Nations*, https://www.unoosa.org/oosa/en/ourwork/copuos/lsc/space-resources/index.html

Weeden Brian. "2009 Iridium-Cosmos Collision Fact Sheet," *Secure World Foundation*. Nov 10, 2010, https://swfound.org/media/6575/swf_iridium_cosmos_collision_fact_sheet_updated_2012.pdf

Yarlagadda Shriya. "Economics of the Stars: The Future of Asteroid Mining and the Global Economy." *Harvard International Review*, April 8, 2022, https://hir.harvard.edu/economics-of-the-stars

Zykov, Roman. "Liability for Damage Caused by Space Objects." *MANSORS*. https://mansors.com/blog/liability-for-damage-caused-by-space-objects

內閣府宇宙開発戰略推進事務局. "宇宙戰略基金基本的な考え方", 令和6年2月6日, https://www8.cao.go.jp/space/comittee/dai109/sankou.pdf

4. 온라인 보도자료

Amos, Jonathan. "Moon Landing: US Firm Intuitive Machines Makes Historic Touchdown." *BBC*, February 23, 2024. https://www.bbc.com/news/science-environment-68377730

Blair, Alex. "Space Economy Forecast to Be Worth $1trn by 2040." *Airforce Technology*, September 6, 2023. https://www.airforce-technology.com/news/space-economy-forecasted-to-be-worth-1-trillion-by-2040

Brahambhatt, Rupendra. "This Company Plans to Mine Helium-3 on the Moon to Power Earth." *Interesting Engineering*, March 17, 2024. https://interestingengineering.com/space/this-company-plans-to-mine-helium-3-on-the-moon-to-power-earth

Burger, Eric. "Green Light Go: SpaceX Receives a Launch License from the FAA for Starship." *ARS Technica*, April 15, 2023. https://arstechnica.com/science/2023/04/green-light-go-spacex-receives-a-launch-license-from-the-faa-for-starship

Dartnell, Lewis. "Space Junk and Why It's a Big Problem." *BBC*, January 12, 2024. https://www.skyatnightmagazine.com/space-missions/space-junk

Dowling, Stephen. "What Are the Odds of a Successful Space Launch?" *BBC*, May 20, 2023. https://www.bbc.com/future/article/20230518-what-are-the-odds-of-a-successful-space-launch

El Tahir, Hassan. "Star Laws: How UAE Law Is Boldly Going into the Final Frontier." *AL TAMIMI&CO.* https://www.tamimi.com/law-update-articles/star-laws-how-uae-law-is-boldly-going-into-the-final-frontier

Euroconsult, "Government expenditure on space programs in 2020 and 2022, by major country," *statista*, https://www.statista.com/statistics/745717/global-governmental-spending-on-space-programs-leading-countries

Foust, Jeff. "Congress Passes Final Fiscal Year 2024 Spending Bill for NASA, NOAA, and FAA." *Space News*, March 9, 2024. https://spacenews.com/congress-passes-final-fiscal-year-2024-spending-bill-for-nasa-noaa-and-faa

Jones, Andrew. "A US Private Company Has Made a Historic Landing on the Moon. Its Mission Is Paving the Way for a New Generation of Lunar Astronauts." *BBC*, February 23, 2024. https://www.bbc.com/future/article/20240222-how-odysseus-will-help-future-moon-missions

Kuhr, Jack. "ESA's 2024 Budget Rises 10% to €7.8B." *Payload*, January 12, 2024. https://payloadspace.com/esa-2024-budget-rises-10-to-e7-8b

Mackintosh, Thomas. "Virgin Galactic: First Space Tourism Mission After Decades of Promises." *BBC*, August 10, 2023. https://www.bbc.com/news/science-environment-66468628

Mike Wall, "SpaceX's Crew-8 Dragon capsule docks at the ISS," *Space dot com*, March 5, 2024, https://www.space.com/spacex-crew-8-iss-docking

Mohanta, Nibedita. "ESA Launches for 2024." *Geospatial World*, January 9, 2024. https://www.geospatialworld.net/prime/esa-launches-2024

Moskowitz, Clara. "Uranium Found on the Moon." *Space dot com*, January 30, 2009. https://www.space.com/6904-uranium-moon.html

NASA, "Odysseus Lands on the Moon," February 29, 2024, https://www.nasa.gov/image-article/odysseus-lands-on-the-moon

Rahman-Jones, Imran. "US Issues First Ever Fine for Space Junk to Dish Network." *BBC*, October 3, 2023. https://www.bbc.com/news/technology-66993647

Sheetz, Michael, and Lora Kolodny. "SpaceX Set to Join FAA to Fight Environmental Lawsuit That Could Delay Starship Work." *CNBC*, May 22, 2023. https://www.cnbc.com/2023/05/22/spacex-joining-faa-to-fight-environmental-lawsuit-over-starship.html

Smith, Rich. "SpaceX Launched 98 Times in 2023, Will Go for 144 in 2024." *NASDAQ*, January 6, 2024. https://www.nasdaq.com/articles/spacex-launched-98-times-in-2023-will-go-for-144-in-2024

Star Walk. "How to See Starlink Satellite Train 2024." *Astronomical News*, March 25, 2024. https://starwalk.space/en/news/spacex‒starlink-satellites-night-sky-visibility-guide

The White House. "FACT SHEET: U.S. Novel Space Activities Authorization and Supervision Framework," December 20, 2023. https://www.whitehouse.gov/briefing-room/statements-releases/2023/12/20/fact-sheet-u-s-novel-space-activities-authorization-and-supervision-framework

Vidal, Florian. "Helium-3 from the Lunar Surface for Nuclear Fusion?" *Polytechnique Insights*, May 17, 2022. https://www.polytechnique‒insights.com/en/braincamps/space/extraterrestrial-mining/helium-3-from-the-lunar-surface-for-nuclear-fusion

Weeden Brian. "2009 Iridium-Cosmos Collision Fact Sheet." November 10, 2010. https://swfound.org/media/205392/swf_iridium_cosmos_collision_fact_sheet_updated_2012.pdf

부 록

제1장 총칙

제1조(입법목적) 이 법은 우주자원의 탐사 및 개발을 위하여 우주자원의 소유권 취득 및 기타 필요한 사항을 정하며, 우주자원 개발의 진흥을 촉진하는 것을 그 목적으로 한다.

제2조(정의) 이 법에서 사용하는 용어의 정의는 다음과 같다.

1. "우주자원"이란 외기권 및 기타 천체에 있는 물과 광물을 포함한 천연자원을 의미한다.
2. "우주자원 활동"이란 우주자원을 채굴, 운송, 보관, 가공, 판매하는 행위를 의미한다.
3. "우주자원 사업자"란 관리기관으로부터 허가를 받아 우주자원 활동을 수행하는 자연인, 법인 등을 의미한다.
4. "관리기관"이란 본 법에 의하여 우주자원 활동의 허가, 감독 등을 수행하는 기관을 의미한다.
5. "우주자원 환경 평가"란 우주자원 활동이 발생시킬 수 있는 유해한 결과에 대하여 평가를 진행하는 것을 의미한다.

제3조(적용대상) 이 법은 대한민국 국민, 대한민국의 법령에 따라 설립된 법인·단체 또는 대한민국에 그 본점을 설치하거나 영업할 것을 주된 목적으로 하는 외국법인·단체에 적용한다.

제4조(관리기관의 권한) 관리기관은 다음 각 호의 권한을 가진다.

1. 우주자원 활동의 허가
2. 우주자원 활동에 대한 감독
3. 우주자원 활동에 관한 환경평가
4. 우주자원 활동 허가의 취소
5. 그 밖의 우주자원과 관련된 활동의 감독

제5조(우주자원의 소유권) ① 다음 각 호의 요건을 충족한 자는 소유의 의사로 점유함으로써 우주자원의 소유권을 취득한다.

1. 관리기관의 허가를 받은 자
2. 우주자원 사업자로 등록된 자
3. 허가의 범위 안에서 이루어진 채굴
4. 그 밖의 대통령령으로 정하는 사항

② 우주자원의 소유권은 법에서 특별히 정하지 않는 한 법률의 범위 내에서 소유물을 사용, 수익, 처분할 권리가 있다.

제6조(국제협약과의 관계) ① 이 법의 적용은 국가의 국제적 의무의 이행을 방해하지 않아야 한다.

② 이 법의 이행은 타국의 달 및 그 밖의 천체를 포함한 우주공간의 탐사 및 이용의 자유를 침해하지 않는다.

제2장 우주자원 사업자의 의무

제7조(위험평가 수행의 의무) 우주자원 사업자는 우주자원 사업을 수행하기 전에 우주자원 활동 범위 내에서 발생할 수 있는 위험평가를 실시하고 그 결과를 관리기관에 보고하여야 한다.

제8조(환경보전의 의무) 우주자원 사업자는 우주자원 활동에 있어서 외기권 및 지구의 환경을 보호해야 할 의무를 가지고 있으며, 만약 우주자원 활동으로 인하여 유해한 환경오염을 발생시킬 위험이 있다면 즉시 활동을 중지하고 조치를 취하여야 한다.

제9조(통지의 의무) 우주자원 사업자는 다음 각 호의 사항을 즉시 관리기관에 알려야 한다.

1. 제8조의 유해한 환경오염 발생의 사항이나 지구환경에 잠재적으로 유해한 사항
2. 사람이나 재산에 발생할 수 있는 모든 손해 또는 위험
3. 우주자원 활동의 중대한 변경 사항
4. 우주자원 활동의 종료

제10조(기타 의무) 우주자원 사업자는 국제조약 및 국내법령에 따라서 우주자원 활동을 수행하여야 하며, 제3자에게 끼칠 수 있는 손해에 대한 보험을 들어야 한다. 우주자원 활동으로 인하여 발생한 손해는 우주자원 사업자가 그 손해를 배상할 책임이 있다.

제3장 관리기관의 권한

제11조(관리기관의 권한) 관리기관은 우주자원 활동의 허가, 취소, 감독에 대한 권한을 가진다.

제12조(우주자원 활동의 허가) 우주자원 활동의 허가를 받으려는 자는 다음 각 호의 사항을 관리기관에 제출하여 허가를 받아야 한다.

  1. 우주자원 사업활동의 내용

  2. 사업활동의 기간

  3. 우주자원 사업활동의 방법

  4. 위험평가의 결과

제13조(허가의 취소) 관리기관은 다음 각 호의 어느 하나에 해당하는 경우 허가한 우주자원 활동을 취소할 수 있다.

  1. 허가사항의 조건이 변경되는 경우

  2. 사업자가 임무수행을 중단하는 경우

  3. 허가 당시 제출한 서류에 허위사실이 있는 경우

  4. 기타 부정한 방법으로 허가를 받은 경우

제14조(감독) 관리기관은 허가한 우주자원 활동에 대하여 계속적으로 감독을 시행하여야 한다.

제15조(허가의 양도) 우주활동의 허가는 양도할 수 없다.

제16조(일괄허가) ① 관리기관은 우주자원의 활동을 위하여 동일한 발사 장소에서 동일한 발사체를 이용할 경우 관련된 발사에 대하여 일괄 허가할 수 있다.

  ② 제1항의 일괄 허가는 발급일로부터 5년간 유효하다.

제4장 우주자원의 관리

제17조(우주자원의 등록) 외기권, 천체 등에서 채굴한 우주자원은 관리기관에 등록 및 안전성 검사를 받아야 한다.

제18조(국외반출의 금지) 우주자원은 다음 각 호의 경우를 제외하고 국외로 반출할 수 없다.

  1. 지구에서 채굴할 수 있는 것과 동일한 물질

  2. 학술연구의 목적으로 승인을 받은 것

  3. 관리기관의 허가를 받은 경우

제19조(우주자원의 회수) 우주자원이 유해한 오염을 일으킬 가능성이 있는 경우, 관리
  기관은 소유자의 의사와 관계없이 해당 우주자원을 회수할 수 있다.

[우주손해배상법(안)]

제1장 총칙

제1조(목적) 이 법은 우주손해가 발생한 경우의 손해배상 범위와 책임한계 등을 정하여 피해자를 보호하고 우주개발 사업의 건전한 발전에 기여하는 것을 목적으로 한다.

제2조(정의) 이 법에서 사용하는 용어의 정의는 다음과 같다.

1. "우주물체"란 다음 각 목의 것을 말한다.

   가. "인공우주물체"란 우주공간에서 사용하는 것을 목적으로 설계·제작된 물체(우주발사체, 인공위성, 우주선 및 그 구성품을 포함한다)를 말한다.

   나. "자연우주물체"란 우주공간에서 자연적으로 만들어진 물체(운석을 포함한다)를 말한다.

   다. "운석"이란 지구 밖에서 유래한 암석이 지구 중력에 이끌려 낙하한 것을 말한다.

2. "우주물체 발사자"란 우주물체를 예비등록 또는 등록한 자나 우주발사체 발사허가를 받은 자를 말한다.

3. "우주물체 운영자"란 인공위성 등 우주물체를 운영하는 자를 말한다.

4. "우주물체 발사"란 관련 법률에 따라 허가를 받은 자가 우주물체를 발사하는 것을 말하며, 발사준비·시험발사 및 성공하지 못한 발사를 포함한다.

5. "우주발사체"란 자체 추진기관에 의하여 인공위성이나 우주선 등을 우주공간에 진입시키는 인공우주물체(미사일 등 무기체계에 해당하지 아니하는 것으로서 대통령령으로 정하는 성능을 갖춘 준궤도발사체를 포함한다)를 말한다.

6. "우주손해"란 다음 각 목의 활동으로 인하여 발생한 제3자의 사망·부상 및 건강의 손상과 같은 인적 손해와 재산의 파괴·훼손·망실과 같은 물적 손해를 의미한다.

   가. 우주물체의 발사·운용

   나. 우주자원 활동

7. "우주활동 참가자"란 우주물체의 연구·개발·제작·생산 등의 활동에 참여하는 자와 우주물체에 탑승하는 우주 비행사, 우주 승무원을 의미한다.

8. "우주비행 참가자"란 우주활동 참가자가 아닌 개인으로서 발사 및 재진입하는 우주 비행체에 탑승한 자를 의미한다.

제3조(국제협약과의 관계 등) ① 국가 간의 우주손해가 발생한 경우, 「우주물체에 의하여 발생한 손해에 대한 국제책임에 관한 협약」에 따른다.

② 자국의 국민이 피해자인 경우 정부가 피해자를 대위하여 외국 정부에 손해배상 청구를 하며, 가해자인 경우 외국 정부에 손해배상을 하고 가해자에게 구상할 수 있다.

③ 제1항과 제2항의 적용은 자국이 입은 우주손해의 배상을 금지나 제한하는 국가 및 그 개인·법인·단체 또는 정부에 대하여 그 적용을 배제하거나 제한할 수 있다.

제4조(무과실책임 및 책임의 집중 등) ① 우주손해는 다음 각 호에 따라 손해배상의 책임을 진다.

1. 우주물체의 발사 중에 발생한 손해는 우주물체 발사자
2. 우주물체의 운영 중에 발생한 손해는 우주물체 운영자
3. 우주자원의 활동 중에 발생한 손해는 우주자원 사업자

② 제3자의 고의 또는 과실로 인하여 손해가 발생하여 손해를 배상한 제1항 각 호의 자는 구상권을 행사할 수 있다.

③ 우주손해와 관련하여 제조물 책임법을 적용하지 않는다.

④ 다수의 우주활동 참가자가 우주활동에 참여할 경우 각 참가자의 책임의 범위에 대하여 협의할 수 있다. 다만 제3자에게 일어난 손해는 우주물체 발사자나 운영자가 무과실책임을 지며, 협의의 내용에 따라 책임의 분배를 요구할 수 있다.

제2장 손해배상의 책임

제5조(손해배상의 범위) ① 우주손해 배상의 범위는 우주물체의 낙하, 충돌, 폭발로 인하여 지표·수면·비행 중인 비행체에 있는 사람의 생명, 신체 또는 재산에 야기한 우주손해를 포함한다.

② 우주공간에서 발생한 손해는 고의 또는 과실이 있는 경우에만 그 손해에 대한 책임을 진다.

제6조(손해배상책임 한도액) 우주물체 발사자, 우주물체 운영자, 우주자원 사업자들의 각 손해배상의 책임 한도액은 그 활동의 범위에 따라 대통령령으로 정한다.

제7조(손해배상 책임보험의 가입) ① 우주물체의 발사 및 운영, 우주자원 사업활동을 하려는 자는 손해배상을 목적으로 하는 책임보험에 가입하여야 한다.

② 제1항에 따라 가입하여야 하는 보험금액은 각 활동의 내용과 규모, 우주물체의 중량 및 추력 등을 고려하여 대통령령으로 정한다.

제8조(정부의 조치) ① 정부는 우주손해가 발생한 경우에 피해자의 구조 및 피해의 확대 방지에 필요한 조치를 시행하여야 한다.

② 우주활동으로 인해 손해를 배상하는 자가 배상하여야 할 손해액이 제7조 제2항의 보험금액을 초과할 경우에는 국회의 의결을 통해 허용된 범위 안에서 정부가 손해배상을 지원할 수 있다.

제3장 청구자의 권리와 제한

제9조(권리행사의 기간) ① 이 법에 따른 손해배상청구권은 피해자 또는 그 법정대리인이 그 손해 및 제4조제1항에 따라 손해배상책임을 지는 자를 안 날부터 1년 이내에 행사하지 아니하면 시효로 인하여 소멸한다.

② 이 법에 따른 손해배상청구권은 우주손해가 발생한 날부터 3년이 경과한 경우에는 행사하지 못한다.

제10조(우선변제권) 우주손해 피해자는 그 손해배상 청구권에 관하여 다른 채권자보다 우선하여 변제를 받을 권리를 가진다.

제11조(불가항력) ① 우주손해가 국가간의 무력충돌, 적대행위 또는 반란으로 인하여 발생한 경우, 우주물체 발사자, 운영자, 우주자원 사업자는 해당 손해에 고의 또는 과실이 있는 경우에만 손해배상책임을 진다.

② 우주손해가 천재지변과 같은 불가항력으로 인한 경우에는 법원이 그 상황을 참작하여 손해배상액을 산정한다.

제4장 상호책임 면제

제12조(상호책임 면제) 우주활동 참가자는 우주물체 관련 활동에서 상호간의 동의 하에, 발생한 손해에 대하여 서로 민사적으로 청구하지 않는 상호책임 면제를 적용할 수 있다.

제13조(상호책임 면제의 제한) 상호책임 면제는 다음 각 호의 상황에서 적용할 수 없다.

1. 제3자에 대한 재산의 손실, 부상, 사망과 같은 피해
2. 우주활동 참가자의 부상, 사망과 같은 피해
3. 우주활동 참가자의 고의나 과실로 인하여 손해가 발생하였을 경우

제14조(제한의 예외사항) 상호책임 면제의 제한은 우주활동 참가자가 재산 및 부상, 사망과 같은 피해에 대하여 상호책임 면제의 적용을 동의하는 경우에는 적용하지 않는다.

[우주손해배상법 개정(안)]

신·구조문대비표

현　행	개　정　안
제1조(목적) 이 법은 우주손해가 발생한 경우의 손해배상 범위와 책임한계 등을 정하여 피해자를 보호하고 우주개발 사업의 건전한 발전에 기여하는 것을 목적으로 한다.	(현행과 같음)
제2조(정의) 이 법에서 사용하는 용어의 정의는 다음과 같다.	제2조(정의) (현행과 같음)
1. "우주물체"란 「우주개발진흥법」 제2조 제3호에 따른 우주물체를 말한다.	(현행과 같음)
2. "우주물체 발사자"란 「우주개발진흥법」 제8조에 따라 우주물체를 예비등록 또는 등록한 자나 같은 법 제11조에 따라 우주발사체 발사허가를 받은 자를 말한다.	2. (현행과 같음)
3. "우주물체 발사"란 「우주개발진흥법」 제11조제1항에 따라 허가를 받은 자가 우주물체를 발사하는 것을 말하며, 발사준비·시험발사 및 성공하지 못한 발사를 포함한다.	3. (현행과 같음)
4. "우주손해"란 우주물체의 발사·운용 등으로 인하여 발생된 제3자의 사망·부상 및 건강의 손상과 같은 인적 손해와 재산의 파괴·훼손·망실과 같은 물적 손해를 말한다.	4. "우주손해"란 다음 각 목의 활동으로 인하여 발생한 제3자의 사망·부상 및 건강의 손상과 같은 인적 손해와 재산의 파괴·훼손·망실과 같은 물적 손해를 의미한다. 　가. 우주물체의 발사·운용 　나. 우주자원 활동

5. <신설>

6. <신설>

7. <신설>

8. <신설>

5. "우주물체 운영자"란 인공위성 등 우주물체를 운영하는 자를 말한다.

6. "우주발사체"란 「우주개발진흥법」 제2조제3호의2를 의미한다.

7. "우주활동 참가자"란 우주물체의 연구·개발·제작·생산 등의 활동에 참여하는 자와 우주물체에 탑승하는 우주 비행사, 우주 승무원을 의미한다.

8. "우주비행 참가자"란 우주활동 참가자가 아닌 개인으로서 발사 및 재진입하는 우주 비행체에 탑승한 자를 의미한다.

제3조(국제협약과의 관계 등) ① 정부는 「우주물체에 의하여 발생한 손해에 대한 국제책임에 관한 협약」에 따라 정부가 외국정부에 대하여 손해배상을 한 경우에는 우주물체 발사자에 대하여 구상할 수 있다.

② 이 법은 대한민국 국민, 대한민국의 법령에 따라 설립된 법인·단체 또는 대한민국 정부가 입은 우주손해의 배상을 금지하거나 제한하는 국가의 개인·법인·단체 또는 정부에 대하여는 그 적용을 배제 또는 제한할 수 있다.

제3조 ① ――. 대한민국 국민, 대한민국의 법령에 따라 설립된 법인·단체가 외국 정부나 개인·법인·단체로부터 받은 우주손해는, 정부가 피해자를 대위하여 손해배상청구를 할 수 있다.

② (현행과 같음)

제4조(무과실책임 및 책임의 집중 등) ① 우주손해가 발생한 경우에는 해당 우

제4조 ――――――――――――――① ―――――――――――

주물체 발사자가 그 손해를 배상할 책임이 있다. 다만, 국가간의 무력충돌, 적대행위, 내란 또는 반란으로 인한 우주손해와 우주공간에서 발생한 우주손해의 경우에는 고의 또는 과실이 있는 경우에 한한다.

② 제3자의 고의 또는 과실로 인하여 생긴 우주손해를 제1항에 따라 배상한 우주물체 발사자는 그에 대하여 구상할 수 있다. 다만, 그 손해가 우주물체 발사 등에 제공될 자재의 공급이나 역무(노무를 포함한다. 이하 같다)의 제공에 의하여 생긴 때에는 해당 자재의 공급이나 역무를 제공한 자나 그 종업원의 고의 또는 중대한 과실이 있을 때에 한하여 구상할 수 있다.

③ 우주손해에 대하여는 「제조물책임법」을 적용하지 아니한다.

④ <신설>

제5조(손해배상책임 한도액) 우주물체 발

― ― 우주물체 발사자, 우주물체 운영자, 우주자원 사업자 중 해당하는 자가 그 손해를 배상할 책임이 있다. 우주손해가 국가간의 무력충돌, 적대행위 또는 반란으로 인하여 발생한 경우, 우주물체 발사자, 운영자, 우주자원 사업자는 해당 손해에 고의 또는 과실이 있는 경우에만 손해배상책임을 진다. 우주손해가 천재지변과 같은 불가항력으로 인한 경우에는 법원이 그 상황을 참작하여 손해배상액을 산정한다.

② (현행과 같음)

③ (현행과 같음)

④ 다수의 우주활동 참가자가 우주활동에 참여할 경우 각 참가자의 책임의 범위에 대하여 협의할 수 있다. 다만 제3자에게 일어난 손해는 우주물체 발사자나 운영자가 무과실책임을 지며, 협의의 내용에 따라 책임의 분배를 요구할 수 있다.

제5조(손해배상책임 한도액) 우주물체 발

사자가 배상하여야 하는 책임한도는 2
천억 원으로 한다.

제5조의2(손해배상의 범위) <신설>

제6조(손해배상 책임보험의 가입) ①「우
주개발진흥법」제11조에 따라 우주발
사체의 발사허가를 받고자 하는 자는
손해배상을 목적으로 하는 책임보험에
가입하여야 한다.
② 제1항에 따라 가입하여야 하는 보험
금액은 제5조에 따른 손해배상책임 한
도액의 범위 안에서 우주물체의 특성,
기술의 난이도, 발사장 주변 여건 및
국내외 보험시장 등을 고려하여 우주
항공청장이 정하여 고시한다.

제7조(정부의 조치) ① 정부는 우주손해
가 발생한 경우에 피해자의 구조 및 피
해의 확대 방지에 필요한 조치를 시행
하여야 한다.
② 정부는 제4조제1항에 따라 우주물
체 발사자가 배상하여야 할 손해배상
액이 제6조제2항의 보험금액을 초과하
는 경우에 이 법의 목적을 달성하기 위

사자, 우주물체 운영자, 우주자원 사업
자들의 각 손해배상의 책임 한도액은
그 활동의 범위에 따라 대통령령으로
정한다.

제5조의2(손해배상의 범위) ① 우주손해
배상의 범위는 우주물체의 낙하, 충돌,
폭발로 인하여 지표·수면·비행 중인
비행체에 있는 사람의 생명, 신체 또는
재산에 야기한 우주손해를 포함한다.
② 우주공간에서 발생한 손해는 고의
또는 과실이 있는 경우에만 그 손해에
대한 책임을 진다.

제6조 (현행과 같음)

제7조 (현행과 같음)

하여 필요하다고 인정할 때에는 우주
물체 발사자에 대하여 필요한 지원을
할 수 있다.

③ 정부가 제2항의 지원을 할 때에는
국회의 의결에 의하여 허용된 범위 안
에서 한다.

제8조(권리행사의 기간) ① 이 법에 따른 손해배상청구권은 피해자 또는 그 법정대리인이 그 손해 및 제4조제1항에 따라 손해배상책임을 지는 자를 안 날부터 1년 이내에 행사하지 아니하면 시효로 인하여 소멸한다. ② 이 법에 따른 손해배상청구권은 우주손해가 발생한 날부터 3년이 경과한 경우에는 행사하지 못한다.	제8조 (현행과 같음)
제9조(규제의 재검토) 우주항공청장은 제8조에 따른 손해배상청구권의 권리행사 기간에 대하여 2016년 1월 1일을 기준으로 2년마다(매 2년이 되는 해의 1월 1일 전까지를 말한다) 폐지, 완화 또는 유지 등의 타당성을 검토하여야 한다.	제9조 (현행과 같음)
제10조(우선변제권) ＜신설＞	제10조(우선변제권) 우주손해 피해자는 그 손해배상 청구권에 관하여 다른 채권자보다 우선하여 변제를 받을 권리를 가진다.
제11조(상호책임 면제) ＜신설＞	제11조(상호책임 면제) 우주활동 참가자는 우주물체 관련 활동에서 상호간의 동의 하에, 발생한 손해에 대하여 서로 민사적으로 청구하지 않는 상호책임 면제를 적용할 수 있다.

제12조(상호책임 면제의 제한) <신설>	제12조(상호책임 면제의 제한) 상호책임 면제는 다음 각 호의 상황에서 적용할 수 없다. 　1. 제3자에 대한 재산의 손실, 부상, 사망과 같은 피해 　2. 우주활동 참가자의 부상, 사망과 같은 피해 　3. 우주활동 참가자의 고의나 과실로 인하여 손해가 발생하였을 경우
제14조(제한의 예외사항) <신설>	제14조(제한의 예외사항) 상호책임 면제의 제한은 우주활동 참가자가 재산 및 부상, 사망과 같은 피해에 대하여 상호책임 면제의 적용을 동의하는 경우에는 적용하지 않는다.

찾아보기

저자소개

허성진 박사

충남대학교 법학박사
중국 정법대학교 법학박사

법제처 국민법제관
충남대학교 법률센터 기획위원

현 한국항공우주연구원 박사후 연구원
현 항공우주정책법학회 회원
현 항공우주학회 회원
현 한국법학회 회원
현 한중법학회 회원

감수자

손종학 교수(법학박사, 변호사)

충남대학교 법과대학 졸업
사법시험 합격(제31회)
사법연수원 수료(제21기)
판사
변호사
충남대학교 법학전문대학원장
사법시험위원
변호사시험위원
교원소청심사위원회 위원
경력법관 및 재판연구원 구술면접위원
대법원 법관인사위원회 위원
법제처 법령해석위원 / 국민법제관
대검찰청 검찰수사심의위원회 위원

현 충남대학교 법학전문대학원 교수
현 충남대학교 법률센터장
현 교육부 행정처분위원장

우주시대의 우주법론

초판발행   2025년 1월 5일

지은이   허성진
펴낸이   안종만·안상준

편 집   심성보
기획/마케팅   정연환
표지디자인   벤스토리
제 작   고철민·김원표

펴낸곳   ㈜ **박영사**
             서울특별시 금천구 가산디지털2로 53, 210호(가산동, 한라시그마밸리)
             등록 1959. 3. 11. 제300-1959-1호(倫)

전 화   02)733-6771
f a x   02)736-4818
e-mail   pys@pybook.co.kr
homepage   www.pybook.co.kr
ISBN   979-11-303-4872-8   93360

* 파본은 구입하신 곳에서 교환해 드립니다. 본서의 무단복제행위를 금합니다.

정 가   18,000원